"乡村振兴"背景下农村学前教育公共服务质量与提升研究

刘强 白鸽 著

中山大学出版社
·广州·

版权所有　翻印必究

图书在版编目（CIP）数据

"乡村振兴"背景下农村学前教育公共服务质量与提升研究/刘强，白鸽著. —广州：中山大学出版社，2023.5
ISBN 978-7-306-07667-0

Ⅰ.①乡…　Ⅱ.①刘…②白…　Ⅲ.①乡村教育—学前教育—公共服务—服务质量—研究—中国　Ⅳ.①G619.2

中国国家版本馆 CIP 数据核字（2023）第 014047 号

出 版 人：	王天琪
策划编辑：	嵇春霞　林梅清
责任编辑：	林梅清
封面设计：	周美玲
责任校对：	潘惠虹
责任技编：	靳晓虹
出版发行：	中山大学出版社
电　　话：	编辑部 020 - 84110283，84113349，84111997，84110779，84110776
	发行部 020 - 84111998，84111981，84111160
地　　址：	广州市新港西路 135 号
邮　　编：	510275　传　真：020 - 84036565
网　　址：	http://www.zsup.com.cn　E-mail：zdcbs@ mail.sysu.edu.cn
印 刷 者：	佛山市浩文彩色印刷有限公司
规　　格：	787mm×1092mm　1/16　26.25 印张　398 千字
版次印次：	2023 年 5 月第 1 版　2023 年 5 月第 1 次印刷
定　　价：	86.00 元

如发现本书因印装质量影响阅读，请与出版社发行部联系调换

本书为国家社会科学基金"十三五"规划 2018 年度教育学一般课题"'乡村振兴战略'背景下农村学前教育公共服务质量提升研究"（BHA180144）成果

前　言

　　人生百年，立于幼学。学前教育是终身学习的开端，是国民教育体系的重要组成部分，是重要的社会公益事业。办好学前教育，实现幼有所育，是党的十九大做出的重大决策部署，是党和政府为老百姓办实事的重大民生工程，关系亿万儿童的健康成长，关系社会和谐稳定，关系党和国家事业的未来。

　　目前，我国已基本建立了公益普惠的学前教育公共服务体系，但学前教育发展的短板依然在农村，我国人民日益增长的美好生活需求与不平衡不充分发展之间的矛盾在乡村也最为突出。党的十九大报告提出了"乡村振兴战略"，提出要"办好学前教育""幼有所育""学有所教"，将学前教育放在前所未有的重要位置上。发展好农村学前教育是"乡村振兴战略"的基础工程，提高农村学前教育的公共服务质量，办好让农村人民满意的学前教育是当下亟待解决的问题。

　　21世纪以来，随着经济发展和社会观念进步，教育公平的观念逐渐深入人心，人们在追求农村学前教育普及的同时开始关注农村学前教育质量的提高。农村学前教育质量与学前教育公共服务的发展水平密切相关，因此，农村学前教育公共服务质量的提升成为我国农村学前教育领域发展与研究的重点议题。"农村学前教育公共服务"是指在政府主导下，市场、社会等多元主体参与，基于公平、公益、普惠的价值追求，为我国广大农村地区提供多样化的学前教育服务。农村学前教育公共服务建设关乎幼儿的受教育权利，关乎消除贫困的代际传递和推动个人发展的起点公平，承载着推动乡村振兴和促进社会公平、稳定与和谐的重要使命。为保障我国教育起点公平，国家陆续出台一系列政策文件，以支持农村学前教育的可持续发展，提高农村学前教育公共服务质量，加快建构和完善农村学前教育公共服务体系的步伐。

本书以江苏省为主要样本，通过实证调查了苏南、苏中、苏北不同区域农村学前教育公共服务体系的建设现状及农村群众对学前教育的满意程度，问卷调查、访谈的对象为教育主管部门的工作人员、农村幼儿园园长、农村幼儿园教师、农村幼儿家长，通过调查研究当前农村学前教育公共服务质量存在的问题，厘清"乡村振兴"背景下建设普惠性、公益性、高质量的农村学前教育公共服务的症结，探讨"乡村振兴"背景下提高农村学前教育公共服务质量的合理路径，为我国农村学前教育研究提供大量、翔实的一手资料与数据，为学前教育研究提供新鲜的思路，从而进一步丰富和完善学前教育理论。

目　录

第一章　21世纪我国城乡学前教育事业发展概况 …………… 1
　　第一节　学前教育发展的政策背景 ……………………………… 1
　　第二节　我国城乡学前教育发展总体情况 …………………… 15
　　第三节　我国农村学前教育发展情况 ………………………… 25

第二章　"乡村振兴"背景下农村学前教育公共服务的理论阐释 …… 32
　　第一节　"乡村振兴"背景下农村学前教育公共服务的内涵 …… 32
　　第二节　"乡村振兴"背景下提高农村学前教育公共服务质量的
　　　　　　意义 ……………………………………………………… 42
　　第三节　21世纪我国农村学前教育公共服务的研究现状与趋势
　　　　　　…………………………………………………………… 46

第三章　"乡村振兴"背景下县域农村学前教育公共服务管理现状
　　……………………………………………………………………… 70
　　第一节　学前教育公共服务制度现状 ………………………… 71
　　第二节　学前教育经费投入现状 ……………………………… 82
　　第三节　县域农村幼儿园教育管理现状 ……………………… 89
　　第四节　农村学前教育公共服务不完善的原因 ……………… 92
　　第五节　提高农村学前教育公共服务水平的对策与建议 …… 95

第四章 "乡村振兴"背景下农村幼儿园教师队伍建设质量现状 …… 100
   第一节 农村幼儿园教师队伍建设研究综述 …… 100
   第二节 农村幼儿园教师队伍基本情况 …… 108
   第三节 农村幼儿园教师职业素养情况 …… 118
   第四节 农村幼儿园教师的职业压力现状 …… 126
   第五节 农村幼儿园教师职后教育现状 …… 137
   第六节 提高农村幼儿园教师队伍质量的对策与建议 …… 206

第五章 "乡村振兴"背景下0—3岁婴幼儿托育服务现状 …… 214
   第一节 我国0—3岁婴幼儿托育服务的研究现状与趋势 …… 214
   第二节 0—3岁婴幼儿家长的托育服务需求 …… 225
   第三节 0—3岁婴幼儿托育机构保育质量现状 …… 245
   第四节 0—3岁婴幼儿托育机构保育质量存在的问题与提升建议 …… 291

第六章 "乡村振兴"背景下幼儿园对农村留守幼儿家庭教养支持的现状 …… 313
   第一节 幼儿园对农村留守幼儿家庭教养支持的研究综述 …… 313
   第二节 调查对象的基本情况 …… 318
   第三节 幼儿园对农村留守幼儿家庭教养支持内容的现状 …… 324
   第四节 幼儿园对农村留守幼儿家庭教养支持途径的现状 …… 346
   第五节 幼儿园对农村留守幼儿家庭教养支持的问题及归因分析 …… 371
   第六节 幼儿园对农村留守幼儿家庭教养支持的对策建议 …… 379

第七章 "乡村振兴"背景下农村幼儿家长对农村学前教育的满意度现状 …… 385
   第一节 农村学前教育家长满意度研究综述 …… 385
   第二节 农村幼儿家庭基本情况 …… 388

第三节　农村幼儿家长儿童发展观念 …………………………… 393
第四节　家长对农村学前教育的满意度现状及建议 …………… 396

参考文献 ………………………………………………………… 407

后记 ……………………………………………………………… 410

第一章　21世纪我国城乡学前教育事业发展概况

第一节　学前教育发展的政策背景

党的十九大报告首次提出要在"幼有所育"的基础上不断取得新进展，要"办好学前教育"，这为我国学前教育的发展指明了方向。大力发展学前教育已成为举国上下关注的焦点和发展的重点，而发展学前教育必须重视学前教育政策的制定与实施。学前教育政策是全面贯彻党的教育方针、引领学前教育事业发展、促进我国城乡学前教育从"幼有所育"向"幼有全育"再向"幼有善育"发展的重要保障。

21世纪以来，党和国家将学前教育作为基础教育的重要组成部分予以高度重视，为了保证更多的儿童能够接受高质量的学前教育，也为了奠定普及义务教育的基础，中央和地方各级政府颁布了一系列的政策和法规，加大了财政投入，完善了制度体系，保证了学前教育事业朝着科学化、规范化的方向发展，基本形成了适应中国国情的、公办与民办并举的学前教育公共服务体系。在我国学前教育事业不断走向科学化和规范化的过程中，学前教育政策研究发挥了非常重要的作用。尤其是在2010年以后，我国的学前教育政策数量迅猛增长，在这样的条件下，学前教育政策的质量也达到了空前的高度。所以，21世纪我国学前教育政策的发展可以分为两个阶段：发展阶段和完善阶段。

一、我国学前教育政策法规发展阶段

2001年7月，基于我国国情和基础教育课程改革的大背景，"幼儿园教育要依据幼儿身心发展的特点和教育规律，坚持保教结合和以游戏为基本活动的原则，与家庭和社区密切配合，培养幼儿良好的行为习惯，保护和启发幼儿的好奇心和求知欲，促进幼儿身心全面和谐发展"（《基础教育课程改革纲要（试行）》，教基〔2001〕17号），教育部印发了《幼儿园教育指导纲要（试行）》（教基〔2001〕20号，简称《纲要》）。《纲要》是遵循我国宪法和教育法精神、根据党的教育方针和《幼儿园工作规程》（中华人民共和国教育部令第39号）制定的对全国幼儿园教育进行宏观管理和指导的单行法规文件。它与其他有关幼教的教育行政法规一起，构成一个受共同原则指导的、具有内在协调一致性的、层次不同的幼教法规体系，共同推动我国幼教的科学化、法制化进程，促使幼教朝着更加健康、正确的方向前进。《纲要》鲜明地体现了国家的意志，目的是促进所有幼儿的健康成长。《纲要》本着"指导幼儿园深入实施素质教育"（《纲要》总则）的宗旨，对我国幼儿园教育的性质、地位、指导思想及其组织、实施和评价等方面提出了基本的要求和原则性的规定。也可以说，它是将我国幼儿园教育长期以来，特别是贯彻《幼儿园工作规程》以来行之有效的教育观念、方法、措施、经验等以法规的形式固定下来，通过国家的强制力来保证其实施，从而为我国幼儿园教育在新世纪的发展构筑坚实的基础。从结构来看，《纲要》分4个部分，即"总则""教育内容与要求""组织与实施""教育评价"。第一部分"总则"中的5个条目分别明确了《纲要》制定的依据、原因和目的，我国幼儿园教育的性质、任务，幼儿园教育与家庭、社区等外部资源结合的原则，幼儿园教育自身的特点，以及幼儿园教育的原则。在《纲要》的第二部分"教育内容与要求"中，《纲要》将幼儿学习的范畴按学习领域的维度相对划分为健康、语言、社会、科学和艺术5个领域，并强调了"各领域的内容相互渗透，从不同的角度促进幼儿情感、态度、能力、知识、技能等方面的发展"。每一领域均包含目标、内容与要求和指导要点三部分，各部分功能各有侧重。《纲要》的第三部分是"组织与实施"，包含尊重幼儿的权利，尊重教师的创造，尊重幼儿在学习特点、发展水平、个性特征等方面的差异，尊重幼儿身心发展的客观规律，尊重教育、教学的客观规律等 11 个理念与观点，突出了幼儿园教育组织实施中的教育性、互动性、开放性、针对性、灵活性等原则。《纲要》的第四部分是"教育评价"，提出了评价的发展性、合作性，标准的多元性、多角度、多主体、多方法，以及重视过程、重视差异、重视质性研究等原则。该部分明确规定了评价的目的是幼儿的发展、教师的反思性成长和提高教育质量。这就是说，幼儿园评价绝非用于幼儿园的筛选和排序，更不是用于给幼儿贴标签，伤害他们的自尊和自信，使他们的成长笼上阴影。《纲要》在这一基点上分别明确指出了评价教育工作和评价幼儿发展状况的具体原则和注意事项。《纲要》是在《幼儿园工作规程》之后的又一个规范幼儿园教育改革的指导性文件。它吸取了国际最先进的教育理念，结合了我国 20 世纪 90 年代幼儿园课程改革的实践经验，确立了以儿童发展为本的教育价值取向，进一步规范了我国幼儿园的课程与教学。在《纲要》的指引下，我国的学前教育走出了一条不平凡的道路，并且取得了无比辉煌的成就。《纲要》对幼儿园教育的全面、系统的论述，为我国学前教育的改革指明了前进的方向。《纲要》本身也是我国这场学前教育改革的重要组成部分，是这场改革的一个重要标志。"伴随着《纲要》的实施，我国的幼儿园教育发生了深刻的变革。"[①]

2001 年，国务院印发了《中国儿童发展纲要（2001—2010 年）》（国发〔2001〕18 号），从儿童的健康、安全、教育、福利、家庭和环境 6 个领域提出了儿童发展的主要目标和策略措施。截至 2010 年，《中国儿童发展纲要（2001—2010 年）》确定的主要目标基本实现。幼儿教育普及程度持续提高，学前教育毛入园（班）率从 2000 年的 35.0% 上升到 56.6%。

2003 年，教育部、国家计委、民政部、财政部等部门联合发出《关于幼儿教育改革与发展的指导意见》（国办发〔2003〕13 号），提出未来我国幼儿教育改革与发展的目标是："今后 5 年（2003—2007 年）幼儿教育改革的总目标是：形成以公办幼儿园为骨干和示范，以社会力量兴办幼儿园为主体，公办与民办、正规与非正规教育相结合的发展格局。"提出要"加强师资队伍建设，努力提高幼儿园教师素质"，因此须"认真执行

[①] 参见闻声《幼儿教育改革与发展的里程碑：纪念〈幼儿园教育指导纲要（试行）〉颁布十周年》，载《教育导刊》2011 年第 9 期，第 1 页。

《中华人民共和国教师法》，幼儿园教师享受与中小学教师同等的地位和待遇。依法保障幼儿园教师在进修培训、评选先进、专业技术职务评聘、工资、社会保险等方面的合法权益，稳定幼儿园教师队伍"。

2004 年，教育部颁布了《关于进一步加强幼儿园安全工作的紧急通知》，指出"幼儿园教职工的聘用应符合有关法规对其任职资格的规定"。同年 3 月 3 日，国务院转发了教育部的《2003—2007 年教育振兴行动计划》（国发〔2004〕5 号），指出"加强幼儿园教师队伍建设，提高幼儿教育质量"。

2007 年 1 月，教育部发布《教育部办公厅关于认真做好 2007 年中小学幼儿园安全工作的意见》（教基厅〔2007〕3 号），进一步规范幼儿园教育、保障幼儿的安全。

在这一阶段，《幼儿园教育指导纲要（试行）》的出台实施使得我国的学前教育法制化迈上了新的台阶。而示范园与普通园的差异化财政投入和教育资源的不均衡分配进一步加剧了园所之间的等级分化，这也直接导致了我国的学前教育事业发展再次进入缓慢发展期。

二、我国学前教育政策法规完善阶段

随着时代的发展，学前教育政策的完善与发展也变得极为迫切。这一阶段的政策制定聚焦于学前教育治理的现代化，学前教育政策主要有《国务院关于当前发展学前教育的若干意见》（国发〔2010〕41 号），以及最近的《幼儿园保育教育质量评估指南》（教基〔2022〕1 号）。"此时期我国学前教育政策的主要目标和内容是扩大学前教育资源"[①]，这一时期政策主要集中在以下 8 点。一是关注焦点主要集中在优化与完善学前教育政策、规范学前教育管理、明确政府职责、引领学前教育发展等方面；二是健全学前教育制度规范；三是为规范和加强中央财政支持学前教育发展资金管理，提高资金使用效益，制定了与学前教育经费挂钩的资助制度并对财政经费进行监督；四是促进幼儿园教师专业发展，并建设高素质教师队伍；五是对幼儿的健康、语言、社会、科学、艺术五大领域的学前教

---

① 吕武：《改革开放以来我国学前教育政策嬗变的动力变迁及其优化路径：基于多源流理论的考察》，载《现代教育管理》2018 年第 2 期，第 45 – 50 页。

育内容作了细致的规定；六是从2012年至2016年，国家通过"学前教育宣传月"系列活动，积极宣传了学前教育的相关知识，促进学前教育事业走向科学化；七是健全幼儿园监管体系；八是制定规范性的国家政策以拓宽学前教育的管理范围。[①]

2010年7月，备受关注的《国家中长期教育改革和发展规划纲要（2010—2020年）》（简称《教育规划纲要》）正式全文发布。《教育规划纲要》第二部分"发展任务"提出要基本普及学前教育，指出"学前教育对幼儿身心健康、习惯养成、智力发展具有重要意义。遵循幼儿身心发展规律，坚持科学保教方法，保障幼儿快乐健康成长。积极发展学前教育，到2020年，普及学前一年教育，基本普及学前两年教育，有条件的地区普及学前三年教育。重视0至3岁婴幼儿教育"。《教育规划纲要》还提出了重点发展农村学前教育，"努力提高农村学前教育普及程度。着力保证留守儿童入园。采取多种形式扩大农村学前教育资源，改扩建、新建幼儿园，充分利用中小学布局调整富余的校舍和教师举办幼儿园（班）。发挥乡镇中心幼儿园对村幼儿园的示范指导作用。支持贫困地区发展学前教育"，"切实加强幼儿园教师培养培训，提高幼儿园教师队伍整体素质"。《教育规划纲要》是进入21世纪后我国的第一个中长期教育改革和发展规划，是一个让人民群众满意、符合中国国情和时代特点的规划，勾勒了未来十年我国教育事业改革和发展的宏伟蓝图，它首次专章论述了学前教育的发展问题，对我国教育事业乃至整个现代化事业的发展都具有重大意义。

2010年9月，卫生部、教育部发布了《托儿所幼儿园卫生保健管理办法》（卫生部教育部令第76号），指出了托幼机构卫生保健的工作内容，包括"根据儿童不同年龄特点，建立科学、合理的一日生活制度，培养儿童良好的卫生习惯；为儿童提供合理的营养膳食，科学制订食谱，保证膳食平衡；制订与儿童生理特点相适应的体格锻炼计划，根据儿童年龄特点开展游戏及体育活动，并保证儿童户外活动时间，增进儿童身心健康"等10项内容。

为贯彻落实党的十七届五中全会、全国教育工作会议精神和《国家

---

① 参见王群、李祥、杨川《学前教育政策变迁四十年：回顾与展望》，载《陕西学前师范学院学报》2019年第1期，第1-6页。

中长期教育改革和发展规划纲要（2010—2020 年）》，积极发展我国的学前教育，着力解决当前存在的"入园难"的问题以满足适龄儿童入园需求，促进学前教育事业的科学发展，2010 年 11 月，国务院印发了《国务院关于当前发展学前教育的若干意见》（国发〔2010〕41 号），这标志着学前教育三年行动计划开始实施。《国务院关于当前发展学前教育的若干意见》对我国学前教育的发展一共提出了 10 条意见："一、把发展学前教育摆在更加重要的位置。二、多种形式扩大学前教育资源。三、多种途径加强幼儿园教师队伍建设。四、多种渠道加大学前教育投入。五、加强幼儿园准入管理。六、强化幼儿园安全监管。七、规范幼儿园收费管理。八、坚持科学保教，促进幼儿身心健康发展。九、完善工作机制，加强组织领导。十、统筹规划，实施学前教育三年行动计划。"明确提出"努力扩大农村学前教育资源。各地要把发展学前教育作为社会主义新农村建设的重要内容，将幼儿园作为新农村公共服务设施统一规划，优先建设，加快发展。各级政府要加大对农村学前教育的投入，从今年开始，国家实施推进农村学前教育项目，重点支持中西部地区；地方各级政府要安排专门资金，重点建设农村幼儿园。乡镇和大村独立建园，小村设分园或联合办园，人口分散地区举办流动幼儿园、季节班等，配备专职巡回指导教师，逐步完善县、乡、村学前教育网络。改善农村幼儿园保教条件，配备基本的保教设施、玩教具、幼儿读物等。创造更多条件，着力保障留守儿童入园。发展农村学前教育要充分考虑农村人口分布和流动趋势，合理布局，有效使用资源"。《国务院关于当前发展学前教育的若干意见》开创了学前教育改革发展的全新局面。自此之后，我国学前教育事业取得了显著成效，园所数量和在园幼儿数量呈现倍数增长。然而因底子薄、基础差等历史因素，学前教育仍然存在一些问题，如资源供给结构仍欠优化，财政投入力度不足，政策保障体系尚不完善，城乡二元分化仍较突出，监管体制机制欠健全，教师流动性大、流失率高，保教质量仍有很大提升空间，等等，我国学前教育事业发展仍有较大进步空间。系统的政策干预仍然是应对危机和挑战的良方[①]，未来的政策走向决定了我国学前教育事业发展的方向。未来，中国学前教育的发展应沿着优化组合各类政策工具的基本模

[①] 参见岳经纶、范昕《中国儿童照顾政策体系：回顾、反思与重构》，载《中国社会科学》2018 年第 9 期，第 92 – 111 + 206 页。

式、践行"幼儿本位"的指导思想，推进学前教育内涵式发展，保持持续扩大公平公益、优质普惠的基本发展方向。

2011年12月，教育部发布了《教育部关于规范幼儿园保育教育工作防止和纠正"小学化"现象的通知》（教基二〔2011〕8号），提出了5点要求：①遵循幼儿身心发展规律，纠正"小学化"教育内容和方式；②创设适宜幼儿发展的良好条件，整治"小学化"教育环境；③严格执行义务教育招生政策，严禁一切形式的小学入学考试；④加强业务指导和动态监管，建立长效机制；⑤加大社会宣传，营造良好社会氛围。以此来保障幼儿健康快乐成长。

2011年9月，教育部、财政部发布了《关于实施幼儿园教师国家级培训计划的通知》（教师〔2011〕5号），决定从2011年起实施"幼儿园教师国家级培训计划"，所需经费由中央财政安排专项资金予以支持。教育部、财政部负责"幼儿园教师国家级培训计划"的总体规划和统筹管理，组织审核各省（区、市）培训计划，组织检查和评估各省项目工作。

2011年9月，财政部、教育部发布了《关于加大财政投入支持学前教育发展的通知》（财教〔2011〕405号），进一步扩大学前教育资源，着力解决当前存在的"入园难"问题，满足适龄儿童的入园需求。提出"各地要对城市和农村不同类型幼儿园提出分类支持政策，把加快发展农村学前教育作为工作重点"，将"支持中西部农村扩大学前教育资源"作为当前学前教育发展的重点工作之一。

2011年12月，国家发展改革委、教育部、财政部联合颁发了《幼儿园收费管理暂行办法》（发改价格〔2011〕3207号），规定幼儿园可向入园幼儿收取保育教育费（以下简称"保教费"），对在幼儿园住宿的幼儿可以收取住宿费。幼儿园为在园幼儿教育、生活提供方便而代收代管的费用，应遵循"家长自愿，据实收取，及时结算，定期公布"的原则，不得与保育教育费一并统一收取；同时，规定"幼儿园不得在保教费外以开办实验班、特色班、兴趣班、课后培训班和亲子班等特色教育为名向幼儿家长另行收取费用，不得以任何名义向幼儿家长收取与入园挂钩的赞助费、捐资助学费、建校费、教育成本补偿费等费用"。该办法促进了我国学前教育事业科学发展，规范了幼儿园收费行为，保障了受教育者和幼儿园的合法权益。

2012年4月，《教育部办公厅关于开展0—3岁婴幼儿早期教育试点工作有关事项的通知》（教基二厅函〔2012〕8号）正式发布。为贯彻落实教育规划纲要精神，探索发展0—3岁婴幼儿早期教育的模式和经验，教育部决定选择部分地（市）先行开展0—3岁婴幼儿早期教育试点，并对试点内容、申报条件和申报程序做了相关规定。

2012年6月，教育部发布了《国家教育事业发展第十二个五年规划》（教发〔2012〕9号），为加快发展学前教育，提出落实各级政府发展学前教育责任、多种形式扩大学前教育资源、多种途径加强幼儿园教师队伍建设、提高学前教育保教质量。

2012年6月，教育部印发了《教育部关于鼓励和引导民间资金进入教育领域 促进民办教育健康发展的实施意见》（教发〔2012〕10号），鼓励和引导民间资金发展教育和社会培训事业，促进民办教育健康发展。

2012年9月，为促进幼儿园教师专业发展、建设高素质幼儿园教师队伍，根据《中华人民共和国教师法》，教育部印发了《幼儿园教师专业标准（试行）》（教师〔2012〕1号，简称《专业标准》）。《专业标准》是国家对幼儿园、小学和中学合格教师专业素质的基本要求，是教师实施教育教学行为的基本规范，是引领教师专业发展的基本准则，是教师培养、准入、培训、考核等工作的重要依据。《专业标准》提出了"师德为先，幼儿为本，能力为重"的基本理念；基本内容分为"专业理念与师德""专业知识""专业能力"3个纬度，共14个领域、62条基本要求，对幼儿园教师提出了具体、全面的专业要求；提出了4条具体实施建议。国内外的经验表明，幼儿园教师的质量决定着学前教育的质量，高素质、专业化的幼儿园教师队伍是高质量的学前教育和儿童健康发展的重要保障。因此，通过科学研究与论证制定出适宜、规范的幼儿园教师专业标准，明确合格的幼儿园教师应具备的基本专业素养，并引领和促进幼儿园教师的专业发展，无论是对当下还是对长远的幼儿园教师队伍建设、学前教育事业和亿万幼儿的健康发展，都是极其重要的。《专业标准》正是应学前教育事业发展之需，在加快普及学前教育的新形势下，为保障教师队伍质量和幼儿健康成长而出台的重要文件之一。

为深入贯彻教育规划纲要，落实《国务院关于当前发展学前教育的若干意见》，帮助广大幼儿园教师和家长了解3—6岁幼儿学习与发展的基本规律和特点，全面提高科学保教水平，教育部组织专家研究制定了《3—6岁儿童学习与发展指南》（教基二〔2012〕4号，简称《指南》）。

《指南》从健康、语言、社会、科学、艺术5个领域描述幼儿的学习与发展。每个领域按照幼儿学习与发展最基本、最重要的内容划分为若干方面。每个方面由学习与发展目标和教育建议两部分组成。目标部分分别对3至4岁、4至5岁、5至6岁三个年龄段末期幼儿应该知道什么、能做什么和大致可以达到什么发展水平提出了合理期望,指明了幼儿学习与发展的具体方向。同时,针对当前学前教育普遍存在的困惑和误区,为广大家长和幼儿园教师提供了具体、可操作的指导、建议。在实施《指南》时应把握四个原则,分别是"关注幼儿学习与发展的整体性""尊重幼儿发展的个体差异""理解幼儿的学习方式和特点""重视幼儿的学习品质"。贯彻落实《指南》是加强科学保教和推进学前教育管理科学化、规范化的重要举措,是提高幼儿园教师专业素质和实践能力、全面提高学前教育质量的一项紧迫任务,是普及科学育儿知识、防止和克服"小学化"倾向的有效手段。《指南》的出台标志着政府学前教育管理理念的转变和管理职能的创新,是继《国务院关于当前发展学前教育的若干意见》(即"国十条")之后,新时期新阶段学前教育改革发展史上又一件具有重要里程碑意义的大事。

2012年9月,教育部、中央编办、财政部、人力资源社会保障部联合出台了《关于加强幼儿园教师队伍建设的意见》(教师〔2012〕11号),提出了8条意见:明确幼儿园教师队伍建设的目标;补足配齐幼儿园教师;完善幼儿园教师资格制度;建立幼儿园园长任职资格制度;完善幼儿园教师职务(职称)评聘制度;提高幼儿园教师培养培训质量;建立幼儿园教师待遇保障机制;确保各项政策措施落实到位。

2013年1月,教育部出台了《幼儿园教职工配备标准(暂行)》(教师〔2013〕1号),规定了教职工与幼儿的比例、专任教师和保育员配备、其他人员配备,从而规范幼儿园办园行为,促进幼儿园教师队伍建设,满足幼儿在园生活、游戏和学习的需要,确保幼儿接受基本的、有质量的学前教育,促进幼儿健康成长。

2015年7月,财政部和教育部发布了《中央财政支持学前教育发展资金管理办法》(财教〔2015〕222号),目的是规范和加强中央财政支持学前教育发展资金管理,提高资金使用效益,扩大学前教育资源,提高幼儿资助水平。提出重点"支持在农村和城乡结合部新建、改扩建公办幼儿园、改善办园条件",支持"农村集体举办的幼儿园向社会提供普惠性服务"。

2016年1月，为了加强幼儿园的科学管理，规范办园行为，提高保育和教育质量，促进幼儿身心健康，依据《中华人民共和国教育法》等法律法规，教育部发布了《幼儿园工作规程》（中华人民共和国教育部令第39号）。《幼儿园工作规程》从总则、幼儿入园和编班、幼儿园的安全、幼儿园的卫生保健、幼儿园的教育、幼儿园的园舍设备、幼儿园的教职工、幼儿园的经费、幼儿园家庭和社区、幼儿园的管理以及附则11个方面制定了幼儿园工作规程，明确提出幼儿园的任务是"贯彻国家的教育方针，按照保育与教育相结合的原则，遵循幼儿身心发展特点和规律，实施德、智、体、美等方面全面发展的教育，促进幼儿身心和谐发展"。《幼儿园工作规程》第十五条强调"幼儿园应当结合幼儿年龄特点和接受能力开展反家庭暴力教育，发现幼儿遭受或者疑似遭受家庭暴力的，应当依法及时向公安机关报案"。同时，针对多次被爆出的幼师虐童案，《幼儿园工作规程》第六条规定"幼儿园教职工应当尊重、爱护幼儿，严禁虐待、歧视、体罚和变相体罚、侮辱幼儿人格等损害幼儿身心健康的行为"。

2016年11月，住房城乡建设部、国家发展改革委员会批准发布了《幼儿园建设标准》（建标〔2010〕180号），明确了"幼儿园建设必须坚持'以幼儿为本'的原则，符合幼儿生理和心理成长规律。园区布局、房屋建筑和设施应功能完善、配置合理、绿色环保、经济美观，具有抵御自然灾害、保障幼儿安全的能力"。该建设标准是幼儿园建设项目决策服务和合理确定幼儿园建设水平的全国统一标准，是编制、评估和审批幼儿园建设项目建议书、可行性研究报告的依据，也是审查项目工程设计和监督检查工程项目建设全过程的尺度。

2017年1月，国务院印发了《国家教育事业发展"十三五"规划》（国发〔2017〕4号，简称《"十三五"规划》）。《"十三五"规划》提出：要加快发展学前教育，继续扩大普惠性学前教育资源，基本解决"入园难"问题；学前三年入园率到2020年达到85%；提高幼儿园保育教育质量；促进和规范民办教育发展，鼓励社会力量和民间资本以多种方式进入教育领域，提供多样化教育产品和服务；等等。

2018年7月，教育部办公厅颁布了《关于开展幼儿园"小学化"专项治理工作的通知》（教基厅函〔2018〕57号），提出"严禁教授小学课程内容。对于提前教授汉语拼音、识字、计算、英语等小学课程内容的，要坚决予以禁止。对于幼儿园布置幼儿完成小学内容家庭作业、组织小学内容有关考试测验的，要坚决予以纠正。社会培训机构也不得以学前班、幼小衔接等名义提前教授小学内容，各地要结合校外培训机构治理予以规范"等内容。

2018年11月，《中共中央 国务院关于学前教育深化改革规范发展的若干意见》发布。该意见提出了系列具体要求：实行幼儿园园长、教师定期培训和全员轮训制度；幼儿园教师培训要重点加强师德师风全员培训，对非学前教育专业教师进行全员补偿培训和未成年人保护方面的法律培训；全面提高幼儿园教师质量，建设一支高素质善保教的教师队伍；等等。

2019年1月，国务院办公厅发布了《国务院办公厅关于开展城镇小区配套幼儿园治理工作的通知》（国办发〔2019〕3号），提出城镇小区严格依标配建幼儿园、确保小区配套幼儿园如期移交、规范小区配套幼儿园使用3项工作任务。

2019年2月，中共中央、国务院印发《中国教育现代化2035》，对学前教育提出了要求：要普及有质量的学前教育；完善学前教育保教质量标准；以农村为重点提升学前教育普及水平，建立更为完善的学前教育管理体制、办园体制和投入体制；大力发展公办幼儿园，加快发展普惠性民办幼儿园。

2019年2月，中共中央、国务院印发了《加快推进教育现代化实施方案（2018—2022年）》，以此来推进学前教育普及普惠发展，健全学前教育管理机构和专业化管理队伍，加强幼儿园质量监管与业务指导。

2019年3月，国务院发布的《政府工作报告》明确提出"要针对实施全面两孩政策后的新情况，加快发展多种形式的婴幼儿照护服务，支持社会力量兴办托育服务机构，加强儿童安全保障"。

2019年4月，国务院办公厅发布了《关于促进3岁以下婴幼儿照护服务发展的指导意见》（国办发〔2019〕15号），指出3岁以下婴幼儿照护服务的发展目标："到2020年，婴幼儿照护服务的政策法规体系和标准规范体系初步建立，建成一批具有示范效应的婴幼儿照护服务机构，婴幼儿照护服务水平有所提升，人民群众的婴幼儿照护服务需求得到初步满足。到2025年，婴幼儿照护服务的政策法规体系和标准规范体系基本健全，多元化、多样化、覆盖城乡的婴幼儿照护服务体系基本形成，婴幼儿照护服务水平明显提升，人民群众的婴幼儿照护服务需求得到进一步满足。"

2019年6月，教育部印发了《幼儿园责任督学挂牌督导办法》（教督〔2019〕3号），督促县（市、区）人民政府教育督导部门为行政区域内每一所经审批注册的幼儿园（含民办）配备责任督学，实施经常性督导。

2020年2月，教育部印发了《县域学前教育普及普惠督导评估办法》（教督〔2020〕1号），在学前教育普及普惠水平方面要求学前三年毛入园率达到85%、公办园和普惠性民办园在园幼儿占比达到80%、县域内公办园在园幼儿占比达到50%，且要求农村地区每个乡镇原则上至少有一所公办中心园，学前教育公共服务网络基本完善。

2020年9月，为深入贯彻党的十九大和十九届二中、三中、四中全会精神，落实全国教育大会和习近平总书记关于教育的重要论述精神，促进学前教育事业健康发展，健全学前教育法律制度，根据宪法、教育法及其他有关法律法规，经充分调研与广泛征求意见，教育部经研究后发布《中华人民共和国学前教育法草案（征求意见稿）》，向社会公开征求意见。从学前儿童、幼儿园的规划与举办、保育与教育、教师和其他工作人员、管理与监督、投入与保障、法律责任这几个方面入手：规定了"发展学前教育应当坚持政府主导，以政府举办为主，大力发展普惠性学前教育资源，鼓励、支持和规范社会力量参与"的发展原则；规定了"对学前儿童的教育应当坚持儿童优先和儿童利益最大化原则，尊重儿童人格，保障学前儿童享有游戏、受到平等对待的权利"的儿童权利；规定了"国家建立学前教育资助制度，为经济困难家庭的学前儿童接受普惠性学前教育提供资助，保障孤儿、事实无人抚养儿童、特困人员中的儿童、家庭经济困难的残疾儿童接受免费学前教育"以保护弱势群体；规定了"幼儿园应当坚持保育与教育相结合的原则，面向全体儿童，尊重个体差异，注重习惯养成，以游戏为基本活动，创设良好的生活和活动环境，使学前儿童获得有益于身心发展的经验"的保教原则；明确了政府的统筹功能，即"省、自治区、直辖市以及设区的市、自治州人民政府负责统筹学前教育工作，健全投入机制，明确分担责任，制定政策并组织实施。县级人民政府对学前教育发展负主体责任，负责制定本地学前教育发展规划和幼儿园布局规划，负责公办幼儿园的建设、运行、教师配备补充和工资待遇保障，对幼儿园等学前教育机构进行监督管理。乡（镇）政府、城市街道办事处应当支持本辖区内学前教育发展"。

2021年4月，为贯彻落实党的十九届五中全会精神和《中共中央 国务院关于全面深化新时代教师队伍建设改革的意见》，推进师范生免试认定中小学教师资格改革，建立师范生教育教学能力考核制度，教育部研究制定了《学前教育专业师范生教师职业能力标准（试行）》（教师厅〔2021〕2号）。《学前教育专业师范生教师职业能力标准（试行）》从师德践行能力、保育和教育实践能力、综合育人能力以及自主发展能力四个方面对学前教育师范生的职业能力制定了标准。

2021年9月，国务院印发了《中国儿童发展纲要（2021—2030年）》（国发〔2021〕16号），确定了7个儿童发展领域：健康、安全、教育、福利、家庭、环境、法律保护。该纲要提出，到2030年，儿童发展的总体目标是"保障儿童权利的法律法规政策体系更加健全，促进儿童发展的工作机制更加完善，儿童优先的社会风尚普遍形成，城乡、区域、群体之间的儿童发展差距明显缩小。儿童享有更加均等和可及的基本公共服务，享有更加普惠和优越的福利保障，享有更加和谐友好的家庭和社会环境。儿童在健康、安全、教育、福利、家庭、环境、法律保护等领域的权利进一步实现，思想道德素养和全面发展水平显著提升，获得感、幸福感、安全感明显增强"。

2021年11月，中共中央发布了《中共中央关于制定国民经济和社会发展第十四个五年规划和二〇三五年远景目标的建议》，提出要建设高质量教育体系：坚持教育公益性原则，深化教育改革，促进教育公平，推动义务教育均衡发展和城乡一体化，完善普惠性学前教育保障机制。

2021年10月，中华人民共和国主席习近平签署中华人民共和国主席令第九十八号，公布了《中华人民共和国家庭教育促进法》（简称《家庭教育促进法》），该法令自2022年1月1日起施行。在家庭方面，《家庭教育促进法》提出："未成年人的父母或者其他监护人应当树立正确的家庭教育理念，自觉学习家庭教育知识，在孕期和未成年人进入婴幼儿照护服务机构、幼儿园、中小学校等重要时段进行有针对性的学习，掌握科学的家庭教育方法，提高家庭教育的能力。""未成年人的父母或者其他监护人应当与中小学校、幼儿园、婴幼儿照护服务机构、社区密切配合，积极参加其提供的公益性家庭教育指导和实践活动，共同促进未成年人健康成长。"在学前教育机构方面，《家庭教育促进法》提出："幼儿园应当将家庭教育指导服务纳入工作计划，作为教师业务培训的内容。""幼儿园可以采取建立家长学校等方式,针对不同年龄段未成年人的特点,定期组织公益性家庭教育指导服务和实践活动,并及时联系、督促未成年人的父母或者其他监护人参加。""婴幼儿照护服务机构、早期教育服务机构应当为未成年人的父母或者其他监护人提供科学养育指导等家庭教育指导服务。"

2021年12月,为深入贯彻党的十九届五中全会精神,进一步提高学前教育普及普惠水平,加强县域普通高中建设,推进基础教育高质量发展研究制定的计划,由教育部等九个部门印发实施了《"十四五"学前教育发展提升行动计划》(教基〔2021〕8号)。该计划的重点任务是补齐普惠资源短板、完善普惠保障机制、全面提升保教质量;提出10项政策措施来保障任务的完成,即优化普惠性资源布局、推进普惠性资源扩容增效、健全经费投入与成本分担机制、提高幼儿园师资培养培训质量、保障幼儿园教师配备和工资待遇、完善幼儿园规范管理机制、强化幼儿园安全保障、加大不规范办园行为治理力度、深化幼儿园教育改革、推动学前教育教研改革;提出3项组织措施即加强组织领导、完善激励机制以及强化督导问责。

2022年2月,教育部印发了《幼儿园保育教育质量评估指南》(教基〔2022〕1号,简称《评估指南》),《评估指南》以促进幼儿身心健康发展为导向,聚焦幼儿园保育教育过程质量,从办园方向、保育与安全、教育过程、环境创设、教师队伍5个方面提出15项关键指标和48个考查要点。在办园方向方面,围绕党建工作、品德启蒙、科学理念提出3项关键指标和7个考查要点,旨在促进幼儿园全面贯彻党的教育方针,落实立德树人根本任务,树立科学保育教育理念,确保正确办园方向;在保育与安全方面,围绕卫生保健、生活照料、安全防护提出3项关键指标和11个考查要点,旨在促进幼儿园加强卫生保健与安全防护工作,确保幼儿生命安全和身心健康;在教育过程方面,围绕活动组织、师幼互动、家园共育提出3项关键指标和17个考查要点,旨在促进幼儿园坚持以游戏为基本活动,理解尊重幼儿并支持其有意义地学习,强化家园协同育人,不断提高保育教育质量;在环境创设方面,围绕空间设施、玩具材料提出2项关键指标和4个考查要点,旨在促进幼儿园创设丰富适宜、富有童趣、有利于支持幼儿学习探索的教育环境;在教师队伍方面,围绕师德师风、人员配备、专业发展和激励机制提出4项关键指标和9个考查要点,旨在加强教师队伍建设，采取有效措施激励教师爱岗敬业、潜心育人。

这一阶段，公平均衡、非营利性、公益性、普惠性等成为学前教育发展的方向。该时期的学前教育政策法规具有以下的特点：一是文件出台的密度大、数量多，该时期11年出台的政策法规数量超过了过去30多年的总和；二是政策文件的针对性和全面性强，文件内容涉及教育教学类、幼儿师资和学前教师教育、经费投入、园所设施与标准类、卫生安全管理等；三是学前教育发展的外部法制环境进一步完善。①

进入21世纪，我国教育事业以科教兴国为战略出发点，全面加快推进素质教育发展的步伐，作为基础教育最基础的一环——学前教育，也随之加大了改革的力度。《幼儿园工作规程》施行后，其所倡导的新理念极大地促进了实践的发展，广大学前教育工作者能够更为深刻具体地推动"理论指导实践"口号的实施，我国学前教育也得到了空前的发展。我国学前教育政策价值取向随着当下社会政治、经济、文化背景的变化，也悄然发生了一些新的变化：学前教育政策研究始终坚持呼应国家重大政策；学前教育政策研究始终服务时代与社会变革的需求；学前教育政策研究始终关注学前教育事业发展中的关键问题。

第二节 我国城乡学前教育发展总体情况

进入21世纪以来，各级政府高度重视学前教育事业的发展，我国学前教育事业因此取得了长足的发展，各级各类的幼儿园如雨后春笋般多了起来。但在城乡二元体制下，城乡学前教育发展的差距仍然显著。乡村教育基础薄弱、人口流动性大、公共服务不完善等因素严重阻碍了学前教育的发展。

---

① 参见张利洪《改革开放40年我国学前教育政策法规的历程、成就与反思》，载《陕西师范大学学报（哲学社会科学版）》2019年第1期，第54—60页。

一、全国学前教育事业发展迅速,城乡不均衡问题较为突出

(一)城乡幼儿园总量及在园幼儿数

进入 21 世纪后,以 2001 年为分水岭,全国幼儿园数量呈现出先骤减后逐渐上升、再缓慢回升的趋势。到 2020 年,全国幼儿园数量已达 29.17 万所,入园幼儿数达到 4818.26 万人。

表 1-1 21 世纪以来全国幼儿园基本情况

年份	幼儿园数/万所				在园幼儿数/万人			
	合计	城市	县镇	农村	合计	城市	县镇	农村
2000	17.58	3.69	4.54	9.35	2244.18	503.07	578.24	1162.88
2001	11.17	2.78	3.09	5.30	2021.84	464.05	512.33	1045.45
2002	11.18	2.93	3.33	4.91	2036.02	488.67	542.45	1004.90
2003	11.64	3.16	3.42	5.06	2003.91	349.79	537.90	940.40
2004	11.79	3.29	3.07	5.43	2089.40	553.43	539.35	996.62
2005	12.44	3.33	3.09	6.02	2179.03	569.18	592.92	1016.92
2006	13.05	3.18	3.39	6.47	2263.85	538.04	677.97	1047.84
2007	12.91	3.29	3.48	6.13	2348.83	591.47	724.25	1033.12
2008	13.37	3.32	3.63	6.43	2474.96	623.54	784.06	1067.36
2009	13.82	3.35	3.83	6.64	2657.81	669.32	862.49	1126.00
2010	15.04	3.58	4.30	7.16	2976.67	752.58	1010.06	1214.03
2011	16.68	5.36	5.45	5.87	3424.45	1147.15	1283.50	993.80
2012	18.13	5.77	6.05	6.31	3685.76	1250.81	1395.18	1039.77
2013	19.86	6.13	6.74	6.99	3894.69	1317.56	1497.88	1079.25
2014	20.99	6.58	7.15	7.26	4050.71	1405.95	1554.90	1089.86
2015	22.37	6.90	7.74	7.73	4264.83	1489.79	1661.46	1113.58

续表 1-1

年份	幼儿园数/万所				在园幼儿数/万人			
	合计	城市	县镇	农村	合计	城市	县镇	农村
2016	23.98	7.42	8.17	8.39	4413.86	1591.06	1705.27	1117.53
2017	25.50	7.90	8.58	9.02	4600.14	1706.85	1757.50	1135.79
2018	26.67	8.37	8.89	9.41	4656.42	1773.60	1773.28	1109.54
2019	28.12	8.96	9.29	9.87	4713.88	1882.00	1778.14	1053.74
2020	29.17	9.50	9.52	10.15	4818.26	1996.96	1793.81	1027.49

数据来源：《2022 年中国教育统计年鉴》（https://www.yearbookchina.com/navibooklist-n3022021706-1.html）。

保障每个幼儿都能够享有均等的入园机会是实现城乡学前教育均衡发展的重要措施。当前城乡学前教育在幼儿园数量、在园幼儿数等方面存在着明显差异，城乡幼儿还未充分享受均等的学前教育。

1. 城乡幼儿园数量差距显著

影响幼儿入园的首要因素是幼儿园的数量。在一定程度上，幼儿园数量决定了幼儿入园的难易程度。洪秀敏和罗丽对 2005—2010 年城乡幼儿园数量进行统计分析后发现，城乡幼儿园数量比例呈现扩大趋势。[1] 张绘对全国学前教育发展情况进行分析后指出，当前城乡学前教育发展不均衡问题依旧严重，许多贫困地区尚未建立幼儿园。[2] 刘启艳和刘锰在 2011 年对贵州省乡镇幼儿园进行调查研究后发现，贵州省大部分乡镇地区尚未建立公办幼儿园。[3]

2. 城乡幼儿入园机会存在显著差异

我国城区及镇区在园幼儿数占总体比例呈缓慢上升趋势，而农村在园幼儿比例却呈逐渐下降趋势。城乡在园幼儿数的显著差异固然与我国推进

---

[1] 参见洪秀敏、罗丽《公平视域下我国城乡学前教育发展差异分析》，载《教育学报》2012 年第 5 期，第 73-81 页。

[2] 参见张绘《"十二五"时期我国学前教育经费投入评价分析及改革建议》，载《经济研究参考》2016 年第 50 期，第 84-92 页。

[3] 参见刘启艳、刘锰《西部城乡学前教育现状、问题及其对策：以贵州省学前教育发展为例》，载《贵州社会科学》2013 年第 4 期，第 164-168 页。

新型城镇化所带来的城乡人口结构变化、农业转移人口市民化及人口生育政策的调整等有关。但目前我国农村3—6岁适龄幼儿数量仍然占据全国总量的一半,而在园幼儿数却显著低于城区和镇区,由此可见我国城乡幼儿的入园机会及入园率存在显著差异。

（二）办园体制情况

21世纪初,我国已经初步建立起了社会主义市场经济体制。为了激励、规范民办教育发展,政府在这个时期颁布发行了一系列法律法规、政策。在政府以激励为主的政策导向下,同时也在市场机制充分发挥作用、市场主体大幅进入学前教育领域的情况下,我国的民办学前教育呈现出持续快速发展的局面。与此同时,民办学前教育成为我国学前教育事业的主体力量（见表1-2）。而随着市场在经济社会中的作用不断提升,国家也进一步肯定民办教育的价值。例如,2010年7月颁布的《国家中长期教育改革和发展规划纲要（2010—2020年）》提出"民办教育是教育事业发展的重要增长点和促进教育改革的重要力量",要"大力支持民办教育",要"积极探索营利性和非营利性民办学校分类管理"。2010年11月,《国务院关于当前发展学前教育的若干意见》提出,要采用"多种形式扩大学前教育资源","积极扶持民办幼儿园特别是面向大众、收费较低的普惠性民办幼儿园发展。采取政府购买服务、减免租金、以奖代补、派驻公办教师等方式,引导和支持民办幼儿园提供普惠性服务。民办幼儿园在审批登记、分类定级、评估指导、教师培训、职称评定、资格认定、表彰奖励等方面与公办幼儿园具有同等地位"。2012年6月,教育部发布《国家教育事业发展第十二个五年规划》,提出"落实促进民办教育发展的政策"。2018年发布的《中共中央 国务院关于学前教育深化改革规范发展的若干意见》提出要"鼓励社会力量办园。政府加大扶持力度,引导社会力量更多举办普惠性幼儿园。2019年6月底前,各省（自治区、直辖市）要进一步完善普惠性民办园认定标准、补助标准及扶持政策"。

表 1-2 全国民办幼儿园数及其比率

年份	全国幼儿园数/万所	民办幼儿园数/万所	占比/%
2000	17.58	4.43	25.20
2001	11.17	4.45	39.83
2002	11.18	4.84	43.29
2003	11.64	5.55	47.68
2004	11.80	6.22	52.70
2005	12.44	6.88	55.30
2006	13.05	7.54	57.78
2007	12.91	7.76	59.46
2008	13.37	8.31	62.15
2009	13.82	8.93	64.62
2010	15.04	10.23	68.02
2011	16.68	11.54	69.18
2012	18.13	12.46	68.73
2013	19.86	13.35	67.22
2014	20.99	13.93	66.36
2015	22.37	14.64	65.44
2016	23.98	15.42	64.30
2017	25.50	16.04	62.90
2018	26.67	16.58	62.17
2019	28.12	17.32	61.59
2020	29.17	16.80	57.59

数据来源：中华人民共和国教育部门户网站（http://www.moe.gov.cn/jyb_sjzl/moe_560/2020/）。

总之，在国家和地方快速推进学前教育事业发展的浪潮中，近十年来，我国的民办幼儿园得到了政策和财政的大力扶持，民办学前教育事业稳步前行。2012年是第一期学前教育行动计划（2011—2013年）初显成效的年份。在各地大力加强公办幼儿园建设的行动中,2012 年后民办幼儿园数占总比逐年下降。民办幼儿园数占总比从 2012 年开始逐年下降,到 2020 年降至 57.59%,这与政府加强学前教育公共服务供给有关。

(三) 城乡幼儿园专任教师情况

城乡学前教育教师资源配置是衡量城乡学前教育人力资源配置的主要指标。但有关调查发现,我国城乡幼儿园教师数量差距显著。洪秀敏、罗丽调查 2005—2010 年全国城乡幼儿园教师数量时,发现"农村学前专任教师总量不足城镇的四分之一"[1]。刘明远、万国威对 2010 年和 2011 年全国城乡幼儿园的师生比进行研究后发现,城乡幼儿园师生比差距显著[2]。另外,城乡幼儿园教师素质差距显著。陈纯槿、范洁琼研究指出,"当前,农村幼儿园教师队伍存在发展水平和均衡水平'双低'问题"[3]。

1. 城乡幼儿园师生比差异显著

2013 年,教育部发布的《幼儿园教职工配备标准(暂行)》规定,"全日制幼儿园每班配备 2 名专任教师和 1 名保育员,或配备 3 名专任教师;半日制幼儿园每班配备 2 名专任教师,有条件的可配备 1 名保育员"。我国现有学前教师配备情况严重低于国家标准要求,幼儿园教师补充严重滞后于幼儿园的发展速度。在农村地区,专任教师极其缺乏,大多为非学前教育专业的代课教师,而配置保育员的幼儿园更是少之又少。

2. 城乡幼儿园专任教师差异显著

进入 21 世纪,我国城乡幼儿园专任教师数总体呈现先下降后上升的趋势。2001 年后,我国农村幼儿园专任教师数远远低于城市、县镇幼儿园的专任教师数(见表 1 - 3)。目前,我国部分县镇及乡村幼儿园为弥补师资的不足,聘请了大量非学前教育专业背景的代课教师。而学前教育对

---

[1] 洪秀敏、罗丽:《公平视域下我国城乡学前教育发展差异分析》,载《教育学报》2012 年第 5 期,第 73 - 81 页。

[2] 参见刘明远《当前我国学前教育教师队伍建设面临的问题与对策》,载《教师教育研究》2014 年第 2 期,第 1 - 5 页。参见万国威《教育福利视角下我国学前教育的地区发展差异:基于对我国 31 省市学前教育状况的定量分析》,载《学前教育研究》2011 年第 11 期,第 3 - 11 页。

[3] 陈纯槿、范洁琼:《我国学前教育综合发展水平的省际比较与分析》,载《学前教育研究》2018 年第 12 期,第 14 - 27 页。

教师的专业素养及能力的要求是极高的，再加上农村教师各个方面的福利待遇不如城镇，严重影响了农村教师队伍的稳定性，无法有力保障农村学前教育的发展质量。

表1-3 全国城乡幼儿园专任教师数

单位：万人

年份	合计	城市	县镇	农村
2000	85.65	26.98	24.12	34.55
2001	54.62	23.80	18.28	12.54
2002	57.12	25.35	19.71	12.06
2003	61.29	27.86	20.66	12.77
2004	65.61	30.16	20.58	14.87
2005	72.16	32.20	23.01	16.95
2006	77.65	32.29	26.37	18.99
2007	82.67	35.71	27.96	19.00
2008	89.85	38.14	30.85	20.86
2009	98.58	41.11	34.23	24.24
2010	114.42	46.28	40.55	27.59
2011	131.56	66.07	45.32	20.17
2012	147.92	73.72	51.24	22.96
2013	166.35	80.22	59.30	26.83
2014	184.41	88.44	65.90	30.07
2015	205.10	95.63	75.33	34.14
2016	223.21	104.86	81.30	37.05
2017	243.21	115.06	87.70	40.45
2018	258.14	123.10	92.48	42.56
2019	276.31	133.64	97.83	44.84
2020	291.34	143.08	102.12	46.14

数据来源：中华人民共和国教育部门户网站（http://www.moe.gov.cn/jyb_sjzl/moe_560/2020/）。

3. 城乡幼儿园教师学历差异显著

农村幼儿园教师与城市幼儿园教师的差异不仅体现在量上，更体现在质的差异上。与幼儿园教师数量城乡分配不均相比，高学历教师的城乡分布不平衡更为"严重"。一直以来，我国农村专任幼儿园教师学历层次总体偏低，与城镇幼儿园教师的学历差距显著。

（四）城乡幼儿园办园条件

一直以来，办园条件都是学前教育质量极其重要的衡量标准，也是保障学前教育教学质量的基本条件。长期以来，我国大部分农村地区幼儿园办园条件差，不能够为幼儿提供基本的生活设施与教学设备，如房舍条件差，活动室面积不足，缺乏适合幼儿的饮水、洗手、厕所等设施，不能为幼儿提供基本的玩具、图书和教学设备，等等。虽然随着我国社会的高速发展以及政府部门的财政投入，我国城乡幼儿园的园舍建筑面积、生均活动室面积、生均户外活动面积和生均图书的数量等差距有逐渐缓慢减小的趋势，但是差距依然十分明显，我国农村地区办园条件和幼儿学习生活条件与城镇幼儿相比依然十分落后。

二、对于城乡学前教育均衡发展的思考

党的十九大明确指出，"建设教育强国是中华民族伟大复兴的基础工程，必须把教育事业放在优先位置，深化教育改革，加快教育现代化，办好人民满意的教育。要全面贯彻党的教育方针，落实立德树人根本任务，发展素质教育，推进教育公平，培养德智体美全面发展的社会主义建设者和接班人。推进城乡义务教育一体化发展，高度重视农村义务教育，办好学前教育、特殊教育和网络教育，普及高中阶段，努力让每个孩子都能享有公平而有质量的教育"[①]。

通过对比城乡学前教育的发展情况发现，我国尚未形成覆盖城乡、优质均衡的学前教育公共服务体系，城乡学前教育在很多方面仍存在显著的

---

① 习近平：《决胜全面建成小康社会夺取新时代中国特色社会主义伟大胜利：在中国共产党第十九次全国代表大会上的报告》，见共产党员网（https://www.12371.cn/2017/10/27/ARTI1509103656574313.shtml），访问日期：2022 年 5 月 22 日。

差距。我国必须要从教育立法、资源配置、师资建设等方面采取措施，促进城乡学前教育的均衡发展。

（一）推进学前教育立法，将学前教育纳入义务教育

自从我国实施三孩生育政策后，如何减轻养育子女的负担、提高学前教育普及普惠水平成为了老百姓普遍关心的问题。对此，全国人大代表、南京市浦口区霞光幼儿园园长蒋宇霞建议，将学前教育纳入义务教育范畴，切实缓解年轻父母的养育痛点。

教育部相关数据显示，到2020年，全国学前三年毛入园率已达到85.2%，普惠性幼儿园覆盖率已达到84.7%。① 到2025年，全国学前三年毛入园率计划达到90%以上，并进一步提高普惠性幼儿园覆盖率。②

"学前教育是国民教育体系的重要组成部分，是重要的社会公益事业。"蒋宇霞代表说，义务教育具有强制性、基础性和普遍性等特点，这与学前教育的特点相契合。"比如，所有适龄儿童都应该接受学前教育，以此来提高孩子的认知能力、动手能力和分辨能力；孩子的看、说、动手、分辨等能力要从零学起，具有最原始的基础性。"

"当前，老百姓对学前教育的主要诉求就是解决'入园难''入园贵'问题。为此，将幼儿园纳入十二年义务教育体系十分必要。"蒋宇霞代表同时建议，要进一步健全城乡学前教育公共服务体系，防止普惠幼儿园现有人力资源的"人为"流失，大力推进学前教育的普及普惠和安全优质发展，真正满足老百姓接受普惠性学前教育的需求，切实减轻家庭教育负担，促进人口结构逐步优化、人口素质进一步提升。③

---

① 中华人民共和国教育部：《中国教育概况：2020年全国教育事业发展情况》，见中华人民共和国教育部网（http://www.moe.gov.cn/jyb_sjzl/s5990/202111/t20211115_579974.html），访问日期：2022年5月22日。

② 中华人民共和国教育部：《"十四五"学前教育发展提升行动计划》，见中华人民共和国教育部网（http://www.moe.gov.cn/srcsite/A06/s7053/202112/t20211216_587718.html），访问日期：2022年5月22日。

③ 缪志聪、柯进、刘博智：《三位基层代表的教育关切：教师，教师，还是教师！》，见人民网（http://edu.people.com.cn/n1/2016/0317/c1053-28206899.html），访问日期：2022年5月22日。

（二）强化政府的主体责任，合理布局城乡学前教育资源，加大财政投入

强化政府引领学前教育公平的主体责任，保障城乡普惠性学前教育资源的充分合理性供给，同时政府应当将财政投入作为缩小学前教育区域差别、实现城乡学前教育均衡发展的利器，利用财政工具加强对学前教育发展的宏观调控能力。首先，合理规划统筹城乡学前教育资源布局。政府作为最重要的公共服务提供者，有责任也有能力通过对教育资源的优化配置来促进城乡学前教育均衡发展。其次，多种形式扩大普惠性学前教育资源，以缓解"入园难"问题为突破口，做到同步推进城乡幼儿园建设。最后，必须建立城乡一体化的学前教育财政投入预算制度，确保财政经费投入的稳定性与资金分配的合理性。

（三）建立幼儿师资培养补充及保障机制，提高农村幼儿园教师岗位的吸引力

当前，城乡学前教育均面临着幼儿园教师师资短缺的问题，尤其在农村地区，幼儿园教师短缺的情况极为严重。因此，教师补充与教师质量问题是当前城镇化进程中我国学前教育面临的最急迫、最艰巨的任务。为了改善这种情况，可以采取一些举措。首先，逐步扩大学前教育专业师范生的招生规模，多措并举拓宽幼儿园教师师资供给补充渠道，高效增加学前教育教师。其次，重塑幼儿园教师的专业认同，切实提高幼儿园教师职业吸引力，同时还应提高乡村教师的薪资待遇，并在教师编制、职称评定、教育福利等方面予以一定的优惠政策，在吸收优秀人才到农村任教的同时激发乡村教师的工作积极性。最后，加强教师在职培训及城乡交流，保证幼儿园教师师资的高质量高品质。正如教育部、国家发展改革委、财政部联合发布的《关于实施第二期学前教育三年行动计划的意见》（教基二〔2014〕9号）所提出的，"各省（区、市）制定幼儿园教师培养规划，扩大培养规模。鼓励地方建立完善学前教育师范生免费教育制度，为农村幼儿园培养一批学前教育专业专科层次教师。各地可聘任优秀的幼儿园退休教师，到教师资源短缺的农村地区任教或开展巡回支教。建立满足不同层次和需求的培训体系"。

（四）加大学前教育的宣传力度，发展多样化的办园形式

政府主导是保证农村学前教育健康发展的重要前提。由于农村经济发展相对落后，大部分人的学前教育意识淡薄。在这种情况下，要发展好农村学前教育，就要充分发挥政府的主体责任。因此，政府需重新审视学前教育的重要性，动员全社会关注和支持学前教育。同时，应鼓励多样化的学前教育形式，拓宽办学资金渠道，调动社会力量来发展学前教育，鼓励民办学前教育机构进入农村建设幼儿园。在鼓励建设民办幼儿园的同时，政府要从实际出发，制订合适的民办学前教育机构评估体系和政策，规范办园条件和行为等，从而更好地引导、发展多样化的办园形式，促进农村学前教育事业的蓬勃发展。

第三节 我国农村学前教育发展情况

一、农村学前教育发展的重要性

党的十八大后，从各级幼儿园的总数、在园的幼儿数等数据来看，我国的农村学前教育都已经实现了跨越式的发展。当然，我们在看到农村学前教育取得巨大成绩的同时，也应该直视农村学前教育发展的"短板"和"阵痛"：幼儿园教育资源供给呈现一定的区域性特征，师资力量不足、教学设施设备短缺的问题仍十分严重。

在农村，学前教育能够改善当前农村人口素质低下的情况，保证农村后期教育的质量。农村学前教育的良好实施可以提高农村教育整体水平，促进农村幼儿健康成长和教育体系健康稳定发展，从而促进国家稳定发展。

党的十九大指出："优先发展教育事业、办好人民满意的教育。"同时，习近平总书记在十九大报告中指出："在幼有所育、学有所教、劳有

所得、病有所医、老有所养、住有所居、弱有所扶上不断取得新进展。"①习近平总书记强调要优先发展教育事业，要推动城乡义务教育一体化发展，必须高度重视农村教育，办好各个阶段的教育。农村学前教育是我国学前教育事业的重要组成部分，陶行知先生认为幼儿教育应面向工厂和农村，为广大的劳苦大众服务。学前教育对于农村学前儿童的身心发展和农村振兴都发挥着重要作用，因此办好农村学前教育是一项重任。近几年，我国学前教育事业蒸蒸日上，但在城乡二元化结构模式的背景下，城乡差距显著，这种差距在基础教育和学前教育的发展上体现得更为突出，特别是中西部地区，农村学前教育的发展仍有很大的进步空间。加快构建农村学前教育公共服务制度体系是解决农村学前教育入学率低、设备简陋、幼儿园教师质量参差不齐等问题的根本途径，也是践行党的十九大关于"幼有所育"精神指示的必然选择。

二、当前我国农村学前教育基本情况

表1-4　20世纪农村学前教育基本情况

年份	农村幼儿园数/万所	农村在园幼儿数/万人	农村专任教师数/万人
2000	9.35	1162.88	34.55
2001	5.30	1045.45	12.54
2002	4.91	1004.90	12.06
2003	5.06	940.40	12.77
2004	5.43	996.62	14.87
2005	6.02	1016.92	16.95
2006	6.47	1047.84	18.99
2007	6.13	1033.12	19.00
2008	6.43	1067.36	20.86

---

① 习近平：《决胜全面建成小康社会夺取新时代中国特色社会主义伟大胜利：在中国共产党第十九次全国代表大会上的报告》，见共产党员网（https://www.12371.cn/2017/10/27/ARTI1509103656574313.shtml），访问日期：2022年5月22日。

续表 1-4

年份	农村幼儿园数/万所	农村在园幼儿数/万人	农村专任教师数/万人
2009	6.64	1126.00	24.24
2010	7.16	1214.03	27.59
2011	5.87	993.80	20.17
2012	6.31	1039.77	22.96
2013	6.99	1079.25	26.83
2014	7.26	1089.86	30.07
2015	7.73	1113.58	34.14
2016	8.39	1117.53	37.05
2017	9.02	1135.79	40.45
2018	9.41	1109.54	42.56
2019	9.87	1053.74	44.84
2020	10.15	1027.49	46.14

数据来源：《2020年中国教育统计年鉴》（https://www.yearbookchina.com/navibooklist-n3022021706-1.html）。

如表1-4所示，2011年后我国农村幼儿园的数量呈现出逐年增长的趋势。到2020年，我国农村幼儿园达到10.15万所，此时，我国农村在园幼儿数为1027.49万人。与我国庞大的农村幼儿数量相比，我国的农村幼儿园的数量无法满足我国农村适龄学前儿童的需求。罗英智、李卓在调查中发现，近几年农村幼儿园数量稳中有升，但覆盖面不足，难以满足就近入学的要求。① 罗如飞在对南涧县农村幼儿教育发展现状进行调查后发现，该县有67所村级幼儿园和80个村委会，平均起来，一个村委会无法配备一所幼儿园。② 周芬芬从全国的角度研究发现，我国农业人口占全国总人口的80%，但是农村幼儿园只占全国幼儿园总数的47%，这远远满

---

① 参见罗英智、李华《发展农村学前教育策略的思考》，载《辽宁教育研究》2008年第4期，第42-45页。
② 参见罗如飞《南涧县农村幼儿教育发展现状研究》（学位论文），云南大学公共管理学院2015年，第25页。

足不了农村幼儿的入学需求。①

2013年，由教育部发布的《幼儿园教职工配备标准（暂行）》规定："全日制幼儿园每班配备2名专任教师和1名保育员，或配备3名专任教师；半日制幼儿园每班配备2名专任教师，有条件的可配备1名保育员"。而截至2020年，我国农村学前教育师生比仅达到1∶22.27，远远低于国家规定。农村学前教育事业发展还存在许多发展困境。

（一）从社会环境的角度看农村学前教育的现状

由于受到经济条件、文化背景等因素的制约，农村学前教育目前仍处于教育的边缘地界。一方面，学前教育不属于义务教育范围，人们普遍不够重视；另一方面，各级教育机构的关注和支持力度不强。大多数农村人民对于学前教育并不重视，他们认为幼儿不需要去幼儿园接受专门的教育。但是学前教育是一系列专业的认知教育，幼儿在家中很难得到系统的教育。单纯的家庭教育模式对提高幼儿智力的作用很小。另外，一些农村家长将孩子送入幼儿园是因为太忙，没时间看管，把幼儿园当成孩子的看管场所，因此并不关注幼儿园的基础设施、师资状况、教学质量等问题。

（二）从学校的角度看农村学前教育的现状

无论是教育还是经济方面，农村都与城市有着很大的距离。尽管国家在经济方面给农村学前教育的发展提供了前所未有的支持，但不可否认的是，在农村学前教育方面我国并没有取得相应的成效。硬件设施不完善、没有物质基础的农村教育很难真正做到"学前教育"。目前，大多数的农村幼儿园都不具备根本的基础硬件设施，幼儿园教师只能教幼儿识字。农村幼儿园缺乏长远的规划、统一的标准，加上农村幼儿园的周边环境多为热闹的市集或者偏僻的田地，土地不能被合理地利用，且农村的学前教育机构多为小学所附属的学前班，形式较为单一、衔接性较差，不利于幼儿发展的连续性和统一性。随着城市化进程的加快，城市与农村的差距越来越大，农村学前教育的地位也更加弱化。

---

① 参见周芬芬《农村中小学布局调整对教育公平的损伤及补偿策略》，载《教育理论与实践》2008年第19期，第31-34页。

（三）从师资力量看农村学前教育的现状

农村地区学校的薪资待遇较低，与城市学校相比毫无竞争力，因此在高速发展的现代社会很难吸引优秀的教师人才。从幼儿园教师的学历来看，农村幼儿园教师的学历与城市幼儿园教师相比普遍较低。由于受到学校经费的制约，一些农村教师很少有机会能够去城市进修，其教育理念和教育手段落后，至今仍然使用古板而又严厉的教育理念和手段来教育幼儿。年轻优秀的幼儿园教师向往着城市，而年长的幼儿园教师面临退休的农村学前教育师资局面，导致了农村教师严重缺编，幼儿园教师数量紧缺。同时，农村学前教育师生比例失调，教师工作烦琐、保教结合。而农村教师队伍中还存在着教师队伍结构、职称结构不合理、年龄不合理、老中青教师梯队结构不合理等问题，并且农村还存在大量的民办教师以及大龄教师占岗的情况等。

三、我国农村0—3岁幼儿早期教育的情况

（一）0—3岁阶段教育的缺失

随着三胎政策的实施，我国政府越来越重视婴幼儿的早期教育问题，并将早期教育置于终身教育体系中，从过去主要发展幼儿教育向下延伸至0—3岁婴幼儿的教育。在农村中，0—3岁孩子大多数留在家庭中养育，年轻家长本身综合素质并不高，且由于缺乏科学的指导，很多家长对幼儿教育存有认知偏差。

（二）家庭内部的不赞同

在农村，不少家庭是由孩子的爷爷奶奶和父母共同承担养育孩子的工作，在教育孩子的方式方法上，祖辈与父辈难免会由于眼界的不同而存在着差异。而有些家庭是由爷爷奶奶抚养幼儿，因而更加不重视0—3岁的早期教育。

（三）经济情况的不支持

由于农村的经济处于长期的滞后中，这种现状直接影响了家庭的收入

水平。一些劳动力较少的家庭无法支付大量的幼儿教育费用。

我国农村早期教育机构主要以自筹私办为主，而且起步晚、底子薄，机构设施不完善，最终使得早期农村早教机构数量寥寥无几，远低于城市早教机构的数量。一直以来，农村早期教育的需求低、待遇低，对专业人才吸引力小，以致专业师资缺口大、教师资源水平低，这直接导致了农村早教师资极度匮乏。在农村，一位教师不仅要管理多个班级，而且还要负责保育和教育的工作，这也使得城乡早期教育质量发展不平衡。教师质量低和数量少是导致教育不平衡的重要因素。农村地区地理位置较偏僻，且经济文化发展水平普遍较低，大大影响了早期教育的普及，许多正规的早期教育机构难以在农村立足。

四、我国农村学前教育发展困境的成因

（一）政府职责的缺失

政府在农村学前教育的规划和管理方面存在一定的责任缺失，虽然农村学前教育与政府的治理业绩相关，但是在市场经济环境影响下，政府往往将精力和资金都投到与经济发展有关的事业上，忽略了学前教育。对于农村来说，由于资金有限，如果对学前教育没有进行规划和严格管理，那么就会导致农村学前教育发展迟缓。除了资金投入之外，一些农村幼儿园教师的教育理念和教育手段也比较落后，他们没有意识到学前教育与小学教育的差异，常常误以为幼儿就是年龄小的儿童，与其他年龄段的儿童无差异，这也就导致了学前教育小学化的现象。对此，政府部门应加大监管力度，建议出台有关政策，建立督促检查、考核奖励制度，确保学前教育的各项发展举措落到实处，取得实效。还应为农村幼儿园教师提供学习交流的机会，以此来更新其教育理念、教育手段，从而更好地教育幼儿。

（二）农村自身的弱势地位

与城市相比，农村的学前教育并没有得到社会的广泛关注，始终处于弱势地位。一般来说，政府在做规划时会优先考虑城市建设，在资金投入时也优先考虑城市经济发展的需求，相较来说，农村是处于弱势地位的。随着城市化进程的加快，城市与农村的差距逐渐加大，这更弱化了农村学

前教育的地位。

（三）家长和教师的认知偏差

在农村地区，部分家长的文化素质不高，对学前教育的了解也较少，没有科学的育儿知识，也接触不到科学有效的教育方法。同时，农村有大量的留守儿童，隔代教养让农村的学前教育面临巨大的挑战。

农村的低薪酬容易让农村幼儿园教师的积极性受到打击，并且部分农村幼儿园教师由于受到的学前教育培训不够，误认为幼儿园的教育教学工作只是哄孩子玩好、吃好、睡好。

2010年7月，中共中央印发了《国家中长期教育改革和发展规划纲要（2010—2020年）》，《教育规划纲要》特别提出要"重点发展农村学前教育"。2010年11月印发的《国务院关于当前发展学前教育的若干意见》明确指出："发展学前教育，必须坚持公益性和普惠性，努力构建覆盖城乡、布局合理的学前教育公共服务体系，保障适龄儿童接受基本的、有质量的学前教育。"2019年2月，中共中央、国务院印发了《中国教育现代化2035》，对学前教育提出了要求：要普及有质量的学前教育；完善学前教育保教质量标准；以农村为重点提升学前教育普及水平，建立更为完善的学前教育管理体制、办园体制和投入体制，大力发展公办园，加快发展普惠性民办幼儿园。2021年，中共中央发布了《中共中央关于制定国民经济和社会发展第十四个五年规划和二〇三五年远景目标的建议》，提出要建设高质量教育体系：坚持教育公益性原则，深化教育改革，促进教育公平，推动义务教育均衡发展和城乡一体化，完善普惠性学前教育保障机制。

总之，这些政策的发布为城市，尤其是农村学前教育的发展带来了新的机遇，通过落实政府责任、加大投入力度、明确发展重点、关注特殊群体，将使城市、农村学前教育实现快速发展，使更多城市、农村幼儿有机会接受学前教育。《教育规划纲要》为我国学前教育的发展指明了方向，坚持学前教育的普及与公平已经成为中国学前教育的发展战略，我国学前教育事业的发展迎来了新的春天。

第二章 "乡村振兴"背景下农村学前教育公共服务的理论阐释

第一节 "乡村振兴"背景下农村学前教育公共服务的内涵

在"乡村振兴"背景下探讨农村学前教育公共服务，首先要弄清楚几个概念：什么是农村，什么是"乡村振兴"，什么是学前教育公共服务？本节将一一介绍其概念及内涵。

一、农村

根据宪法规定，我国行政区域划分为："（一）全国分为省、自治区、直辖市；（二）省、自治区分为自治州、县、自治县、市；（三）县、自治县分为乡、民族乡、镇。直辖市和较大的市分为区、县。自治州分为县、自治县、市。自治区、自治州、自治县都是民族自治地方。"[①] 此外，《江苏省乡村教师支持计划实施办法（2015—2020年）》[②]（苏政办发〔2015〕134号）明文指出，该实施办法中的乡村教师是指包括县级政府

---

① 《中华人民共和国宪法》，见中国政府网（https://www.gov.cn/guoqing/2018-03/22/content_5276318.htm），访问日期：2022年5月22日。

② 江苏省人民政府办公厅：《省政府办公厅关于印发江苏省乡村教师支持计划实施办法（2015—2020年）的通知》，见江苏省人民政府网（http://www.jiangsu.gov.cn/art/2015/12/18/art_46144_2545390.html），访问日期：2022年5月22日。

驻地以外的乡镇、涉农街道和村庄学校（含幼儿园、中小学、特殊教育学校、中等职业学校）的教师。根据我国行政区划，且依据江苏省"乡村教师补助"发放对象来看，本研究的农村特指县以下行政单位，即镇、乡、社区、村。

二、"乡村振兴"

乡村是具有自然、社会、经济特征的地域综合体，兼具生产、生活、生态、文化等多重功能，与城镇互促互进、共生共存，共同构成人类活动的主要空间。乡村兴则国家兴，乡村衰则国家衰。我国人民日益增长的美好生活需要和不平衡不充分的发展之间的矛盾在乡村最为突出，我国仍处于并将长期处于社会主义初级阶段的特征很大程度上表现在乡村。全面建成小康社会和全面建设社会主义现代化强国，最艰巨最繁重的任务在农村，最广泛最深厚的基础在农村，最大的潜力和后劲也在农村。[1]

新中国成立以来，解决"三农"问题一直都是党和国家工作的重点。早在2013年中央农村工作会议上，习近平总书记就明确提出："中国要强，农业必须强；中国要美，农村必须美；中国要富，农民必须富。""乡村振兴"是基于当前我国发展不平衡不充分问题提出的改善政策，是实现社会发展公平公正的必要举措。实现"乡村振兴"、农业农村优先发展，不是空喊口号，是任何时候都不能忘记农民、漠视农村，是降低城乡差距、树立看齐意识，是落实的国民经济社会总体发展战略中的优先，是制度设计中的优先，是资源配置的优先。[2] 2017年，习近平总书记在党的十九大报告中提出："实施乡村振兴战略。农业农村农民问题是关系国计民生的根本性问题，必须始终把解决好'三农'问题作为全党工作重中之重。要坚持农业农村优先发展，按照产业兴旺、生态宜居、乡风文明、治理有效、生活富裕的总要求，建立健全城乡融合发展体制机制和政策体系，加快推进农业农村现代化。巩固和完善农村基本经营制度，深化农村土地制度改革，完善承包地'三权'分置制度。保持土地承包关系稳定

---

[1] 《中共中央 国务院印发〈乡村振兴战略规划（2018—2022年）〉》，见中国政府网（http://www.gov.cn/zhengce/2018-09/26/content_5325534.htm），访问日期：2022年5月22日。

[2] 参见刘奇《乡村振兴需要内外兼修》，载《农村工作通讯》2017年第21期，第1页。

并长久不变,第二轮土地承包到期后再延长三十年。深化农村集体产权制度改革,保障农民财产权益,壮大集体经济。确保国家粮食安全,把中国人的饭碗牢牢端在自己手中。构建现代农业产业体系、生产体系、经营体系,完善农业支持保护制度,发展多种形式适度规模经营,培育新型农业经营主体,健全农业社会化服务体系,实现小农户和现代农业发展有机衔接。促进农村一二三产业融合发展,支持和鼓励农民就业创业,拓宽增收渠道。加强农村基层基础工作,健全自治、法治、德治相结合的乡村治理体系。培养造就一支懂农业、爱农村、爱农民的'三农'工作队伍。"[①]

自"乡村振兴战略"提出以来,中共中央、国务院陆续出台多项政策文件,对实现乡村振兴做出全面部署,2018年2月颁发了中央一号文件《中共中央 国务院关于实施乡村振兴战略的意见》,同年9月印发了《乡村振兴战略规划(2018—2022年)》,2021年2月印发了中央一号文件《中共中央 国务院关于全面推进乡村振兴 加快农业农村现代化的意见》。

《中共中央 国务院关于全面推进乡村振兴加快农业农村现代化的意见》指出,"十三五"时期,现代农业建设取得重大进展,乡村振兴实现良好开局。粮食年产量连续保持在1.3万亿斤以上,农民人均收入较2010年翻一番多。新时代脱贫攻坚目标任务如期完成,现行标准下农村贫困人口全部脱贫,贫困县全部摘帽,易地扶贫搬迁任务全面完成,消除了绝对贫困和区域性整体贫困,创造了人类减贫史上的奇迹。农村人居环境明显改善,农村改革向纵深推进,农村社会保持和谐稳定,农村即将同步实现全面建成小康社会目标。"十四五"时期,是乘势而上开启全面建设社会主义现代化国家新征程、向第二个百年奋斗目标进军的第一个五年。新时期的目标为:到2025年,农业农村现代化取得重要进展,农业基础设施现代化迈上新台阶,农村生活设施便利化初步实现,城乡基本公共服务均等化水平明显提高。农业基础更加稳固,粮食和重要农产品供应保障更加有力,农业生产结构和区域布局明显优化,农业质量效益和竞争力明显提升,现代乡村产业体系基本形成,有条件的地区率先基本实现农

---

① 《习近平:决胜全面建成小康社会 夺取新时代中国特色社会主义伟大胜利——在中国共产党第十九次全国代表大会上的报告》,见央广网(http://news.cnr.cn/native/gd/20171027/t20171027_524003098.shtml),访问日期:2022年5月22日。

业现代化。脱贫攻坚成果巩固拓展，城乡居民收入差距持续缩小。农村生产生活方式绿色转型取得积极进展，化肥农药使用量持续减少，农村生态环境得到明显改善。乡村建设行动取得明显成效，乡村面貌发生显著变化，乡村发展活力充分激发，乡村文明程度得到新提升，农村发展安全保障更加有力，农民获得感、幸福感、安全感明显提高。

"乡村振兴"关系农业、农村、农民，涉及政策、经济、文化、教育，涵盖脱贫攻坚、乡村产业、村庄规划、公共基础设施建设、人居环境整治、基本公共服务、农村消费、县域内城乡融合等。实施"乡村振兴战略"是建设现代化经济体系的重要基础、建设美丽中国的关键举措、传承中华优秀传统文化的有效途径、健全现代社会治理格局的固本之策、实现全体人民共同富裕的必然选择，是解决我国社会主要矛盾、实现"两个一百年"奋斗目标和中华民族伟大复兴中国梦的必然要求。

三、学前教育公共服务

要理解何为学前教育公共服务，首先要弄清楚什么是服务和公共服务，学前教育公共服务实际上是公共服务的一部分。

（一）服务

马克思认为："服务这个名词，一般地说，不过是指这种劳动所提供的特殊使用价值，就像其他一切商品也提供自己的特殊使用价值一样；但是，这种劳动的特殊使用价值在这里取得了'服务'这个特殊名称，是因为劳动不是作为物，而是作为活动提供服务的。"[①] 从马克思的定义来看，服务与商品的功能一致，都是提供特殊使用价值、满足客体需要的产物，但服务与商品的区别在于商品是物，而服务是提供特殊使用价值的活动。

"服务"是经济和管理领域常用的词语，"服务"这一概念最早出现在经济学领域。1960 年，美国市场营销协会（American Marketing Association，AMA）提出："服务是用于出售或者是与产品连带出售的活动、利

[①] 马克思、恩格斯：《马克思恩格斯全集》，中共中央马克思恩格斯列宁斯大林著作编译局译，人民出版社 1972 年版，第 435 页。

益或满足感。"① 1963 年，著名学者威廉·J. 里甘（William J. Regan）把服务定义为直接提供满足（交通、租房）或者与有形商品或其他服务一起提供满足的不可感知活动。1990 年，国际知名服务营销学家克里斯廷·格罗鲁斯（Christian Gronroos）在总结前人定义的基础上，提出了"服务是由一系列或多或少具有无形性的活动所构成的一种过程，这种过程是在顾客与员工、有形资源的互动关系中进行的，这些有形的资源（或有形产品、有形系统）是作为顾客问题的解决方案而提供给顾客的"②。菲利普·科特勒（Philip Kotler）认为"服务是由活动、利益或满足组成的用于出售的一种产品形式，它本质上是无形的，对服务的出售不会带来所有权的转移"③。美国学者瓦拉瑞尔·A. 泽斯曼尔（Valarie A. Zeithaml）、玛丽·乔·比特纳（Mary Jo Bitner）、德韦思·D. 格兰姆勒（Dwayne D. Gremler）在其著作《服务营销》中提出"服务是行动、过程和表现，是由一个实体或个人为另一个实体所提供或联合生产或创造的绩效"④。1990 年，国际标准化组织把"服务"定义为"为满足顾客的需要，供方与顾客接触的活动和供方内部活动所产生的结果"⑤。

（二）公共服务

随着政府行政改革的兴起和管理模式的转变，公共服务这一概念成为公共行政学领域的研究热点，越来越多的发达国家开始走上以公民需求为导向的公共服务道路。

19 世纪中后期，随着市场经济的发展、市民社会的形成，国家公共职能也在不断扩展，部分资本主义国家面临着伴随经济迅速发展而来的贫困、失业、卫生环境等问题，不得不承担越来越多的以增进全民福利为核心内容的公共服务，以德国为首的"福利国家"相继出现，义务教育、

---

① 郑锐洪：《服务营销》，机械工业出版社 2019 年版，第 2 页。
② 克里斯廷·格罗鲁斯：《服务管理与营销——服务竞争中的顾客管理》，韦福祥、姚亚男译，电子工业出版社 2002 年版，第 29 页。
③ 菲利普·科特勒、加里·阿姆斯特朗：《市场营销原理与实践》，楼尊译，中国人民大学出版社 2020 年版，第 213 页。
④ 瓦拉瑞尔·A. 泽斯曼尔（Valarie A. Zeithaml）、玛丽·乔·比特纳（Mary Jo Bitner）、德韦思·D. 格兰姆勒（Dwayne D. Gremler）：《服务营销》，张金成等译，机械工业出版社 2018 年版，第 3 页。
⑤ 郭国庆等：《服务营销管理》，中国人民大学出版社 2005 年版，第 5 页。

公共卫生、社会保险、就业、城市基础设施建设等被纳入国家职能范围。基于此，19世纪后半叶，德国政策学派杰出代表瓦格纳（Wagner）提出了"公共服务"概念，认为政府除了维护市场经济正常运作，还应担负保障社会文化、福利的作用。① 继瓦格纳后，1912年，法国公法学者莱昂·狄骥（Leon Duguit）明确提出了"公共服务"概念："任何因其与社会团结的实现与促进不可分割、而必须由政府来加以规范和控制的活动，就是一项公共服务，只要它具有除非通过政府干预，否则便不能得到保障的特征。"并解释道，如果必须提出某种正式标准，则因该项服务的延误提供会造成社会无序，那么这项服务便是一项公共服务。② 同时，他认为公共服务的内容始终是多种多样和处于流变的状态之中，其流变的一般趋势很难确定，但当某种需要逐渐变成群众的一项基本需要时，它便会创造一项新的公共服务目标，例如，当每户人家都期待使用电灯的时候，那么，电力运输则应在不远的将来由政府组织。③ 珍妮特·登哈特（Denhardt, J. V.）和罗伯特·登哈特（Denhardt, R. B.）在其著作《新公共服务：服务，而不是掌舵》中点明：新公共服务是服务于公民而不是服务于顾客；公共行政官员必须创立共同的利益和共同的责任；致力于为社会做出有益贡献的公务员和公民比具有企业家精神的管理者能够更好地促进公共利益；思考要具有战略性，行动要具有民主性；公务员不应只是关注市场，还应关注法令和宪法、社区价值观、政治规范、职业标准及公民利益；公务员应利用基于价值的共同领导来帮助公民明确表达和满足他们的共同利益需求，而不是试图控制或掌握社会新的发展方向；思考要具有战略性，行动要具有民主性；重视人，而不只是重视生产率。④

我国政府很早就已踏上公共服务实践的道路。在中国新民主主义革命取得胜利的时候，老一辈革命家在思考如何建设一个与西方国家不同的政府时，就提出了服务型政府的模糊设想，如今我们所进行一系列管理改革实际上是将老一辈革命家服务型政府的模糊设想逐步具体实践的过程。公

---

① 毛连程主编：《西方财政思想史》，经济科学出版社2003年版，第123页。
② 参见莱昂·狄骥《公法的变迁》，郑戈译，商务印书馆2013年版，第49页。
③ 参见莱昂·狄骥《公法的变迁》，郑戈译，商务印书馆2013年版，第47—49页。
④ 参见珍妮特·V. 登哈特（Denhardt, J. V.）、罗伯特·B. 登哈特（Denhardt, R. B.）《新公共服务：服务，而不是掌舵（第3版）》，丁煌译，中国人民大学出版社2016年版，第31页。

共服务作为服务型政府的职能之一，是各类发展规划的重点。

2005年10月，《中共中央关于制定国民经济和社会发展第十一个五年规划的建议》提出一系列建议：积极推进城乡统筹发展，强化政府对农村的公共服务；健全扶持机制，按照公共服务均等化原则，加大国家对欠发达地区的支持力度；促进城镇化健康发展，建立健全与城镇化健康发展相适应的财税、征地、行政管理和公共服务等制度；着力推进行政管理体制改革，各级政府要加强社会管理和公共服务职能；强化政府促进就业的公共服务职能。2006年3月14日，《中华人民共和国国民经济和社会发展第十一个五年规划纲要》正式将"基本公共服务明显加强"作为"十一五"发展的主要目标之一，其内容包括"国民平均受教育年限增加到9年。公共卫生和医疗服务体系比较健全。社会保障覆盖面扩大，城镇基本养老保险覆盖人数达到2.23亿人，新型农村合作医疗覆盖率提高到80%以上。贫困人口继续减少。防灾减灾能力增强，社会治安和安全生产状况进一步好转"。同年10月11日，中国共产党第十六届中央委员会第六次全体会议通过的《中共中央关于构建社会主义和谐社会若干重大问题的决定》再次强调了构建完备的基本公共服务体系、提高政府管理和服务水平的目标和任务，提出完善教育、卫生文化等公共服务设施，逐步缩小地区间基本公共服务差距；完善公共财政制度，逐步实现基本公共服务均等化；建设服务型政府，强化社会管理和公共服务职能等战略。在随后的"十二五""十三五""十四五"发展规划中，公共服务体系的建构始终是国家社会经济发展规划的重点项目。

那么，到底什么是公共服务？公共服务又包含哪些内容呢？2017年1月23日，国务院印发《"十三五"推进基本公共服务均等化规划》（国发〔2017〕9号），指出"基本公共服务是由政府主导、保障全体公民生存和发展基本需要、与经济社会发展水平相适应的公共服务"。基本公共服务领域主要发展指标包括基本公共教育、基本劳动就业创业、基本社会保险、基本医疗卫生、基本社会服务、基本住房保障、基本公共文化体育、残疾人基本公共服务。[①]

本书参考《"十三五"推进基本公共服务均等化规划》中的概念，结

---

① 国务院：《"十三五"推进基本公共服务均等化规划》，见中国政府网（http://www.gov.cn/zhengce/content/2017-03/01/content_5172013.htm），访问日期：2022年5月22日。

合现代社会结构的三大基本部门理念,将公共服务定义为:由政府主导,带动第二部门(市场或营利组织)与第三部门(社会公益组织或非营利性组织),保障全体公民生存和发展基本需要、与经济社会发展水平相适应的,使用公共权力和公共资源向公民(及其被监护的未成年子女等)所提供的保障民生的各项服务,具有公益性、非营利性的特点。

根据公共服务的概念,不难发现,公共服务由4个要素组成,分别是:公共服务供给者、公共服务介质、公共服务管理、公共服务享受者。

1. 公共服务供给者

所有可提供公共服务的部门或组织均为公共服务供给者。一般而言,政府是最主要的公共服务供给者。除了政府外,市场或营利组织、社会公益组织或非营利组织、公民均可成为公共服务供给者。多个公共服务供给主体并非毫无关联,各自为战,而是根据服务对象需求、条件等,在政府的宏观调控下综合发力,起到一加一大于二的作用。政府之所以在公共服务中占据主导地位,一方面是政府具有"权威性和法制性",具有动用社会资源的能力;另一方面是政府能够通过提供激励制度,为参与公共服务建设的组织提供部分支持,以此来增加公共服务提供主体数量、扩大公共服务范围。例如,2010年颁布的《国务院关于当前发展学前教育的若干意见》提出要"积极扶持民办幼儿园特别是面向大众、收费较低的普惠性民办幼儿园发展"。随后,各省政府响应国家号召,印发配套文件,通过拨发生均公用经费、减免房屋租金等优惠政策,鼓励营利性民办幼儿园转型来为公民提供普惠性学前教育服务。需要认清的是,并非所有的营利组织和公民都是公共服务供给者,只有当机构、组织或公民提供的服务具有公益性、非营利性且是为民生做贡献时,才可称其为公共服务提供者。

2. 公共服务介质

公共服务介质以具体的物的形式存在,也可称为公共服务产品、公共服务设施。公共服务需要以公共服务产品、公共服务设施为载体,例如:居民所使用的水、电、燃气,社区的健身器材、休闲场所,公共图书馆,等等。又如:教育公共服务以学校为介质,汇集了教育者、教育资源、受教育者等要素,从而实现教育公共服务;交通运输公共服务的实现依赖于汽车、火车、飞机等交通运输工具,以及车站、航线、轨道等公共基础设施;公共医疗服务依赖于医院的建设等。那么,教育宣传也需要公共服务介质吗?教育宣传以教育专业者为宣传主体,宣传场所可能是社区、学校、街道等，这些无不是公共服务介质。另外，教育者之所以成为教育者，也源于前期在学校的学习、经验的积累或书本，这都离不开公共服务介质。

3. 公共服务管理

公共服务管理使公共设施真正发挥其满足公民需要的公共服务功能，将公共服务落到实处，是保障公民真切享受公共服务的动态系统。它包含以满足公民需求为目标的相应公共服务体系的构建、政策法规的制定、服务流程的实施、服务功能的确立、保障体系的完善等等。

4. 公共服务享受者

公共服务享受者即享受到相应的如基本公共教育、基本劳动就业创业、基本社会保险、基本医疗卫生、基本社会服务、基本住房保障、基本公共文化体育等公共服务的公民。我国公共服务建设的目标为实现高质量的公共服务均等化、实现城乡居民无差距，让每一位公民都能够享受到优质的公共服务。使公民实现幸福生活是公共服务的目标与导向。

公民身为公共服务享受者的同时也在一定程度上扮演公共服务提供者的角色，公民以间接的方式提供公共服务。首先，公民有选举权和被选举权，一方面，选举相关公职人员并监督官员合法使用权利，监督政策的执行过程，另一方面，被选举者可能参与相关政策的制定；其次，公共服务经费多来源于年度税收，公民作为纳税人，也是公共服务财政支出的经费提供者；最后，公民作为享受公共服务者，其需求是公共服务系统完善的依据和来源，对公共服务的范围与程度产生影响。

公共服务是动态的，而非静止的。在公共服务系统中，以上4个要素可能不会在同一时间、空间出现，但却有紧密的联系，相互影响、相互制约，不可忽略。例如，社区中的公共健身器械、公共图书馆、医院场所等是公共设施，而公共设施只有发挥便于公民健身、学习、生活等作用，才是公共服务。公共服务以公共设施为载体，而公共设施达成公共服务效果要以政策制度为依托，如健身器材如果只是存放在那里，没有人使用的话也称不上公共服务，只有当公民真正享受到公共设施带来的福利时，才是实现了公共服务。

（三）学前教育公共服务

2010年11月，《国务院关于当前发展学前教育的若干意见》提出了

"提供'广覆盖、保基本'的学前教育公共服务"。这是国家首次明确将学前教育纳入社会公共服务体系。2012年6月《国家教育事业发展第十二个五年规划》将完善基本公共教育服务作为"十二五"期间国家教育事业发展的重要目标，而学前教育是基本公共教育服务的重要组成部分。2017年1月，国务院印发了《"十三五"推进基本公共服务均等化规划》，指出基本公共教育领域服务项目共8项，包括免费义务教育、农村义务教育学生营养改善、寄宿生生活补助、普惠性学前教育资助、中等职业教育国家助学金、中等职业教育免除学杂费、普通高中国家助学金、免除普通高中建档立卡等家庭经济困难学生学杂费。① 构建完善的学前教育公共服务体系，实现普惠性学前教育成为我国基本公共教育服务重点任务之一。

对于学前教育公共服务，不同的学者尝试从多视角透视其内涵。王海英从公共行政的角度阐述学前教育公共服务体系。他提出，在政府主导下，市场、社会等多元主体参与，基于公平、公益、普惠的价值追求，为全体公民提供多样化学前教育服务的制度安排和系统组合，包括价值理念体系、组织制度体系和服务实践体系三大组成部分。其中，价值理念体现在以公平、普惠为导向，以服务为前提，追求覆盖城乡、布局合理；组织制度体系包括强有力的公共服务行政组织体系，追踪公民需求的公共服务管理体系，完备的公共服务制度体系；服务实践体系包含多元的公共服务主体、丰富的公共服务方式和有效的公共服务评价体系。② 江夏从"准公共产品"和"公共服务"两者属性差异角度分析，认为学前教育公共服务是从价值理性出发，基于公共利益保障角度凸显了政府的供给责任，强调公共需求导向的供给，彰显公益性。原晋霞参照《国家基本公共服务体系"十二五"规划》中基本公共服务的解释，将学前教育公共服务界理解为政府向所有适龄儿童及其家长提供基本的、与经济社会发展水平相适应的一般性或普遍性学前教育服务。③

---

① 国务院：《"十三五"推进基本公共服务均等化规划》，见中国政府网（http://www.gov.cn/zhengce/content/2017-03/01/content_5172013.htm），访问日期：2022年5月22日。
② 参见王海英《我国学前教育公共服务体系的组成与构建》，载《学前教育研究》2014年第7期，第19-25页。
③ 参见原晋霞《构建有质量的学前教育基本公共服务体系》，载《教育学术月刊》2013年第1期，第84-88页。

综合政策法规及已有学者的观点，本书将学前教育公共服务界定为在政府主导下，市场、社会等多元主体参与，基于公平、公益、普惠的价值追求，为满足全体公民学前教育需要而提供的各种服务，包括服务制度和服务实践两大组成部分。其中，学前教育公共服务制度是通过规章制度固定下来的学前教育运转框架，包括服务原则、服务机构、服务流程等制度性组织结构。因此，本书主要通过解读地方教育政策性文件、法规等文本对其进行研究。学前教育公共服务实践包括经费投入、政府管理、幼儿园建设、教师队伍建设和保育教育等，由我国政府牵头、其他社会组织以及民办的个人组织等各社会主体共同投入完成。学前教育公共服务实践是本书的研究重点。

第二节 "乡村振兴"背景下提高农村学前教育公共服务质量的意义

教育是强国之根本，也是强农村之根本。学前教育是针对0—6岁儿童进行的教育，是终身教育的起始阶段，是基础教育的重要组成部分，在人的一生中起到启蒙和奠基的作用。实施乡村振兴战略，是解决人民日益增长的美好生活需要和不平衡、不充分的发展之间矛盾的必然要求，是实现"两个一百年"奋斗目标的必然要求，是实现全体人民共同富裕的必然要求。实施乡村振兴战略离不开提高农村学前教育质量，提高农村学前教育亦离不开完善农村学前教育公共服务建设。农村学前教育为农村培养优质的后备力量，提供优质的农村学前教育公共服务就是为农村人民解决基本需求和后顾之忧。农村学前教育公共服务建设离不开农村发展，农村发展也必须将农村学前教育放到重要位置，发展好农村学前教育是乡村振兴战略的基础，建设教育强村是乡村振兴战略的基础工程。农村学前教育公共服务建设受到乡村振兴战略的推动，同时也反作用于乡村振兴战略的实施，对农村和社会的发展有着特殊的作用。

一、提高农村学前教育公共服务质量，为乡村振兴保驾护航

乡村振兴战略是解决我国"三农"问题、缩小城乡差距、实现中华民族复兴的重大战略性举措，是一项涉及政治、经济、文化、社会、生态等方面的系统性工程。2020年7月22日，习近平总书记在吉林调研时指出："做好经济社会发展工作，民生是'指南针'。"《乡村振兴战略规划（2018—2022年）》《中共中央 国务院关于全面推进乡村振兴加快农业农村现代化的意见》等乡村振兴系列政策文件无不强调民生的重要性。让农村成为安居乐业的美丽家园，让农民群众有更多实实在在的获得感、幸福感、安全感是乡村振兴战略的最终目的。让农村群众感到幸福，就要着力解决农村人民切身的利益问题。何为人民切身的利益问题？习近平总书记在十八届三中全会上列举了教育、就业、社会保障、医疗、住房、生态环境、食品药品安全、安全生产、社会治安、执法司法等关系群众切身利益的问题，并指出这些问题是我国面临的突出矛盾和挑战。提高农村学前教育公共质量就是改善民生，就是提高农民群众的幸福感。

我国教育阶段分为学前教育、初等教育、中等教育、高等教育及成人教育。农村教育是乡村振兴的重要战略支撑，学前教育公共服务体系与其他阶段的教育公共服务体系共同搭建起农村教育发展平台，支撑乡村振兴战略的实施。可以说，提升学前教育公共服务是乡村振兴的规划内容之一，因此，提高农村学前教育公共服务质量、实现基本公共服务均等化，就是践行乡村振兴战略。

乡村振兴，人才是关键。随着城市化进程的加快，农村人口加速流向城市，农村青壮年劳动力纷纷外出打工，农村人口减少，农村留守老人、留守妇女、留守儿童比例增加，农村人口出现"空心化"[①] 现象。此外，由于农村基础设施不完善，导致乡村建设的人才"下不去，留不住"。学前教育承载着无数家庭对未来的美好期望，随着社会的快速发展、生活水平的提高、教育观念的改变，人们对教育的需求延伸至学前教育。低质量的学前教育是目前众多农村人口流入城镇的原因之一。改善农村学前教育

[①] 周祝平：《中国农村人口空心化及其挑战》，载《人口研究》2008年第2期，第45-52页。

环境、提高农村学前教育公共服务质量、为乡村建设人才解决后顾之忧，是吸引乡村建设者留下来的有效保障。

二、提高农村学前教育公共服务质量，储备乡村人力资本

人力资本是发展的关键。人力资本的积累有多种途径，教育是最主要的方式。教育对经济增长的影响可以分为内部作用与外溢作用。教育的内部作用是个人的人力资本对其生产力（率）的作用。教育的外溢作用有：①提高子女的品质（指健康状况、认知能力的发展、接受教育的程度、选择的职业性质、未来收入等）；②提高家庭内部劳务生产的生产率；③有助于改善受教育者本人的健康状况；④改善配偶和家庭成员的健康状况；⑤降低生育率；⑥提高消费者选择效率；⑦提高劳动力市场双向选择的效率；⑧婚姻选择更具效率；⑨提高储蓄率；⑩降低犯罪率；⑪提高社会和谐程度；⑫促进技术进步与传播[①]。

农村学前教育公共服务建设关乎幼儿的受教育权利，关乎消除贫困的代际传播和推动个人发展的起点公平，承载着推动乡村振兴的任务和促进社会公平、稳定与和谐的重要使命。与未接受过较好早期教育的儿童相比，接受过早期教育的儿童成年后在社会生活中有更好的表现。[②] 提高农村学前教育质量有利于提高未来发展主力人员的综合素质，为乡村发展培育储备人才，增加乡村人力资本，为未来乡村持续振兴提供坚实的人才保障和智力支撑。

提高农村学前教育质量既是美丽、宜居、富饶、现代乡村建设的基本要求，也是乡村生态建设与优化、乡村文化保护与发掘、乡村文明复兴与传扬的原动力，更是培育未来新型乡民不可或缺的重要途径。乡村要长足发展，就需要加强乡村经济社会可持续发展的内生动力，提高农村学前教育公共服务质量，从而提高农村储备人口综合素质，实现乡村可持续的内生增长。

---

① 蔡增正：《教育对经济增长贡献的计量分析：科教兴国战略的实证依据》，载《经济研究》1999年第2期，第41–50页。

② 参见李季湄《幼儿教育学基础》，北京师范大学出版社2017年版，第19页。

三、提高农村学前教育公共服务质量，促进个体生命的健康和谐发展

学前教育是人最早接触的教育，对个体和社会发展具有极高价值。0—6岁是人生最重要的启蒙时期，是为后继学习和终身发展奠定坚实基础的重要阶段。这一时期儿童发展的状况对他们此后的人生具有持续性影响，决定着儿童日后社会性、人格的发展方向、性质和水平。高质量的学前教育对儿童社会性、人格的发展具有积极的促进作用，不良的学前教育则容易使儿童形成消极的社会性及人格品质。学前期也是人的认知发展最为迅速、最重要的时期。研究表明，婴幼儿有巨大的学习潜力，有很强的模仿力、想象力和创造力。学前期还是个体心理等多方面发展的关键期，对某些知识经验的学习或行为的形成，以及好奇心、求知欲、想象力、创造性等重要的非智力品质的形成都在这一时期。[1]

学前教育的价值持续、不间断地体现在个人成长过程中。有研究表明，学前教育在儿童时期可促进个人各类技能的发展，使儿童保持健康体魄[2]；在青少年时期有助于提高学习成绩、提高毕业率、降低辍学率[3]；而在成年阶段，则可以减少犯罪率、提高纳税率等[4]。在学前教育持续、不间断地对个体产生影响的同时，其不同的效应也会逐步累积，表现为上一阶段的学前教育带来的效益会对下一阶段产生影响，比如享受高质量学前教育的儿童的学业成就相对较高，而学业成就的增加又会进一步影响个体的地位获得、收入甚至纳税状况。因此，提高农村学前教育公共服务质量，让农村幼儿享受高质量的学前教育，不仅可以促进幼儿健康成长，而且能直接作用于公民本身，改善民生是一项让公民获得幸福的直接举措。

---

[1] 参见庞丽娟、胡娟、洪秀敏《论学前教育的价值》，载《学前教育研究》2003年第1期，第7–10页。

[2] Arthur J. Reynolds, Judy A. Temple, Suh-Ruu Du, "Preschool Education, Educational Attainment, and Crime prevention: Contributions of Cognitive and Non-cognitive Skills", *Children and Youth Services Review* 8 (2010): 1054–1063.

[3] Caroline Krafft, "Increasing Educational Attainment in Egypt: the Impact of Early Childhood Care and Education", *Economics of Education Review* 1 (2015): 127–143.

[4] Irma Arteaga, Sarah Humpage, Arthur J. Reynolds, et al., "One Year of Preschool or Two: Is It Important for Adult Outcomes", *Economics of Education Review* 40 (2014): 221–237.

第三节　21世纪我国农村学前教育公共服务的研究现状与趋势

21世纪以来，随着经济发展和社会观念的进步，教育公平的观念深入人心。我国农村教育发展重点逐渐从普及九年义务教育转移到学前教育领域，人们不仅关注农村学前教育的普及，也开始关注农村学前教育的质量。农村学前教育质量与学前教育公共服务的发展水平密切相关，因此，农村学前教育公共服务成为我国农村学前教育领域的重点议题。所谓"农村学前公共服务"是指在政府主导下，市场、社会等多元主体参与，基于公平、公益、普惠的价值追求，为满足我国广大农村地区的需求而提供的多样化的学前教育服务。为保障我国农村地区的教育起点公平，国家陆续出台一系列政策文件支持农村学前教育的可持续发展，提高农村学前教育公共服务的水平，加快建构和完善农村学前公共服务体系的步伐。

2010年是我国农村学前教育公共服务发展的机遇期，《国家中长期教育改革和发展规划纲要（2010—2020年）》提出要重点发展农村学前教育，努力提高农村学前教育普及程度，多种形式扩大农村学前教育资源。① 同年，国务院颁布《关于当前发展学前教育的若干意见》提出"构建覆盖城乡、布局合理的学前教育公共服务体系"②的主张，为我国建设农村学前教育公共服务体系描绘基本蓝图。2018年，中央一号文件《中共中央 国务院关于实施乡村振兴战略的意见》强调要在"乡村振兴"战略指引下大力发展农村学前教育。③ 2019年，中共中央、国务院印发《中

---

① 《国家中长期教育改革和发展规划纲要（2010—2020年）》，见中国政府网（http://www.gov.cn/jrzg/2010-07/29/content_1667143.htm），访问日期：2022年5月22日。

② 国务院：《国务院关于当前发展学前教育的若干意见》，见中国政府网（http://www.gov.cn/zhengce/content/2010-11/24/content_5421.htm），访问日期：2022年5月22日。

③ 《中共中央 国务院关于实施乡村振兴战略的意见》，见中国政府网（http://www.gov.cn/zhengce/2018-02/04/content_5263807.htm），访问日期：2022年5月22日。

国教育现代化2035》强调提高农村学前教育普及水平①，为农村学前教育公共服务的多方位体制建设发展指明方向。2021年中央一号文件《中共中央 国务院关于全面推进乡村振兴 加快农业农村现代化的意见》提出了"提高农村教育质量，多渠道增加农村普惠性学前教育资源供给"②的主张，进一步强调农村学前教育公共服务的供给与合理配置资源的重要性。

可见，农村学前教育公共服务在政策引导下不断发展，也成为社会关注的焦点。为了掌握我国农村学前教育公共服务的研究现状及未来趋势，本小节将中国学术期刊网络出版总库（CNKI）刊载的21世纪以来有关农村学前教育公共服务的文献作为主要数据来源，运用Cite Space软件进行可视化分析，以期从大数据视角透视农村学前教育公共服务的研究现状，为学者的后续研究提供重要参考。

一、研究工具及数据来源

（一）研究工具

本书的研究工具是可视化分析软件Cite Space，是美国德雷塞尔大学的陈超美博士基于JAVA程序语言研发的一款软件，其被广泛用于分析特定研究领域的研究热点及趋势。集合了文献计量学法、信息可视化方法和数据挖掘算法的Cite Space，通过绘制可视化图谱、建立节点之间的关联来分析研究对象之间的共现与共引关系。③

（二）数据来源

本书所运用的数据主要出自CNKI文献全文数据。由于将"农村学前教育公共服务"作为检索词检索出来的论文仅有33篇，因此扩大检索词

---

① 《中共中央、国务院印发〈中国教育现代化2035〉》，见中国政府网（http://www.gov.cn/zhengce/2019-02/23/content_5367987.htm），访问日期：2022年5月22日。

② 《中共中央 国务院关于全面推进乡村振兴 加快农业农村现代化的意见》，见中华人民共和国农业农村部网（http://www.moa.gov.cn/xw/zwdt/202102/t20210221_6361863.htm），访问日期：2022年5月22日。

③ 参见胡金萍、吕芮《我国听障大学生研究热点主题及趋势探析：基于知识图谱的可视化分析》，载《绥化学院学报》2020年第1期，第43-47页。

范围，将表2-1所示的关键词作为"文献"主题检索的主要检索条件，以2000—2021年为检索时间区间，总共检索出485篇文献（检索时间：2022年3月13日）。筛选并删除英文文献、会议记录报告、新闻报道、故事叙述性及主题性极强的文章，筛选后一共得到与农村学前教育公共服务主题相关的467篇文献。为了获取数据样本，以 Ref Works 格式导出467篇目标文献，并以"download"命名该文件，在 Cite Space 中进行转码输出。

表2-1 农村学前教育公共服务主题相关的检索关键词汇总

主体	相关要素	检索关键词
政府	事业体制机制	农村学前教育体系构建、农村学前教育管理体制、农村学前教育教师保障机制、农村学前教育政府责任
	职责履行	农村学前教育供给、农村学前教育供需、农村学前教育资源供给、农村学前教育监督与督导
	财政投入	农村学前教育财政投入、农村学前教育投入机制
	管理过程	农村学前教育资源配置、乡镇中心园
幼儿园	教师队伍	农村学前教育师资队伍、农村学前教育教师队伍培训、农村学前教育教师队伍建设、农村学前教育教师质量、农村学前教育教师素养、农村学前教师专业发展
	幼儿园课程	农村学前教育课程、农村学前教育课程建设、农村学前教育课程资源、农村学前教育课程内容、农村学前教育教育资源利用
	幼儿园管理	农村学前教育管理、农村学前教育管理人员、农村学前教育管理体制
	办园条件	农村学前教育办园条件、农村学前教育配套设施、农村幼儿园教育设施
	经费投入	农村学前教育经费、农村学前教育经费保障投入
	家园社区互动	农村学前教育社区、农村学前教育家园共育、农村学前教育家园合作

续表 2-1

主体	相关要素	检索关键词
社会	高校	农村学前教育人才培养、农村学前教育科学研究
	宏观政策	农村学前教育政策、农村学前教育政策支持
	经济	农村学前教育城乡一体化、农村学前教育城乡均等化
	社会支持	农村学前教育公平、农村学前教育社会支持
	家庭	农村学前教育家长需求、农村学前教育家长满意度、农村学前教育留守儿童
公共服务自身	农村学前教育公共服务	农村学前教育公共服务质量
		农村学前教育公共服务体系构建
		农村学前教育公共服务问题与对策
		农村学前教育公共服务模式

二、农村学前教育公共服务研究的数据分析

(一) 基本情况分析

1. 机构分布状况

运行 Cite Space，将时间跨度设置为 2000 年 1 月—2022 年 12 月，时间切片设置为 1 年，节点类型勾选"机构"选项，其他参数设置皆为默认，如此便可得到机构共现的网络知识图谱。图谱显示，国务院发展研究中心社会发展研究部、东北师范大学教育学部、北京师范大学教育学部、华中师范大学教育学院、西南大学教育学部、佳木斯大学教育科学学院的标签字号较大，发文数量均在 3 篇以上。标签字号越大说明发表的文章数量越多，可见，我国农村学前教育公共服务以国内权威研究机构和高等院校为主力军，其在该领域研究发表的文章数量较多。研究者主要来自高等院校和研究机构的主要原因可能在于高等院校和研究机构有较强的研究敏感性，一批优秀的专家学者率先关注到在农村地区推广学前教育的紧迫性和必要性，开始研究农村学前教育公共服务的问题并提出相应的对策，并

通过研究为我国农村学前教育公共服务提出建设性意见。

此外，从图谱生成节点的连线情况来看，生成节点之间的连线较稀疏，说明各机构之间的合作较少，机构间合作共同得出的研究成果数量较少。可以看出，在该研究领域中，研究机构以内部合作为主，机构间的协作研究不足。

2．核心作者群分布状况

运行 Cite Space，在节点类型的选择中，勾选"作者"选项，其他参数与机构设置与上述相同，可得到作者共现网络知识图谱。从生成标签大小来看，标签最大的学者为严仲连，其在东北师范大学从事农村学前教育研究，发表了 10 篇以农村学前教育公共服务为主题的论文，主要探讨农村学前教育发展的风险识别与防范问题。马娥、于冬青、龚欣、袁爱玲、刘强、夏婧、廖莉等学者的发文数量达到 5 篇及以上，依次位列其后，可见农村学前教育公共服务的核心作者群以严仲连为首。从图谱生成节点的连线情况来看，高产作者间的合作较多，以两个及两个以上作者的机构内部合作为主，形成了以严仲连、马娥、龚欣、袁爱玲、夏婧等高产作者为首的多个合作群体。出现该现象的主要原因是合作群体同处一个工作单位，持有相同的研究方向和目标，有相似的专业知识结构，合作形式以师生合作、同事合作为主。这种合作形式也有利于农村学前教育公共服务研究合作的顺利展开。

（二）研究热点分析

关键词聚类分析是以关键词共现分析为基础，将关键词共现网络关系通过聚类统计学的方法简化成聚类数目相对较少的过程。为把握我国农村学前教育公共服务的研究热点，现运用关键词聚类分析法探寻我国农村学前教育公共服务的研究热点主题。

运行 Cite Space，在节点类型的选择中，勾选"关键词"选项，参数设置依旧与机构参数设置相同，可得到关键词共现图谱，基于此可获得关键词聚类网络图谱。关键词共现图谱中出现频次较高的关键词有"学前教育""农村""家园合作""幼儿园""教育公平""留守儿童""幼儿园教师现状"，关键词聚类网络图谱则依序分布了"学前教育""农村""农村地区""对策""幼儿园""留守儿童""教育公平""教育资源""幼儿教育""家园合作""公共服务" 11 个聚类，集中反映了我国 21 世纪以来随着国家政策调整和社会需求转变而产生的与农村学前教育公共服务相关的研究热点主题。

为了对研究热点展开更深入的分析，本书运行"Cluster Explorer"算出对数似然率，将关键词聚类知识图谱转化为反映聚类全部标签词的关键词共现网络聚类表，结果如表2-2所示。

表2-2 关键词共现网络聚类表

聚类号	聚类大小	高频标签词	标签词
0	61	学前教育、农村、幼儿园、农村幼儿园教师、家园合作	硬件、质量调研、社区支持、幼儿园教师培训需求、农村幼儿园转岗教师
1	30	农村、公平、策略、发展模式、教师队伍	西南地区、利用、教师流动、彝族、师资配置
2	25	农村地区、园本课程、管理体制、办园理念、课程目标	办园理念、课程目标、保障机制、教育补偿机制、教育经费
3	23	对策、学前教师、学前教育、培训需求、农村教师	现存问题、学前教育专业、机遇、教育、网络培训
4	23	幼儿园、现状、张家口、策略研究、幼儿	策略研究、幼儿、优化建议、改进路径、农村教育
5	22	留守儿童、模式、家庭教育、幼儿园教师、学校教育	影响因素、职前教育、浙江省、幼教、教育内容
6	20	教育公平、政府责任、教育问题、教育管理、教育投入	教育资源配置、弱势补偿、政府主导、解决措施、实效性
7	18	教育资源、资源配置、办园模式、建议、乡镇中心园	乡镇中心园、学前教育政策、乡中心园、村办园、特大城市
8	15	幼儿教育、民办园、学前教育、健康持续发展、独立建制	健康持续发展、岚山区、农村山区

续表 2-2

聚类号	聚类大小	高频标签词	标签词
9	12	家园合作、农村幼儿园、学前教育、农村幼儿教育、接送交流	农村幼儿教育、接送交流、家长、家园共育、家访
10	9	公共服务、乡村振兴、供需匹配、乡镇、教育服务	学前教育、乡村振兴、供需匹配、乡镇、教育服务

通过分析聚类的标签词，再结合聚类内容交叉部分和文献的梳理阅读，可以将我国农村学前教育公共服务的研究热点归纳为以下几个领域。

1. 农村学前教育公共服务的相关研究

与农村学前教育公共服务相关的标签词主要为"公共服务""乡村振兴""供需匹配"等。因此，笔者从需求、供给两个层面对农村学前教育公共服务的相关研究进行归纳梳理。

（1）需求方面。杨莉君、胡洁琼的研究发现农村有儿童的家庭对学前教育公共服务总体呈现高需求低满意度的特点，高需求主要体现在入园费用、膳食管理、超前教育、师资稳定性等方面。该论文提出了政府规范管理、缩小规模办园、实施混龄教育、公办幼儿园与民办幼儿园齐头并进、规范农村地区学前班管理的建议。[①]

（2）供给方面。第一，有的研究认为政府是农村学前教育公共服务的主要供给主体。王海英认为构建农村学前教育公共服务体系需要各级政府的通力合作与明确分工，其中县级政府主要承担系统设计与统筹发展，乡镇政府主要承担日常管理与基础设施建设，村级组织则主要承担举办幼儿园与协助管理的责任。[②] 廖莉、谢少华关注到政府在推进农村学前教育公共服务过程中扮演的重要角色，分析政府的行为和原因，强调政府在发

[①] 参见杨莉君、胡洁琼《农村儿童家庭对学前教育公共服务的基本需求及对策研究：以湖南省为例》，载《湖南师范大学教育科学学报》2013 年第 2 期，第 98-102+124 页。

[②] 参见王海英《农村学前教育公共服务体系构建中的政府责任：从河北平山两河村幼儿园园长投毒事件说起》，载《幼儿教育》2013 年第 27 期，第 1-5 页。

展农村学前教育中应以公共利益为目的,以服务为主要功能,以人为本。① 第二,有的研究调查农村学前教育公共服务体系的现状,参考世界其他地区的经验,从政府、管理、法律法规、幼儿园建设、师资队伍稳定等方面提出构建高质量农村学前教育公共服务体系的路径。裘指挥、张丽、胡新宁通过实证调研 N 市农村地区的学前教育公共服务体系的现状,并总结其成果和不足,认为完善农村学前教育公共服务体系应遵循政府尽责履职、发展公益普惠幼儿园、分层质量管理、区域合作共生、提高保教队伍质量的思路。② 张丽、裘指挥指出,美国农村地区建构学前教育公共服务体系的措施主要有政府的首责定位、完善的法律法规、保障农村及处境不利儿童、职前职后一体化幼儿园教师培养与提升、实施符合农村地域特性的农村儿童教育成就项目等,这些方法值得借鉴与思考。③ 第三,针对农村学前教育公共服务的供给问题,有研究提出提高供给水平的合理化建议。左宽、李琪、孙晓轲认为当前农村学前教育公共服务的供给存在供需主体价值理念不对称、供给制度僵化、供给实施效果不佳等问题,基于新公共服务理论,该研究提出了多元主体供给、增加服务投入、创新供给方式、扩大服务范围的供给优化路径。④

2. 农村学前教育公平的相关研究

与农村学前教育公平相关的标签词主要为"政府责任""教育资源配置""教育投入""教育管理"等。因此,笔者将从政府责任、资源配置、教育管理、教育投入这几方面对农村学前教育公平的相关研究进行归纳梳理。

(1)政府责任方面。学者们主要强调政府责任在农村学前教育公共服务的必要性,分析现状并提出完善建议。贺颖从学前教育的特殊性、政府责任的法律规定、公平正义的价值取向、新农村建设的战略目标、农村

---

① 参见廖莉、谢少华《农村学前教育发展中的政府行为探析》,载《学前教育研究》2015 年第 1 期,第 19 - 25 页。

② 参见裘指挥、张丽、胡新宁《农村地区构建学前教育公共服务体系的成效、问题与对策:基于中部地区 N 市的调研》,载《教育研究》2016 年第 6 期,第 58 - 63 页。

③ 参见张丽、裘指挥《美国农村地区构建学前教育公共服务体系的经验及启示》,载《陕西学前师范学院学报》2018 年第 12 期,第 15 - 19 + 39 页。

④ 参见左宽、李琪、孙晓轲《农村学前教育公共服务供给优化策略研究:基于新公共服务理论视角》,载《常州工学院学报(社科版)》2022 年第 1 期,第 136 - 140 页。

幼儿的现实需求以及国外的实践经验等维度诠释了政府承担农村学前教育主要责任的必要性。① 孙美红系统梳理了改革开放以来我国农村学前教育的历史变迁，从性质定位、管理体制、财政投入、办园和师资建设等方面阐述了政府责任内容的变化，认为政府责任的落实事关农村学前教育发展。②

（2）资源配置方面。学者们聚焦农村地区学前教育的资源配置现状及效率，提出了实现农村学前教育资源配置公平的路径。马娥认为农村学前教育资源配置应遵循公平、差异、补偿原则，通过转变观念、加大资金投入、补充和优化师资等途径对农村学前教育资源配置进行弱势补偿，从而实现教育起点公平。③ 凌静思通过实证调查发现，四川省一羌族自治县农村学前教育资源配置存在师资力量匮乏、幼儿园运行经费举步维艰、民办园条件简陋、羌族文化资源开发力度不够等问题，并剖析了问题的成因，从政府、市场、幼儿园多个维度探索农村学前教育资源配置的构建。④ 陈蓉晖、赖晓倩基于 DEA 和 Tobit 模型测评了我国 2011—2017 年间 31 个省市农村学前教育资源配置效率，有了几点发现：全国农村学前教育资源配置的总体效率不高；省份及区域间农村学前教育资源配置效率差异较大；农村学前教育资源配置效率主要受班级规模的影响。⑤

（3）教育管理方面。学者们的研究重点在于探究农村学前教育管理体制的现状和改革路径。郭学旺分析了当前农村学前教育管理体制发展的现实困境和制约因素，认为深化和完善我国农村学前教育管理体制改革，应与时俱进，以"促进公平、保障质量"和实现城乡教育"一体化"为

---

① 参见贺颖《农村学前教育中政府责任的必要性探析》，载《太原师范学院学报（社会科学版）》2008 年第 2 期，第 104 – 105 页。

② 参见孙美红《改革开放 40 年我国农村学前教育的变迁与政府责任》，载《学前教育研究》2019 年第 1 期，第 33 – 44 页。

③ 参见马娥《弱势补偿：教育公平视野下农村学前教育资源配置的现实选择》，载《教育导刊（下半月）》2014 年第 2 期，第 7 – 11 页。

④ 参见凌静思《四川省 X 羌族自治县农村学前教育资源配置现状及机制研究》（学位论文），重庆师范大学 2016 年，第 1 页。

⑤ 参见陈蓉晖、赖晓倩《优质均衡视域下农村学前教育资源配置效率及差异分析》，载《教育发展研究》2021 年第 15 期，第 23 – 33 页。

目标指向,以制度创新为着力点。①

(4) 教育投入方面。学者们主要关注的是农村学前教育经费投入的内容与体制问题。雷万鹏等学者探讨了湖北省一农村学前教育投入的底线标准和经费保障问题,认为农村幼儿园经费投入应达到底线标准,并在安全、运转、编制、工资等方面为幼儿园的发展提出了建议。② 杨会良等学者总结了改革开放以来我国农村学前教育投入体制的基本特征,深入分析了当前我国农村学前教育投入存在的问题,并针对问题提出建议,如增加财政性学前教育经费的投入,建立县级财政供给的农村学前教育投资体制,构建合理的成本分担机制以及推进农村学前教育投入法制化。③ 丁妮、袁爱玲以广东省农村地区为调查对象,经研究后发现各地政府对幼儿园的教育投入更加偏向于硬件,因而硬件发展相对完善;对软件的后续投入较少,故软件质量严重滞后。④

3. 农村学前教育师资的相关研究

与农村学前教育师资相关的标签词主要为"教师队伍""师资配置""培训需求""教师流动""转岗教师"等。因此,笔者将从教师队伍、师资配置、教师培训、教师流动、转岗教师这几方面对农村学前教育师资的相关研究进行归纳梳理。

(1) 教师队伍方面。在这部分研究中,学者们主要是从不同视角探讨农村学前教师队伍的质量问题。徐红川调查了重庆市江津区农村学前教育师资队伍,发现存在教师数量不能满足基本需要、工作满意度较低、整体水平较低、队伍建设的部分内容缺失等问题,认为解决该问题的前提是政策重点向农村倾斜、向农村薄弱幼儿园倾斜、向农村低水平师资倾斜。⑤ 杨艳平则基于人本主义理论视角,提出加大财政投入、考虑职后培

---

① 参见郭学旺《我国农村学前教育管理体制改革与制度创新》,载《延安大学学报(社会科学版)》2021年第4期,第116-121页。

② 参见雷万鹏、张婧梅、文瑶《论农村学前教育投入的底线标准:对湖北省Y县的实证调查》,载《教育与经济》2011年第4期,第30-33+24页。

③ 参见杨会良、张朝伟、刘山《我国农村学前教育投入保障体制的特征、问题及重构的政策建议》,载《教育导刊(下半月)》2012年第3期,第17-21页。

④ 参见丁妮、袁爱玲《"硬件"与"软件"孰轻孰重:基于广东省农村学前教育的投入视角》,载《教育导刊(下半月)》2016年第3期,第65-67页。

⑤ 参见徐红川《统筹城乡背景下农村学前教育师资存在的问题与对策研究》(学位论文),西南大学2009年。

训的有效性、提高幼儿园教师地位、建立以人为本的管理模式等措施，为农村幼儿园教师队伍建设提供可行性路径。①

（2）师资配置方面。学者主要从两个方面研究这个问题。一是调查农村学前教育师资配置的现状并提出优化建议。徐群认为师资配置处在当前农村学前教育发展的重要地位，并且从农村学前教育师资现状出发提出了实现师资合理配置的途径。②赖昀等学者调研发现陕西省 X 市农村学前教师资源配置面临数量缺口大、质量低等问题，认为应拓宽学前教育教师资源的补充渠道、多途径提高农村学前教育师资质量、增强相关主体对学前教育的正确认识、构建学前教育高效循环监督机制，以此来提高农村学前教育师资配置水平。③二是探讨农村学前教育师资的供给侧问题，以期使农村学前师资配置合理化。夏茂林等学者发现农村学前教育师资供给存在总量供给紧缺、供给质量低下、供给性别结构严重失衡等问题，认为应采取完善农村学前教育成本分担机制、提高农村幼师工资待遇、加强农村学前教师定向培养、完善农村学前师资供需信息渠道、优化农村幼师性别结构等措施，以提高供给水平。④

（3）教师培训方面。学者在这方面有 3 个结论。一是发现农村学前教师对培训有较高需求。培训形式随着互联网的普及和信息化时代的到来逐渐多样化，网络培训的需求也逐渐增大。张云亮等学者对我国中西北部地区的农村幼儿园教师培训现状、教师对已有培训的评价及培训需求做了调查，发现农村幼儿园教师在内容上对"专业技能技巧"方面的培训期望最高，在形式上倾向于"外出观摩"，期待"特级教师""名师""专家教授"能作为培训的指导者。⑤平凡等学者通过调查天津市农村学前教师网络培训需求发现，缺乏时间和机会是阻碍农村幼儿园教师参加培训的

---

① 参见杨艳平《人本主义理论视角下农村幼儿园教师队伍建设问题的研究》，载《教育导刊（下半月）》2015 年第 8 期，第 52 – 55 页。

② 参见徐群《师资配置：当前农村学前教育发展的要务》，载《学前教育研究》2015 年第 6 期，第 22 – 25 页。

③ 参见赖昀、薛肖飞、杨如安《农村地区学前教育教师资源配置问题与优化路径：基于陕西省 X 市农村学前教师资源现状的调查分析》，载《教育研究》2015 年第 3 期，第 103 – 111 页。

④ 参见夏茂林、李军令、韩羽洁《农村学前教育师资供给侧问题探讨》，载《现代教育科学》2018 年第 4 期，第 51 – 55 页。

⑤ 参见张云亮、汪德明、时莉等《农村幼儿园教师培训的现状、评价及其需求》，载《学前教育研究》2012 年第 1 期，第 33 – 38 页。

主要原因，大多数教师希望在网络培训前接受网络学习技能和计算机操作技能培训，希望通过培训学习幼儿园游戏设置、幼儿园活动组织、幼儿园保健知识和课堂教学技能等。[1] 二是针对农村学前教师培训的问题，从内容、方式、评价等方面提出建议。王丽娟等学者指出当前农村幼儿园教师培训存在内容缺乏针对性、培训方式不恰当、培训专家实践经验不足、培训评价体系有待完善等问题，建议采取重点设计培训内容、倡导经验参与式培训、优化培训师资队伍、构建园本培训体系等措施来提高农村幼儿园教师培训水平。[2] 三是探讨农村学前教师培训的取得效果，剖析影响培训效果的原因，进而提出改进策略。熊慧通过调查发现，影响农村学前教师培训效果的因素有农村幼儿园教师流动性大、培训内容不符合实际、培训形式单一化、培训成果转化不及时，认为可以采取稳定农村幼儿园教师队伍、确保培训内容接地气、注重培训形式多样化、及时转化培训成果等方式改进培训效果。[3]

（4）教师流动方面。李云淑调查福建省某农村幼儿园教师的继续从教意愿，发现个人专业性与教师主观感知到的专业生活质量分别是影响其继续从教意愿的决定性因素与重要因素，建议从选拔、工作、生活等多方面提高农村幼儿园教师的继续从教意愿，从而降低教师的流动性。[4] 卢加想以云南省G县的农村幼儿园教师为研究对象，通过量化分析与质性文本分析相结合的方式调查农村幼儿园教师的发展现状，发现导致教师流动的盲目无序性的主要有经济、环境、家庭、个人等多方面的原因，并提出了解决教师流动的针对性策略。[5]

（5）转岗教师方面。学者关注到转岗教师在陌生的学前教育领域面临的生存困境和职业发展难题，认为应为其建立职前职后完备的培训体系。高闰青、乔冰梅提出从科学分析培训需求、精心制定研修目标、合理

---

[1] 参见平凡、刘丽娜、李珍珍《天津市农村学前教师网络培训需求及对策研究》，载《中国远程教育》2013年第1期，第52–57+73+95页。

[2] 参见王丽娟、李兰芳、党爱娣《当前农村幼儿园教师培训存在的问题及其对策》，载《学前教育研究》2017第10期，第64–66页。

[3] 参见熊慧《影响农村幼儿园教师培训实效性的因素及改进策略》，载《教育观察》2019年第3期，第116–118页。

[4] 参见李云淑《农村幼儿园教师继续从教意愿及其影响因素》，载《学前教育研究》2018第1期，第36–48页。

[5] 参见卢加想《农村幼儿园教师流动研究》（学位论文），东北师范大学2021年。

设置课程模块、灵活采用研修方式、适时进行考核评价5个方面构建农村幼儿园转岗教师的培训体系，以提升转岗教师的专业素养和帮助其适应农村幼儿园的教育教学工作。①蔡军聚焦陕西农村幼儿园转岗教师的生存状态，发现转岗教师较高的发展起点与现有的发展停滞落差巨大，这导致他们承受着较大的工作压力，因而有更多的职业倦怠感，对自己的专业发展现状不满意，离职意愿强烈。②田景正、周芳芳则关注农村幼儿园转岗教师的职业适应问题，指出解决职业发展适应性问题应引导转岗教师树立职业认同感和扎根学前教育，学习掌握学前教育理论知识、基本技能和方法，在实践反思中提升教育智慧等。③

4. 农村学前教育家园合作的相关研究

与农村学前教育家园合作相关的标签词主要有"家庭教育""学校教育""影响因素"等。因此，笔者将从家园合作、家长需求、家长满意度几个方面对农村学前教育家园合作的相关研究进行归纳梳理。

（1）家园合作方面。学者们重点关注农村幼儿园的家园合作现状，对现状调查结果进行问题和归因分析，并提出促进农村幼儿园家园合作的策略。黄瑞芳以运城市16所农村幼儿园为研究对象进行现状调查，发现农村幼儿园家园合作存在流于形式、家长忽视家园合作内容的全面协调发展、家园合作资源开发不足等问题，并从政府、家园两个角度提出构建农村幼儿园家园合作的方案。④王桂春通过对重庆市巫溪县农村幼儿园调查发现，影响家园合作的因素主要是经济水平低下、应试教育模式、教育观念落后等，为此提出增加教育部门资金投入与指导、规范幼儿园管理、转变家长观念的建议。⑤

（2）家长需求方面。学者们主要探寻农村家长的需求选择及其背后

---

① 参见高闰青、乔冰梅《农村幼儿园"转岗教师"培训体系的构建》，载《教育理论与实践》2014年第32期，第34–36页。
② 参见蔡军《农村幼儿园转岗教师的生存困境及改善》，载《学前教育研究》2015年第5期，第10–14页。
③ 参见田景正、周芳芳《农村幼儿园转岗教师的职业适应问题与发展策略》，载《湖南师范大学教育科学学报》2016年第3期，第117–120页。
④ 参见黄瑞芳《农村幼儿园家园合作调查研究》（学位论文），山西师范大学2014年，第29–35页。
⑤ 参见王桂春《农村幼儿园家园合作现状、问题及对策研究：以重庆市巫溪县为例》，载《亚太教育》2016年第29期，第257+256页。

原因，并提出满足家长需求的农村学前教育发展策略。牛付秀、卢清调查研究农村家长对学前教育的需求，发现家长在环境资源配置上对玩具和儿童读物的需求较高，在师资配置上对教师的责任心要求较高，在课程上倾向于追求课程小学化、学前班式教育，由于私立幼儿园收费较高对私立幼儿园的需求较低。① 杨楠则走进我国边疆少数民族农村地区考察家长对学前教育的需求，发现家长受教育程度及收入水平等因素影响了农村幼儿家长对学前教育的需求，该地区的家长对环境设备、方便性、课程与教学理念最为重视，因此应加大投入提高教育质量、进行幼儿园标准化建设、坚持正确的教育理念、增强与家长沟通。②

（3）家长满意度方面。王叶通过问卷调查和实地走访，发现河南省南阳市 A 镇家长对农村学前教育总体处于比较满意的水平，其中家长对教师、孩子发展、学校工作、环境设施、乡镇民办园的满意度较高，并根据这些情况提出应让政府及相关教育部门、学校、家长应共同承担起各自的职责，为幼儿营造良好环境，从而提高家长满意度。③

5．农村学前教育留守儿童的相关研究

与农村学前教育留守儿童相关的标签词有"家庭教育""学校教育""影响因素""教育内容"等。因此，笔者将从家庭教育、学校教育、社区教育对农村学前教育留守儿童的相关研究进行归纳梳理。

（1）家庭教育方面。由于家庭教育奠基了个人生命发展全过程和学校教育的重要补充，学者们主要聚焦在农村留守儿童群体的家庭教育缺失问题，并从家庭、学校、政府等角度提出针对性对策。郭晓霞基于社会学视角，指出农村留守儿童的家庭教育缺失不利于留守儿童养成生活生存技能、内化社会规范，甚至产生扭曲价值体系等不利影响，认为解决问题的关键是结束留守生活，提高家长对家庭教育的重视程度，加强家庭、学

---

① 参见牛付秀、卢清《农村家长对学前教育需求的调查研究》，载《学理论》2013 年第 26 期，第 269–270 页。
② 参见杨楠《西南边疆民族地区农村幼儿家长学前教育需求研究：以云南省云县涌宝镇、大寨镇为例》，载《楚雄师范学院学报》2015 年第 8 期，第 90–94 页。
③ 参见王叶《农村学前教育家长满意度调查研究》（学位论文），浙江师范大学 2012 年，第 47–79 页。

校、社区三方协同。① 黄冰等学者采用问卷调查法研究农村留守儿童家庭的教育问题,发现农村留守儿童主要存在父母教育缺失、隔代教育显著、教育方式不一致和教育观念落后等问题,并从家庭、学校、政府等方面提出相应对策。② 陈越等学者从亲子教育的视角出发,认为农村留守儿童父母的角色重构应从 4 个方面展开工作:一是构建远程家庭教育指导信息服务与共享系统;二是组织开展亲子教育活动,加强父母培训;三是构建专业的服务农村留守家庭的社会组织;四是挖掘并塑造农村留守儿童父母模范。③

(2) 学校教育方面。学者在农村留守儿童的学校教育现状方面主要关注幼儿园数量、师资、幼儿园办学条件、教育内容小学化等问题,与我国农村学前教育的现存的问题有较大的共性。段成荣等学者认为,农村留守儿童的学前教育面临入园率低、教育质量速度发展滞后的挑战,提出应从提高质量和改善教育条件上发展农村教育,以此来解决农村留守儿童的教育问题。④ 张洪秀等学者指出,在新农村建设背景下,我国农村留守儿童学前教育主要面临政府经费投入不足、幼教机构匮乏、教师专业水平低等问题,认为应加强对农村留守儿童学前教育的经费投入,立足农村实际、因地制宜地提升幼儿园教师的专业水平。⑤ 黄刚指出,留守儿童在幼儿园中只是接受知识而缺少人文关怀,认为学校应转变教学观念,加强对学生尤其是留守儿童心理、情感的关怀。⑥ 邹琳针对农村留守儿童的教育现状,提出创新农村留守儿童学前教育的模式应遵循大力发展农村经济、设立专项的建设项目、加大农村学前教育的基础建设投入、建立科学合理

---

① 参见郭晓霞《农村留守儿童家庭教育缺失的社会学思考》,载《教育探索》2012 年第 2 期,第 22 - 23 页。

② 参见黄冰、钟诗华、丘钰莹、戴媛《农村留守儿童家庭教育问题及对策研究》,载《科教文汇(中旬刊)》2020 年第 8 期,第 142 - 143 页。

③ 参见陈越、吴江、杨智《基于农村留守儿童亲子教育的父母教育角色回归路径探究》,载《贵州师范学院学报》2021 年第 2 期,第 79 - 84 页。

④ 参见段成荣、吕利丹、王宗萍《城市化背景下农村留守儿童的家庭教育与学校教育》,载《北京大学教育评论》2014 年第 3 期,第 13 - 29 + 188 - 189 页。

⑤ 参见张洪秀、张海波、陈红梅《新农村建设背景下农村留守儿童学前教育问题探析》,载《科技创新导报》2015 年第 9 期,第 166 - 167 页。

⑥ 参见黄刚《新农村建设背景下农村留守儿童问题的现状及对策研究》,载《学周刊》2017 年第 14 期,第 214 - 215 页。

的管理制度和标准、设立关爱留守儿童教育机构、加强家长对孩子的了解与关注的思路。①

（3）社区教育方面。学者们关注农村留守儿童社区教育的必要性，并针对现状提出社区教育的实现路径。李天鹰、王慧英指出发展农村社区教育的意义在于为留守儿童提供良好的社会环境，保障其接受学前教育的权利、享有教育资源、合法权益不受侵犯，认为应从明确社区教育管理机构、健全服务留守儿童的农村社区教育政策体系、建立农村社区教育组织者联盟、搭建丰富的社区教育平台等途径解决农村留守儿的童教育危机。② 郑航、李俊奎则认为在社会转型背景下，应运用相应的教育政策、组织与乡土资源，建立留守儿童社区教育机构并完善机制，整合各种教育力量并实施多种教育，为留守儿童健康成长构造友爱的受教育环境。③

6. 农村学前教育幼儿园建设管理的相关研究

与农村学前教育幼儿园建设管理相关的标签词主要为"办园模式""办园理念""管理体制""园本课程""课程目标"等。因此，笔者将从办园、园所管理、课程方面对农村学前教育幼儿园建设管理的相关研究进行归纳梳理。

（1）办园方面。学者们对农村幼儿园办园的研究多集中在办园体制、办园质量、办园取向、办园模式。郑名、马娥聚焦我国西北地区农村幼儿园的办园模式，发现幼儿园存在布局不合理、缺乏统筹规划与管理、"小学化"倾向严重、办园行为不规范的问题，并提出建议：加强乡（镇）中心园建设，充分发挥其示范辐射作用；合理统筹规划布局，优化资源配置，实现人力、物力、财力等各方面的资源共享。④ 苟增强、苟建丽从办园类型、经费投入、师资队伍、管理体制等方面调查河北省沧州市农村学前教育办园体制的现状，总结沧州市农村幼儿园办园体制存在的问题，提

---

① 参见邹琳《农村留守儿童学前教育创新模式探索》，载《核农学报》2020年第11期，第2643页。
② 参见李天鹰、王慧英《完善农村社区教育体系缓解留守儿童教育危机》，载《东北师大学报（哲学社会科学版）》2009年第4期，第90—94页。
③ 参见郑航、李俊奎《转型期农村留守儿童社区教育新探》，载《农村经济》2014年第3期，第27—31页。
④ 参见郑名、马娥《西北农村幼儿园办园模式分析与现实选择》，载《中国教育学刊》2006年第9期，第63—65+68页。

出建立"政府主导、公办为主体,民办为补充"的农村办园体制。① 谢芬莲、孙刚成分析西部农村特色办园取向的困境与解决路径,并提出建议:西部农村幼儿园特色办园要转换视角,以系统化思维、科学设计为特色办园之路;质量提升与特色办园并重;因地制宜分配资源,制定多元化标准;进行文化的反思与超越并因地制宜地发展。② 高庆春通过研究黑龙江省农村学前教育办学形式来探索促进农村幼儿园办园质量提升的策略,提出应发挥各级政府和幼儿园教育主管部门的职能作用、发挥优质幼儿园的示范引领作用、利用区域内高校学前教育专业的优势资源、积极参与共建农村幼儿园发展联盟等多主体多方位来提高农村幼儿园的办园质量水平。③

(2)园所管理方面。学者们聚焦农村幼儿园的管理现状,重点关注制度管理和人力资源管理,并提出针对性管理策略,构思适合农村幼儿园发展的管理模式。李永明调查研究陕西省渭南市农村幼儿园管理的现状,发现存在家长重视程度不够、经费不足、安全卫生制度意识缺乏的问题,认为应通过加大政府投入、加强安全卫生监督、增加师资培训提高当地农村幼儿园管理水平。④ 陆海红认为强化农村幼儿园管理应分两步走,一是从专业技能、道德素质、专业发展三方面加强教师队伍建设,二是制定严格管理模式以加强制度建设。⑤ 李莉认为可以通过转变管理理念、坚持文化引领、建构健康的人文环境、关注教师的生存状态、发挥教师自我管理作用等途径来改善农村幼儿园教师队伍管理的落后现状,这对促进幼儿园的持续发展有重要意义。⑥ 刘晶晶提出应将管理领域普遍推行的精细化管

---

① 参见苟增强、苟建丽《沧州市农村学前教育办园体制的现状调查与对策》,载《沧州师范学院学报》2014年第2期,第116-119页。
② 参见谢芬莲、孙刚成《西部农村幼儿园特色办园的取向与策略研究》,载《教育探索》2016年第10期,第13-17页。
③ 参见高庆春《促进农村幼儿园办园质量提升的策略:基于农村学前教育办学形式的调查》,载《理论观察》2017年第11期,第143-145页。
④ 参见李永明《渭南市农村幼儿园管理现状及问题研究》,载《知识经济》2014年第12期,第81页。
⑤ 参见陆海红《农村幼儿园管理的强化建议分析与阐述》,载《新课程(综合版)》2018年第5期,第196页。
⑥ 参见李莉《注重人文管理着眼持续发展:关于农村幼儿园教师队伍管理策略的几点思考》,载《华夏教师》2017年第6期,第13页。

理模式运用到幼儿园管理中,在管理队伍、规章制度、后勤保障、教师培训、家园共育这几方面做到精细化管理就可以有效地提升幼儿园的管理质量水平。①

(3) 课程方面。学者们关注农村幼儿园课程的方方面面,重点研究课程资源的开发与利用、课程设置、课程实施。在课程资源的开发利用上,王颖莉研究发现农村幼儿园在开发利用乡土课程资源上面临城市文化冲击、集权式管理束缚、师资力量薄弱的问题,走出困境需要立足乡土文化、转变管理观念、培训教师开发利用乡土课程资源的能力、确立教师主体地位等。② 杨文认为开发农村幼儿园的课程资源应以坚持教育性、有序性和生活性原则为前提:首先,根据儿童的发展需要确立课程主题;其次,建立农村幼儿园课程资源开发的规范流程;最后,发动多样化的开发主体,建立农村幼儿园课程资源库。③ 和江群以 L 市农村幼儿园为例,指出该地区的园本课程存在目标定位不准确、课程内容不适宜、开发方法不科学、课程评价不合理等问题,认为农村幼儿园园本课程开发应遵循课程编制原则、尊重儿童经验、个体差异、注重整体构建。④ 课程设置上,胡文静在对农村幼儿园课程设置现状进行分析后,发现课程设置存在重学科课程轻活动课程、重显性课程轻隐性课程、以分科课程为中心的问题,这与财政支持力度低、乡土教材缺乏、教育目标可行性低、教师专业素质低且流动性高、家长教育观念功利化等因素密切相关。⑤ 罗雅会调查农村幼儿园课程设置现状,发现其存在 2 个问题:功利性课程占比过高,不利于幼儿综合素质的培养;重视学科知识、轻视游戏活动的课程设置不合理,导致"小学化"倾向等问题,并提出增加非功利性课程、游戏类课程,

---

① 参见刘晶晶《精细化管理模式在农村幼儿园管理中的运用》,载《科学大众(科学教育)》2018 年第 4 期,第 77 + 60 页。

② 参见王颖莉《农村幼儿园开发利用乡土课程资源的困境与出路》,载《教育探索》2015 年第 10 期,第 42 - 44 页。

③ 参见杨文《农村幼儿园课程资源内涵、开发原则与基本路径》,载《学前教育研究》2016 年第 11 期,第 64 - 66 页。

④ 参见和江群《基于儿童发展视域审视农村幼儿园园本课程开发:以 L 市农村幼儿园为例》,载《成都师范学院学报》2017 年第 7 期,第 41 - 45 页。

⑤ 参见胡文静《对农村幼儿园课程设置现状的理性思考》,载《基础教育研究》2014 年第 9 期,第 53 - 55 页。

加强园本课程的开发与建设等使课程设置合理化的建议。① 在课程实施上，王江瑛调查研究农村幼儿园健康领域的课程实施的现状，发现农村幼儿园存在健康教育课程地位失衡、实施途径单一等问题，而课程设置、课程目标、课程内容、课程资源、课程评价也有诸多问题亟待解决，因此从课程本身、实施主体、实施环境三个维度提出相应对策。② 祝绮从生活教育理论的角度出发研究农村幼儿园课程生活化实施路径，认为提高农村幼儿园课程生活化的实施水平应因地制宜地利用生活资源，重点是从教师层面做好周密的准备工作、与园内活动密切结合、选择适宜的方式方法、做好家园社区合作、把安全问题放在首位。③ 白玉娟探究了农村幼儿园课程游戏化的意义、问题以及实施策略，认为农村幼儿园应做到利用农村现有资源，将农村课程游戏化与其他学科相结合，从而切实提高农村课程游戏化教学水平。④ 马立强关注农村幼儿园主题课程，发现各幼儿园选用的主题课程方案较规范，但存在着教师忽视各个领域目标的系统性、教师开展课程的能力低等问题。⑤ 除了研究农村幼儿园课程某一领域的课程实施外，学者们还从宏观层面研究农村幼儿园课程实施的整体情况。张丽莉、王亚东聚焦教育转型期安徽省淮南市的农村幼儿园课程实施状况，发现幼儿园教师的课程理念与实际行为明显脱节，据此提出系列建议：建立健全幼儿园管理体制；加强幼儿园园长对课程领导实施工作的参与和支持；优化农村幼儿园教师专业成长模式，提高教师专业素质；加强幼儿园教材建设，积极开发课程资源。⑥

---

① 参见罗雅会《农村幼儿园课程设置现状调查研究：以 A 市为例》，载《课程教育研究》2017 年第 39 期，第 227-228 页。

② 参见王江瑛《农村幼儿园健康教育课程实施的研究》（学位论文），山西师范大学 2015 年，第 39-45 页。

③ 参见祝绮《农村幼儿园课程生活化实施路径的行动研究》（学位论文），湖南师范大学 2018 年，第 73-81 页。

④ 参见白玉娟《浅谈农村幼儿园课程游戏化实施策略》，载《新课程（综合版）》2019 年第 3 期，第 46 页。

⑤ 参见马立强《农村幼儿园主题课程实施现状的调查分析：以民勤县农村幼儿园为例》，载《课程教育研究》2019 年第 22 期，第 241 页。

⑥ 参见张丽莉、王亚东《教育转型期农村幼儿园课程实施状况：基于安徽省淮南市六所幼儿园调查》，载《陕西学前师范学院学报》2019 年第 4 期，第 44-49 页。

（三）研究态势分析

突现词是指在一定时期内出现频率突然提高的关键词，反映一段时期内的研究趋势。为了深层次了解我国农村学前教育公共服务研究的发展趋势，笔者运行 Cite Space 并设置"突现词"的参数，获得了我国农村学前教育公共服务研究领域研究的关键词突现图（如图 2-1 所示）。

突现率最高的 11 个关键词

关键词	年份	强度	起始时间	结束时间	2000—2022
政府责任	2000	1.95	2008	2015	
西部农村	2000	1.69	2008	2011	
教育公平	2000	3.26	2014	2015	
家园合作	2000	1.73	2015	2016	
幼儿园	2000	1.62	2015	2016	
教育	2000	1.94	2017	2019	
留守儿童	2000	1.86	2017	2018	
民族地区	2000	1.97	2018	2019	
公共服务	2000	2.8	2019	2022	
师资配置	2000	1.63	2020	2022	
保教质量	2000	1.63	2020	2022	

图 2-1 关键词突现图

由图 2-1 可以看出：2008—2015 年的突现词为"政府责任"；2008—2011 年的突现词为"西部农村"；2014—2015 年间的突现词为"教育公平"；2015—2016 年的突现词为"家园合作""幼儿园"；2017—2019 年陆续出现的突现词为"教育""留守儿童""民族地区"；2019—2022 年出现的突现词为"公共服务"；2020—2022 年陆续出现的突现词为"师资配置""保育质量"。其中，"公共服务""师资配置""保教质量"近年来的突现率较高，说明这 3 方面的研究是我国农村学前教育公共服务领域的当前研究热点和未来研究趋势。

关键词时序图是依据时间段差异关键词的不同生成的图谱，可以反映一段时间内研究主题下的研究热点和研究变化趋势。因此，为了解关键词在不同阶段的差异性,笔者基于关键词共现分析,设置时间切片,运用 Cite Space 将关键词共现图谱转化为关键词时序图谱。

借助学者们研究主题的阶段差异性分析我国农村学前教育公共服务研究的发展历程,可以将我国 21 世纪以来农村学前教育公共服务研究划分为研究基础时期、快速增长时期、稳定发展时期 3 个阶段。

1. 基础时期(2000—2008 年)

这一时期的农村学前教育公共服务研究处于探索的基础阶段,发文量少且影响力小,鲜少有学者涉足农村学前教育公共服务研究领域。20 世纪末 21 世纪初推行的社会化改革和市场化改革对我国农村学前教育造成了猛烈的冲击,农村家长将孩子送入幼儿园接受系统教育的意识淡薄,对农村学前教育公共服务的需求较低,因此,该阶段初期的农村学前教育公共服务的发展一度处于停滞状态。直至 2003 年,国务院陆续颁布《关于幼儿教育改革与发展的指导意见》《国务院关于进一步加强农村教育工作的决定》(国发〔2003〕19 号)等文件,首次提出要"重视并扶持农村幼儿教育的发展"[①],明确了各级政府在农村学前教育事业发展中的具体职责,我国各省、市、自治区陆续在政策指引下以专门会议、构建政策规划保障体系、发展乡镇中心园等形式提高农村学前教育公共服务供给水平,振兴农村学前教育。从"幼儿园教师""办园模式""政府责任""课程"等关键词来看,这一阶段的研究重点在于初步明确了政府作为发展农村学前教育的首要责任主体,探索了农村学前教育公共服务的师资情况、办园模式、课程设置等。

2. 快速增长时期(2009—2015 年)

这一时期的农村学前教育公共服务研究开始快速发展,发文量呈爆发式增长,关键词增多并呈现主题多样化,引起越来越多学前教育学及其以外的社会学、心理学、公共管理等领域专家学者的关注。这一时期的国家政策愈发明确政府在发展农村学前教育公共服务中的主导地位,并确定其担负起统筹规划、保障财政投入、教育资源合理配置的责任。为此,政府开始以县为单位推行三期学前教育三年行动计划,以此来缓解日益凸显的"入园难"问题;逐步建立健全以农村弱势地区为重点的学前教育财政投

---

① 国务院:《国务院关于进一步加强农村教育工作的决定》,见中国政府网(http://www.gov.cn/gongbao/content/2003/content_62440.htm),访问日期:2022 年 5 月 22 日。

入体制；创办普惠性公办幼儿园以促进农村学前教育发展；实施"幼儿园教师国家级培训计划"，为农村幼儿园教师队伍建设提供支持。[①] 因此，从"师资培养""教育公平""家园合作""政府主导""均衡发展""教育资源""管理体制"等关键词来看，这一阶段的研究内容不仅关注宏观层面上政府主导的教育投入与管理、农村学前教育资源配置、农村学前教育的师资队伍建设等问题，而且关注微观层面上幼儿园的家园合作、课程实施开发利用、留守儿童学前教育等问题。

3. 稳定发展时期（2016年至今）

这一时期的农村学前教育公共服务研究处于稳定发展阶段，发文数量较上一阶段有所下降，关键词也随之减少，但这阶段的研究与国家政策、与时代发展紧密结合，出现了"互联网＋""乡村振兴""幼有所育""一村一幼"等具有时代特征的研究热点。2017年，党的十九大报告指出要把解决好"三农"问题作为全党工作的重中之重，提出实施乡村振兴战略，并首次提出要在"幼有所育"上取得新进展——"办好学前教育"[②]，确立了乡村振兴和幼有所育的国家战略地位。为此，学者们结合乡村振兴战略和幼有所育政策，遵循供需匹配的思路，从供给和需求出发研究、构建和完善我国农村学前教育公共服务体系的路径，以此来提高农村学前教育质量水平。同时，随着"互联网＋"大数据时代的到来，"互联网＋"教育的发展劲头势不可挡。2019年，中共中央、国务院印发《中国教育现代化2035》，将加快信息化时代教育变革作为教育现代化的十大战略任务之一。[③] 因此，学者们将教育信息化与农村学前教育紧密联系，聚焦农村学前教育的信息化建设现状，探讨信息化资源在农村学前教育的合理配置和应用推广，重点关注农村学前教师的网络远程培训、农村幼儿园集体教学中的信息化手段、农村家庭接受远程家庭教育指导等研究主题。此外，2017年，四川省作为民族地区发展学前教育的试点地区，

[①] 参见孙美红《改革开放40年我国农村学前教育的变迁与政府责任》，载《学前教育研究》2019第1期，第33–44页。

[②] 习近平：《决胜全面建成小康社会 夺取新时代中国特色社会主义伟大胜利：在中国共产党第十九次全国代表大会上的报告》，见新华网（http://www.xinhuanet.com/politics/19cpcnc/2017-10/27/c_1121867529.htm），访问日期：2022年5月22日。

[③] 《中共中央、国务院印发〈中国教育现代化2035〉》，见中国政府网（http://www.gov.cn/zhengce/2019-02/23/content_5367987.htm），访问日期：2022年5月22日。

开始实施"一村一幼"计划①。这加速了农村学前教育公共服务在民族地区的渗透。为此，学者们从政策制定、经费统筹、师资建设、基础设施建设等方面关注"一村一幼"的实施现状，以此来支持我国少数民族地区农村学前教育公共服务的发展。

三、农村学前教育公共服务研究结论与展望

（一）研究结论

第一，从机构的发文数量来看，不同机构之间的发文数量差距悬殊，且机构之间的合作为0，可见大部分机构都是单枪匹马，专注于单一方向的研究，缺乏与其他机构之间合作的交流。从核心作者群来看，同一机构的研究者合作较多，多以师生合作、同事合作的形式进行研究，表明我国学者缺乏与其他机构合作的意识，其研究范围较为单一，体现在研究内容以学前教育领域为主。

第二，从研究热点及趋势来看，我国农村学前教育公共服务研究主要从公共服务、教育公平、师资、家园合作、留守儿童、幼儿园建设管理六个领域展开，公共服务、保育质量、师资配置是近年来乃至未来的研究热点。可见，我国农村学前教育公共服务研究主题丰富多样，正逐渐形成完整的体系，但仍存在合作形式简单、偏重宏观层次研究、学科融合低、忽视0—3岁婴幼儿托育服务等问题。

（二）展望

1. 丰富研究合作形式，建立学术共同体

我国农村学前教育公共服务体系是由政府主导，市场、社区、家庭多方力量参与共同合力建设的，其建设和完善不仅需要国内权威机构和高等院校的专家进行专业性指导，还需要社区、幼儿园、家庭的共同参与，站在不同立场提出宝贵意见。国内权威机构、高等院校与社会多方力量合作

---

① 四川省教育厅：《四川省实施"一村一幼"计划加快发展民族地区学前教育》，见中华人民共和国教育部网（http://www.moe.gov.cn/jyb_xwfb/s6192/s222/moe_1755/201711/t20171122_319719.html），访问日期：2022年5月22日。

形成学术共同体，可以为实践提供科学的理论与方法指导、为理论研究提供丰富的经验，更好地将实践上升到理论层面。因此，专家学者可以增强机构之间的合作意识，合作双方可以是高等院校与高等院校，也可以是高等院校与权威机构，甚至可以将合作范围拓展到农村普惠性幼儿园、农村社区居委会、关爱留守儿童组织等，树立同一研究目标，集结社会多方力量共建学术共同体，让合作形式多样化。

2. 重视微观层面的研究，促进研究的多层次发展

农村学前教育公共服务中的宏观问题不容忽视，但与具体实践紧密相关的微观问题也值得关注。然而，从目前的研究结果来看，农村学前教育公共服务研究者多注重教育公平、教育资源、政府责任、体系构建、供需匹配等宏观层面问题的研究，对农村学前教育公共服务的供给主体——幼儿园的研究不够深入，例如，较少关注课程、教学、教师等问题。因此，学者们应该全方位多层次地研究农村学前教育公共服务，不仅要关注政策法规等宏观层面的问题，更应该将理论与实践结合，对微观层面的问题如环境创设、保育质量、教师专业素养、课程建设、教学活动等进行深入探究。与此同时，0—3岁婴幼儿托育服务在国家生育政策的调整下，"幼有所育"的呼声中逐渐兴起。因此，应提高对农村地区0—3岁婴幼儿托育服务的关注度，扩大农村学前教育公共服务的研究范围。

3. 关注跨学科融合，突破单一领域壁垒

跨学科融合是我国农村学前教育公共服务研究的大势所趋。为适应我国农村学前教育公共服务研究内容的多元化走向，突破单一研究思维的限制，可以从两个方面展开研究。一方面，学者们应该加快我国农村学前教育公共服务研究的跨学科融合步伐，可与心理学、卫生学、管理学等学科领域的研究者合作，例如，基于心理学视角关注农村幼儿园中儿童的心理健康，基于卫生学视角提高农村幼儿园健康卫生的供给水平，基于管理学视角借鉴管理模式提高农村学前公共服务体系的运作效率。另一方面，应该采用不同的研究方法，我国农村学前教育公共服务研究方法主要以文献法、访谈法、问卷法为主，所以还可以借鉴人类学的田野调查法深入调查我国少数民族地区农村学前教育公共服务的发展现状，借鉴心理学的量表评估农村转岗教师的职业认同感。从其他学科领域的专业性和研究方法的多样性出发，突破以学前教育为主的单一领域，整合多学科力量，推进农村学前教育公共服务研究的持续发展。

第三章 "乡村振兴"背景下县域农村学前教育公共服务管理现状

学前教育作为国民教育体系的基础部分、公共服务系统的重要环节，其发展需以政策制度为依托。我国学前教育政策体系的建构逻辑是政治化、规范化、社会化、民生化，学前教育沿着传承传统与借鉴苏联教育建设理念的基础上初步发展→园所数量激增，质量难以保证→学前教育法制化建设→"入园难""入园贵"问题突显→发展公益性、普惠性教育的方向发展①。

2010年11月颁布的《国务院关于当前发展学前教育的若干意见》，首次强调了学前教育必须坚持公益性和普惠性②，明确要求各省（区、市）以县为单位编制实施学前教育三年行动计划，重视农村学前教育发展。

学前教育三年行动计划从2011年开始，以三年为一期，阶段性发展学前教育，是国务院为加快发展学前教育、有效缓解"入园难"问题，重点支持中西部地区，发展农村学前教育而做出的一项重大决策，截至2021年已经实施了三期。

根据教育部基础教育司公布的报告显示，截至2021年，与2011年相比，全国学前三年毛入园率从62.3%提高到88.1%，全国幼儿园数增长了76.8%。全国新增的幼儿园，80%左右集中在中西部，60%左右分布在农村。全国普惠性幼儿园（包括公办园和普惠性民办园）达到24.5万

---

① 董海军、刘海云：《中国学前教育政策的范式变迁及转型发展——基于1949—2020年政策文本的分析》，载《学习与实践》2021年第8期，第125–133页。

② 刘颖：《砥砺十年 奠基未来——基于近十年来我国学前教育政策法规文件的解读》，载《幼儿教育》2021年第28期，第8–12页。

所，占幼儿园总量的83%，农村普惠性幼儿园覆盖率达到90.6%，每个乡镇基本办有一所公办中心园。2021年，全国开设学前教育专业的本专科高校有1095所，毕业生达到26.5万人，为持续补充幼儿园师资提供了有力支撑；全国幼儿园园长和专任教师总数超过350万人，比2011年增加200万人，生师比从2011年的26∶1下降到2021年的15∶1，基本达到了"两教一保"的配备标准，师资短缺问题得到有效解决[①]。

2021年，第三期学前教育三年行动计划完成，学前教育普及水平大幅提升，普惠资源广泛覆盖，保教质量明显提升，教师队伍不断加强，经费投入快速增长，制度体系基本完善。本章将以学前教育三年行动计划为背景，从学前教育公共服务制度、学前教育经费投入、县域农村幼儿园教育管理三方面着手，探讨乡村振兴背景下县域农村学前教育公共服务管理现状。

第一节 学前教育公共服务制度现状

制度是组织人类共同生活、规范和约束个体行为的一系列规则，它广泛存在于社会生活的各个领域和各个方面[①]。学前教育公共服务制度则是学前教育公共服务的运行规则、办事规程，政府通过对学前教育公共服务制度的设计、改进以及安排来提高学前教育公共服务质量。本部分将以政策文本为依据，从国家、江苏省、县域三个层面阐述学前教育公共服务制度现状。[②]

一、国家层面的学前教育公共服务制度

根据"乡村振兴"战略提出以来国家在学前教育发展制度上的改进

---

① 教育部基础教育司：《砥砺十年路 奋进新征程——党的十八大以来学前教育改革发展成就》，见中华人民共和国教育部网（http://www.moe.gov.cn/fbh/live/2022/54405/sfcl/202204/t20220426_621796.html），访问日期：2022年5月22日。

② 燕继荣：《政治学十五讲》，北京大学出版社2004年版，第187页。

与调整，可以看出，学前教育公共服务制度涵盖经费投入机制、幼儿园布局、教师队伍建设、保教质量提升及民办园管理等方面。

（一）教育经费投入机制

《国家中长期教育改革和发展规划纲要（2010—2020年）》明确指出学前教育施行政府投入、社会举办者投入、家庭合理负担投入机制。《关于下达2022年支持学前教育发展学前教育发展资金预算的通知》（财教〔2022〕93号）指出，学前教育经费的来源主要是中央补助资金和地方自有财力。

中央补助资金即中央财政用于支持学前教育发展的转移支付资金。按照《支持学前教育发展资金管理办法》（财教〔2021〕73号）要求，遵循"中央引导、省级统筹、突出重点、讲求绩效、规范透明、强化监督"的原则实施管理。

支持学前教育发展资金主要用于以下4个方面：①支持地方补足普惠性资源短板；②支持地方健全普惠性学前教育经费投入机制；③支持地方巩固幼儿资助制度，资助普惠性幼儿园家庭经济困难幼儿、孤儿和残疾儿童接受学前教育；④支持地方提高保教质量，改善普惠性幼儿园办园条件，支持城市优质园和乡镇公办中心园带动薄弱园。

支持学前教育发展资金采取因素法分配。首先按照中西部地区90%、东部地区10%（适当向困难省份倾斜）的区域因素确定分地区资金规模，在此基础上再按基础因素、投入因素分配到有关省份。其中，基础因素（权重80%）主要考虑学前教育普及普惠、公办园发展、教师队伍建设、巩固脱贫攻坚成果与乡村振兴有效衔接等因素。投入因素（权重20%）主要考虑地方财政努力程度、社会力量投入等因素。各因素数据通过相关统计资料获得。财政部会同教育部综合考虑各地工作进展等情况，研究确定绩效调节系数，对资金分配情况进行适当调节。计算公式为：某省份支持学前教育发展资金 =（该省份基础因素/∑有关省份基础因素×权重 + 该省份投入因素/∑有关省份投入因素×权重）×支持学前教育发展资金年度预算地区资金总额×绩效调节系数。财政部、教育部根据党中央、国务院有关决策部署和学前教育改革发展新形势等情况，适时调整完善相关分配因素、权重、计算公式等。

支持学前教育发展资金由财政部会同教育部共同管理，并由财政部监管局监管。省级财政、教育部门于每年 2 月底前向财政部、教育部报送当年支持学前教育发展资金申报材料,并抄送财政部当地监管局。财政部于每年全国人民代表大会批准中央预算后三十日内,会同教育部正式下达预算,并抄送财政部当地监管局。每年 10 月 31 日前,提前下达下一年度资金预计数。省级财政在收到资金预算后,应当会同省级教育部门在三十日内按照预算级次合理分配、及时下达本行政区域县级以上各级政府部门,并抄送财政部当地监管局。省级财政、教育部门在分配支持学前教育发展资金时,应当结合本地区年度重点工作和省级财政安排相关资金,加大省级统筹力度,重点向农村地区、革命老区、边疆地区、民族地区和脱贫地区倾斜。要做好与发展改革部门安排基本建设项目等各渠道资金的统筹和对接,防止资金、项目安排重复交叉或缺位;县(区)级财政、教育部门应当落实资金管理主体责任,加强区域内相关教育经费的统筹安排和使用,指导和督促本地区幼儿园健全财务、会计、资产管理制度。加强幼儿园预算管理,细化预算编制,硬化预算执行,强化预算监督;规范幼儿园财务管理,确保资金使用安全、规范和高效。①

此外,《"十四五"学前教育发展提升行动计划》对幼儿园收费监管也提出要求:"各省(区、市)综合考虑经济发展水平、群众承受能力和办园成本等因素,动态调整公办幼儿园收费标准、普惠性民办幼儿园最高收费限价。各省(区、市)尽快制订完善非营利性民办幼儿园收费的具体办法,可对非营利性民办园实行政府指导价管理,在合理核定办园成本的基础上,明确收费标准,坚决遏制过高收费和过度逐利行为。"

(二)幼儿园规划布局

2021 年颁布的《"十四五"学前教育发展提升行动计划》明确指出,当前学前教育发展提升行动计划的政策措施之一是优化普惠性资源布局,要"推进教育公平,增加普惠性资源供给,充分考虑出生人口变化、乡村振兴和城镇化发展趋势,逐年做好入园需求测算,完善县(区)普惠性幼儿园布局规划,原则上每三年调整一次。结合三孩生育政策实施和地

---

① 财政部、教育部:《财政部 教育部关于印发〈支持学前教育发展资金管理办法〉的通知》,见中华人民共和国教育部网(http://www.moe.gov.cn/jyb_xxgk/moe_1777/moe_1779/202112/t20211223_589724.html),访问日期:2022 年 5 月 22 日。

方实际，及时修订和调整居住社区人口配套学位标准，推动城市居住社区、易地搬迁安置区配套建设与人口规模相适应的幼儿园，产权及时移交当地政府，确保提供普惠性服务，满足就近入园需要。完善农村学前教育资源布局，办好乡镇公办中心幼儿园，通过依托乡镇中心幼儿园举办分园、村独立或联合办园、巡回支教等方式满足农村适龄儿童入园需求。充分发挥乡镇中心幼儿园的辐射指导作用，实施乡（镇）、村幼儿园一体化管理"。

《中共中央 国务院关于学前教育深化改革规范发展的若干意见》提出要"以县为单位制定幼儿园布局规划，切实把普惠性幼儿园建设纳入城乡公共管理和公共服务设施统一规划，列入本地区控制性详细规划和土地招拍挂建设项目成本，选定具体位置，明确服务范围，确定建设规模，确保优先建设。公办园资源不足的城镇地区，新建改扩建一批公办园。大力发展农村学前教育，每个乡镇原则上至少办好一所公办中心园，大村独立建园或设分园，小村联合办园，人口分散地区根据实际情况可举办流动幼儿园、季节班等，配备专职巡回指导教师，完善县乡村三级学前教育公共服务网络"。

（三）师资队伍建设

为加强教师队伍建设，我国建立依标配备教职工制度，幼儿园按国家规定配备园长、专任教师、保育员、卫生保健人员、专业安保人员等。教职工人事关系可分为编制内和编制外两种，公办幼儿园事业编制由举办单位根据各地《公办幼儿园机构编制标准》提出具体核编方案，报以当地机构编制部门审批，编制内教职工由国家财政支付薪酬，推进非编制教职工待遇同工同酬建设，其中保育员、安保、厨师等不纳入事业编制管理，而由政府购买服务，所需资金由地方财政预算中统筹安排。民办幼儿园教职工待遇参照当地公办幼儿园教师工资水平合理确定，且幼儿园应依法为教职工缴纳社会保险和住房公积金。

为提高幼儿园教师专业水平，我国持续致力于幼儿园教师培训进度的推进，实行专业化师范教育制度和"保重点、广覆盖"的职后培训制度。2018年1月，《中共中央 国务院关于全面深化新时代教师队伍建设改革的意见》正式发布。为全面提高幼儿园教师质量，建设一支高素质善保教的教师队伍，可以从两方面着手。一方面，要"办好一批幼儿师范专科学校和若干所幼儿师范学院,支持师范院校设立学前教育专业,培养热爱学前教育事业,幼儿为本、才艺兼备、擅长保教的高水平幼儿园教师。创新幼儿园教师培养模式,前移培养起点,大力培养初中毕业起点的五年制专科层次幼儿园教师。优化幼儿园教师培养课程体系,突出保教融合,科学开设儿童发展、保育活动、教育活动类课程,强化实践性课程,培养学前教育师范生综合能力"。另一方面,要"建立幼儿园教师全员培训制度,切实提升幼儿园教师科学保教能力。加大幼儿园园长、乡村幼儿园教师、普惠性民办幼儿园教师的培训力度。创新幼儿园教师培训模式,依托高等学校和优质幼儿园,重点采取集中培训与跟岗实践相结合的方式培训幼儿园教师。鼓励师范院校与幼儿园协同建立幼儿园教师培养培训基地"。

此外,为保证教师队伍质量,我国颁布了《幼儿园教师专业标准》,执行幼儿园持证上岗制度,落实公开招聘制度。在农村幼儿园教师队伍建设上,实施农村幼儿园教师补助制度,即依据工龄,每月向农村幼儿园教师发放生活补助金,为边远艰苦地区农村幼儿园教师提供周转宿舍;施行农村幼儿园教师荣誉制度,对在农村从教 30 年以上的教师颁发荣誉证书,对优秀农村幼儿园教师给予物质奖励,评选表彰、职称评聘向农村幼儿园教师倾斜;推行幼儿园定期交流,对口支援,城乡园园帮扶制度等。

(四)保教质量提升

为推动幼儿园科学保教,教育部办公厅发布了《关于开展幼儿园"小学化"专项治理工作的通知》,牵头各省市教育厅(局)协同开展幼儿园"小学化"专项治理。该项治理分 4 个阶段进行。第一阶段:全面部署。地方各级教育行政部门要认真制定治理方案,明确工作要求。第二阶段:自查与摸排。幼儿园、小学、培训机构按要求进行自查,教育行政部门组织抽查和摸排。第三阶段:全面整改。根据自查和摸排的情况,坚持边查边改、及时整改,坚决纠正"小学化"倾向的各种错误行为。第四阶段:专项督查。国务院教育督导委员会办公室、教育部及各省级教育督导机构和教育行政部门开展专项督查。治理内容包括严禁教授小学课程内容;纠正"小学化"教育方式,坚持以游戏为基本活动;整治"小学化"教育环境,玩教具、图书按照教育部指定的配备指南配置,充分利用当地资源,为幼儿提供符合年龄特点、激发幼儿探究兴趣的活动材料;

解决教师资质能力不合格问题，对不具备幼儿园教师资格的，督促其参加专业技能补偿培训并通过考试获得资格证，对于不按照幼儿身心规律特点开展游戏活动的教师进行岗位适应性规范培训；对于小学起始年级未按国家规定实施零起点教学的，依具体情节追究校长和有关教师责任，纳入规范办学诚信记录。

2021年3月，教育部发布了《关于大力推进幼儿园与小学科学衔接的指导意见》，对幼小衔接工作进行相关部署，着重强调幼儿园与小学双向衔接。该意见提出幼儿园要贯彻落实《3—6岁儿童学习与发展指南》和《幼儿园教育指导纲要（试行）》，促进幼儿身心全面和谐发展，为入学做好基本素质准备，为终身发展奠定良好基础；进一步引导教师树立科学衔接的理念，在大班下学期有针对性地帮助幼儿做好生活、社会和学习等多方面的准备，建立对小学生活的积极期待和向往；防止和纠正幼儿园教师把小学的环境、教育内容和教育方式简单搬到幼儿园的错误做法等。

（五）民办园管理

机构设立民办学校应当具备《中华人民共和国教育法》《中华人民共和国民办教育促进法》和其他有关法律法规规定的条件，并符合地方经济社会和教育发展的需要。根据《民办学校分类登记实施细则》（教发〔2016〕19号），我国民办幼儿园采用分类登记管理制度，将普惠性民办园和营利性民办园分类登记、分别管理，具体实施办法由各省市自行制定，县级以上教育、民政、市场监管部门协同实施。同时，要求各地对无证幼儿园进行整改或取缔并妥善安置幼儿。此外，根据《中共中央 国务院关于学前教育深化改革规范发展的若干意见》，幼儿园财务须设置会计账簿，每年依规定向当地教育、民政或市场监管部门提交经审计的财务报告；参与并购、加盟、连锁经营的营利性幼儿园园所变更等都应向县级以上教育部门备案，或经教育部门审批；所属幼儿园出现安全、经营、管理、质量、财务、资产等方面问题时，实行经营机构负责人责任问责。同时，各地也出台了普惠性民办幼儿园管理办法，对普惠性幼儿园进行具体管理与支持。

2021年4月颁布的《中华人民共和国民办教育促进法实施条例》（国令第741号）规定：任何社会组织和个人不得通过兼并收购、协议控制等方式控制非营利性民办幼儿园；在保教活动的开展中，民办幼儿园应当遵循儿童身心发展规律，设置、开发以游戏、活动为主要形式的课程；按照国家有关规定配备专任教师；在招生上，民办幼儿园享有与同级同类公办学校同等的招生权，可以在审批机关核定的办学规模内，自主确定招生的标准和方式，与公办幼儿园同期招生；民办幼儿园可从学费收入中提取一定比例建立专项资金或者基金，由学校管理，用于教职工职业激励或者增加待遇保障；教育行政部门及有关部门制定民办幼儿园的信息公示清单，监督其定期向社会公开办学条件、教育质量等有关信息；民办幼儿园使用土地，地方人民政府可以依法以协议、招标、拍卖等方式供应土地，也可以采取长期租赁、先租后让、租让结合的方式供应土地，土地出让价款和租金可以在规定期限内按合同约定分期缴纳；县级人民政府根据本行政区域实施学前教育的需要，可以与民办幼儿园签订协议，以购买服务等方式，委托其承担相应教育任务，并根据当地相关教育阶段的委托协议，对普惠性幼儿园拨付相应的教育经费。

二、江苏省学前教育公共服务制度

2010年11月，《国务院关于当前发展学前教育的若干意见》明确要求各省以县为单位编制实施学前教育三年行动计划。江苏省结合本省实际情况，从2011年至2020年实施了两期"学前教育五年行动计划"，履行政府主导责任，颁布系列政策文件，进行制度改革，取得了较大成果。

2012年，江苏省率先颁布《江苏省学前教育条例》，立法规范学前教育，明确规定相关制度及部门责任，内容包括：①幼儿园实行年检制度，由审批机关每年进行一次复核审验，并将卫生保健等有关情况纳入审验内容，年检不得收费，年检结果应当向社会公布。②幼儿园实行法人登记制度，国有资产参与举办的民办幼儿园，可以根据规定登记为事业单位法人。③幼儿园平均每班应当配备2名以上幼儿园教师、1名以上保育员。④对公办幼儿园新进人员实行公开招聘制度，具体办法由省人民政府教育行政部门会同有关部门制定。⑤县级以上地方人民政府教育、卫生行政部门应当建立幼儿园教师和卫生保健人员培训制度，制定培训规划，开展多种形式的培训。幼儿园应当保障幼儿园教师和卫生保健人员参加培训期间的工资福利待遇。⑥县级以上地方人民政府应当组织有关部门和单位建立学前教育联席会议制度，研究解决学前教育工作中的重大事项。⑦县级人民政府和乡镇人民政府、街道办事处应当共同分担学前教育财政经费，加大财政性学前教育经费的投入，保证学龄前儿童人均学前教育经费、人均公用经费逐步增长。财政性学前教育经费占同级财政性教育经费的比例不低于百分之五。⑧省、设区的市人民政府应当通过专项资金、奖励补助等方式，对各地发展学前教育给予支持，并向经济薄弱地区和农村倾斜。⑨省人民政府教育行政部门负责制定本省学前教育质量评价标准。县级以上地方人民政府教育行政部门对本行政区域内学前教育发展水平实施评价与监测，监测结果向社会公布。① 随后，江苏省陆续出台、印发了《江苏省学前教育改革发展示范区建设督导评估实施办法》《江苏省公办幼儿园机构编制标准（试行）》《江苏教育现代化指标体系》《江苏省普惠性民办幼儿园认定管理办法（试行）》《关于实施第二期学前教育五年行动计划的意见》《关于加强学前教育教研工作的意见》《关于进一步开展无证幼儿园清理整顿的通知》《关于开展幼儿园"小学化"专项治理工作的通知》《江苏高质量发展监测评价指标体系与实施办法》《设区市高质量发展年度考核指标与实施办法》《关于学前教育深化改革规范发展的意见》等系列政策文件，共同搭建、完善学前教育公共服务制度。

（一）增加普惠性资源，构建"优质均衡"的国民教育体系

从2016年起，江苏省率先施行公办幼儿园和普惠性民办幼儿园服务区制度。为逐步消除各类普惠性幼儿园之间的等级差异，江苏省坚持实施优质幼儿园评估工作，努力将学前教育从"优质优价"的市场分类定级体系逐步调整为"优质均衡"的国民教育体系。省级、市级优质幼儿园分别从2012年的2277所、1176所增长到2021年的4893所、1631所。

积极稳步推进城镇小区配套幼儿园专项治理，筛选部分小区及幼儿园列入治理计划清单，通过新建改建补建、移交回购置换、转普等方式提高小区配套幼儿园质量，增加普惠性学位。采用"关、转、并、建"和将部分园所纳入临时性照护点监管等办法开展无证幼儿园清理整顿工作。

---

① 《江苏省学前教育条例》，见江苏省教育厅网（http://jyt.jiangsu.gov.cn/art/2012/10/31/art_57834_7005186.html），访问日期：2022年5月22日。

（二）创新改革人事制度，稳定学前教育师资队伍

江苏省创新改革教师编制配备、人事管理，实行免费男幼师培养制度，努力让每一位幼儿都能遇到好老师，内容包含：制定公办幼儿园教师编制配备标准，明确按师生 1∶16 的比例核定事业编制；通过备案制、员额制、人事代理等方式规范编外教师的准入和管理，实行同工同酬或制订编外教师最低工资福利标准，以县为单位统一支付薪酬，保障教师能够安心从教；为解决幼儿园教师性别结构失衡问题，2010—2016 年，在全国率先试点五年制师范学前教育专业免费师范男性培养工作，6 年间共培养 3176 名免费男幼师。经过不断努力，江苏省幼儿园专任教师数量从 2012 年的 9.47 万名增加到 2020 年的 16.78 万名，专任教师与幼儿的比例从 2012 年的 1∶23.3 提高到 2020 年的 1∶15.1，平均班额从 2012 年的 36.3 人降至 2021 年的 31.4 人。大专以上学历教师占比提高至 74.16%。

（三）提升课程建设水平，加强学前教育教科研队伍建设

江苏省于 2014 年启动课程游戏化建设项目，由省内外知名专家全程指导全省各地的幼儿园，带领各地的幼儿园园长和老师全力推动幼儿园课程游戏化，提升江苏幼儿园课程建设的实施水平；设立基础教育前瞻性项目、重大研究招标课题、省教育科学规划课题、省教育科学研究成果奖等教科研项目，以此来不断提升幼儿园实践与理论水平；成立江苏省学前教育研学中心（南京师范大学教育科学学院）、江苏省"活教育"思想研究所（南京市鼓楼幼儿园）、江苏省幼儿园综合课程研究所（南京市实验幼儿园）、江苏省幼儿经历学习课程研究所（无锡市实验幼儿园）等成果推广应用研究机构，做好学前教育教科研成果的深化研究和推广工作，惠及更多的幼儿园和教师。

（四）关注特殊儿童，促进教育公平

为做好特殊儿童入学和教育工作，帮助幼儿园提高特殊教育能力，江苏省建立了特殊教育服务清单机制、特殊儿童评估安置机制和个别化教育机制，进一步推动教育师资准入和培训机制的实施等，努力做到早发现、早干预、早康复。2021 年，江苏省已依托普通幼儿园建成由教育、民政、卫健、残联四部门联合认定的学前融合教育资源中心 1202 个，实现了乡

镇（街道）全覆盖，使特殊儿童能够就近入读适合的幼儿园。①

三、县域农村学前教育公共服务制度

本书所调查的农村地区遵循国家总的方针政策，落实国家及江苏省学前教育制度，遵照所在市县制度安排，因地制宜，创新实施机制，制定了符合本地情况的具体办法。本书本部分选取苏南（南京、无锡、常州、苏州、镇江）、苏中（南通、扬州、泰州）、苏北（徐州、连云港、淮安、盐城、宿迁）不同区域的三个县开展研究，分别选取位于江苏省苏南地区的Y县（简称"苏南Y县"），苏中地区的R县（简称"苏中R县"），苏北地区的X县（简称"苏北X县"）。

（一）苏南Y县

Y县通过多种方式督导"双减"工作，包括幼儿园和小学科学衔接工作，具体程序为：各校对照督查要点进行自查自纠，形成自查报告报市教育局督导科；各责任督学采用校园巡查、推门听课、查阅资料、问卷调查、走访座谈等形式，每月至少到校督导"双减"工作一次；市人民政府教育督导室上半年、下半年将各组织一次"双减"工作专项督导，采取"四不两直""回头看"等方式对义务教育学校进行督查；同时开展典型案例评比，整治违规培训。

校园安全方面实施"三体系两机制"。第一，强化政治担当，健全安全责任体，具体措施包括：将校园安全工作有机纳入"十四五"教育发展规划、年度工作计划、绩效管理考核；构建局党委班子成员划片负责、责任科室业务指导、联络员分工联系、责任督学日常监管和校级领导述职、述廉、述法、述安测评等完整的安全责任体系；明晰班子成员安全责任分工，明确牵头领导，按级签订安全责任书；实施安全工作讨论制度，学校、幼儿园每月、重要保障期每周必须组织召开一次安全研判会和确定一个主题，研究下阶段安全风险防控工作，不断强化校园安全预警功能；将全员安全责任制纳入《学校章程》。第二，坚持文化引领，构筑风险预

---

① 参见顾月华《"江苏学前教育这十年"新闻发布会》，见江苏省教育厅网（http://jyt.jiangsu.gov.cn/art/2021/5/18/art_ 64084_ 46.html），访问日期：2022年5月22日。

防体系，具体措施包括：将安全教育有机融入各类活动中；针对性组织开展不同群体业务知识、专业技能、应急救护等实操培训，不断提高其规范操作、科学预防、突发处置的能力。第三，依法建设管理，完善风险管控机制，具体措施有：定期开展安全检查，加大校舍安全工程建设和暑期维修力度，确保既有校舍、设施设备、活动场所等危险程度始终处于可控状态；护学岗和校园安保"双重"管理，规范护园队建设，扩充家长志愿者队伍；利用"Y校安"平台，对校园安全实施动态监管。第四，严格源头治理，规范风险化解机制，具体措施包括规范专项整治、分担风险、缓解安全压力等。第五，创建平安校园，夯实综合治理体系，注重营造健康网络环境，优化周边环境等。

此外，Y县实施常态化责任督学制度，督导科工作人员每学期定向负责督学，通过巡视校园、查看台账资料、听课听讲座、与师生交谈、问卷调查等方式，每月参与一次幼儿园的教育教学管理。在幼小衔接过程中施行幼儿园小学双向结对制度，教育局确定双向结对名单，鼓励结对校（园）积极探索、科学衔接。

（二）苏中R县

R县的机制创新包括：落实立德树人，实施"生活德育"品牌提升计划；建立德育项目联盟学校，组建德育名师工作室；开展德育工作学科带头人、骨干教师和教坛新秀评选工作；组建家庭教育指导研究工作室，开设"好父母微课堂"课程。在教师队伍建设上，实施五年制乡村教师定向师范生政策，落实提高公办幼儿园非编保教人员薪金待遇，结合实施"惠师工程""幸福工程"，推动学校开展教师"美好行动"，充分发挥工会作用，开展丰富多彩的文体活动，丰富教职工生活。

为保证学前教育质量，R县将各类幼儿园纳入质量评估范围，定期向社会公布评估结果；运行集团化办学模式，建立分片区驻点督导制度，提升薄弱学校办学水平。

在依法治教方面，R县实施学校制度执行系统工程，组织所有学校修订"三重一大"决策制度；制订学校管理制度学习计划安排表，每季度对学校制度学习与执行情况进行检查与通报。在幼儿园安全防范建设中，设置幼儿园智慧安防，落实"党政同责、一岗双责"制度。此外，R县完善监督机制，持续开展作风效能督察，形成事前防控、事中跟踪、事后问责的监督审计机制，同时开展固定资产管理抽查。

（三）苏北 X 县

X 县实施了多项学前教育公共服务制度。具体措施有：①标准化办学。X 县幼儿园建设按照《江苏教育现代化指标体系》办学要求，结合改薄项目，实施"消除大班额幼儿园""整顿无证幼儿园""整改扩建"专项行动，按需求新建、改扩建一批幼儿园。②规划幼儿园布局。依据《Y 市住宅小区配套幼儿园建设管理办法》，加大住宅小区配套园建设力度，同时实行一个镇至少建设一个公办幼儿园的制度。③不断推进"Y 市智慧教育云平台"建设，提升教育信息化水平，扩大"智慧课堂"建设，全面推进"师幼网络学习空间人人通"项目建设，重视提高农村幼儿园信息技术应用水平。④推进基础教育高位均衡发展。严格实施按教区就近入学政策，建立集团化办学管理体制，推动部分成熟型成员校剥离原有组织领办新的优质教育集团。⑤加快理顺办学管理体制。对现有的跨行政区划创办的幼儿逐步按行政区划下放或划转到归属地办学；在隶属关系未理顺之前，相关学前教育的常规教育教学、招生、质量检测等业务纳入所在辖区统一管理。⑥在教学方面实施幼儿园课程游戏化，建立幼儿园城乡教师"师徒制"。⑦不断扩大幼儿园办园自主权，全面落实幼儿园独立法人资格。⑧实施师德师风建设，将师德列入年度教育考核指标体系，试行"先面试后笔试"的新招聘办法，及早按需招聘一批教师，改善和优化城乡教师队伍结构。

第二节　学前教育经费投入现状

近年来，中央财政设立专项资金，带动地方不断加大对学前教育财政的投入。2022 年，财政部下达支持学前教育发展资金 230 亿元，比上年增加 30 亿元，增长 15%，居中央对地方各项教育转移支付增幅之首。在资金分配中，财政部认真落实中央关于"巩固脱贫攻坚成果与乡村振兴有效衔接"的要求，对乡村振兴重点帮扶县给予倾斜。2011—2020 年，财政部会同教育部等部门支持各地实施了三期学前教育行动计划。据统计，2011—2021 年中央财政累计安排支持学前教育发展资金 1730 亿元，着力扩大普惠性教育资源。经过多方努力，全国学前教育三年毛入园率由 2010 年的 56.6% 提高到 2021 年的 88.1%，普惠性幼儿园覆盖率达到 87.78%。[①]

江苏省各级财政积极调整、优化支出结构，将学前教育纳入公共保障范围，全省学前教育经费所占比重逐年提升，2018—2021 年全省财政学前教育投入 487.46 亿元，年均增幅 17.86%；同时，不断完善学前教育经费投入机制，2020 年起，各市县公办幼儿园年生公用经费财政拨款标准达 650 元，对于未达标准的苏北地区市县，每年安排专项补助经费 1.16 亿元。为推进学前教育内涵建设和质量提升，省财政每年安排专项经费 2000 万元支持幼儿园课程游戏化项目建设；安排专项资金 1800 万元，支持开展男师范生免费定向培养，完善幼儿教育队伍性别结构。[②]

资金是教育发展的强大推动力，经费投入的多少对学前教育公共服务质量有直接的影响。本节将从幼儿园经费来源渠道和财政投入金额两方面对农村学前教育经费投入现状进行统计分析。

一、农村幼儿园经费来源

全国教育经费的主要来源是国家财政性教育经费、民办学校中举办者投入、社会捐赠经费、事业收入及其他教育经费。根据《2022 年度江苏省教育厅部门预算公开》，公办幼儿园经费来源主要有两种，一种为财政拨款，另一种为幼儿园收费。通过问卷调查、访谈得知，民办幼儿园经费主要来源于两种：幼儿园收费和企业、个人投资，其中普惠性幼儿园享受政府奖免，这也算经费渠道之一，同时部分幼儿园也会获得社会捐赠。在幼儿园收费上，江苏省行政区域内经教育行政部门依法批准的公办和民办

[①] 《财政部下达支持学前教育发展资金 230 亿元 持续推进学前教育普及普惠优质发展》，见中华人民共和国财政部网（http://jkw.mof.gov.cn/gongzuodongtai/202205/t20220510_3809197.htm），访问日期：2022 年 5 月 22 日。

[②] 新华日报：《江苏财政聚焦"一老一幼"强化资金保障 守护"最美夕阳"托起"灿烂朝阳"》，见江苏省人民政府网（http://www.jiangsu.gov.cn/art/2022/9/22/art_60085_10611631.html），访问日期：2022 年 5 月 22 日。

全日制、寄宿制、半日制幼儿园及小学附设的学前班、幼儿园，均需按照《江苏省幼儿园收费管理办法》进行收费。收费项目由省级统一管理，收费标准实行属地管理。幼儿园可以收取保育教育费（简称"保教费"）、住宿费（仅限寄宿制幼儿园）、服务性收费（包括伙食费、托管费、校车费）和代收费（包括集中代购被褥、洗漱用品等收取的生活用品费用、外出活动费、园服费等），不得收取规定以外的其他费用。公办幼儿园保教费、住宿费及服务性收费中的托管费实行政府指导价。公办幼儿园保教费标准按照公益性和家庭合理分担教育成本的原则，实行按类定级收费，依据办园类型、办园条件、地区差异制定差别化收费标准。公办幼儿园为不满3周岁的婴幼儿提供早期保育教育服务的（含小托班），收费标准由设区市、县（市）教育行政部门提出意见，报同级价格主管部门会同财政部门核定。公办幼儿园伙食费标准按照实际成本确定，不得以营利为目的。

非营利性民办幼儿园保教费、住宿费、托管费实行政府指导价。收费标准由幼儿园根据保育教育、住宿及服务成本、政府财政补助、家庭承受能力以及教育部门批准的幼儿园等级等因素提出建议，报设区市、县（市）价格主管部门核定。非营利性民办幼儿园伙食费标准按照实际成本确定，不得以营利为目的。

营利性民办幼儿园保教费、住宿费、服务性收费实行市场调节价。营利性民办幼儿园制定或者调整收费标准的，应当于新学年开学3个月前向社会公示，原则上3年内保持收费标准的相对稳定。同时，营利性民办幼儿园在幼儿入园时应当与幼儿家长签订协议，明确收费方式、收费标准、收费期限、服务项目和内容。

所有幼儿园的服务性收费、代收费应当遵循"确有必要，家长自愿、据实收取、不得盈利、及时结算、定期公布"的原则，不得与保教费一并统一收取，不得在代收费中收取应当由幼儿园支付的任何费用。校车费的收取坚持自愿原则，由幼儿园和家长签订协议，明确收费标准以及双方的权利、义务。

幼儿园保教费按月计退。由于幼儿请假、转学、退学、插班等原因，幼儿当月在园天数不足4天（含4天）的，按保教费交费额的80%退还；超过4天但不足当月法定工作日数一半（含一半，向下取整天数，下同）的，按保教费交费额的50%退还；超过当月法定工作日数一半的，不退还所交保教费。同时幼儿园应当按照国家学前教育扶困资助的有关规定，对符合条件的在园幼儿给予相应的资助。对在公办幼儿园接受保育教育服务的残疾幼儿，免收保教费和住宿费。①

为深入了解江苏省农村学前教育发展现状，研究者分别在苏南、苏中、苏北地区各随机抽取一县，对其农村学前教育公共服务质量进行调查，对样本县 65 所农村幼儿园发放"幼儿园基本情况调查问卷"，并实地走访 21 所农村幼儿园。根据调查结果得知，公办幼儿园的经费来源均为财政拨款与保教收费，部分地区幼儿园的经费来源于社会捐助，普惠性民办幼儿园的经费来源于政府奖免及保教收费，非普惠性民办幼儿园及部分地区村教学点的经费则是自收自支，具体情况如下。

1. 苏南 Y 县农村幼儿园的经费来源

根据调查，Y 县共 6 个镇，每个镇有 2 所公办幼儿园，一所为镇中心幼儿园，另一所为原先村教学点，后与镇中心园联合办园组成成型园，幼儿园辐射全镇，实现了农村幼儿也能上公办幼儿园的目标。本书此次研究共回收到 Y 县 10 所幼儿园的调查问卷，问卷结果显示 10 所幼儿园的经费来源均为财政拨款与保教收费，其中 1 所幼儿园的经费来源包含社会捐赠。据教育行政部门人员解释，Y 县启动了"大局教育基金"及"乡贤基金"，鼓励企业或事业有成的民众捐赠资金奖励发展较好的孩子，并对特殊儿童进行帮扶。

2. 苏中 R 县农村幼儿园的经费来源

R 县 37 所农村幼儿园中，36 所公办幼儿园及普惠性幼儿园的经费来源于财政拨款及保教收费，1 所非普惠性民办幼儿园的经费自收自支。由访谈得知，R 县村教学点隶属于相应镇中心幼儿园，每年可向乡镇幼儿园申请经费。

3. 苏北 X 县农村幼儿园的经费来源

X 县 8 所镇中心幼儿园、3 所社区中心幼儿园的教育资金来源于政府财政拨款和幼儿园收取费用；2 所普惠性民办幼儿园的资金来源于政府奖免、个人投资和经营服务性收取费用；5 个村幼儿园教学点的经费来源是

---

① 江苏省物价局、江苏省教育厅、江苏省财政厅：《关于印发〈江苏省幼儿园收费管理办法〉的通知》，见江苏省教育厅网（http://jyt.jiangsu.gov.cn/art/2018/1/2/art_58355_7498551.html），访问日期：2022 年 5 月 22 日。

家长缴纳的保教费用。据调查，目前 X 县镇中心幼儿园均享受政府财政拨款投入，但因 X 县公办幼儿园实行小学附属管理机制，经费申请需由小学校长审批，经费使用多有不便。另外，乡村幼儿园教学点虽名义上为公办幼儿园，隶属于乡镇中心幼儿园，但由于近几年乡村幼儿生源逐年减少，幼儿园教学点已处于无人问津、自收自支的状态，很难享受财政拨款投入。

二、教育经费投入金额

不同地区由于经济实力、人口数量、重视程度等有所差别，以至于各地区学前教育经费投入存在一定差距。研究者将对三个样本县生均一般公共预算教育事业费支出情况进行纵向及横向对比，此外，还将分析对学前教育投入经费较少的苏北 X 县近十年教育经费投入及各级教育经费投入情况。

1. 样本县生均一般公共预算教育事业费支出情况对比

总体来看，苏南 Y 县各年幼儿园生均一般公共预算教育事业费（以下简称"生均教育事业费"）支出金额最大，其次为苏北 R 县，苏中 X 县最少。从幼儿园生均教育事业费在五类（包括中职、高中、初中、小学、幼儿园）生均教育事业费总和的占比[1]上来看，除 2014 年 R 县大于 Y 县、2015 年 R 县＞X 县＞Y 县外，其余各年幼儿园生均教育事业费支出占比均为 Y 县＞R 县＞X 县的现状。2011—2020 年，Y 县幼儿园生均教育事业费在五类生均教育事业费总和的占比介于 4.79%—13.74%，R 县为 3.84%—7.09%，X 县为 0.68%—4.86%（具体情况见表 3-1），从这些数据可以了解到各县对农村学前教育的重视程度有所不同。

纵向来看，学前教育三年行动计划启动以来，Y 县、R 县、X 县各年幼儿园生均教育事业费、五类生均教育事业费总和及幼儿园在五类生均教育事业费总和支出中的占比均呈波浪式上升趋势。在近十年的幼儿园生均

---

[1] 注：幼儿园生均一般公共预算教育事业费在五类生均一般公共预算教育事业费总和的占比 = 幼儿园生均一般公共预算教育事业费 ÷（中职生均一般公共预算教育事业费 + 高中生均一般公共预算教育事业费 + 初中生均一般公共预算教育事业费 + 小学生均一般公共预算教育事业费 + 幼儿园生均一般公共预算教育事业费）

教育事业费中，样本县均有两年减少投入：2014 年和 2018 年，Y 县幼儿园生均教育事业费支出分别降低 23.57%、36.90%；R 县于 2013 年、2016 年分别下降 17.16%、12.10%；X 县在 2013 年和 2016 年分别减少 1.12%、64.58%。

表 3-1 生均一般公共预算教育事业费支出统计

年份	Y 县			R 县			X 县		
	幼儿园/元	五类教育总和/元	占比/%	幼儿园/元	五类教育总和/元	占比/%	幼儿园/元	五类教育总和/元	占比/%
2011	3154	38039	8.29	1053	27435	3.84	206	30495	0.68
2012	6587	61337	10.74	2389	33704	7.09	802	55486	1.44
2013	8743	87296	10.02	1979	45244	4.37	793	40668	1.95
2014	6682	125552	5.32	2805	51131	5.49	1122	43334	2.59
2015	7539	157291	4.79	3984	73787	5.40	2558	52617	4.86
2016	10197	151478	6.73	3502	67410	5.19	906	65423	1.38
2017	17362	126343	13.74	3945	81085	4.87	991	71518	1.39
2018	10956	111226	9.85	4340	83853	5.18	1037	80965	1.28
2019	12216	114493	10.67	4643	90199	5.15	1712	90073	1.90
2020	13048	116172	11.23	6306	100950	6.25	2709	93718	2.89

数据来源：《2011—2020 年江苏省地方教育经费执行情况的统计公告》（http://jyt.jiangsu.gov.cn/col/col77622/index.html）。

2. X 县教育经费投入情况

根据 X 县政府信息公开数据显示，教育经费投入包括中职、高中、初中、小学、幼儿园、特校、教育行政、教育事业、其他。近十年（2011—2021 年）来，X 县农村教育经费投入总体呈波浪式上升趋势，其中，农村学前教育财政投入于 2015 年突然加大后又恢复平稳增加，但与其他阶段的教育投入相比，学前教育的投入经费仍较少（见表 3-2）。从教育经费投入明细可看出，在财政投入覆盖面上，X 县农村学前教育经费投入均运用在幼儿园建设中，0—3 岁幼儿的早期教育仍未划入学前教育财政经费支出项目。

表 3-2　2011—2021 年 X 县农村教育经费投入明细

单位：千元

年份	总教育经费投入	幼儿园教育经费投入	小学经费投入	初中经费投入	高中经费投入
2011	257403	4889	161575	86575	4364
2012	352007	8405	218472	117766	7364
2013	323727	8617	201162	106888	7060
2014	806024	34079	312134	326265	111004
2015	952282	133351	410190	282276	99883
2016	1004891	66708	477619	273494	158340
2017	1136179	73781	548698	332476	153075
2018	1039209	62834	581860	394515	208205
2019	1387619	78073	582085	451170	246188
2020	1545232	96020	579338	524244	301875
2021	1687717	129470	607481	536053	361295

学前教育财政投入不足一方面导致公办幼儿园数量较少，多数幼儿被迫接受质量参差不齐的民办幼儿园学前教育；另一方面引起幼儿园基础建设不均衡，出现"重镇轻村""重硬轻软"的现象。通过调查得知，X 县农村学前教育财政拨款多数用于各镇中心幼儿园硬件设施上，少数用于中心幼儿园课程建设，规模较小的乡村幼儿园教学点很难得到经费。乡村幼儿园教学点仅靠收取的保教费来支付教师工资和维修校舍的费用，教学点内桌椅破旧，玩教具仅有几本书、几支粉笔。

第三节　县域农村幼儿园教育管理现状

一、县域教育行政部门管理

教育行政部门是教育公共服务建设的管理者，服务制度的实施者，学前教育行政部门人员构成及监督管理对农村学前教育发展起到重大作用，不同地区幼儿园教育管理状况存在差异，具体情况如下。

（一）苏南Y县

在机构设置中，Y县设有专门的学前教育科，上级市教育局设有学前教育处，机构内工作人员均具有学前教育专业背景。为提升入园率，该县实施公办幼儿园小班幼儿免保教费政策。为保障幼儿园质量，教育督导办牵头，联合学前教育科、幼儿园组建教研团队，设立一专一兼督学员；针对幼儿园办园质量，每月设定督学主题进行督导教研。Y县还通过设立集团教育基金、乡贤教育基金鼓励社会团体及个人支持农村学前教育，扩充农村学前教育的经费。

为推进教体融合工作，从2019年起Y县上级市教育局、市文体广电和旅游局每年拨款100万对取得突出成绩的学校采用以奖代补的方式进行重点项目经费补助，这在很大程度上促进了幼儿园体育特色项目的发展。

据Y县教育行政部门工作人员介绍，该县注重农村学前教育发展，资源向农村倾斜，因此部分农村幼儿园发展优于城区幼儿园。此外，该县学前教育的质量名列全国前列，其原因可归为：该县占地面积较小，便于管理；领导班子均为学前教育专业人员；幼儿园均有独立法人；重视学前教育。

（二）苏中R县

R县囊括14个镇，有村（社区）347个，幼儿园数量较多。截至2021年，该县共有幼儿园80所，在园幼儿32162人。该县学前教育管理部门为教育局基础教育科与教研室。通过访谈得知，基础教育科主要负责幼儿园硬件设施，教研室的工作人员负责幼儿园内涵建设，是专业学前教育者。该县有常规督导办法：每年进行四次幼儿园安全卫生督导，一次合格园验收，每三年对全县幼儿园开展全面督导，同时每年在每镇随机抽取1—2所幼儿园进行全面抽查。在课程建设方面，教研室每学期组织一次课程游戏化推进会、每学期两次业务园长培训。研究者在实地调查中发现，该县幼儿园与教研室工作人员联系紧密。据了解，教研室工作人员经常深入幼儿园。此外，该县教育行政工作人员表示，该县学前教育存在教研人员数量少、农村学前教育经费不足的问题，农村学前教育仍需发展。

（三）苏北 X 县

通过调查与访谈发现，近几年 X 县不断加大对学前教育的投入，农村学前教育得到改善。但与 Y 县、R 县相比，X 县农村学前教育发展状况较为薄弱，学前教育公共服务管理存在幼教管理队伍专业化程度不高和教育监督机制不完善的状况。

幼教管理队伍专业化程度不高主要表现在管理者非学前专业和管理机构不独立两方面。教育局虽设有学前科，但科长实为小学专业，科室并无学前教育专业背景的工作人员。此外，部分镇中心幼儿园采用小学附属管理制度，无独立法人，因而实际园长为小学校长，掌管幼儿园决定权；在幼儿园经费管理上，学前教育专项经费虽有独立账户，但幼儿园没有直接申请权，各类申请审批都需经过小学校长同意，此种幼儿园内部管理制度不利于学前教育的长久发展。在访谈中，学前专业的幼儿园张副园长说："小学校长没有专业的学前教育知识，不能理解幼儿园的真正需求，当园所需要置办重要玩教具时，部分小学校长会觉得没必要，不予批准，这种情况下幼儿园只能凑合上课。"除以上现象外，研究者通过访谈教育行政部门工作人员得知，该县无证幼儿园占比较大，民办幼儿园"小学化"现象明显，学前教育监督机制有待完善。

X 县幼儿园情况为：各镇都完成了至少设立一个乡镇中心幼儿园的目标，少数经济较发达的城镇建有普惠性和营利性民办幼儿园，农村学前教育机构只有教学点，且存在多村共用一教学点的现象。X 县教育行政部门多位工作人员表示，该县无证幼儿园承载了农村大部分的幼儿生源。目前，X 县还存在提供普惠性学前教育服务的幼儿园较少、营利性幼儿园较多、农村教学点较分散、部分幼儿上学路途艰难等问题。

二、农村幼儿园内部管理

农村幼儿园的有序运行离不开幼儿园内部组织机构各司其职、相互配合。经访谈得知，不同类型的幼儿园内部组织结构存在差异。成型幼儿园内部组织多由4级构成，如图3-1所示。其中，镇中心幼儿园的园长往往为独立法人，兼任党支部书记、工会主席；镇中心小学附属幼儿园园长常由小学校长兼任，无独立法人；部分村成型幼儿园隶属镇中心幼儿园，没有独立法人。部分地区村教学点如X县的G教学点和F教学点，各点只有1个班级，由1或2位教师身兼数职，负责教学点所有工作。

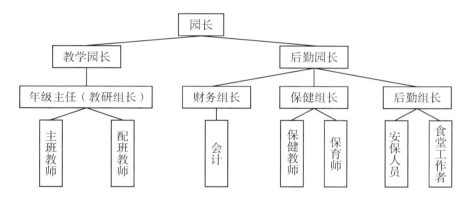

图3-1 幼儿园组织机构示意图

为提高幼儿园保教质量，各成型幼儿园通过教师考核、专业培训、师徒结对及教研等措施促进教师专业成长。教师考核多为每月一次，考核内容包括考勤率、技能、教师品德、教学活动等。在专业培训中，除派部分教师参加国培、省培等系列培训外，还会请参训教师回园后向园内教师分享培训心得。对于促进新教师专业成长，不少园所采用新老教师"师徒结对"的方式，以"老"带"新"，缩短新手教师的适应时间。教研活动也是提升教师专业能力的有效方法之一，各幼儿园往往每周选取半天或一个中午的时间用以同年级间开展研讨，此举成效显著。此外，多位农村幼儿园园长表示，家园合作对提高幼儿园保教质量具有不可忽视的作用。调查结果显示，被调查的农村幼儿园教师均重视家园合作，但在具体实施上，Y县、R县的表现更佳。Y县、R县镇中心幼儿园均落实家园合作，设有家长委员会，实施家长民主管理制度，家长可参与幼儿园教学、生活等方方面面。同时，幼儿园为家长提供线上课程，提高家长的育儿知识，但Y县、R县农村幼儿园及X县农村幼儿园的家园合作有待落实。

在幼儿园建设上，综合"农村幼儿园基本情况调查表"结果与研究者实际调查结果发现，Y县、R县多数农村幼儿园既注重环境创设，又注重内涵建设，而X县公办幼儿园与新建民办幼儿园办学条件普遍提高：硬件设施逐渐完善，但其幼儿园建设整体呈现"重硬轻软"，公办、民办发展不平衡，镇、村幼儿园基础建设差距大等现象，且部分公办幼儿园中闲置房屋、钢琴、多媒体设施等较多，存在资源利用不当情况。

总的来看，江苏省已完成每个镇至少建设一所公办幼儿园的目标，农村学前教育基础设施建设成效明显，但苏南、苏中、苏北地区学前教育发展不均衡，被调查地区的农村幼儿园管理专业化程度呈现由南到北递减的趋势。部分地区农村学前教育存在较大问题，例如：幼教管理队伍专业化程度不高；幼儿园管理结构缺乏独立性；资源配置不均衡，镇与村之间、公办与民办之间的幼儿园建设差距大；幼儿园重硬件设施建设，轻内涵发展；民办幼儿园占比较大；管理监督机制有待完善等。

第四节　农村学前教育公共服务不完善的原因

江苏省遵循国家总的方针政策，紧跟教育部规划，积极落实、创新各项学前教育政策，取得较大成果。截至2022年2月，全省在园幼儿有250.4万名，学前三年毛入园率达到98%以上，普惠园覆盖率达到91.6%，公办园覆盖率近64%，省市优质园覆盖率达89.6%，基本形成了公益普惠、安全健康的学前教育体系。①在"乡村振兴"战略实施过程中，全省对学前教育的投入逐渐加大，农村幼儿园数量增多，农村学前教育得到大范围普及，农村幼儿园环境逐步改善，教育技术信息化正在实现，学前教育公共服务质量提升程度明显。但目前，农村学前教育公共服务仍然是不够完善的，存在各地发展不平衡等现象，其原因主要有三个方面。

一、资源配置不均衡、部分地区投入力度不够大

江苏省对学前教育的财政投入逐年增加，农村学前教育专项资金也越来越多，但省内资源配置不均衡，对苏北地区学前教育经费投入远低于苏南、苏中地区，部分地区资金的缺乏导致农村学前教育公共服务建设难以"放开手脚"。

调查发现，苏中 R 县和苏北 X 县均出现不同程度的资源向镇中心幼儿园倾斜现象，导致镇、村学前教育发展不均衡。在资金投入上，镇中心幼儿园可申请财政拨款，大到修葺房屋，小到购买玩具，而部分教学点的资金来源只有各教学点每学期的幼儿保教费。在幼儿园基础设施上，镇中心幼儿园越来越"富有"，宽敞明亮的教室，优美的园所环境，钢琴、一体机、各式各样大型玩教具统统齐全，但个别村幼儿园教学点地面泥泞，门窗破烂，桌椅老旧，玩教具极度缺乏。

教师队伍建设也存在一些问题。首先，教师编制向镇中心幼儿园倾斜，部分乡村教学点幼儿园教师无资格证、低学历、高年龄；其次，教师培训向镇中心幼儿园倾斜；最后，在福利待遇上，镇中心幼儿园教师大多都享有五险一金等保障性待遇，享受乡村教师生活补贴，而部分乡村教学点幼儿园教师却没有类似待遇。在教育信息化上，镇中心幼儿园宽带、网络、多媒体应有尽有，反观部分乡村教学点，网络不通、设备缺乏，幼儿无法享受到信息化教育；在贫困幼儿资助上，镇中心幼儿园受资助幼儿数占比高，村贫困幼儿少数享受补助。

---

① 江苏省教育厅：《持续深化改革 促进学前教育优质健康发展》，见中华人民共和国教育部网（http://wap.moe.gov.cn/jyb_xwfl/moe_2082/2022/2022_z107/20220218_600468.html），访问日期：2022 年 5 月 22 日。

二、幼教管理队伍专业化程度不等，部分幼儿园建设"重硬轻软"

农村学前教育公共服务建设进程中，幼教管理队伍能够起到"领头羊"的作用，其专业化程度直接影响学前教育发展。专业的学前教育管理者掌握了学前教育基本原理，能够洞察农村学前教育症结所在，提出有效的改革措施，促进农村学前教育发展。反之，非专业的管理者对学前教育的理解不够深入，导致农村学前教育公共服务各环节运行很难畅通。在调查过程中，研究者发现苏南 Y 县、苏中 R 县幼教管理队伍中均有学前教育专业背景的工作人员，教育行政部门与幼儿园联系紧密、共同发展，而苏北 X 县幼教管理队伍专业化程度却有待提高。在教育行政部门中，X 县教育局虽设有学前教育科，但科长为小学教育专业。幼儿园内，副园长是学前教育专业教师，而正园长却是本镇中心小学校长，且校长在幼儿园资金审批中具有一票否决权。在经费管理上，幼儿园与小学虽是两本账，但财务却是一个户头。每学期的幼儿保教费用都交由中心小学管理，幼儿园向小学申请资金后才可获得拨款。部分农村幼儿园园长反映，幼儿园经常面临申请置办必备物品资金被小学校长以没必要为理由驳回的情况，农村幼儿园发展被"束缚了手脚"。此外，幼教管理队伍的专业化程度不高导致幼儿园建设"重硬件、轻软件"，大量资金投入到硬件设施改善上，教师队伍、课程设置、幼儿园文化等内涵发展被忽略，农村学前教育公共服务建设难以突破瓶颈。

三、农村经济落后，难以留住优秀人才

乡村振兴需要人才，留住人才是提高农村学前教育公共服务质量的有效办法。近几年，国家开展乡村教师支持计划，通过实行定向培养师范生对到乡村任教一定期限的学前教育高校毕业生实行学费补偿，采取建立符合乡村教师特点的职称评定办法、县域内城区教师交流轮岗、城区优秀人才到乡村支教讲学、优秀师范生顶岗支教等政策，鼓励优秀教师向乡村学校流动。政策的执行对农村幼儿园教师的扩充起到了一定的作用，但由于农村资源匮乏，优秀人才仍不愿长久定居农村。

农村发展落后，经济各项指标远不及城市，生活水平较低，农村当下的生活服务无法满足在城市中求学已久的年轻人的需求，多数农村高学历学前教育专业学生都不愿再回农村，而很多到农村支教的优秀干部和教师也不愿留下，组建高水平的农村学前教育队伍的任务道阻且长。

第五节　提高农村学前教育公共服务水平的对策与建议

《中共中央　国务院关于做好2022年全面推进乡村振兴重点工作的意见》强调乡村振兴战略要坚持"稳中求进"的总基调，推动乡村振兴高质量发展。农村学前教育公共服务质量的改善理应在保持均衡的同时逐步实现水平的提升。完善农村学前教育公共服务制度安排，深化学前教育供给侧改革，关注农村学前教育弱势群体，脚踏实地，稳中求发展，稳中求进步，是打好农村学前教育公共服务优质化的攻坚战、加快实现乡村振兴的有效路径。

一、加快学前教育立法，让学前教育有法可依

近些年来，我国学前教育公共服务体系不断完善，但各地区教育经费投入分配、学前教育管理、教师队伍建设、幼儿园办学条件改善等建设水平存在差异，学前教育的发展缺乏刚性保障。

十三届全国人大常委会立法规划将制订《学前教育法》列为重点推进项目，但学前教育立法仍未得到落实。因此，应加快推进学前教育法治进程，让学前教育有法可依，幼儿园教师有法可靠，万千幼儿有法可保；各级政府应根据法律进行资金分配，资金的管理权交由专业学前教育者；各级政府也应依法查封不合格、无证幼儿园，营造健康学前教育环境。将学前教育法制化可推动学前教育长远发展，解决当下学前教育困境与难题，让不法分子无机可乘。完善制度安排，加快学前教育立法，很多难题自当迎刃而解。

二、完善经费投入制度，健全优质化发展机制

乡村振兴战略要求优先发展农村，"优先"并非盲目，而应科学规划发展。调查发现，江苏省农村学前教育公共服务存在学前教育资源配置不均和不同区域、村镇之间学前教育公共服务水平差距较大的问题。因此，政府应完善经费投入制度，健全优质化发展机制。

首先，要明确经费投入对象，农村学前教育机构由镇公办幼儿园、普惠性民办幼儿园、营利性民办幼儿园和乡村教学点组成，财政投入对象应包括镇公办幼儿园、普惠性民办幼儿园和乡村教学点，资金投入理应针对此三类幼儿园，不可顾此失彼。

其次，严控分配指标，根据各地区具体情况分配资源，避免各地区平均分配和遗漏分配。实现农村学前教育公共服务均等化并非资源的平均分，而是在实地调查后依据各地真实情况按需分配。此外，在乡镇中应注意镇、村幼儿园的资源合理投入，加大对教学点的投入，消除镇中心幼儿园资源浪费、教学点艰苦维持的状况。

最后，各县镇应加大投入力度，合理建立资金投入计划，积极调整财政支出结构，对农村学前教育公共服务的投入兼顾"软硬"，即兼顾对教师队伍、教学质量的投入和对幼儿园硬件设施的投入，避免"重硬件轻软件"；切实利用好每一笔资金，将资金投入到最需改善的环节，提高经费使用效益，达到幼儿园全方位优质发展，杜绝"经费全耗硬件上"的现象。

三、完善监督评价机制，推动相关部门切实履行教育工作职责

有效的治理是政策施行的基础。教育行政部门应踏踏实实执行相关政策，建立完善的学前教育监督评价机制，强化各部门对政策落实的督导；要明确监管主体，创新监管层级制度，各省市由省级政府牵头，协同市政府、县政府共同监督，形成省—市—县—镇逐级监管与省—县跳级监管机制相结合的监督安排，省、市工作人员应不定期到农村调研，实地观察，谨防监管漏洞。

建立有效监管的长效机制，对资金利用效益、政府工作实施、办学条件改进、扶贫对象落实、教育机会均等进行每年至少一次的循环监管，消除懈怠、伪装现象。健全社会监督渠道，将社会监督落实到实际。开通政府、教育局官方网站监督通道，公开监督热线电话，建立学前教育群众反馈邮箱，欢迎农村群众通过各种途径发表意见。定期维护学前教育监督通道，定期整理所获意见并作出相应回复，确保农村学前教育充满活力，和谐有序。

四、深化学前教育供给侧改革，提高服务产品质量

乡村振兴战略目标之一是实现农村教育的高质量发展。享受优质学前教育资源是乡村人民最根本、最现实、最直接的美好愿望。江苏省农村学前教育公共服务供给水平仍然不平衡、不充分，因此应深化学前教育供给侧改革，提高农村学前教育公共服务人力、物力等方面的供给质量，创造美好学前教育环境，建设乡村幸福美丽新家园。

（一）实行管理人员供给侧改革

《中共中央 国务院关于实施乡村振兴战略的意见》明确指出要"加强农村专业人才队伍建设"。这就要求农村应抓紧落实学前教育管理队伍的专业化，打造乡村教师优质团体。提高农村学前教育质量，管理人员是关键，比如，缺乏专业领导的 X 县农村学前教育公共服务建设已经浮现出诸多问题。只有专业的管理人员用专业的视角才能找出农村学前教育质量不高的真正症结，才能"对症下药"，引领幼教队伍实现更好、更高、更强的发展。因此，要在市教育局、县教育局安排专业的学前教育管理人，在幼儿园设置真正的学前教育专业园长；确定专业学前教育领导班子，正本清源，形成市—县—乡镇—村—幼儿园专业管理人员一条线。对非专业管理人员进行转岗或实行学前教育专业培训制度，使无学前教育专业背景的工作人员"有背景"，强化乡村振兴人才支撑。

（二）加强幼儿园建设供给侧改革

"改善农村人居环境"是"乡村振兴战略"的主要任务之一，而调整学前教育公共服务提供结构，优化农村幼儿园布局，使学前教育资源实现

最优配置，是实现农村"园所美丽"的有效方法。因此，要切实提高农村公办幼儿园办园水准，持续不断建设省级、市级优质幼儿园，整顿名不副实"纸老虎"公办幼儿园，清理顽固不改的无证幼儿园；加强幼儿园资源最优配置，关注乡村幼儿发展需要，提高乡村教学点建设水平；实现农村幼儿园建设"软硬兼顾"，改善农村幼儿园物质条件的同时注重提升学前教育软实力，提高教学质量，使每一位农村幼儿都能享受到环境舒适、教育适合的普惠性学前教育公共服务。

五、关注弱势群体，补齐农村学前教育短板

乡村振兴是全党人民的共同意志、共同行动，因此要坚持农村优先发展，在干部配备、要素配置、资金投入、公共服务上优先考虑农村的需要，加快补齐农村短板。农村中特殊儿童、编外教师、0—3岁幼儿均为弱势短板，需要更加重视与关注，为此，可从以下几方面着手。

（一）关注特殊儿童，落实普惠政策

江苏省关注特殊儿童，为此建立了特殊教育服务清单机制、特殊儿童评估安置机制和个别化教育机制，以保障特殊儿童就近入园。但在访谈中，较多教师表示多数农村特殊儿童都在家中由家长进行家庭教育，很少入园接受教育。政府应关注特殊儿童入园情况，鼓励特殊儿童入园接受教育，完善特殊儿童权益保障制度，健全特殊儿童依法入园的制度，加强监管，落实特殊儿童依法受教育的权利。幼儿园工作人员应深入学习相关政策法规，提高思想觉悟，协同相关工作人员做好接受特殊儿童入园的工作，让特殊儿童有园可入、有法可保。教育行政部门应设立特殊儿童专属社会监督渠道，宣传国家政策，监管特殊儿童入园情况；强化残障预防，广泛开展以镇政府牵头、各社区和村委会协助、具体到各个家庭的残障预防宣传教育工作，增强农村残障预防的意识与能力；加强出生缺陷综合防治，建立涵盖孕前、孕期、新生儿各阶段缺陷防治服务制度；落实残障儿童筛查，建立本村、镇残障儿童档案，推动特殊儿童接受普惠性学前教育的实施，实现学前教育公共服务均等化。

（二）关注弱势教师群体，实现教师队伍整体提高

教师队伍建设是立教之源、兴教之本，要想实现农村学前教育公共服务优质化，首先需要实现农村幼儿园教师队伍建设的均衡化。因此，要加强农村幼儿园教师整体建设，谨防"木桶效应"，应关注编外教师这类弱势教师群体。

编外教师（包括村教学点教师）同样是教师队伍的脊梁，在农村幼儿园教师队伍中占据了很大部分。提高编外教师的待遇对改善乡村教师队伍面貌尤为重要，应尽快提高编外教师待遇，在扩大农村幼儿园教师规模中尽快落实同工同酬，让编外教师与编内教师享受同等待遇；努力实现幼儿园教师培训广覆盖，为非编幼儿园教师提供与编内教师同样的培训机会，加快非编教师专业能力提升；扩大乡村教师生活补助受惠群体，落实乡村教师支持计划，使编外教师享受补贴。

在苏北 X 县农村，多数村教学点的教师为编外教师，镇中心幼儿园的编外教师也不在少数。因此，实现编外教师同工同酬、加强编外教师能力、关注编外教师发展有利于补齐教师队伍建设短板，有助于提高农村教师整体质量，有利于促进数量充足、结构合理、素质优良、甘于奉献的乡村教师队伍目标的实现，也有利于真正实现农村每一位幼儿都享受到优质、普惠的学前教育公共服务。

（三）重视 0—3 岁婴幼儿发展，落实照护服务

2019 年，国务院办公厅印发了《关于促进 3 岁以下婴幼儿照护服务发展的指导意见》，强调"3 岁以下婴幼儿照护服务是生命全周期服务管理的重要内容，事关婴幼儿健康成长，事关千家万户"。0—3 岁婴幼儿教育是学前教育的重要组成部分。目前，学前教育公共服务建设重点聚焦 3—6 岁幼儿，0—3 岁婴幼儿托育服务体系构建不完善，农村婴幼儿托育机构数量不多。通过访谈得知，农村 0—3 岁婴幼儿多数由家长进行抚育，且多为祖辈照料。为此，应明确责任部门，多方协同努力，大力推动婴幼儿托育服务，鼓励社区、幼儿园、公益团体、事业单位、企业等多方参与创办婴幼儿照护服务机构；积极引导成熟婴幼儿托育机构到农村开设分园；支持、奖助非营利性婴幼儿照护服务机构，让农村 0—3 岁婴幼儿同样享受到优质的抚育，使其健康快乐成长。

第四章 "乡村振兴"背景下农村幼儿园教师队伍建设质量现状

第一节 农村幼儿园教师队伍建设研究综述

一、研究背景

党的十九大报告中,习近平总书记提出要实施"乡村振兴战略,坚持农业农村优先发展"。"乡村振兴"不只是乡村经济的振兴,还应包括乡村教育的振兴。学前教育是终身教育的基础阶段,是振兴教育、振兴农村不可缺少的重要环节。百年大计,教育为本;教育大计,教师为本。农村幼儿园教师是整个幼儿园教师队伍的重要组成部分,也是我国学前教育事业发展中的短板。农村幼儿园教师队伍素质的高低一定程度上决定了农村学前教育质量的优劣,而提高农村幼儿园教师整体素质,应深入了解农村幼儿园教师队伍质量状况。

自 2010 年 11 月《国务院关于当前发展学前教育的若干意见》颁布以来,我国学前教育发展迅速,农村幼儿园教师队伍得到改善,但整体上仍显薄弱。[1] 已有的研究发现,城乡发展不平衡状态依然存在,城乡幼儿

---

[1] 参见白鸽《"乡村振兴战略"背景下农村学前教育公共服务现状调查研究》(学位论文),青海师范大学 2019 年,第 13 – 14 页。

园教师水平不平衡问题突出。① 农村学前教育专业师资数量不足，教师整体专业素质较低。② 西部农村幼儿园在编教师总量增加，但缺编现象严重，教师获取编制途径单一；农村公立幼儿园教师年龄和教龄结构逐渐合理化，但专业资质薄弱；教师福利待遇逐渐提高，但保障体系覆盖率低，教师从教意愿和职业幸福感不高。③ 河北省农村幼儿园教师对自己的专业能力认识总体较高，但环境创设、调整教育策略、制定专业发展计划、将工作中的经验转化为教科研成果等专业能力不高。④ 农村幼儿园教师职业幸福感水平整体较低，公办幼儿园教师的职业幸福感显著高于民办幼儿园教师。⑤

江苏省是我国教育强省，其城乡学前教育事业一直处于领先发展的地位。近十年来，江苏学前教育实施了具有基础性、历史性意义的"十件大事"：一是不断加大财政经费投入，自2012年率先颁布《江苏省学前教育条例》以来，全省各级政府财政性学前教育经费投入累计达400多亿元，占财政性教育经费的比例从2012年3.32%提高到2020年的6.77%；二是大力增加普惠性资源，每年将新改扩建300所幼儿园列入省政府民生实事项目，全省累计新改扩建幼儿园5000多所；三是持续以评促建，努力将学前教育从"优质优价"的市场分类定级体系逐步调整为"优质均衡"的国民教育体系；四是重视师资队伍建设，全省幼儿园专任教师数从2012年的9.47万名增加到2020年的16.78万名，全省新增编制教师1.5万名左右；五是健全政策法规，印发了《中共江苏省委 江苏省人民政府关于学前教育深化改革规范发展的意见》《江苏省公办幼儿园机构编制标准（试行）》《关于开展幼儿园课程游戏化建设的通知》《关于开展幼儿园"小学化"专项治理工作的通知》等文件，将政府主导责

---

① 参见梁燕飞、李香玲《教育公平视野下农村幼儿园教师队伍建设的困境与建议》，载《教育观察》2019年第34期，第119页。

② 参见左彩霞《新时代背景下加强农村学前教育师资队伍建设的思考》，载《甘肃教育》2019年第17期，第24页。

③ 参见李传英《农村公立幼儿园教师结构与编制现状、问题及对策：基于西部八省市的数据》，载《教师发展研究》2019年第2期，第35页。

④ 参见谢俊霞《河北省农村幼儿园教师专业能力现状与对策》，载《中国农村教育》，2019年第20期，第128页。

⑤ 参见牟生调《农村幼儿园教师工作压力与职业幸福感的关系：心理资本的调节作用》，载《陇东学院学报》2019年第4期，第141页。

任落到实处；六是启动课程游戏化项目，近7年来共投入省级财政专项经费1.4亿元，建成多项省级项目、市级项目、区级项目，形成了省、市、县区、园四级联动机制；七是加强教科研引领，成果推广应用广泛；八是攻坚克难啃"硬骨头"，规范办园的成效显著，列入治理计划的1122所小区配套园均转为公办幼儿园和民办普惠幼儿园；九是"特殊的时光特殊的爱"，帮助普惠民办幼儿园纾困；十是落实科学育儿理念，协同育人机制初步建立。①

据统计，截至2020年年底，全省有7903所幼儿园，其中公办幼儿园4736所，占比为60%，民办幼儿园3167所，其中普惠性民办园2388所。在园幼儿254.07万名，学前三年幼儿毛入园率达98%，普惠性幼儿园（在公办和普惠民办园就读幼儿占比）覆盖率超过85%，超额完成国家确定的80%的目标任务，基本形成了公益普惠健康的学前教育公共服务体系。在园就读的外省随迁子女从2012年的15.99万名增长到2021年26.58万名，作为随迁子女主要流入地，江苏切实履行了让所有随迁子女都能有园上的担当。大力推进学前融合教育，依托普通幼儿园建成学前融合教育资源中心1202个，实现了所有乡镇（街道）全覆盖。②

在幼儿园教师队伍建设上，江苏省的幼儿园专任教师数从2012年的9.47万名增加到2020年的16.78万名，专任教师与幼儿比从2012年的1∶23.3提高到2020年的1∶15.1，平均班额从2012年的36.3人降至2021年的31.4人，大专以上学历教师占比提升至74.16%。江苏省在"十四五"教育发展规划中，仍继续推进学前教育普惠健康发展，推进幼儿园教师队伍建设，并全面提高幼儿园保教质量。

《中国教育改革和发展纲要》（中发〔1993〕3号）指出，"振兴民族的希望在教育，振兴教育的希望在教师"。江苏城乡学前教育事业有了长足发展，幼儿园教师队伍总体素质得到显著提升。"乡村振兴战略"背景下，农村幼儿园教师队伍的质量如何值得研究。为此，本章将从教师结

---

① 参见基教处《砥砺十年，奠基未来 省教育厅举办2021年学前教育宣传月江苏启动仪式》，见江苏省教育厅网（http://jyt.jiangsu.gov.cn/col/col82012/index.html），访问日期：2022年5月22日。

② 参见基教处《砥砺十年，奠基未来 省教育厅举办2021年学前教育宣传月江苏启动仪式》，见江苏省教育厅网（http://jyt.jiangsu.gov.cn/col/col82012/index.html），访问日期：2022年5月22日。

构、教师待遇、教师职业素养、教师职业压力、教师职后教育等方面对江苏省农村幼儿园教师队伍开展深入的调查研究，通过对比江苏省内不同区域农村幼儿园教师队伍质量来掌握当前农村幼儿园教师队伍质量现状，总结优势，深挖短板，提出建议，为"乡村振兴"的实现贡献力量。

二、国内外农村幼儿园教师专业发展的研究与述评

（一）国内的相关研究

韩愈在《师说》中提出："师者，所以传道授业解惑也。"研究者认为教师专业性往往是体现在教师传道、授业、解惑的过程之中，在这个过程中教师必须具备一定的心理与教育知识、基本的教育教学能力，教学过程体现了教师的综合能力。教师的专业性发展对幼儿健康成长具有间接的促进作用。近年来，我国学前儿童入园率逐步提高，幼儿园和幼儿数量不断增加，教师队伍不断壮大，教师队伍质量也有所提升。但农村幼儿园教师专业发展仍存在一些困境。笔者将对农村幼儿园教师发展的现状进行梳理。

目前，我国对学前教育的发展愈加重视，有较多的研究者对幼儿园教师的专业性发展进行了研究。因此，笔者总结前人的研究，分别从教师专业发展的现状、影响因素、改进措施这几方面进行整理。

首先，比较全面研究农村学前教育现状且具有代表性的学者是庞丽娟、洪秀敏，其主编的《中国学前教育发展报告——农村学前教育》（北京师范大学出版社 2013 年版）围绕当前我国农村学前教育改革的发展重点与存在的重大问题展开，为我们详细阐明了我国农村学前教育的发展历程，探讨了普及教育的背景下我国农村学前教育的现状，系统地分析了我国学前教育在发展中的特点，揭示了当前农村学前教育普及与发展面临的挑战与存在的问题，并有针对性地聚焦当前我国学前教育普及与发展的重大事件与新视点，特别是农村学前教育政策、责任定位及其突破、农村学前教育管理体制、投入体制和办园体制改革、农村幼儿园教师培养与培训、农村学前教育制度等，深入思考和探索了我国农村学前教育改革发展的规律与方向，并提出了能够推动我国农村学前教育进一步深入改革与发展的合理建议。

其次，影响与制约农村幼儿园教师专业发展的因素颇多，研究者们从不同层面对此进行研究和分析。其中，郭丽娟、谢醒瑶、贾瑞棋基于对二元对立城乡体制的分析，认为制约农村幼儿园教师专业发展的因素有教师自身的因素和外在的因素，并将这两个因素各自区分内因与外因。其中，内因是教师自身因素，即教师自身动力不足，从而阻碍了幼儿园教师专业发展，主要由幼儿园教师自身专业素质不足、专业认同度不高所导致。外因则是因缺乏外在支持导致幼儿园教师专业成长缺乏保障，研究者从制度、经济、文化观念对其展开论述，即幼儿园教师身份地位模糊、待遇低、社会同化度低。[①] 汤颖则认为制约农村幼儿园教师专业发展的因素有3个：一是农村幼儿园教师队伍本身存在一些问题，诸如新任教师多、专业层次不高、职业精神欠缺、师资队伍不稳定、教师队伍流失严重等；二是低学历标准与高素质要求之间存在适应性困境，幼儿园教师学历标准是专科水平，难以胜任高层次的培训，欠缺自主发展动力。三是培训实效性不高，不能对教师的实际情况进行全面了解，导致培训不能从教师实际情况出发，缺乏针对性。[②]

最后，2012年教育部出台了《幼儿园教师专业标准（试行）》，明确提出对幼儿园教师专业能力的要求，为幼儿园发展提供了借鉴。之后较多学者基于《专业标准》对农村幼儿园教师专业能力进行研究，如暴若瑜根据专业标准七个维度编制问卷和访谈提纲，对农村幼儿园教师专业发展现状进行了调查并撰写了硕士毕业论文。论文表明农村幼儿园教师专业能力各维度发展不均衡、不同个人背景下农村幼儿园教师专业能力存在差异，其影响因素是"花盆效应"产生的影响，其"限制因子"阻碍了教师发展以及工作压力超过教师所能承受的范围。[③]

综合上述研究，国内学者们从农村幼儿园教师地位待遇、职业认同感、专业知识专业能力、专业发展外在支持以及影响农村幼儿园教师专业发展的因素等方面对幼儿园教师专业发展现状进行研究并提出意见。

---

① 参见郭丽娟、谢醒瑶、贾瑞棋《农村幼儿教师专业发展困境及其出路》，载《现代教育科学》2019年第8期，第88页。

② 参见汤颖《农村幼儿园教师专业发展困境论析》，载《陕西学前师范学院学报》2019年第4期，第60页。

③ 参见暴若瑜《农村幼儿园教师专业能力现状的调查研究》（学位论文），河北师范大学2020年，第28–33页。

(二) 国外的相关研究

杨旭莹从教育政策的视角研究英国的教师专业发展，认为英国学前教育专业的发展可分为酝酿期、预备期和发展期，从学前教育被纳入义务教育教师培训组织到高校成为教师专业发展的主要场所，从相关教师专业发展政策的产生再到不断完善监督部门，英国的学前教育在政策的引导下不断发展。可以看出，英国的学前教育教师发展逐渐被重视，这为教师的专业成长提供了培训场所和专业指导，也使英国学前教育在政策的引导下逐步规范并走向专业化。[①]

张琳在研究教师专业发展阶段理论的论文中认为，最具有代表性以及在教师专业发展领域中具有奠基作用的学者是弗朗西斯·富勒（Frances Fuller）。张琳根据教师不断成长中关注重点的不同与变化将教师专业发展阶段划分为四个阶段：教学前关注阶段、早期生存关注阶段、教学情境关注阶段和关注学生阶段，这一理论又被称为关注阶段理论。莱西（Lacey）称第一个阶段为"蜜月"阶段，其次是"寻找教学资料和教学方法"阶段、"危机"阶段，最后是"设法应付过去或失败"阶段。之后，较多研究者关注幼儿园教师专业发展阶段，从不同角度总结教师专业发展不同时期的差异与变化，有丽莲·凯兹（Lilian Katz）的四阶段论和以伯顿（Burden）为代表的三阶段论等。[②]

陈瑶研究探析了加拿大学前教育教师发展的管理模式，认为该国在学前教育工作者协会的监督下形成了行业的自律组织，并分为职业常识和循环文件两大管理板块，此管理模式充分利用信息化管理手段使注册人员必须参加培训，并根据不同阶段教师发展的实际情况制订具有针对性的课程，并与职业资格注册挂钩，连接学前教育教师的整个职业生涯。[③]

综上所述，西方国家提出了建立教师专业发展评估体系、构建教师专业学习共同体以及提倡反思性教学等一系列方式方法，以此来提高教师的

[①] 参见杨旭莹《英国学前教师专业发展研究——教育政策的视角》（硕士论文），哈尔滨师范大学2021年，第13-19页。

[②] 参见张琳《教师专业发展阶段理论研究述评》，载《创新创业理论研究与实践》2018年第22期，第22页。

[③] 参见陈瑶《学前教师专业发展自律组织管理模式探析：以加拿大安大略省为例》，载《集美大学学报（教育科学版）》2018年第5期，第26-30页。

专业发展。学者对国外幼儿园教师专业发展现状的分析，为我国的教师专业发展提供了许多具有实际意义的理论依据，使我们能够更好地关注教师发展、改进教师专业发展的路径和为教师的管理提供借鉴与参考。

三、研究设计

（一）研究对象

由于江苏省的经济、文化、教育发展存在着区域不平衡的现象，为提高样本构成的合理性，本书选取苏南、苏中、苏北不同区域的三个县开展研究。从 2019 年 2 月至 2020 年 1 月，历时一年，分别选取位于江苏省苏南地区的 Y 县、苏中地区的 R 县、苏北地区的 X 县，共调查农村幼儿园 55 所，农村幼儿园教师 1225 人。被调查教师分别为苏南 Y 县农村幼儿园教师 153 人，其中男 8 人、女 145 人；苏中 R 县农村幼儿园教师 934 人，其中男 13 人、女 921 人；苏北 X 县农村幼儿园教师 138 人，其中男 9 人、女 129 人（具体情况见表 4-1）。此外，由于 Y 县没有民办幼儿园和教学点，故被调查教师均为农村公办成型园幼儿园教师。

表 4-1 被调查者所在幼儿园性质分布（$N=1225$）

地区	分类	人数	占比/%
苏南 Y 县 ($n=153$)	公办成型	153	100.00
	民办	0	0
	村教学点	0	0
苏中 R 县 ($n=934$)	公办成型	825	88.33
	民办	81	8.67
	村教学点	28	3.00
苏北 X 县 ($n=138$)	公办成型	127	92.03
	民办	5	3.62
	村教学点	6	4.35

（二）研究工具

此次研究采用问卷调查与访谈相结合的方法，通过"问卷星"对江苏省苏南、苏中、苏北地区 1225 名农村幼儿园教师进行问卷调查，同时随机抽取 13 名幼儿园园长，26 名幼儿园教师进行半结构式访谈。

调查问卷为自编的"江苏省农村幼儿园教师队伍现状调查问卷"，此问卷分为"教师及所在幼儿园基本信息"和"教师职业素养"两部分。"教师及所在幼儿园基本信息"包括教师性别、年龄、工龄、职称、学历、培训、待遇、所在幼儿园配班模式等方面，共 26 道题；"教师职业素养"的量表采用李克特五点量表，相关变量根据《幼儿园教师专业标准（试行）》从专业理念与师德、专业知识与能力两个维度设置了 22 道题目。各变量下选项分别为"非常不符合""不符合""一般""符合""非常符合"，每题最低 1 分，最高 5 分。为保证问卷的有效性，正式调查前，先发放 200 份问卷，后对回收问卷进行信效度分析。经检验，教师职业素养量表主成分分析所得因子符合量表划分维度，整个量表 Cronbach's α 系数是 0.992，各维度 α 值均在 0.9 以上，信效度较好。

访谈分为两类，一类是从园长处获取的管理层对本园教师队伍质量的评价，另一类则是通过访谈教师，了解被调查者的真实心声。为此，此次访谈提前设置两份访谈提纲，共走访了 13 所幼儿园。园长访谈主要围绕本园教师队伍建设状况进行，包括师幼比、幼儿园管理框架、教师考核与培训、教师流动情况、教师队伍建设优缺点等问题。教师访谈主要围绕教师工作感受进行，从工作内容、薪资待遇、社会地位、本园教师队伍建设优缺点及建议等问题展开。

《教师教育振兴行动计划（2018—2022 年）》指出要为乡村学校培养"下得去、留得住、教得好、有发展"的合格教师，农村幼儿园教师队伍质量的调查理应从这四方面入手。"下得去"需要提高教师资源供给，完善幼儿园教师配备；"留得住"应当健全教师工资待遇保障，增加农村教师职业获得感；"教得好"离不开教师职业素养的提高；"有发展"要求提升乡村教师培训实效。因此，本书的此次调查研究将从农村幼儿园教师队伍基本情况，包括师幼比、配班模式、专业背景、学历等，和农村幼儿园教师职业素养两方面呈现当前江苏省农村幼儿园教师队伍质量现状，同时运用描述统计、独立样本 t 检验、方差分析等方法分析影响职业素养的因素，寻找提高农村幼儿园教师队伍质量的有效途径。

第二节　农村幼儿园教师队伍基本情况

一、农村幼儿园师幼比与配班模式

根据《幼儿园教职工配备标准（暂行）》规定，全日制幼儿园全员教职工与幼儿比应为1∶5—1∶7。在被调查的55所农村幼儿园中，师幼比满足1∶5—1∶7要求的只有10所，其中4所位于苏南Y县，5所位于苏中R县，1所位于苏北X县。大于1∶5的有两所，分别位于苏南Y县和苏中R县；小于1∶7的有43所。（见表4-2）由此可见，农村幼儿园师幼比有待提高。

表4-2　被调查幼儿园的师幼比情况（$N=55$）

地区	师幼比	幼儿园数量/所	占比/%
苏南Y县（$n=10$）	1∶4	1	10.0
	1∶5—1∶7	4	40.0
	1∶8	5	50.0
苏中R县（$n=40$）	1∶4	1	2.5
	1∶5—1∶7	5	12.5
	1∶8—1∶10	17	42.5
	1∶11—1∶15	14	35.0
	1∶16—1∶20	3	7.5

续表 4-2

地区	师幼比	幼儿园数量/所	占比/%
苏北 X 县（$n=5$）	1∶4	0	0
	1∶5—1∶7	1	20.0
	1∶8—1∶10	1	20.0
	1∶11—1∶15	3	60.0

在被调查的 1225 名农村幼儿园教师中，72.8% 的教师所在幼儿园为两教一保配班模式，2.3% 的教师所在幼儿园为三教轮保或两教两保，24.9% 的教师所在幼儿园未达到两教一保的标准，具体情况见表 4-3。

表 4-3 农村幼儿园配班模式情况（$N=1225$）

配班模式	频次	占比/%
一教包办	22	1.8
一教半保	21	1.7
一教一保	58	4.7
两教轮保	204	16.7
两教一保	891	72.7
三教轮保	26	2.1
两教两保	3	0.2

此外，从不同区域来看，苏南 Y 县 100% 的教师所在幼儿园的配班模式为两教一保；苏中 R 县 76.2% 的教师所在幼儿园达到了两教一保的配班标准，23.8% 的教师所在幼儿园未达到；苏北 X 县 59.4% 的教师所在幼儿园未达到两教一保标准。全省农村幼儿园配班模式多数达标，其中苏南地区全部达标，苏中有待改善，苏北急需提高。

二、农村幼儿园教师年龄和工龄情况

被调查的农村幼儿园教师中，20—30 岁教师人数最多，占总人数的

35.0%；40 岁及以下教师占 66.5%，总体呈现年轻化。其中，苏北 X 县教师年龄普遍偏小，30 岁以下教师占被调查者的 63.0%，而苏南 Y 县为 32.7%，苏中 R 县为 31.7%。

调查发现，22.9% 的教师从事农村幼儿园保教工作的时间小于 3 年，45.8% 教师工龄大于等于 10 年，总体来看有经验的农村教师偏多。其中，苏南 Y 县 13.7% 的教师工龄小于 3 年，苏中 R 县 21.4% 的教师工龄小于 3 年，苏北 X 县 43.5% 的教师工龄小于 3 年。由此可见，苏北地区新手教师较其他地区偏多。2015 年国务院颁布的《乡村教师支持计划（2015—2020 年）》（国办发〔2015〕43 号）提出建立乡村教师荣誉制度，由国家"对乡村学校从教 30 年以上的教师按照有关规定颁发荣誉证书"。在 108 位从教 30 年及以上的农村幼儿园教师中，只有 24 位获得了荣誉证书，其余农村幼儿园教师并未获得证书（见表 4-4）。

表 4-4　农村幼儿园教师年龄、工龄及获得荣誉证书情况（$N=1225$）

变量	类别	人数	占比/%
年龄	20 岁以下	4	0.3
	20—30 岁	429	35.0
	31—40 岁	382	31.2
	41—50 岁	312	25.5
	51 岁及以上	98	8.0
工龄	小于 3 年	281	22.9
	3—9 年	383	31.3
	10—19 年	189	15.4
	20—29 年	264	21.6
	30 年及以上	108	8.8
是否获得从教 30 年荣誉证书（$n=108$）	是	24	22.2
	否	84	77.8

三、农村幼儿园教师人事关系与职称情况

在 1225 名被调查的农村幼儿园教师中，合同工人数较多，占总人数的 62.1%，编内教师较少，此外有 4.3% 的临时工没有合同保障。其中，苏南在编人数最多，达到 75.2%；苏北次之，达到 66.7%；苏中最少，只有 21.9%。但在临时工占比中，苏中最少，只有 0.6%；苏南次之，为 2.0%；苏北最多，为 10.9%。通过访谈得知，近几年苏北地区不断增加编制数量，农村在编幼儿园教师人数不断增加，但与其他地区相比，农村编外幼儿园教师的保障机制不够健全，合同保障未全覆盖，需给予更多关注。

在被调查的农村幼儿园教师中，幼教一级以上职称占 14.3%，无职称人数占 47.1%（见表 4-5）。其中，拥有一级以上职称教师的占比情况为：苏南 36.6%，苏中 11.5%，苏北 8.7%。无职称教师的比例情况为：苏北 63.0%，苏中 47.8%，苏南 29.4%。在"乡村与城市幼儿园教师评选职称难易程度"问题上，57.7% 的教师认为农村相较于城市"特别难""有点难"，36.6% 的农村幼儿园教师认为"一样"，5.8% 认为"较简单""特别简单"。其中，苏中有更多的农村幼儿园教师认为农村比城市评选职称难，占 61.9%，其次是苏北，该地有 55.1% 的农村幼儿园教师如此认为，苏南则有 34.6%。

表 4-5 农村幼儿园教师人事关系及职称情况（$N=1225$）

变量	类别	频次	占比/%
人事关系	编制	412	33.6
	合同	761	62.1
	临时	52	4.3

续表4-5

变量	类别	频次	占比/%
职称	无职称	578	47.2
	幼教三级	46	3.8
	幼教二级	426	34.8
	幼教一级	138	11.3
	幼教高级	37	3.0

四、农村幼儿园教师学历与专业背景

调查显示,在被调查的农村幼儿园中,有91.9%的教师为大专及以上学历,符合国家对幼儿园教师的学历要求。其中,苏南农村幼儿园教师学历普遍较高,大专以上占96.1%;其次为苏中,占92.8%;苏北最低,占81.2%,苏南和苏中还分别有一位研究生学历的农村幼儿园教师。

在专业背景上,84.3%的被调查者为学前教育专业。其中,苏南地区学前教育专业教师占比较多,为97.4%,苏中最低,占82.3%。在1000名农村专任幼儿园教师中,81.9%的幼儿园教师拥有幼儿园教师资格证;在99名保育员中,83.8%的幼儿园教师具有保育资格。这些数据表明江苏省仍未实现我国"2020年基本实现幼儿园教师全员持证上岗"[①]的目标(见表4-6)。从江苏省内不同区域来看农村幼儿园教师资格证获得情况,获得率为苏南93.0%,苏中80.7%,苏北77.4%。总的来说,苏南地区农村幼儿园教师专业性相对较强,苏北地区较弱。

---

① 教育部等四部门:《教育部等四部门关于实施第三期学前教育行动计划的意见》,见中华人民共和国教育部网(http://www.moe.gov.cn/srcsite/A06/s3327/201705/t20170502_303514.html),访问日期:2022年5月22日。

表 4-6　农村幼儿园教师学历与专业背景情况（$N=1225$）

变量	类别	频次	占比/%
学历	高中及以下	48	3.9
	中师/中专	51	4.2
	大专	424	34.6
	本科	700	57.1
	研究生	2	0.2
所学专业	学前教育专业	1033	84.3
	师范类非学前教育专业	54	4.4
	非师范专业	138	11.3
专任教师资格证获取情况（$n=1000$）	有	819	81.9
	无	181	18.1
保育员保育证书获取情况（$n=99$）	有	83	83.8
	无	16	16.2

五、农村幼儿园教师接受培训情况

幼儿园教师职后培训是教师培养体系的重要环节，是提高教师队伍质量的有效举措之一。在农村幼儿园教师培训情况调查中，94%的教师表示接受过培训，其中培训频率为"一年三次及以上"选项被选次数较多，为28.5%，另外有6%的幼儿园教师表示没参加过任何培训。多数未参加过培训的农村幼儿园教师为村教学点教师，其中苏北地区没参加过培训的幼儿园教师较多，占18.8%，苏南地区最少占3.3%。最普遍的培训形式为园本研修，88.8%的农村幼儿园教师参加过，其次为网络研修，59.2%的农村幼儿园教师参加过。多数农村幼儿园教师参加的培训内容有保育知识、学前教育学与心理学理论知识、学前教育教学方法、师德教育（见表4-7）。

表 4-7　农村幼儿园教师接受培训情况

变量	类别	频次	占比/%
培训形式 （$n=1225$）	园本研修	1088	88.8
	国培	128	10.4
	网络研修	725	59.2
	送教下乡	299	24.4
	顶岗置换	12	1.0
	城市跟岗	170	13.9
	没参加过任何培训	74	6.0
培训内容 （$n=1151$）	保育知识	645	56.0
	学前教育学与心理学理论知识	672	58.4
	学前教育教学方法	782	67.9
	信息技术应用	601	52.2
	师德教育	832	72.3
	法律法规培训	515	44.7

当进一步问及调查对象的培训感受时，54.8%的农村幼儿园教师认为参加培训的次数正好，35.9%的农村幼儿园教师认为"有点少""特别少"，9.3%的农村幼儿园教师认为"有点多""特别多"。其中，苏北农村幼儿园教师（51.4%）反映培训次数较少，希望多多增加培训机会。就培训效果而言，75.3%的农村幼儿园教师表示培训后收获"很多""特别多"，18.9%的农村幼儿园教师认为"正好"，只有5.9%的农村幼儿园教师培训后收获"特别少""很少"。总的来说，培训成效明显。

六、农村幼儿园教师薪资及待遇情况

教育部"第三期学前教育行动计划"提出各地区应"根据国家有关规定和当地实际情况，采取多种方式切实解决公办幼儿园非在编教师工资待遇偏低问题，逐步实现同工同酬"①。2018 年，《江苏省人力资源和社会保障厅关于调整全省最低工资标准的通知》将江苏省月最低工资标准调整至一类地区 2020 元、二类地区 1830 元、三类地区 1620 元。② 根据区域划分，苏南 Y 县、苏中 R 县属于二类地区，苏北 X 县属于三类地区。

在本次调查中，12.7% 的农村幼儿园教师月工资低于江苏省三类地区最低工资标准，多数农村幼儿园教师工资区间在是 1621—2000 元（见表 4-8）。在低于三类地区最低工资标准的农村幼儿园教师中，苏北较多，占 18.8%，其次为苏中的 13.7%，最后为苏南的 1.3%，且 96.8% 低于最低工资标准的农村幼儿园教师为编外教师。在"你认为农村幼儿园教师收入水平如何"问题中，82.6% 的被调查者表示"特别低""有点低"。农村幼儿园教师的薪资普遍偏低，薪资水平还存在较大差距。

在农村幼儿园教师社会保障方面，24.2% 的农村幼儿园教师享受五险一金，3.2% 的农村幼儿园教师没有享受任何保险保障，全员纳入社会保障体系的目标还未实现。在是否享受乡村教师补助的调查中，只有 20.3% 的农村幼儿园教师表示收到了补助，79.7% 的农村幼儿园教师表示没有收到。其中，苏中有 90.7% 的农村幼儿园教师表示未收到补助，苏北有 56.5%，苏南有 33.3%，可见乡村教师生活补助政策有待落实。《乡村教师支持计划（2015—2020 年）》提出，要"提高乡村教师生活待遇，加快实施边远艰苦地区乡村学校教师周转宿舍建设"，应为上班交通不便的农村幼儿园教师提供住宿。而在调查发现，只有 33.5% 的农村幼儿园教师享受到了此项待遇。其中，苏中有 67.9% 的农村幼儿园教师未享受此待遇，苏北有 53.6%，苏南有 33.3%。

---

① 教育部等四部门：《教育部等四部门关于实施第三期学前教育行动计划的意见》，中华人民共和国教育部网（http://www.moe.gov.cn/srcsite/A06/s3327/201705/t20170502_303514.html），访问日期：2022 年 5 月 22 日。

② 江苏省人民政府办公厅：《江苏省人力资源和社会保障厅关于调整全省最低工资标准的通知》，见江苏省人民政府网（http://www.js.gov.cn/art/2018/9/3/art_64797_7803548.html），访问日期：2022 年 5 月 22 日。

表4-8　农村幼儿园教师薪资及福利待遇情况（$N=1225$）

变量	类别	频次	占比/%
月实际收入	小于或等于1620元	156	12.7
	1621—2000元	492	40.2
	2001—3000元	212	17.3
	3001—4000元	144	11.8
	4001—5000元	141	11.5
	5000元以上	80	6.5
享受福利待遇	五险一金	297	24.2
	五险	441	36.0
	只有不足五项保险	448	36.6
	无任何福利待遇	39	3.2
是否享受乡村教师生活补助	是	249	20.3
	否	976	79.7
是否为上班交通不便的教师提供住宿	是	410	33.5
	否	815	66.5

七、农村幼儿园教师职业获得感情况

《中华人民共和国劳动法》规定，劳动者每日工作时间不得超过8小时。而调查发现，78.9%的农村幼儿园教师每日工作时长"偶尔或经常超过8小时"。在工作繁重程度上，66.3%的农村幼儿园教师觉得"有点繁重""非常繁重"。当问及目前工作态度时，9.2%的农村幼儿园教师表示"非常消极"或"有些消极"，大部分农村幼儿园教师的工作态度正常。此外，在农村幼儿园教师对本职业社会地位的认识中，50.3%的农村幼儿园教师认为农村幼儿园教师社会地位不高；部分教师表示多数家长仍将幼儿园教师视为保姆，只负责幼儿吃喝拉撒就好，在教学活动中家长配合度低，导致部分教育活动很难开展。在江苏各区域中，苏中地区农村幼儿园教师认为其社会地位不高的比率最高，为55.4%；其次是苏北，为

36%；最少的是苏南，为31.9%（见表4-9）。

在多选题"当初为什么选择农村幼儿园教师职业"中，80.7%的农村幼儿园教师选择"喜欢幼儿教育，喜欢孩子"，32.9%的农村幼儿园教师选择"立志为乡村教育做贡献"，55.4%的农村幼儿园教师选择"与自己所学专业相符"，24.7%的农村幼儿园教师选择"方便子女在本园或附近学校上学"，5.6%的农村幼儿园教师选择"没有其他更好的选择"。可见多数农村幼儿园教师因职业认同而选择成为一名农村幼儿园教师，少数则是不得已。此外，22.2%的农村幼儿园教师表示一有机会就会转行，转行的原因则是多种多样的。

表4-9 农村幼儿园教师职业获得感情况（$N=1225$）

变量	类别	频次	占比/%
每天的工作时长	4小时及4小时以内	4	0.3
	4小时1分—8小时	255	20.8
	偶尔8小时以上	558	45.6
	经常8小时以上，加班是常态	408	33.3
工作繁重程度	非常繁重	323	26.4
	有点繁重	489	39.9
	还行	369	30.1
	不太繁重	25	2.0
	不繁重	19	1.6
目前工作态度	非常消极	44	3.6
	有些消极	69	5.6
	还行	475	38.8
	很积极	400	32.7
	非常积极	237	19.3

续表 4-9

变量	类别	频次	占比/%
社会地位	下等	290	23.7
	中下等	326	26.6
	中等	506	41.3
	中上等	70	5.7
	上等	33	2.7
一有机会，您就会转出教师行业	完全不符合	212	17.3
	有些不符合	234	19.1
	还好	507	41.4
	有些符合	153	12.5
	非常符合	119	9.7

第三节　农村幼儿园教师职业素养情况

一、农村幼儿园教师职业素养总体情况

教师职业素养是考量教师队伍质量的一项重要指标，在本次调查中，农村幼儿园教师职业素养总平均分为 4.6，多数人为 5 分。在职业素养各维度平均得分上，各维度平均分均在 4.5 以上，全省教师职业素养水平较高（见表 4-10）。

表4-10 教师职业素养各维度平均得分（$N=1225$）

维度	平均分	众数
专业理念和师德	4.55	5
专业知识和能力	4.62	5

从省内来看，农村幼儿园教师职业素养平均得分及各维度得分排序均为苏南＞苏中＞苏北，其中，苏北农村幼儿园教师职业素养得分最低（见表4-11）。

表4-11 各地区农村幼儿园教师职业素养得分情况（$N=1255$）

维度 地区	专业理念和师德		专业知识和能力		总体职业素养	
	平均分	众数	平均分	众数	平均分	众数
苏南（$n=153$）	4.63	5	4.68	5	4.67	5
苏中（$n=934$）	4.56	5	4.64	5	4.62	5
苏北（$n=138$）	4.36	5	4.42	5	4.40	5

二、农村幼儿园教师职业素养的影响因素分析

为提高农村幼儿园教师职业素养、探究其影响因素为何，从而有针对性地采取改进措施，本部分将运用独立样本 t 检验和方差分析对不同人口统计变量和职业素养得分进行差异分析。

（一）工龄因素

运用方差分析对职业素养在工龄上的差异进行检验，结果如表4-12所示，不同工龄的农村幼儿园教师在职业素养总分上有显著差异（$P=0.003<0.05$）。经过进一步多重比较，20年以上工龄的农村幼儿园教师职业素养总分显著高于小于3年工龄的农村幼儿园教师，工作10年以上农村幼儿园教师的职业素养显著高于工作3—9年的。

表4-12 不同工龄教师的职业素养差异分析（$N=1225$，$M±SD$）

教师工龄	教师职业素养得分	F	P
小于3年	100.1495±12.08537	4.042	0.003
3—9年	99.7937±16.44177		
10—19年	102.2540±14.11499		
20—29年	102.5606±13.59476		
30年及以上	104.1389±7.79942		

（二）是否学前教育专业

运用独立样本t检验分析是否学前教育专业对职业素养得分的影响发现，是否学前教育专业在职业素养得分上有显著差异（$P=0.024<0.05$），学前教育专业的农村幼儿园教师职业素养得分显著高于非专业教师（见表4-13）。

表4-13 是否学前教育专业在职业素养上的差异分析（$N=1225$，$M±SD$）

是否学前教育专业	教师职业素养得分	t	P
是	101.6234±14.12165	2.263	0.024
否	99.1406±13.07073		

（三）是否具备教师资格

运用独立样本t检验得知有幼儿园教师资格证的农村幼儿园教师比没有资格证的农村幼儿园教师职业素养得分显著偏高（$P=0.046<0.05$），结果见表4-14。

表4-14 是否有教师资格证在职业素养得分的差异分析（$N=1225$，$M±SD$）

有无幼儿园教师资格证书	教师职业素养得分	t	P
有	101.6813±14.45473	1.998	0.046
无	99.8123±12.29359		

（四）工作繁重程度

对工作繁重程度和职业素养得分之间的数据进行方差分析，结果如表4-15所示。认为工作繁重程度"还行"的农村幼儿园教师职业素养显著低于"非常繁重"和"有点繁重"的农村幼儿园教师。

表4-15 工作繁重程度在职业素养得分上的差异分析（$N=1255$，$M \pm SD$）

工作繁重程度	教师职业素养得分	F	P
非常繁重	102.2693 ± 14.37773		
有点繁重	101.9693 ± 11.83325		
还行	99.2087 ± 16.29391	3.398	0.010
不太繁重	102.0800 ± 9.26876		
不繁重	102.9474 ± 11.96046		

（五）工作态度

经过方差分析得知，不同工作态度在职业素养总分上存在显著差异（$P=0.000$），选择"非常积极""很积极"选项的农村幼儿园教师职业素养得分显著高于选择"有些消极""还行"的农村幼儿园教师（见表4-16）。

表4-16 不同工作态度在职业素养得分上的差异分析（$N=1255$，$M \pm SD$）

工作态度	教师职业素养得分	F	P
非常消极	101.1136 ± 10.94641		
有些消极	96.8986 ± 15.77707		
还行	99.5179 ± 14.65141	9.096	0.000
很积极	101.7025 ± 14.51364		
非常积极	105.1688 ± 10.31316		

由于教师积极性对职业素养得分有显著影响，本次研究又将薪资、繁重程度、工作时长分别与农村幼儿园教师积极性进行方差分析。结果显示，每月薪资在 5000 元以上的农村幼儿园教师的工作积极性显著高于 5000 元以下的农村幼儿园教师；工作越繁重，农村幼儿园教师的工作积极性越低（$P=0.000$）；每日工作 8 小时以内的农村幼儿园教师积极性显著高于 8 小时以上的农村幼儿园教师（$P=0.000$），且加班时间越久积极性越低。因此，可通过提高农村幼儿园教师薪资、减少加班、减轻教师工作量来增加教师积极性，从而提高农村幼儿园教师职业素养。

此外，经过方差分析和独立样本 t 检验结果显示，人事关系（$P=0.176$）、职称（$P=0.103$）、学历（$P=0.525$）、社会地位（$P=0.056$）、是否提供交通（$P=0.525$）均未对农村幼儿园教师职业素养得分产生显著影响。

三、农村幼儿园教师队伍质量研究结论

（一）农村幼儿园教师队伍质量相对较好

江苏省号称"教育大省"，各项教育指标达成度基本在全国各省中名列前茅。在此项农村幼儿园教师队伍质量调查中，江苏省也不负众望。调查结果显示，江苏省总体农村幼儿园教师队伍质量较好，基本实现了《乡村振兴战略规划（2018—2022 年）》中提出的"每个乡镇至少办好 1 所公办中心幼儿园"。同时，农村幼儿园教师队伍中学前教育专业占比、幼儿园教师资格证拥有率、两教一保以上配班模式实现率均为良好，大专以上学历达 90% 以上，职业素养得分相对较高。

以上优良成绩离不开教育行政部门的重视及政策支持。在管理方面，江苏省将学前教育纳入政府年度工作目标考核内容，在县级以上地方人民政府教育行政部门设置学前教育管理机构，并配备专职人员负责学前教育工作、定期到幼儿园实地督导。[①] 在教师培养发展方面，招收男性五年制师范学前教育专业免费师范生，以此来增加男教师比例。在高校设置乡村

---

① 江苏省教育厅：《江苏省学前教育条例》，见江苏省教育厅网（http://jyt.jiangsu.gov.cn/art/2012/10/31/art_ 57834_ 7005186.html），访问日期：2022 年 5 月 22 日。

学前教师定向培养班,鼓励大学生从事农村幼儿园教师工作。在教师入职后,加强学前教育教研工作,组建市级、县区级专业教研团队,建立师范院校协作教研制度,设置学前教育教研工作经费,促进幼儿园内涵发展,提升教师队伍质量。① 建立有特色的教师发展制度,如苏中地区设立"非在编幼儿园教师成长专项基金",对公办幼儿园教师开展学年工作考评,如专项培训考试、读书学习检查、专业技能考核,以此促进教师成长;苏南地区设立"助学兴教工程"、建立镇助学兴教基金,奖励优秀师生、资助贫困新生。在资金方面,设置学前教育专项经费、明确投入项目,这也使农村教师队伍质量整体提高。

(二) 苏南地区农村幼儿园教师队伍质量普遍高于苏北、苏中地区

调查发现,虽然江苏省整体农村幼儿园教师队伍质量较好,但省内不同区域间存在明显差异。苏南地区农村幼儿园教师队伍在配班模式、职称、学历、资格证获取、培训、薪资待遇、职业素养得分等方面成绩较佳,其次为苏中地区,苏北地区明显较弱。这可能受到了经济发展水平的影响,江苏省的经济发展具有比较典型的区域发展不平衡特征,苏南明显优于苏北②,农村教育经费投入也有较大差距。各地区领导的专业程度也有所不同,在被调查的苏南和苏中的教育行政部门中,负责学前教育管理工作的均为学前教育专业人员,而苏北被调查地区则由小学教育专业管理人员兼管。在政策保障上,苏南、苏中地区也比苏北地区更全面,监督管理方面也优于苏北。另外,在农村幼儿园教师编制占比、社会地位方面,苏北优于苏中,可见,苏北地区在某些方面也有优势。

苏南 Y 县教育行政部门的工作人员在访谈中表示,该县实施公办幼儿园小班免保教费政策,每镇设两所公办幼儿园,辐射全镇,村幼儿入园十分方便,因此农村并无私立幼儿园。苏北、苏中地区可借鉴此经验。此外,研究者在实地观察中发现,苏南、苏中地区农村幼儿园教师较注重内

---

① 基础教育处:《关于加强学前教育教研工作的意见》,见江苏省教育厅网(http://jyt.jiangsu.gov.cn/art/2017/9/21/art_58359_7499059.html),访问日期:2022 年 5 月 22 日。
② 参见潘林元、吉文林《江苏南北经济发展差距的成因及对策》,载《当代经济》2008 年第 5 期,第 89-93 页。

涵发展,而苏北地区仍将较多精力放在改善园所物质环境上。

(三) 工作积极性影响农村幼儿园教师职业素养

研究发现,农村幼儿园教师工作积极与否对职业素养得分有显著影响,而工资、工作繁重程度、工作时长则对教师的积极性有影响。美国心理学家马斯洛(Abraham H. Maslow)将人的需要由低到高归纳为生理需要、安全需要、归属和爱的需要、尊重需要、认知需要、审美需要、自我实现需要7个基本层次,只有在较低层次的需要全部得到满足后才会出现较高层次的需求。① 根据需要层次理论,要想达到高层次需要、获得较高的职业素养,就需满足较低层次的生理、安全需要。因此,高工资、低工作繁重程度、正常工作时长的农村幼儿园教师工作积极性越高,越想提高自身职业素养,越容易获得职业幸福感。

(四) 农村幼儿园教师队伍建设存在的问题

本书通过调研发现,在实践层面农村幼儿园教师队伍建设依然存在一些问题。

1. 农村幼儿园教师队伍年轻化特征明显,师资队伍稳定性不强

尽管各地为确保农村幼儿园教育事业发展出台了保障性政策,但农村幼儿园基础办学条件的弱势依然存在,主要表现为经费不足、教师队伍年轻化、教师坚守农村幼教事业的稳定性不强。调查显示,江苏农村幼儿园中20—30岁教师占被调查总人数的35%,其中,苏北X县教师年龄普遍偏小,30岁以下教师占被调查总数的63%,教师队伍总体呈现年轻化的特征。表面上看幼儿园教师队伍年轻化、发展空间较大,专业发展的动力十足,实际上这在本质上反映了农村幼教队伍存在问题。一是年轻的农村幼儿园教师缺乏足够的科学幼教理念和专业幼教能力。拥有5年以下工作经验的教师,还处于生存期,关注点主要集中在专业知识的提升和保教技能的获得,很难做到真正从儿童的角度出发开展保教活动。因此,保教活动往往还是以教师为中心,由教师来主导创设教育环境,设置游戏活动,个别农村幼儿园甚至依然存在小学化的倾向。二是师资队伍的不稳定,通过分析数据可以发现,拥有10年以上工作经验的教师占45.8%左右。同

---

① 参见叶奕乾《现代人格心理学》,上海教育出版社2015年版,第211-221页。

时，农村幼儿园教师的薪资普遍偏低，82.6%的被调查教师表示"农村幼儿园教师收入水平特别低"，只有24.2%的农村幼儿园教师享受五险一金。66.3%的农村幼儿园教师觉得工作负荷"有点繁重"或"非常繁重"，50.3%的教师认为农村幼儿园教师社会地位不高。由此可见，农村幼儿园教师的职业幸福感不强，而这必将直接影响教师队伍的稳定性。三是幼儿园教师的编制矛盾依然突出。调查显示，农村幼儿园教师中无正式编制的合同制人群数量庞大，占总人数的62.1%。编内教师数量偏少，当然，苏南、苏中、苏北地区存在不平衡的现象。苏南在编人数最多为75.2%，苏北次之66.7%，苏中最少仅占21.9%，农村幼儿园教师的编制问题依然十分严峻。部分无编制的教师得不到应有的福利待遇，也是导致农村幼儿园教师留不住、队伍不稳定的重要因素。

2. 农村幼儿园教师专业成长压力大，缺乏专业发展的外部支持

在农村，幼儿园教师师资力量相对薄弱，教师年轻化，且一部分为转岗教师，他们缺乏对幼儿园教师职业全面而正确的认识。由于缺少专业人才的指导，很多人认为幼儿园教师只是尽职尽责地看好孩子，在活动的过程中只关注幼儿的人身安全，教学过程中适当地教一些拼音、数学知识就完成了任务。幼儿园教师的专业素质、工作职责、自身的专业学习与发展往往得不到重视，缺乏专业发展基本的理念。同时，幼儿园教师工作负担较重，她们既要负责幼儿的教育又要负责保育，保教系于一身，同时还要承担繁杂的家园共育工作，导致农村幼儿园教师工作时间较长、工作量大、任务繁重，时常无暇顾及自身的专业发展。

本书的研究还深入调查、访谈了苏北Y市的577名农村幼儿园教师，发现基本上所有的教师都有着强烈的专业发展意愿。在对专业发展动力来源进行分析后发现，排在前三位的动力来源是"提高学历""增进专业知识和技能"和"促进幼儿获得良好发展"。由此可见，教师的专业发展动力首先是从自身发展的角度出发的，其次才考虑到幼儿发展的需要。在专业成长的过程中，尽管大部分教师有外出学习、参与培训的机会，但也有不少教师反映，教师的专业发展缺乏有效的指导。多位园长和教师都在访谈中认为职后教育困难重重。比如，园长A表示："我们园师资数量不足，教师满负荷工作，没多少时间和精力参加学习培训。"园长B反映："农村幼儿园办学经费不足，园里的图书资料和网络学习资源非常有限，无法满足每位教师的学习需要。"幼儿园教师A反映："我们幼儿园也会定期地请一些专家领导进园开讲座，听公开课。但这些专家领导的建议，只是针对这节课，对我们的实际教学或其他领域的活动指导并没有起到很大的作用，所以这种专家指导的效果微乎其微。"教师 B 表示："希望组织的培训能根据教龄和教学水平分层次进行，这样更能适应不同教师的需求，也能对教师的专业成长发挥切实有效的作用。"

第四节　农村幼儿园教师的职业压力现状

为了促进学前教育持续健康发展，江苏省按照国家的统一部署，连续实施了学前教育五年行动计划，行动计划明确指出："新增教育资源重点向城镇、城郊接合部等人口密集地区倾斜"，"重点关注农村幼儿园和城镇薄弱幼儿园的办园质量"。提高幼儿园办园质量的关键在于提高教师的素质和工作热情。职业压力这一影响教师工作热情的重要因素已经成为世界性的研究课题。农村幼儿园教师的职业压力是指在农村幼儿园这一特殊的教育职业环境中，因威胁性刺激（一般包括来自社会、幼儿园、教师个体三个方面的刺激）持续作用而引起的幼儿园教师一系列的生理、心理和行为活动改变的一种紧张情感体验状态。在当前大力推进农村幼教改革的背景下，农村幼儿园教师的职业压力状况是值得关注的。而且研究农村幼儿园教师的职业压力，对于提高农村幼儿园教师的工作、生活质量，促进我国幼儿园教育质量均衡化发展具有重要的意义。

本节的研究以江苏省北部 Y 市为例，采取定性研究和定量研究相结合的方法调查了解农村幼儿园教师职业压力的现状，探讨影响农村幼儿园教师职业压力的因素，从而提出职业压力管理的策略，以期帮助广大农村幼儿园教师更合理地认识和应对职业压力，促进农村幼儿园教师的专业成长。

一、农村幼儿园教师职业压力研究的设计与实施

（一）调查工具的选取及编制

本研究所使用的测量工具——"幼儿园教师职业压力调查问卷"是在借鉴北京师范大学石林老师研究小组的成果①的基础上，结合4位农村幼儿园教师的电话访谈，在专家指导下对部分项目修订后形成的。调查问卷具体内容、维度及信度效度检验结果见表4-17。

表4-17 调查问卷具体内容、维度及信度、效度检验

	问卷内容	维度	相关系数	内部一致性系数	分半信度
第一部分	基本信息				
第二部分	职业压力反应	生理反应	0.426—0.756	0.968	0.938
		心理反应			
		行为反应			
第三部分	职业压力源	待遇地位与社会期望	0.538—0.767	0.969	0.974
		教育教学制度变革			
		工作特征与负荷			
		自身能力与期望			
		幼儿因素			
		家长因素			
		家庭因素			
		组织管理因素			
		职业发展因素			

注：量表"职业压力反应"部分和"职业压力源"部分均采取5点计分，0=没有压力，1=压力较轻，2=压力中等，3=压力较大，4=压力很大。

---

① 参见石林《职业压力与应对》，社会科学出版社2005年版，第135-144页。

（二）调查对象的选取及施测

运用"幼儿园教师职业压力调查问卷"，抽取 Y 市的 5 所农村幼儿园（包括 3 所公办幼儿园，2 所民办幼儿园）进行调查，共发放问卷 85 份，回收问卷 85 份，整理后获得有效问卷 78 份，问卷回收率 100%，问卷有效率 91.8%。有效样本基本情况如表 4-18 所示。

表 4-18　农村幼儿园教师样本构成情况（$N=78$）

项目	选项	n	占比/%
年龄	21—25 岁	15	19.2
	26—30 岁	26	33.3
	31—40 岁	25	32.1
	40—50 岁	11	14.1
	50 岁以上	1	1.3
婚姻状况	未婚	12	15.4
	已婚	66	84.6
有无子女	有	63	80.8
	无	15	19.2
学历	初中	2	2.6
	高中（中专）	22	28.2
	大专	40	51.3
	本科	14	17.9
专业背景	师范类学前教育专业	43	55.1
	师范类其他专业	12	15.4
	非师范类	23	29.5

续表 4-18

项目	选项	n	占比/%
教龄	少于 5 年	31	39.7
	6—10 年	31	39.7
	11—15 年	6	7.7
	16—20 年	6	7.7
	21—30 年	4	5.1
所在园所所有制	公办园	47	60.3
	非公办园	31	39.7
编制状况	有编制	9	11.5
	无编制	69	88.5
所在园所规模	4—6 班	3	3.8
	7—12 班	49	62.8
	13—16 班	9	11.5
	17—20 班	17	21.8
所在园所级别	省级优质园	32	41.0
	市级优质园	43	55.1
	非优质园	3	3.8
配班模式	一教一保	4	5.1
	两教轮保	34	43.6
	两教一保	40	51.3
所在班级幼儿人数	25 人以下	0	0
	26—35 人	5	6.4
	36—45 人	40	51.3
	45 人以上	33	42.3
有无幼儿园教师资格证	有	58	74.4
	无	20	25.6

续表 4-18

项目	选项	n	占比/%
职称情况	未评定	51	65.4
	初级	24	30.8
	中级	2	2.6
	高级	1	1.3

（三）统计方法

本小节的研究采用 IBM SPSS statistics（简称"SPSS"）13.0 软件对调查数据进行分析。

二、农村幼儿园教师职业压力的调查结果与分析

（一）农村幼儿园教师职业压力的总体压力感

总体压力感反映了幼儿园教师对职业压力的感受和看法。在本次被调查的 78 位农村幼儿园教师中，有 74.4% 的教师认为自己的工作存在职业压力，说明目前农村幼儿园教师的职业压力是普遍存在的。同时，不同于以往研究中的"谈压力色变"，大多数农村幼儿园教师对职业压力的理解和态度是比较积极的，这一变化是可喜的（见表 4-19、表 4-20）。

表 4-19　农村幼儿园教师职业压力感受（$N=78$）

压力感受	n	占比/%
压力很大，几乎难以承受	0	0
压力比较大，勉强可以应付	2	2.6
有点压力，但能较好应对	56	71.8
没什么压力	20	25.6
合计	78	100.0

表 4-20 农村幼儿园教师对职业压力的理解（N=78）

	对职业压力的理解	n	占比/%
消极	令人紧张、焦虑的事情或环境	8	10.3
	工作中的挫折让自己的能力和自尊受到威胁	8	10.3
积极	可以提高工作效率，让人充满工作的热情	52	66.7
	让工作根据有挑战性和成就感	10	12.8
	合计	78	100.0

农村幼儿园教师职业压力反应总分及在各维度的得分均值在 1.5256—1.7462 之间。可见，农村幼儿园教师职业压力反应基本处于压力中等略低的程度（见表 4-21）。

表 4-21 农村幼儿园教师职业压力反应各维度得分（N=78）

	平均数（M）	标准差（SD）	理论中值
生理反应	1.7462	0.71762	2
心理反应	1.5256	0.57615	2
行为反应	1.6111	0.68780	2
总压力反应	1.6118	0.59395	2

（二）农村幼儿园教师职业压力源现状

表 4-22 农村幼儿园教师职业压力源各维度得分（N=78）

	平均数（M）	标准差（SD）	理论中值
待遇地位与社会期望	2.0043	0.81560	2
家长因素	1.6731	0.85214	2
幼儿因素	1.6462	0.73072	2
组织管理因素	1.5897	0.66650	2
教育教学制度变革	1.6795	0.72363	2

续表 4-22

	平均数（M）	标准差（SD）	理论中值
工作特征与负荷	1.9487	0.79696	2
职业发展	1.5256	0.59220	2
自身能力与自我期望	1.6474	0.71332	2
家庭因素	1.6346	0.69166	2

从表 4-22 中可以看出，在职业压力源的 9 个纬度中，得分平均数排在第一位的是"待遇地位与社会期望"，其次为"工作特征与负荷"，且只有"待遇地位与社会期望"纬度的得分平均数高于理论中值"2"。这说明目前农村幼儿园教师职业压力源可能主要来自待遇地位与社会期望、工作特征与负荷方面，具体情况如表 4-23。

表 4-23　来自待遇地位与社会期望方面的职业压力具体状况（$N=78$）

题号	平均数	没有压力		有点压力		压力中等		压力较大		压力极大	
		频率	占比/%	频率	占比/%	频率	占比/%	频率	占比/%	频率	占比/%
1	1.7949	33	42.3	32	41.0	9	11.5	4	5.1	—	—
2	1.8077	37	47.4	27	34.6	7	9.0	6	7.7	1	1.3
3	2.4103	19	24.4	27	34.6	16	20.5	13	16.7	3	3.8

注：题号"1"代表"幼儿园教师工资福利待遇低"，题号"2"代表"幼儿园教师社会地位低"，题号"3"代表"社会、家长对幼儿园教师的期望和要求越来越高"。

表 4-24　来自工作特征与负荷方面的职业压力具体状况（$N=78$）

题号	平均数	没有压力		有点压力		压力中等		压力较大		压力极大	
		频率	占比/%	频率	占比/%	频率	占比/%	频率	占比/%	频率	占比/%
4	2.0000	33	42.3	27	34.6	8	10.3	5	6.4	5	6.4
6	1.7179	38	48.7	29	37.2	7	9.0	3	3.8	1	1.3
7	1.4744	55	70.5	13	16.7	6	7.7	4	5.1	—	—
9	1.6026	48	61.5	18	23.1	8	10.3	3	3.8	1	1.3

续表 4-24

题号	平均数	没有压力		有点压力		压力中等		压力较大		压力极大	
		频率	占比/%	频率	占比/%	频率	占比/%	频率	占比/%	频率	占比/%
30	1.4359	55	70.5	16	20.5	4	5.1	2	2.6	1	1.3

注：题号"4"代表"幼儿园工作量太大，案头工作太多"，题号"6"代表"科研任务繁重"，题号"7"代表"幼儿园工作具体、烦琐、婆婆妈妈，缺乏成就感"，题号"9"代表"班级幼儿人数过多，平均每天工作时间太长"，题号"30"代表"幼儿园实行代班制，使我不得不教自己不擅长或不够熟悉的内容"。

（三）农村幼儿园教师职业压力的差异性分析

通过对调查数据进行单因素方差分析发现，农村幼儿园教师的职业压力反应因专业背景、教龄、园所级别、班级人数、有无教师资格证、职称情况的不同而表现出差异性（见表4-25）。

表4-25 农村幼儿园教师职业压力的差异性分析（$N=78$）

	F/T值	P值	差异性分析
专业背景	3.548*	0.034	学前教育专业＞非学前教育专业
教龄	4.271**	0.004	11—20年＞1—10年/21—30年/30年以上
园所级别	12.982***	0.000	省级优质园＞市级优质园/非优质园
班级人数	5.265**	0.007	45人以上＞26—35人/36—45人
有无教师资格证	4.250*	0.043	有教师资格证＞无教师资格证
职称	11.378***	0.000	中级职称＞高级职称/初级职称/未评定

注：*代表$P<0.5$，**代表$P<0.01$，***代表$P<0.001$。

由上表可知，具有学前教育专业教育背景的农村幼儿园教师职业压力显著大于非学前教育专业背景的教师；教龄在11—20年的农村幼儿园教师职业压力显著高于其他教龄段的教师；在省级优质园工作的农村幼儿园教师的职业压力显著高于在市级优质园及非优质园工作的教师；班级幼儿人数在45人以上的农村幼儿园教师的职业压力显著高于班级幼儿人数在45人以下的教师；有教师资格证的农村幼儿园教师职业压力显著高于无教师资格证的教师；具有中级职称的农村幼儿园教师的职业压力显著高于其他职称水平的教师。

三、农村幼儿园教师职业压力的原因探析

教育对象的复杂性以及工作环境的特点决定了农村幼儿园教师工作的复杂性和烦琐性。笔者将从国家政府、管理机构、教师自身层面分析幼儿园教师职业压力产生的原因。

（一）国家政府层面

1. 社会地位低，对农村幼儿园教师职业仍存有偏见

随着江苏省学前教育五年行动计划的推进，社会大众对农村学前教育的重视程度有了一定的提高。但是，农村学前教育作为我国幼儿园教育事业发展的重点和难点，它的改革与发展绝不是一朝一夕能够完成的，仍需国家、政府进一步加强管理。笔者在调查中发现，目前仍有很多人对农村幼儿园教师的职业存有偏见。他们觉得"幼儿园教师不是真正的教师"，只是"幼儿的玩伴和高级保姆"。形成这些偏见的一个原因是这些人对学前教育不够了解，另一个很重要的原因是幼儿园教师社会地位低。没有足够高的社会地位，社会大众和家长就不会真正尊重教师。尤其在农村，由于家长受教育程度有限，他们就更不能理解、尊重幼儿园教师，导致农村幼儿园教师的工作难以顺利完成。因此，社会地位低必然会成为农村幼儿园教师产生职业压力的重要原因。

2. 工资待遇低，对农村幼儿园教师的期望和要求高

目前，国家积极推进学前教育在农村地区的发展，农村幼儿园教师的工作条件、工资水平得到了一定的提高，但与城市幼儿园教师或其他教育阶段的教师相比，农村幼儿园教师的工资待遇和工作条件仍然是偏低的。本次调研的 78 位农村幼儿园教师中，有 52 人（67.7%）月工资在 2000 元以下，甚至有 11 位（14.1%）教师的月工资还不足 1000 元。低工资，却有高要求、高期望，社会各界对农村幼儿园教师的期望和要求在不断发展、提高，要求幼儿园教师们既要照顾好幼儿的吃喝拉撒，又要幼儿园教师懂理论、会讲课、能写论文，要琴、棋、书、画、唱、跳、手工样样精通，还要对孩子有绝对的爱心、耐心、责任心……不断提高的期望和要求

与低收入之间的矛盾也是形成农村幼儿园教师职业压力的重要原因。

(二) 管理机构层面

1. 工作时间长，文案工作多

本次调查发现，不算开会、加班的时间，农村幼儿园教师日工作时间已经有9—10小时。被调查的幼儿园教师普遍反映"在幼儿园的工作时间长，从早晨幼儿入园一直忙到傍晚幼儿离园，就像上足了发条，没有一刻停歇的功夫"。不光是保教工作，幼儿园教师还有做不完的文案工作：写教案、制定周计划、月计划、学期计划、写观察记录、幼儿的成长档案、做读书笔记和心得、制作教具和学具、制作家园联系册等等，而这些工作都要等孩子们离开幼儿园后才能进行，需要占用教师们大量的时间和精力。因此，很多教师认为"幼儿园工作量太大，案头工作太多"，给她们的工作带来了职业压力。

2. 班级人数多，保育员配备不足

《幼儿园教育指导纲要（试行）》规定，"小班每班不超过25人；中班每班不超过30人；大班每班不超过35人；混合班每班不超过30人"。而本次调查发现，只有6.4%的农村幼儿园教师所在班级幼儿人数在35人以下，甚至有42.3%的农村幼儿园教师所在班级幼儿人数在45人以上。可见，农村幼儿园的班级人数严重超标。同时，只有51.3%的农村幼儿园教师的配班模式是"两教一保"，距离江苏省第二期学前教育五年行动计划提出的"到2020年所有幼儿园均按标准配齐配足保教人员"的目标还有很大的距离。每个人的精力都是有限的，班级人数过多、保育员配备不足导致师生比得不到保证，这也必将导致教育质量的下滑，造成教师更大的工作负担，从而形成更大的职业压力。

3. 评比、检查多，科研压力大

根据江苏省第二期学前教育五年行动计划，到2020年，全省每个镇级行政单位至少要拥有一所公办幼儿园或普惠性民办幼儿园，并且优质幼儿园比例要达到90%。因此，农村幼儿园正面临着转型、评估、争优的压力，各种评比、检查也自然多起来。而这些压力部分转移到幼儿园教师的身上，这就必然给幼儿园教师带来一定的职业压力。同时，随着国家对学前教育的逐步重视，很多专家提出幼儿园教师应成为"研究型教师"。所以，现在各个幼儿园都非常注重科研，农村幼儿园也不例外。做课题、写论文、业务学习是幼儿园教师们的家常便饭。教师们的工作本就辛苦，再加上科研的压力，致使很多教师感觉到疲惫。

（三）教师自身层面

1. 职业角色转化，导致自我期望的提高

江苏省第二期学前教育五年计划中明确指出，要"确保2020年之前所有幼儿园保教人员持证上岗"，并"将师资队伍合格与否作为幼儿园审批、年检、评估等的一票否决指标"。而本次调查发现，仍有25.6%的农村幼儿园教师未获取幼儿园教师资格证。对于这部分"无证上岗"的教师来说，首要任务就是考证。这些教师要一边工作一边复习考试，否则"饭碗"不保，这确实让她们很有压力。同时，随着国家对农村学前教育的重视程度的提高，要求农村幼儿园教师必须关注教育的质量、关注自身的专业成长，她们需要完成从"带孩子的阿姨"向"专业化教师"角色的转变。尤其是近几年具有学前教育专业教育背景的高学历人才的引进，使得同行之间的竞争也愈发激烈，逼着她们再也不能只是"看看孩子"，而是要不断提高自我期望与自我要求，努力适应角色的转化。

2. 职业成就感低，影响职业态度和意向

幼儿园教育是素质教育，重在培养幼儿各种良好的行为习惯、促进幼儿个性全面发展。而行为习惯的养成、个性的培养是一个长期的过程。农村幼儿园教师的工作和所有幼儿园教师一样，看起来没有什么大事，但每天忙忙碌碌、琐事不断，工作辛苦却不能立即看到成效，甚至很多孩子长大后对自己的幼儿园教师都没有什么深刻的记忆，使得幼儿园教师普遍缺乏职业成就感。这些因素导致一些教师对自己职业的意义产生怀疑，从而影响自身的职业态度和职业意向。在本次调查中，有17.9%的教师表示"不喜欢自己的工作"，有11.6%的教师表示"后悔选择这份工作"，有12.8%的教师表示"如果有重新择业的机会，一定不做幼儿园教师"。在这样的心境下，这些教师在工作中怎会有积极的态度？她们要么觉得没有压力、不会用心工作、"做一天和尚，敲一天钟"，要么就是感受到无尽的压力。这两种情况对保教质量的提高都是不利的。

第五节 农村幼儿园教师职后教育现状

教育部等九部门印发的《"十四五"学前教育发展提升行动计划》提出要"提高幼儿园师资培养培训质量",实施"十四五"学前教育发展提升行动计划。① 教师队伍质量对学前教育的发展具有较大影响。教师是知识的继承者、传播者,是教育者和被教育者之间知识传播的主要桥梁,是教育过程的实施者,教师的素养决定了教育质量,从而影响人口的素质。因此,农村幼儿园教师自身的专业性与长期的专业性发展影响着乡村教育质量。

幼儿园教师职后教育是促进幼儿园教师专业成长的重要途径,是高素质幼儿园教师培养体系的重要环节,也是提高幼儿园教师队伍质量的重要举措。近年来,我国重视提升农村幼儿园教师质量,在《乡村教师支持计划(2015—2020年)》《中共中央 国务院关于全面深化新时代教师队伍建设改革的意见》《中共中央 国务院关于学前教育深化改革规范发展的若干意见》等文件中都提出要鼓励乡村教师在职学习和在职培训,并对教师学历提升、职后的培训提出了明确要求。教师的职后教育体现着教师对终身教育理念的追求,人民教师必须坚定自己的职业理想,不断更新、完善已有的专业知识,提升保教实践能力,不断吸取本领域和相关领域的精华,紧跟新时代发展的步伐,以此来促进学前教育的发展。

如前所述,近年来经过国家、省、市对城乡学前教育的高度重视和政策扶持,江苏农村幼儿园教师队伍总体情况良好,农村教师队伍的专业性有了明显提高。但上述研究也发现,农村幼儿园教师职业发展问题是其职业压力的重要来源,农村幼儿园教师希望得到专业的职后教育支持的需求较为强烈。本书为此在 2021 年上半年以江苏为例、以教师职后教育为主

---

① 教育部等九部门:《教育部等九部门关于印发〈"十四五"学前教育发展提升行动计划〉》,见中华人民共和国教育部网(http://www.moe.gov.cn/srcsite/A06/s7053/202112/t20211216_587718.html),访问日期:2022 年 5 月 22 日。

题专门调查了江苏省农村幼儿园教师的职业教育情况。

一、国内外农村幼儿园教师职后教育的研究与述评

(一) 国内外有关农村教师职后教育政策的研究

1. 国内政策

自1978年以来，我国教师幼儿培训体系与政策不断完善，教师队伍质量逐步提高。党的十一届三中全会的召开使教育工作走向正轨，也推动了学前教育向前发展。1989年，国务院批准了新中国第一个学前教育法规——《幼儿园管理条例》，明确各级教育行政部门的学前教育评估工作以及所要担负的责任。

2010年7月，国务院印发《国家中长期教育改革和发展规划纲要(2010—2020年)》，特别提出"重点发展农村学前教育""加强幼儿园教师培训、提高幼儿园教师队伍整体素质"；2010年11月，《国务院关于当前发展学前教育的若干意见》的印发标志着学前三年计划正式启动实施，该意见提出了完善学前教育师资培养培训体系的重要措施并明确规定"三年内对1万名农村幼儿园园长和骨干教师进行国家级培训。各地要在五年内对幼儿园园长和教师进行一轮全员专业培训"。2011年9月，教育部、财政部发布《关于实施幼儿园教师国家级培训计划的通知》，开始实施幼儿园教师国培计划，并由中央专项资金提供培训经费。2012年颁发的《幼儿园教师专业标准(试行)》和2015年印发的《乡村教师支持计划(2015—2020年)》明确提出要全面提升乡村教师能力素质，并在2020年前对全体乡村教师、校长进行360个学时的培训，整合高等学校、县级教师发展中心和中小学校优质资源，建立乡村教师校长专业发展支持服务体系。① 2018年发布的《中共中央 国务院关于学前教育深化改革规范发展的若干意见》规定幼儿园实行教师定期培训和全员轮训制度，提出幼儿园教师培训重在加强师德师风全员培训，对非学前教育专业教师进

---

① 国务院办公厅：《国务院办公厅关于印发〈乡村教师支持计划(2015—2020年)〉的通知》，见中国政府网 (http://www.gov.cn/zhengce/content/2015-06/08/content_9833.htm)，访问日期：2022年5月22日。

行全员补偿培训和未成人保护方面的法律培训，全面提高幼儿园教师质量，建设一支高素质善保教的教师队伍。

农村幼儿园教师是教师队伍重要的组成部分，也是我国学前教育事业发展的短板。为全面贯彻习近平总书记关于教育的重要论述和全国教育大会精神，深入落实《中国教育现代化2035》和《中共中央 国务院关于全面深化新时代教师队伍建设改革的意见》，2020年7月，《教育部等六部门关于加强新时代乡村教师队伍建设的意见》（教师〔2020〕5号）提出要抓好乡村教师培训，积极构建省、市、县教师发展机构、教师专业发展基地学校和名校（园）长、名班主任、名教师"三名"工作室五级一体化、分工合作的乡村教师专业发展体系，并发挥5G、人工智能等新技术推助作用，为教师提供同步化、定制化、精准化的高质量培训研修服务，五年内对全国乡村教师轮训一遍，实现教师"智能手拉手"。

从我国近年来颁布的相关政策法规足以看出，我国对学前教育的重视以及对学前教师队伍建设发展的关注。现阶段，我国的教师培训政策从量向质转变，不断突出教师在职后教育中的主体性并实现培训公平。

2. 国外政策

乡村教师自身的专业知识与能力对教育的发展有重要影响，对教育的质量也起到关键作用。世界各国都高度重视教师的职后教育，注重提高教师的专业知识与能力，为此出台了各项法律法规来保障教师职后教育。并将教师职后教育和教师职业发展挂钩，从而激励教师的内在学习动力，不断提高自身专业性。

王艳、徐宇瞳介绍了欧盟学前教育与学前教育政策的发展史。从欧共体到欧盟，其教育政策都指向经济价值，较少关注学前教育师资培养，直到21世纪教育全球化以及欧盟复杂的文化背景，学前教育及师资培养才得到重视，欧盟提出了一系列有关学前教育及师资队伍建设的文件，促进教师发展，如《教育与培训系统的效率与公平（2006）》《欧盟教育与培训合作战略性框架（2009）》《学前教育：为所有儿童的未来创造最佳起点（2011）》《欧洲学前儿童教育和保育的关键数据—2019年版》《高质量儿童早期教育与保育系统的建议（2019）》等。随着各项政策的颁布与实施，欧盟学前教师师资培养的策略与特点愈发明朗，逐渐形成了具有欧盟特色的学前教师师资培养模式。①

英国是最早提出入职培训的国家。英国政府针对学前教育教师提出了一系列关于入职前、入职和在职的政策与教师培训项目。杨旭莹的论文详细阐述了与教师入职、在职有关的政策。首先是教师入职培训政策《新任教师入职培训规定》的提出，此政策源于1972年发表的《詹姆斯报告》和《教育：一个扩展的框架》，依据先前的报告和白皮书中的教师教育的三阶段理论和初任教师的"入职期"和"试用期"的概念，介绍了教师诉求、文件主要内容、实施过程和质量保障机制。二是英国学前教育教师在职进修政策。"持续性专业发展"（continuing professional development，CPD）战略是在终生教育的教育思潮推动下提出的，该政策更加注重教师学习的持续性、不间断性，目的是通过参加CPD培训来促进教师专业发展。②

袁静从政策角度对美国幼儿园教师的发展进行梳理，认为美国幼儿园教师专业发展分为3个阶段，美国的教师专业发展政策着重从制定标准、教育立法、政策价值的三方面让幼儿园教师专业发展有法可依。在制度框架中从三方面介绍了幼儿园教师准业发展的培训计划：①联邦政府的培训计划。为实现《不让一个孩子落后法》所提出的目标，联邦政府在2003年特别提出了一个资助5岁以下儿童的教师专业发展计划，规定高等院校须与学前教育机构（包括私立机构）合作，通过培训幼儿园教师在阅读方面的知识与技能来提高幼儿的读写能力，为幼儿入学做好准备。2001年，美国各州、各区共制定实施了127个发展项目，并采用多种方式鼓励教师参加培训。②州政府的培训计划。康涅狄格州2010年的"教师教育与指导计划"侧重为所有新教师提供入职培训，并将入职教育作为改革聘任制度的新举措。③专业团队的培训计划是一项全国性的计划，也是一个以教师的实际能力为主的培训方案，由美国专业认同评议会主办。③

邢冬梅研究了日本幼儿园教育在2000—2010年中的发展，详细介绍

---

① 参见王艳、徐宇瞳《欧盟学前教师师资培养策略与启示》，载《内蒙古师范大学学报（教育科版）》2021年第4期，第82－90＋104页。

② 参见杨旭莹《英国学前教师专业发展研究》（学位论文），哈尔滨师范大学2021年，第28－45页。

③ 参见袁静《美国幼儿教师专业发展政策研究》（学位论文），福建师范大学2013年，第9－34页。

了其幼儿园教师的职前培养和在职进修情况。2006 年，日本建立了新的幼儿园教师进修制度，规定新入职教师需要在幼儿园园长和已经有丰富经验的幼儿园教师的指导与带领下开始为期一年的实习期。实习期过后，幼儿园园长和幼儿园教师要对新教师在这一年中的表现与成绩进行严格考核，只有经过考核的教师才能被正式录用。2008 年，日本通过法律的手段强制废除了教师资格证书终身制，并规定教师资格证的有效期为 10 年。根据相关政策法规，教师要在其教师资格证有效期内，参加至少 30 小时的培训课程。只有通过严格考核的教师才能够继续任职，未达到要求者取消教师资格。除此之外，日本通过采取教师资格证升级的政策，有效推进了教师在职培训的发展，即教师入职后如果想要升级自己的教师资格证，就要达到一定的任教时间，同时要在大学修满规定的学分。①

总之，国内外都非常重视教师的职后培训并在国家层面给予了政策支持，由此可见教师职后培训的重要性。教师职后培训对教师自身成长极具重要性，教师职业素养的提高不仅使自身受益，更会影响教学质量从而对学生产生影响。通过政策性的支持，教师能够将终身学习、终身发展当作是自己的权利而非义务，也只有如此才能够使自身得到不断的完善和提高，从而对学生产生积极影响。

（二）国内外有关农村幼儿园教师职后教育的研究

1. 国内外有关乡村教师职后教育的方式的研究

（1）国内关于教师职后教育方式的研究

兀静、陈志辉、曹琳针对农村幼儿园转岗教师职后教育提出"3 + 3"培训模式，认为应做好不同发展阶段与不同能力水平的教师职后培训，突出教师在职后教育中的主体地位，让教师参与到培训中，增加"浸入式"培训的时间。同时，高效的培训效果离不开优秀的团队，应组建优秀培训团队。②

张云亮、汪德明等人的研究结果表明，农村幼儿园教师希望参加教师

---

① 参见邢冬梅《2000 年—2010 年日本幼儿教育的发展综述》，载《早期教育（教师版）》2012 年第 21 期，第 30 - 32 页。

② 参见兀静、陈志辉、曹琳《农村幼儿园转岗教师职后培训模式的实践与探索》，载《陕西学前师范学院学报》2015 年第 1 期，第 32 - 34 页。

培训并在培训中占有主体地位,参与一些参与度较高的培训方式。调查结果显示,农村幼儿园教师期望的教师培训方式从高到低依次是:"外出观摩""专家或名师具体指导""专家讲座""园所交流""听课评课""参与式培训"。①

高洁和李鹏基于幼儿园教师实践共同体的职后教育模式提出建议,认为应该给教师提供学习与活动的情境,为教师确立共同的目标,让教师积极参与,搭建知识共享体系,营造良好的学习氛围,互帮互助,共同进步。②

何敦培、林丽影、刘嘉璐基于融合教育的理念提出了农村幼儿园教师UGK 培养模式,即高校(university)、政府(government)、幼儿园(kindergarten)三方合作培养,形成精准培养、共同发力、促进良好发展的职后培训格局。高校不仅仅是为学前教育一线培养优秀教师的重要基地,同样也是教师继续教育的重要基地。由于对农村幼儿园教师的需求并未做到切实了解,一些高校未能足够重视教师的职后教育,地方政府以及乡村幼儿园满足于现状未能考虑长远,因此,教师职后培训的问题还不能得到根本性的解决。③

向邦华、蔡其勇提出农村幼儿园教师职后教育的"434"培训实践模式,分别是"ACPR 四维度"农村幼儿园教师培训路径、三大培训内容能力矩阵模块、四个培训阶段的"434"幼教培训模式。④

(2)国外关于职后教育方式的研究

关于幼儿园教师职后教育的模式有很多,主要以培训为主,不同国家的职后培训模式各不相同。杨旭莹研究了英国学前教师职后教育的形式,发现英国学前教师职后教育的形式多种多样,包括校内外讲座和研讨会、会议、研究与调查、线上学习,制定自我专业发展计划,进行教职工专业

---

① 参见张云亮、汪德明、时莉、宋寅喆、姜勇《农村幼儿园教师培训的现状、评价及其需求》,载《学前教育研究》2012 年第 1 期,第 33 - 38 页。

② 参见高洁、李鹏《陕西省幼儿园教师职后教育现状调查与分析》,载《当代教师教育》2016 年第 3 期,第 88 - 93 页。

③ 参见何敦培、林丽影、刘嘉璐《基于融合教育理念的农村幼儿园教师 UGK 培养模式的构建》,载《科教导刊(下旬)》2020 年第 1 期,第 78 - 80 页。

④ 参见向帮华、蔡其勇《"434"乡村幼教培训者培训实践模式》,载《继续教育研究》2020 年第 1 期,第 59 - 63 页。

发展项目，课堂观摩，同伴互助、训练和指导，等等。根据培训地点和方式的不同可以分为以下 4 种主要的持续专业发展培训形式。①高校主导的培训形式，指由师范院校、教育学院等各类高等教育培训机构组织实施的一种教师培训形式。②自主学习培训形式，即教师具有自主选择学习的权利，整个培训过程由教师个人主导，根据自己的实际情况制订目标并自主选择培训内容来实现自己的培训目的。③园本培训形式。这种形式强调幼儿园在师资培训中的地位。幼儿园根据发展的内在要求，安排合适的课程供学前教师进行学习。④线上学习培训形式，即利用互联网教育资源对教师进行培训的新型教师培训形式，目的是提高学前教师的专业素质。

张晓琪介绍了美国实行的"指导—教练"模式。该模式分为 6 种形式。一是专家通过详细了解教师的真实情况来改善培训过程中存在的问题，并对教师进行针对性的指导。二是邀请既有深厚教育理论又有教学经验的教师来指导教师并评估发展。三是定期进行讨论会，针对教师在日常教育教学过程中遇到的问题进行讨论，大家各抒己见，解决问题。四是教师与专家对学习、实践进行讨论，探讨教育经验与课堂反思。五是教师在专家的引领下展开实践，并对教师进行一对一辅导。六是参加大学课程，并与自己的职业生涯的发展路径联系在一起，唤起教师内驱力。[①]

总之，国内外的研究者们为我们提供了多种职后教育模式，也为本书对农村幼儿园教师职后教育模式的研究提供了基础，有利于研究者深入了解各个培训模式的利弊，从而进行取舍和应用。

2. 国内有关乡村教师职后教育存在的问题的研究

我国乡村教育在不断发展，对农村幼儿园教师素质的要求也越来越高，农村幼儿园教师职后教育逐渐完善，但在实施过程中仍存在不同层面的困境。

李悠、张晗对乡村幼儿园职后教育现状存在的问题进行研究，提出几点问题：农村幼儿园教师需要参加职后教育，但是职后教育的名额有限、机会较少，且存在教师去培训后幼儿保教工作无法保障的问题；培训内容针对性不强，更不能做到因材施教；培训形式单一，大部分培训都是由培训师主导的填鸭式教学，教学方式死板不灵活，并且未深入了解教师现状

---

① 参见张晓琪《美国开端计划教师专业发展政策研究》，华中师范大学 2016 年，第 21 – 23 页。

与需求，使得职后教育与实际相脱节。①

　　王丽娟、李兰芳和党爱娣围绕职后教育的培训内容、培训方式、培训师资和培训评价等方面对甘肃省陇东地区的农村幼儿园教师培训状况进行调查，结果显示农村幼儿园教师培训存在以下4方面的问题：①培训内容缺乏针对性；②培训方式不够恰当；③培训师资缺乏实践经验，对农村幼儿园的实际情况和工作的了解不充分；④培训评价体系不够完善，缺乏对参训教师的监控和追踪评价。②

　　张秀琴、郭丹以山西农村幼儿园教师为研究对象对国培项目进行研究，调查了农村幼儿园教师培训现状、不同群体对培训内容的需求、培训形式以及培训的时间地点。结果显示，对培训满意度不高的原因有：对乡村幼儿园切实需要解决的问题了解不充分、培训预期与现实实施过程不一致、间隔过长的短期培训效果欠佳。③

　　赵宇针对教师培训质量提出了在培训前要注意的事项。首先，要以问题为导向，针对教师教学中的实际问题、需要解决的问题确定教师的培训需求。其次，培训的目的与主题要明确，有针对性地设立目标。再次，根据幼儿园实际情境，找到适合农村幼儿园教师的培训方式。最后，注重教师培训后的评价，对教师是否能将培训所得运用到实践进行跟踪指导，不断改进提高培训内容与方式。④

　　陈淑梅、杨林华通过问卷调查的方法对乡村教师的职后教育现状进行研究。研究发现，部分农村幼儿园教师由于所学的专业并非师范类，欠缺专业知识，对教师职后再发展认识不充分，认为只要学习保教知识即可，忽略了其他教育教学知识，参与职后教育的次数较少。另外，教师职后教育还存在一些问题，如教师职后教育的内容与教师实际情况有偏差，偏重教育理论知识，忽视了对教师教学实践能力的提高，对教师的培训缺乏针

---

① 参见李悠、张晗《农村幼儿园教师职后教育现状与策略研究——以山东省为例》，载《中国成人教育》2016年第3期，第146－148页。

② 参见王丽娟、李兰芳、党爱娣《乡村幼儿园教师专业促进中的培训需求、问题与对策——以甘肃省陇东地区为例》，载《教育导刊》2018年第2期，第50页。

③ 参见张琴秀、郭丹《基于农村幼儿园教师视角的农村幼儿园教师国培项目改进策略》，载《教育理论实践》2018年第20期，第32－35页。

④ 参见赵宇《农村幼儿园教师培训质量提升策略》，载《学前教育研究》2019年第5期，第93－96页。

对性，教师职后教育的评价体系不完善，等等。①

毕亮则研究了农村幼儿园教师混合式培训中存在的问题，认为该培训模式存在培训管理与培训实施独立、理论指导与教师实践独立、短期培训与长期发展独立等困境。②

梁娟、朱翠娥、莫群对教师远程培训进行研究，利用互联网信息手段探寻教师的实际需求。研究发现教师对远程教育的需求较高；在培训内容方面更倾向于接受能帮助解决教育教学过程中的实际问题的培训，提高教学能力的知识；希望能与培训教师进行交流互动；更倾向于用形成性评价来衡量培训成果。③

以上是研究者们对国内乡村教师职后教育现状的梳理，主要是对教师需求、培训内容、培训方式、培训师资、培训评价、培训后期跟踪指导以及制度保障等进行研究并发现问题。

3. 国内外有关教师职后教育发展的思考与研究

教师通过有效的职后教育可直接提升专业知识与能力，许多学者对职后教育的现状以及教师的心理特征进行深入研究，并提出了能够有效提高教师职后教育质量的策略，为职后教育的改进提供了参考。

程天宇对我国幼儿园教师的职后教育展开研究，提出了教师专业发展的合理路径。认为职后教育要不断创新理论与实践，并将两者结合；对政府管理部门制定的相关政策，要落实到位，完善教师职后培训与教育的体制；对发展较为落后的、偏远地区的幼儿园及幼儿园教师，要有针对性地提供专业支持。④

高洁、李鹏对幼儿园教师的职后教育也提出了几点建议：应当在职后教育中保护幼儿园教师的学习热情，改善教师的生存状态；以教师为主体，搭建教师为本的管理体制；不断创新优化课程内容，以解决教师实际

---

① 参见陈淑梅、杨林华《农村幼儿园教师职后教育研究》，载《邯郸职业技术学院学报》2019年第1期，第87–90页。

② 参见毕亮《教育生态学视野下的乡村幼儿园教师混合式培训模式探究：以贵州榕江县"幼师国培"试点项目为例》，载《教育教学论坛》2020第45期，第289–290页。

③ 参见梁娟、朱翠娥、莫群《农村幼儿园教师远程培训需求的调查研究》，载《陕西学前师范学院报》2020年第9期，第113–119页。

④ 参见程天宇《我国幼儿园教师职后教育研究综述》，载《教育科学论坛》2020第5期，第3–6页。

问题为主重点关注实践类课程；紧跟教学模式改革，优化教学方法。①

陈晓芳对幼儿园教师职后教育的"情境卷入式学习共同体"展开研究，认为"情境卷入式学习共同体"能够促进幼儿园教师从新手成长为一名优秀的教师。该培训模式注重对新教师、成熟型教师和优秀教师提供不同的培训方式，使处在不同发展阶段的教师都能够得到适宜的发展。②

汪丞总结日本教师职后教育的特点并从中得到启示，对我国幼儿园教师职后教育提出了建议。首先，改革幼儿园教师职后培训的内容和方式；其次，建立完善的培训激励机制，保证教师在职后教育中的积极性；再次，幼儿园教育与一般学校教育的区别在于幼儿园的教育是保教结合的教育，我们不但要关注教育问题，还要关注保育问题，所以要加强对保育员的培训，并建立相应的制度建设；最后，应在政策与管理等方面适当向民办幼儿园倾斜，为民办幼儿园教师的进修提供帮助与扶持。③

综上所述，已有的研究从各个维度对农村幼儿园教师发展现状、职后教育政策、职后教育模式、存在的问题以及对策进行研究，为本书的研究提供了一定的理论与实践支持。

二、农村幼儿园教师职后教育研究的设计

职后教育是农村幼儿园教师不断提高自我的重要途径，教师专业发展的动力源包括内、外两方面。内在动力是教师认为自己需要不断地提升、主动地学习，外在动力是为教师提供有目的、有计划的培训并给予相应的激励以提高教师的能力。因此，本书的此次研究将职后教育主要分为园外培训、园内培训和教师自身的自我研修这三部分展开。园内外培训有各自不同的特点，但它们都为不同发展阶段的教师以及不同需求的教师提供了相应的培训学习内容，并采用多种形式的教学方法提高了幼儿园教师的专业能力，以此来解决日常教育教学活动中的困难，缓解教师的压力。教师

---

① 参见高洁、李鹏《陕西省幼儿园教师职后教育现状调查与分析》，载《当代教师教育》2016年第3期，第88－93页。

② 参见陈晓芳《基于"情境卷入式学习共同体"的幼儿园教师职后培养策略》，载《教育探索》2016第6期，第129－132页。

③ 参见汪丞《日本幼儿园教师职后教育的特点及启示》，载《武汉市教育科学研究院学报》2006年第12期，第55－58页。

的自我研修是教师通过内驱力推动教师自主学习从而提升自身的专业知识与能力的一种职后教育方式，是教师实现自身价值的重要途径。以上这些职后教育方式可以全方位地帮助农村幼儿园教师在入职后提升专业水平，是保障幼儿园教师专业发展的有效途径。

（一）研究对象

本书此处的研究以江苏省农村幼儿园教师作为研究对象，对农村幼儿园教师职后教育可能存在的问题展开调查研究。江苏是我国东部经济强省，由于江苏省经济发展不平衡、文化差异以及地理位置的不同，可以将江苏划分为苏南、苏中、苏北三个区域，此次研究分别在苏南、苏中和苏北的乡村幼儿园开展调查，通过"问卷星"发放调查问卷，共收回有效问卷 4861 份，调查了解江苏省农村幼儿园教师的职后教育的需求、现状以及满意度情况，结果如表 4 – 26 所示。

表 4 – 26　被调查的农村幼儿园教师的个人基本情况（$N=4861$）

项目	内容	频率	占比/%
性别	男	170	3.5
	女	4691	96.5
年龄	25 岁以下	611	12.6
	25—30 岁	1183	24.3
	31—35 岁	1015	20.9
	36—40 岁	534	11.0
	41 岁以上	1518	31.2
婚姻状况	已婚	3869	79.6
	未婚	920	18.9
	离异	55	1.1
	丧偶	17	0.3
是否有孩子	有	3731	76.8
	无	1130	23.2

续表 4-26

项目	内容	频率	占比/%
学历	中专及以下	563	11.6
	大专	1847	38.0
	本科	2443	50.3
	研究生	8	0.2
专业	学前教育专业	3873	79.7
	其他师范教育专业	226	4.6
	非师范教育专业	762	15.7
职务	专任教师	3618	74.4
	园长	340	7.0
	卫生保健	58	1.2
	行政管理	87	1.8
	保育员	716	14.7
	其他	42	0.9
教师资格证情况	无任何资格证	571	11.7
	幼儿园教师资格证	3142	64.6
	保育员证书	896	18.4
	小学教师资格证	126	2.6
	中学、高中、中等专业学校教师资格证	43	0.9
	其他	83	1.7
教师性质	正式在编教师	1430	29.4
	无编制的长期聘任教师（一年以上）	2637	54.2
	临时聘任教师	544	11.2
	其他	250	5.1

续表 4-26

项目	内容	频率	占比/%
教育工作的年限	3 年以下	972	20.0
	3—5 年	1030	21.2
	6—10 年	1104	22.7
	11—15 年	429	8.8
	16—20 年	203	4.2
	21—25 年	385	7.9
	26—30 年	305	6.3
	30 年以上	433	8.9
职称	无职称	2824	58.1
	小教三级	1	0
	小教二级	42	0.9
	小教一级	86	1.8
	小教高级	39	0.8
	小教正高	4	0.1
	幼教三级	99	2.0
	幼教二级	1289	26.5
	幼教一级	401	8.2
	幼教高级	71	1.5
	幼教正高	5	0.1
幼儿园性质	公办幼儿园	3746	77.1
	普惠性民办幼儿园	880	18.1
	盈利性民办幼儿园	208	4.3
	其他	27	0.6

续表 4-26

项目	内容	频率	占比/%
幼儿园所在区域	苏南	481	9.9
	苏中	1602	33.0
	苏北	2778	57.1

（二）问卷调查法

1. 问卷的编制

问卷调查是本书此次研究采取的主要方法。通过发放问卷法了解了江苏省三个不同区域的农村幼儿园教师职后教育的现状，问卷题型涵盖了四大类题型，分别是单选题、多选题、排序题以及开放性试题。根据研究内容、文献资料、已有的问卷以及《幼儿园教师专业标准（试行）》和《幼儿园工作规程》两个重要文件，结合实际情况自编问卷，在导师的悉心指导下，对题目进行修订，最后形成了"江苏省乡村幼儿园教师职后教育需求调查表""江苏省乡村幼儿园教师职后教育现状调查表""江苏省乡村幼儿园教师职后教育满意度调查表"。

"江苏省乡村幼儿园教师职后教育需求调查表"分为农村幼儿园教师基本信息和教师职后教育需求调查。农村幼儿园教师基本信息包括教师的年龄、家庭状况、单位、学历、工龄、职称，共13道题。教师职后教育需求的第一部分是教师所期待的职后教育的级别、时间、地点、师资和自我学习资源，共编制9道题；第二部分是教师职后教育内容，根据《幼儿园教师专业标准（试行）》中的专业理念与师德、专业能力、专业知识三个维度十五项编制，采用李克特五点量表，选项从"非常不满意"到"满意"分别赋1—5分，共18道题。

"江苏省乡村幼儿园教师职后教育现状调查表"将幼儿园教师的职后教育分为园外培训、园内培训和自我研修三个部分，分别对教师参加过的职后教育活动的频次、时间、内容、师资、培训经费、评价方式、经费以及实效性等设置题目，共21道题。由此了解农村幼儿园教师职后教育的情况。

"江苏省乡村幼儿园教师职后教育满意度调查表"从园外培训、园内外培训和自我研修三方面对培训的总体满意度、时间、内容、方式、经费和硬件投入、组织管理和自我学习需求的满意度设置问题,选项从"非常不满意"到"非常满意"分别赋 1—5 分。

2. 信效度检验

本次研究运用 SPSS 23 软件对问卷进行信效度分析,问卷"江苏省乡村幼儿园教师职后教育内容需求调查表"和"江苏省乡村幼儿园教师职后教育满意度调查表"中的内容需求和满意度信效度分析见下文。

(1) 信度分析

信度分析又称可靠性分析,是对调查数据进行可靠性和一致性的检验,信度值越高,则问卷的一致性和结果的可靠性就越高。

表 4-27 职后教育内容量表与满意度量表的信度分析（$N=4861$）

	Cronbach's α	项数
内容需求量表	0.981	14
满意度量表	0.992	22

由上表可知,内容需求量表和满意度量表的 Cronbach's α 值均大于 0.05,分别是为 0.981 和 0.992,表明两个量表均具有非常好的可信度。

(2) 效度分析

KMO 值的范围是 0—1,其值越靠近 1,则表示该量表越适合做因子分析。在表 4-28、表 4-29 中,内容需求量表和满意度量表的 KMO 值分别为 0.945 和 0.982,表明这两个量表特别适合做因子分析。

表 4-28 农村幼儿园教师职后教育内容需求量表效度（$N=4861$）

KMO 和 Bartlett 的检验		
取样足够度的 KMO 度量		0.945
Bartlett 的球形度检验	近似卡方	5913.88
	df	91
	Sig.	0.000

续表 4-28

成分	解释的总方差								
	初始特征值			提取平方和载入			旋转平方和载入		
	合计	方差的%	累积%	合计	方差的%	累积%	合计	方差的%	累积%
1	10.648	76.056	76.056	10.648	76.056	76.056	3.552	25.370	25.370
2	0.921	6.578	82.634	0.921	6.578	82.634	3.195	22.819	48.189
3	0.621	4.438	87.072	0.621	4.438	87.072	3.113	22.233	70.422
4	0.487	3.476	90.548	0.487	3.476	90.548	2.818	20.126	90.500

采用 Harman 单因素检验法，对所有变量进行未经旋转的探索性因子分析，结果发现特征根大于 1 的公因子多于 4 个，可提取 4 个大于 1 的因子，解释方差达到 90.5%。

表 4-29 旋转后的成分矩阵

	因素			
	1	2	3	4
1. 幼儿卫生保健常识				0.76
2. 安全教育				0.89
3. 儿童心理教育				0.66
4. 学前教育理论			0.76	
5. 园本课程开发			0.76	
6. 教育科学研究方法			0.77	
7. 沟通互动技巧		0.63		
8. 幼儿园活动设计		0.71		
9. 幼儿园游戏组织		0.74		
10. 环境创设		0.69		
11. 家园共育	0.65			
12. 艺术技能与多媒体技术	0.77			
13. 教师师德类课程	0.85			

续表 4-29

	因素			
	1	2	3	4
14. 幼儿园班级管理工作	0.69			
提取方法：主成分分析方法				
旋转方法：凯撒正态化最大方差				
旋转在 6 次迭代后已收敛				

采用主成分分析法提取，并用最大方差法旋转后，各因子的载荷均大于 0.6，说明问卷效度很好，适合用于研究，并根据相关理论与因素分析结果对表 4-29 中的 4 个因素进行命名。

因素 1 包括 4 个成分，即家园共育、艺术技能与多媒体技术、教师师德类课程、幼儿园班级管理工作。因此，该因素被命名为幼儿园教师道德与专业技能类。

因素 2 包括 4 个成分，即沟通互动技巧、幼儿园活动设计、幼儿园游戏组织、环境创设。因此，该因素被命名为幼儿园活动设计与游戏类。

因素 3 包括 3 个成分，即学前教育理论、园本课程开发和教育科学研究方法。因此，该因素被命名为学前教育原理与研究方法类。

因素 4 包括 3 个成分，即为幼儿卫生保健常识、安全教育、儿童心理教育。因此，该因素被命名为卫生保健与儿童心理类。

表 4-30　农村幼儿园教师职后教育满意度量表效度（$N=4861$）

KMO 和 Bartlett 的检验		
取样足够度的 KMO 度量		0.982
Bartlett 的球形度检验	近似卡方	245905.54
	df	231
	Sig.	0.000

续表 4-30

成分	初始特征值			提取平方和载入			旋转平方和载入		
	合计	方差的%	累积%	合计	方差的%	累积%	合计	方差的%	累积%
1	18.715	85.069	85.069	18.715	85.069	85.069	12.255	55.706	55.706
2	1.168	5.309	90.378	1.168	5.309	90.378	7.628	34.672	90.378

采用 Harman 单因素检验法，对所有变量进行未经旋转的探索性因子分析，结果发现特征根大于1的公因子多于2个，可提取2个大于1的因子，解释方差达到 90.378%。

表 4-31 旋转后的成分矩阵

	因素	
	1	2
您对园本培训成果与收获的总体满意度评价	0.84	
您对园本培训时间安排的满意度	0.84	
您对园本培训课程设置和活动内容的满意度	0.85	
您对园本培训中采用的方式、方法安排的满意度	0.86	
您对园本培训实施过程中经费和硬件投入的满意度	0.81	
您对园本培训组织管理办法措施的满意度	0.86	
您对园本培训中授课教师的理论水平和实践指导的满意度	0.86	
园本培训内容满足您学习需求的满意度	0.85	
您对园外培训成果与收获的总体满意程度	0.78	
您对园外培训时间安排的满意度	0.78	
您对园外培训课程设置和活动内容的满意度	0.79	
您对园外培训中授课教师的理论水平和实践指导的满意度	0.78	
您对园外培训方式、方法安排的满意度	0.78	
您对园外培训组织管理办法措施的满意度	0.78	

续表 4-31

	因素	
	1	2
您对园外培训实施过程中经费和硬件投入的满意度	0.77	
您对园外培训后勤保障的满意度	0.78	
园外培训内容满足您学习需求的满意度	0.78	
您对自我教育成果与收获的总体满意度		0.85
您对自我教育时间安排的满意度		0.86
您对自我教育中学习资源（例如：相关书籍、网课）易获取程度和学习资源优质程度的满意度		0.87
您对自我教育过程中自我管理（坚持、毅力等）的满意度		0.87
自我教育内容满足您学习需求的满意度		0.86
提取方法：主成分分析法		
旋转方法：凯撒正态化最大方差法		
旋转在 3 次迭代后已收敛		

在表 4-31 中，因素负荷量均大于 0.7，说明问卷效度很好，适用于此研究。根据因素分析结果将其划分为两个维度，因素 1 为园内外职后教育满意度，因素 2 为自我教育满意度。

三、农村幼儿园教师职后教育的需求分析

为了能更精准地对农村幼儿园教师进行有效的职后教育，在对他们进行职后教育前，不仅要对他们现有的能力水平有清晰的定位，还要了解他们的职后教育需求。本书的研究主要从教师参加各类职后教育的需求、目的、级别、时间地点、师资、考核方式、自我教育学习资源的获取、内容以及这些内容在不同人口学统计变量中的差异分析进行调查研究。具体调查结果与分析如下。

(一) 总体需求分析

表 4-32　农村幼儿园教师职后教育需求与目的分析 ($N=4861$)

题目	选项	频率	占比/%
职后教育需求	非常强烈	2047	42.1
	比较强烈	1491	30.7
	一般	1225	25.2
	不太需要	47	1.0
	不需要	51	1.0
参与职后教育的目的	提升专业知识与技能和教育教学研究能力	4005	82.4
	开阔视野转变观念	3845	79.1
	提高管理能力	2678	55.1
	参加培训能够带来某些收益	1405	28.9
	园内规定必须参加	1332	27.4
	建立社会关系	1069	22.0
	培训免费且时间长	452	9.3
	其他	34	0.7

从表中 4-32 可以看出，农村幼儿园教师对参加职后教育有较高需求的占 72.8%，其中非常强烈地想参加职后教育的占 42.1%，比较强烈的占 30.7%。有 25.2% 的教师对职后教育的需求一般。由此可以看出大多数农村幼儿园教师对提升专业能力有着较高的要求，希望能通过职后教育提高专业能力。调查显示，对职后教育没有需求的教师极少，仅占 2%。

调查表中，评估教师参加职后教育的目的的方式是多选题。其中，希望通过职后教育提升专业知识与技能和教育教学研究能力、开阔视野转变观念的人数占比最高，分别为 82.4% 和 79.1%；其次为提高管理能力，占 55.1%；还有一部分教师想通过职后教育提高自己的外在收益、建立社会关系；有 27.4% 的教师是因为园里规定必须参加，9.3% 的教师培训的目的是培训免费且时间长。可见，大部分农村幼儿园教师参加职后教育的目的是提高内在自身专业素养和专业能力。

为了进一步深入研究农村幼儿园教师的性别、年龄、婚姻状况、是否有孩子、幼儿园性质、学历、专业、教师的性质以及不同地域等因素是否使其对教育内容的需求产生差异，笔者将运用 SPSS 软件分别对这些因素与职后教育需求的强烈程度进行独立样本 t 检验与单因素方差分析。

1. 性别差异

表4-33 不同性别对职后教育需求程度的差异分析（$N=4861$）

	性别	个案数	平均值	标准差	t	P
参加职后教育的需求程度	男	170	1.74	0.95	4.77	0.02
	女	4691	1.89	0.89		

独立样本 t 检验结果显示，教师对参加各类职后教育的需求在性别上的显著性 P 值小于 0.05，达到显著性水平，存在显著性差异。结合平均值可知女性的需求显著大于男性。

2. 年龄差异

表4-34 不同年龄对职后教育需求程度的差异分析（$N=4861$）

	年龄	个案数	平均值	标准差	F	P
参加职后教育的需求程度	25 岁以下	611	1.93	0.91	5.28	0.00
	25—30 岁	1183	1.80	0.84		
	31—35 岁	1015	1.88	0.91		
	36—40 岁	534	1.83	0.84		
	41 岁以上	1518	1.94	0.92		

单因素方差分析结果显示，教师对参加各类职后教育的需求在年龄上的显著性 P 值小于 0.05，达到显著性水平，存在显著性差异。最小显著差法（LSD）事后检验结果显示，教师在参加各类职后教育的需求上，25 岁以下的教师与 25—30 岁、36—40 岁的教师之间存在显著性差异，31—35 岁的教师与 25—30 岁的教师之间存在显著性差异。25 岁以下与 41 岁以上的教师对职后教育的需求最高。

3. 学历差异

表4-35 不同学历对职后教育需求程度的差异分析（$N=4861$）

	学历	个案数	平均值	标准差	F	P
参加职后教育的需求程度	中专及以下	563	2.14	0.98	26.11	0.00
	大专	1846	1.93	0.91		
	本科	2443	1.79	0.85		
	研究生	9	1.78	0.67		

单因素方差分析结果显示，对参加各类职后教育的需求在学历上显著性P值小于0.05，达到显著性水平，存在显著性差异。LSD事后检验结果显示，对参加各类职后教育的需求在本科、中专及以下、大专之间存在显著性差异。从平均值中可以看出，学历越低，对职后教育的需求越高。学历越低的教师知识缺口越大，越希望通过培训提高自身专业能力。

4. 专业差异

表4-36 不同专业对职后教育需求程度的差异分析（$N=4861$）

	专业	个案数	平均值	标准差	F	P
参加职后教育的需求程度	学前教育专业	3873	1.85	0.88	9.06	0.00
	其他师范教育专业	226	1.97	0.91		
	非师范教育专业	762	1.99	0.94		

单因素方差分析结果显示，对参加各类职后教育的需求在专业上显著性P值小于0.05，达到显著性水平，存在显著性差异。LSD事后检验结果显示，学前教育专业的教师与其他师范教育专业、非师范教育专业的教师存在显著差异。幼儿园教师的专业与学前教育专业相差越远，对职后教育的需求就越大。

5. 教师性质差异

表4-38 不同教师性质对职后教育需求程度的差异分析（N=4861）

	教师性质	个案数	平均值	标准差	F	P
参加职后教育的需求程度	正式在编教师	1430	1.74	0.82	27.97	0.00
	无编制或长期聘任教师（一年以上）	2637	1.90	0.88		
	临时聘任教师	544	2.12	1.01		
	其他	250	2.03	0.98		

单因素方差分析结果显示，对参加各类职后教育的需求在教师性质上显著性P值小于0.05，达到显著性水平，存在显著性差异。LSD事后检验结果显示，在参加各类职后教育的需求上，正式在编教师与无编制或长期聘任教师、临时聘任教师、其他教师之间存在显著性差异。无编制或长期聘任教师与临时聘任教师、其他教师之间存在显著性差异，临时聘任教师与其他教师之间存在显著性差异。

6. 地域差异

表4-38 不同地域对职后教育需求程度的差异分析（N=4861）

	地域	个案数	平均值	标准差	F	P
参加职后教育的需求程度	苏南	481	2.09	0.89	13.86	0.00
	苏中	1602	1.85	0.88		
	苏北	2778	1.86	0.89		

单因素方差分析结果显示，参加各类职后教育的需求在地域上的显著性P值均为0.00，小于0.05，达到显著性水平，存在显著性差异。LSD事后检验结果显示，在参加各类职后教育的需求上，苏南与苏中、苏北之间存在显著性差异。苏南地区农村幼儿园教师的职后教育需求最强烈。

此外，婚姻状况（P=0.463）、是否有孩子（P=0.77）、幼儿园性质（P=0.131）在参加职后教育的需求上均没有显著差异。

(二) 对职后教育内容的需求分析

1. 职后教育内容需求的总体情况

职后教育的内容是提高教师专业素养的重要因素，也是职后教育的核心，被调查者在职后教育内容需求量表的得分情况可以看出农村幼儿园教师对职后教育的内容需求。此量表选项从"完全不需要"到"非常需要"分别赋 1—5 分。笔者运用 SPSS 软件对有效问卷进行分析并获得各维度得分。

表 4-39 农村幼儿园教师的职后教育内容总体需求分析（$N=4861$）

	包含题项	平均值	标准差
卫生保健与儿童心理类	1、2、3	4.59	0.73
学前教育原理与研究方法类	4、5、6	4.55	0.73
幼儿园活动设计与游戏组织类	7、8、9、10	4.63	0.68
幼儿园教师道德与专业技能类	11、12、13、14	4.56	0.71
总体内容需求	1—14	4.59	0.66

如表 4-39 所示，内容需求及其各维度均值均远大于理论中值 3 分，说明样本整体及其各维度对继续教育的需求很高。其中，幼儿园活动设计与游戏组织类的平均值最大，表明教师的需求最高，即幼儿园教师更注重提高幼儿园教育教学和幼儿游戏活动组织方面的知识和能力。

2. 不同人口统计学变量下农村幼儿园教师对职后教育内容需求的差异分析

为了进一步深入研究农村幼儿园教师的性别、年龄、婚姻状况、是否有孩子、幼儿园性质、学历、专业、教师的性质以及不同地域等因素是否使其对教育内容的需求产生差异，笔者将运用 SPSS 软件分别对这些因素与内容需求量表进行单因素方差分析。

(1) 年龄情况

表4-40 不同年龄教师在职后教育内容需求中的方差分析（$N=4861$）

	年龄	个案数	平均值	标准差	F	P
幼儿园教师道德与专业技能类	25 岁以下	611	4.49	0.79	6.11	0.000
	25—30 岁	1183	4.59	0.71		
	31—35 岁	1015	4.64	0.66		
	36—40 岁	534	4.53	0.74		
	41 岁以上	1518	4.53	0.69		
幼儿园活动设计与游戏组织类	25 岁以下	611	4.53	0.81	6.366	0.000
	25—30 岁	1183	4.66	0.68		
	31—35 岁	1015	4.69	0.62		
	36—40 岁	534	4.58	0.75		
	41 岁以上	1518	4.64	0.64		
学前教育原理与研究方法类	25 岁以下	611	4.5	0.81	5.199	0.000
	25—30 岁	1183	4.59	0.73		
	31—35 岁	1015	4.62	0.67		
	36—40 岁	534	4.51	0.79		
	41 岁以上	1518	4.52	0.71		
卫生保健与儿童心理类	25 岁以下	611	4.46	0.85	9.369	0.000
	25—30 岁	1183	4.57	0.76		
	31—35 岁	1015	4.65	0.64		
	36—40 岁	534	4.53	0.79		
	41 岁以上	1518	4.64	0.66		

续表 4-40

	年龄	个案数	平均值	标准差	F	P
总体内容需求	25 岁以下	611	4.50	0.76	6.134	0.000
	25—30 岁	1183	4.60	0.67		
	31—35 岁	1015	4.65	0.59		
	36—40 岁	534	4.54	0.71		
	41 岁以上	1518	4.58	0.61		

单因素方差分析结果显示，内容需求在年龄上的显著性 P 值均为 0.000，小于 0.05，达到显著性水平，存在显著性差异。LSD 事后检验结果显示，在幼儿园教师道德与专业技能类上，25 岁以下的教师与 25—30 岁、31—35 岁、41 岁以上的教师之间均存在显著性差异。25 岁以下的教师在幼儿园教师道德与专业技能类的需求上要低于 25—30 岁、31—35 岁、41 岁以上的教师，36—40 岁的教师与其他年龄段的教师无显著性差异。在幼儿园活动设计与游戏组织类、学前教育原理与研究方法类和卫生保健与儿童心理类上，均为 25 岁以下的教师与 25—30 岁、31—35 岁、41 岁以上的教师之间均存在显著性差异，36—40 岁与 25 岁以下、41 岁以上的教师之间无显著性差异。

综上所述，在总体内容需求上，25 岁以下的教师与 25—30 岁、31—35 岁、41 岁以上的教师之间均存在显著性差异，36—40 岁与 25 岁以下、41 岁以上的教师之间无显著性差异。随着年龄的增大，需求不断增加，到 31—35 岁达到高峰，之后又下降。其中，25 岁以下人群的平均值最低，说明其对职后教育的需求也最低。25 岁以下的教师基本为刚入职的新教师，正处于入职的初始阶段，还需要一定的时间来适应身份的转变。对职后教育需求最强烈的是 25—35 岁年龄阶段的教师，这部分幼儿园教师已经有了一定的教育经验，也能在平日的教育教学过程中发现自己的欠缺之处，对自己的职业生涯有了一定的规划和奋斗的目标，所以比其他年龄阶段的教师有更高的需求。

（2）婚姻情况

表4-41　不同婚姻状况在职后教育内容中的方差分析（$N=4861$）

	婚姻状况	个案数	平均值	标准差	F	P
幼儿园教师道德与专业技能类	已婚	3869	4.57	0.69	0.952	0.414
	未婚	920	4.53	0.76		
	离异	55	4.47	0.83		
	丧偶	17	4.63	0.46		
幼儿园活动设计与游戏组织类	已婚	3869	4.65	0.67	3.658	0.012
	未婚	920	4.58	0.74		
	离异	55	4.53	0.81		
	丧偶	17	4.85	0.27		
学前教育原理与研究方法类	已婚	3869	4.56	0.72	0.815	0.485
	未婚	920	4.53	0.77		
	离异	55	4.47	0.82		
	丧偶	17	4.68	0.51		
卫生保健与儿童心理类	已婚	3869	4.62	0.69	8.747	0.000
	未婚	920	4.49	0.82		
	离异	55	4.45	0.91		
	丧偶	17	4.82	0.34		
总体内容需求	已婚	3869	4.60	0.64	3.086	0.026
	未婚	920	4.53	0.72		
	离异	55	4.48	0.79		
	丧偶	17	4.74	0.29		

单因素方差分析结果显示，幼儿园活动设计与游戏组织类、卫生保健与儿童心理类在婚姻状况和总体内容需求上的显著性 P 值小于 0.05，达到显著性水平，存在显著性差异。LSD 事后检验结果显示，在职后教育内容需求上，已婚的教师与未婚的教师之间存在显著性差异。已婚的教师对职后教育内容的需求高于未婚的教师。

（3）有无孩子情况

表 4-42　有无孩子在职后教育内容中的方差分析（$N=4861$）

	是否有孩子	个案数	平均值	标准差	t	P
幼儿园教师道德与专业技能类	有	3731	4.57	0.69	1.36	0.173
	无	1130	4.54	0.75		
幼儿园活动设计与游戏组织类	有	3731	4.65	0.66	2.94	0.003
	无	1130	4.58	0.75		
学前教育原理与研究方法类	有	3731	4.56	0.72	1.18	0.235
	无	1130	4.53	0.77		
卫生保健与儿童心理类	有	3731	4.62	0.69	4.70	0.000
	无	1130	4.51	0.81		
总体内容需求	有	3731	4.60	0.64	2.68	0.007
	无	1130	4.54	0.72		

独立样本 t 检验结果显示，幼儿园活动设计与游戏组织类、卫生保健与儿童心理类和总体内容需求在是否有孩子上的显著性 P 值小于 0.05，达到显著性水平，存在显著性差异。结合均值可知，无孩子在这两个维度中的需求均大于有孩子的。而在其他两个维度中，是否有孩子不存在显著差异。

（4）幼儿园性质情况

表 4-43　不同幼儿园性质在职后教育内容需求中的方差分析（$N=4861$）

	幼儿园性质	个案数	平均值	标准差	F	P
幼儿园教师道德与专业技能类	公办幼儿园	3746	4.54	0.73	3.216	0.022
	普惠性民办幼儿园	880	4.61	0.62		
	盈利性民办幼儿园	208	4.60	0.69		
	其他	27	4.00	0.45		
幼儿园活动设计与游戏组织类	公办幼儿园	3746	4.62	0.70	3.402	0.017
	普惠性民办幼儿园	880	4.69	0.59		
	盈利性民办幼儿园	208	4.65	0.72		
	其他	27	4.86	0.32		
学前教育原理与研究方法类	公办幼儿园	3746	4.54	0.75	2.235	0.082
	普惠性民办幼儿园	880	4.59	0.64		
	盈利性民办幼儿园	208	4.55	0.79		
	其他	27	4.78	0.38		
卫生保健与儿童心理类	公办幼儿园	3746	4.57	0.75	4.239	0.005
	普惠性民办幼儿园	880	4.67	0.64		
	盈利性民办幼儿园	208	4.64	0.75		
	其他	27	4.72	0.57		
内容需求	公办幼儿园	3746	4.57	0.68	3.649	0.012
	普惠性民办幼儿园	880	4.64	0.56		
	盈利性民办幼儿园	208	4.61	0.68		
	其他	27	4.78	0.35		

单因素方差分析结果显示，幼儿园教师道德与专业技能类、幼儿园活动设计与游戏组织类和卫生保健与儿童心理类的显著性 P 值均小于 0.05，达到显著性水平，存在显著性差异。LSD 事后检验结果显示，在幼儿园教师道德与专业技能类、幼儿园活动设计与游戏组织类、卫生保健与儿童心

理类和总体内容需求上，公办幼儿园与普惠性民办幼儿园之间存在显著性差异。从平均值可以看出，在三种办园体制内，民办幼儿园教师对各个维度的内容需求高于公办幼儿园教师，普惠性民办幼儿园在各个维度的内容需求均高于盈利性民办幼儿园。

（5）学历情况

表4-44　不同学历在职后教育内容需求中的方差分析（$N=4861$）

	学历	个案数	平均值	标准差	F	P
幼儿园教师道德与专业技能类	中专及以下	563	4.55	0.69	0.16	0.923
	大专	1846	4.57	0.71		
	本科	2443	4.56	0.72		
	研究生	9	4.69	0.43		
幼儿园活动设计与游戏组织类	中专及以下	563	4.62	0.65	0.29	0.832
	大专	1846	4.63	0.69		
	本科	2443	4.64	0.69		
	研究生	9	4.69	0.43		
学前教育原理与研究方法类	中专及以下	563	4.51	0.75	3.23	0.022
	大专	1846	4.53	0.75		
	本科	2443	4.58	0.71		
	研究生	9	4.63	0.45		
卫生保健与儿童心理类	中专及以下	563	4.68	0.65	5.45	0.001
	大专	1846	4.62	0.71		
	本科	2443	4.56	0.75		
	研究生	9	4.63	0.45		
总体内容需求	中专及以下	563	4.59	0.62	0.05	0.984
	大专	1846	4.59	0.66		
	本科	2443	4.59	0.67		
	研究生	9	4.67	0.43		

单因素方差分析结果显示,学前教育原理与研究方法类、卫生保健与儿童心理类在学历上的显著性 P 值小于 0.05,达到显著性水平,存在显著性差异。LSD 事后检验结果显示,在学前教育原理与研究方法类、卫生保健与儿童心理类上,本科学历与中专及以下、大专学历之间存在显著性差异。从平均值可以看出,在总体内容需求方面,学历越高的教师对各维度的内容需求越高。

(6) 专业情况

表4-45 不同专业在职后教育内容需求方面的方差分析(N=4861)

	专业	个案数	平均值	标准差	F	P
幼儿园教师道德与专业技能类	学前教育专业	3873	4.57	0.71	1.247	0.287
	其他师范教育专业	226	4.49	0.78		
	非师范教育专业	762	4.57	0.68		
幼儿园活动设计与游戏组织类	学前教育专业	3873	4.63	0.69	0.985	0.374
	其他师范教育专业	226	4.58	0.73		
	非师范教育专业	762	4.65	0.63		
学前教育原理与研究方法类	学前教育专业	3873	4.56	0.72	1.706	0.182
	其他师范教育专业	226	4.49	0.77		
	非师范教育专业	762	4.53	0.76		
卫生保健与儿童心理类	学前教育专业	3873	4.58	0.74	8.928	0.000
	其他师范教育专业	226	4.56	0.73		
	非师范教育专业	762	4.69	0.62		
总体内容需求	学前教育专业	3873	4.59	0.66	1.400	0.247
	其他师范教育专业	226	4.53	0.72		
	非师范教育专业	762	4.61	0.60		

单因素方差分析结果显示,只有卫生保健与儿童心理类的显著性 P 值小于 0.05,存在显著性差异。LSD 事后检验结果显示,在卫生保健与儿童心理类上,非师范教育专业与学前教育专业、其他师范教育专业之间存在显著性差异。非师范类专业的教师对内容的需求度更高,这是由于非

师范类专业的教师缺乏专业知识,需要通过职后教育来补充自己的理论知识。

（7）编制情况

表4-46 不同编制在职后教育内容需求方面的方差分析（$N=4861$）

	编制情况	个案数	平均值	标准差	F	P
幼儿园教师道德与专业技能类	正式在编教师	1430	4.55	0.73	1.243	0.293
	无编制的长期聘任教师（一年以上）	2637	4.57	0.69		
	临时聘任教师	544	4.56	0.74		
	其他	250	4.64	0.66		
幼儿园活动设计与游戏组织类	正式在编教师	1430	4.62	0.71	1.244	0.292
	无编制的长期聘任教师（一年以上）	2637	4.64	0.66		
	临时聘任教师	544	4.61	0.73		
	其他	250	4.70	0.60		
学前教育原理与研究方法类	正式在编教师	1430	4.57	0.73	0.774	0.508
	无编制的长期聘任教师（一年以上）	2637	4.55	0.72		
	临时聘任教师	544	4.51	0.80		
	其他	250	4.58	0.75		
卫生保健与儿童心理类	正式在编教师	1430	4.50	0.78	12.726	0.000
	无编制的长期聘任教师（一年以上）	2637	4.62	0.69		
	临时聘任教师	544	4.60	0.76		
	其他	250	4.76	0.58		

续表 4-46

	编制情况	个案数	平均值	标准差	F	P
总体内容需求	正式在编教师	1430	4.56	0.69	2.222	0.084
	无编制的长期聘任教师（一年以上）	2637	4.59	0.64		
	临时聘任教师	544	4.57	0.70		
	其他	250	4.67	0.58		

单因素方差分析结果显示，卫生保健与儿童心理类在教师性质上的显著性 P 值小于 0.05，这表明不同编制情况的教师在卫生保健与儿童心理类的职后教育内容需求上存在显著性差异。LSD 事后检验结果显示，正式在编教师与无编制的长期聘任教师、临时聘任教师、其他教师之间存在显著性差异。正式编制的教师在卫生保健与儿童心理类的需求上低于无编制教师、长期聘任教师和临时聘任教师，无编制的教师和长期聘任教师的需求最高。

（8）地域情况

表 4-47 不同地域在职后教育内容需求方面的方差分析（$N=4861$）

	地域	个案数	平均值	标准差	F	P
幼儿园教师道德与专业技能类	苏南	481	4.38	0.76	17.468	0.000
	苏中	1602	4.55	0.70		
	苏北	2778	4.59	0.69		
幼儿园活动设计与游戏组织类	苏南	481	4.51	0.74	9.500	0.000
	苏中	1602	4.64	0.65		
	苏北	2778	4.65	0.68		
学前教育原理与研究方法类	苏南	481	4.42	0.77	9.553	0.000
	苏中	1602	4.55	0.73		
	苏北	2778	4.58	0.72		

续表 4-47

	地域	个案数	平均值	标准差	F	P
卫生保健与儿童心理类	苏南	481	4.44	0.76	11.852	0.000
	苏中	1602	4.60	0.72		
	苏北	2778	4.62	0.72		
总体内容需求	苏南	481	4.44	0.71	13.857	0.000
	苏中	1602	4.59	0.64		
	苏北	2778	4.61	0.66		

单因素方差分析结果显示，内容需求的 4 个维度在地域上的显著性 P 值均为 0.000，小于 0.05，说明不同地域在教师职后教育内容需求上存在显著性差异。LSD 事后检验结果显示，在幼儿园教师道德与专业技能类、幼儿园活动设计与游戏组织类、学前教育原理与研究方法类上，不同地域之间均存在显著性差异。在卫生保健与儿童心理类、总体内容需求上，苏南与苏中、苏北之间存在显著性差异。

此外，性别在教师职后教育内容需求的独立样本 t 检验结果显示，内容总体需求（$P = 0.167$）及其各维度在性别上的显著性 P 值均大于 0.05，未达到显著性水平，不存在显著性差异。这说明不同的性别在教师职后教育的内容需求上无显著性差异。

综合上述结果分析，在不同年龄、不同婚姻状况、是否有孩子、不同幼儿园性质、不同学历、不同专业、不同教师性质和不同地域上，教师职后教育内容的需求均有显著差异。在不同年龄中，25 岁以下人群与 25—30 岁、31—35 岁、41 岁以上之间均存在显著性差异。31—35 岁对内容的需求最高。不同婚姻状况中，已婚人群与未婚人群之间存在显著差异。在是否有孩子中，教师职后教育内容的需求均是在维度二、维度四和总体内容需求上有差异，且均为无孩子的需求大于有孩子的。在不同幼儿园性质中，公办幼儿园与普惠性民办幼儿园之间存在显著性差异。在不同学历中，教师职后教育内容的需求在维度三和维度四中存在差异，均为本科与中专及以下大专、之间存在显著性差异。在不同专业和教师性质差异中，教师职后教育内容的需求均是在维度四上有差异，分别是非师范教育专业与学前教育专业、其他师范教育专业之间存在显著性差异，在编教师与无编制的长期聘任教师、临时聘任教师、其他教师之间存在显著性差异。在不同地域中,教师职后教育内容的需求在维度一、维度二和维度三上有差异,不同地域之间均存在显著性差异,在维度四和总体内容需求上,苏南与苏中、苏北之间存在显著性差异。

(三) 职后教育方式的需求分析

表4-48 职后教育方式的需求分析 ($N=4861$)

题目	选项	频率	占比/%
希望参加职后教育的级别	乡镇	569	11.7
	县级	909	18.7
	市级	1481	30.5
	省级(直辖市)	930	19.1
	国培	455	9.4
	园本培训	502	10.3
	其他	15	0.3
职后教育时间	工作日	1605	33.0
	周末	412	8.5
	寒暑假或者节假日	930	19.1
	不管什么时候只要有时间	1902	39.1
	其他	12	0.3
职后教育地点	高校	311	6.4
	示范性幼儿园	2775	57.1
	教师发展中心	631	13.0
	乡镇中心幼儿园	874	18.0
	自己家中	249	5.1
	其他	21	0.4

表4-48的调查显示,在教师最希望参加的职后教育的级别中,占比最多的为市级培训,占30.5%,省级(直辖市)和县级的占比较为接近,分别19.1%和18.7%,其次为乡镇、园本培训和国培。在0.3%的教师中,有些教师表示多多益善,还有些教师表示每周的教研任务已经足够,不需要再额外增加没有必要的培训。

在职后教育的时间需求方面,有39.1%的教师表示不管什么时候只要有时间就会学习,与其他0.3%的教师所表示的相一致,只要不耽误日常教学和生活,职后有时间就会学习。33%的教师希望职后教育在工作日开展,还有27.6%的教师更喜欢和更希望在假期开展职后教育,这样可以不占用上班期间的时间。但在进一步对幼儿园教师进行调查时发现,一部分教师因为平时工作压力大、负担重、任务多,为了保障职后教育的实效性,希望在休息日学习,这样才能全身心地投入到学习中去。有部分教师表示家庭负担重,没有时间参加,希望在工作日学习。这些情况说明培训方在培训之前要先调查教师的需求。

在职后教育的地点需求方面,57.1%的教师希望在示范性幼儿园开展教育活动,这样就能和优秀的一线教师展开交流,能够更好地与自己平日教育教学活动联系起来,培训的实践性更强。希望在乡镇中心幼儿园、教师发展中心、高校和自己家中开展教育活动的教师分别占比18%、13%、6.4%和5.1%,有0.4%的教师表示希望在专业机构、线上和自己本园归类为"其他"进行职后教育。

(四)职后教育师资的需求分析

表4-49 职后教育师资的需求分析(N=4861)

选项	平均分
学前教育领域的专家教授	5.00
幼儿园一线名师	4.84
某个领域的专家(如营养师、儿科医生)	2.98
教师自主学习	2.13
教科所教研员	2.12
往期培训的优秀学员	1.75
其他	0.15

对教师在职后教育师资方面的需求进行排序和计分,可以反映选项的综合排序情况,得分越高,综合排序越靠前。从表4-49中便可以看出总体师资的需求排序。详细分析量表内各个题目的答案,可以发现当学前教育领域的专家教授排在第一位时,各类师资的占比分别为:学前教育领域的专家教授占55.21%,幼儿园一线名师占42.54%,某个领域的专家占32.71%,教科所教研员占39.43%,往期培训的优秀学员占62.28%,教师自主学习占72.16%。由此可见,农村幼儿园教师更需要学前教育领域的专家教授和幼儿园一线名师去引领她们的专业成长。一方面,拥有较高学术水平和深厚的教育理论的学前领域专家可以增强农村幼儿园教师的理论修养;另一方面,一线名师丰富的教学经验和成功的教学案例能够助力农村幼儿园教师能力的提升。

(五) 职后教育的考核方式和后续指导的需求分析

表4-50 职后教育考核方式与后续指导的需求情况 ($N=4861$)

题目	选项	频率	占比/%
考核方式	课堂表现和出勤率的方式	1412	29.0
	论文或作业提交质量的方式	210	4.3
	心得体会或教学反思质量的方式	1415	29.1
	卷面考试的方式	176	3.6
	综合测评的方式	1623	33.4
	其他	25	0.5
后续指导	定期返回培训学校汇报、交流,获得指导	3048	62.7
	培训专家到幼儿园听取汇报课,诊断指导	3043	62.6
	通过QQ、微信等平台开展网络交流,跟踪指导	3169	65.2
	成立课题组、以课题研究为依托在研修中进行指导	2401	49.4
	其他	34	0.7

分析表4-50可以发现,在教师期待的考核方式中,占比最高的3个选项依次为综合测评、心得体会或教学反思质量、课堂的表现和出勤率,选择以论文或作业提交质量和卷面考试作为考核方式的教师相对较少。可

以看出教师希望的考核方式是全方位的考核和过程性的考核，而不是单一的、缺乏灵活性的考核方式。

在问卷中，职后教育的后续指导需求是一道多选题。从表4-50的数据可以看出，选择前3种方式作为职后教育后续指导的人数比较相近，希望通过网络交流的方式进行后续指导的教师占65.2%，希望定期返回学校进行指导和培训专家到幼儿园进行指导的教师分别占62.7%和62.6%，希望成立课题组、以课题研究为依托在研修中进行指导的教师占49.4%。职后教育的后续指导是职后教育实效性的有效保障，值得重视。

（六）学习资源的需求分析

表4-51 职后教育学习资源获取方式的需求分析（N=4861）

题目	选项	频率	占比/%
自我教育学习资源的获取	幼儿园学习平台	3660	75.3
	互联网学习平台	3529	72.6
	专家或同伴推荐	2883	59.3
	同伴共享学习资料	2460	50.6
	幼儿园印发学习材料	2275	46.8
	自己购买书籍	2144	44.1
	其他	24	0.5

在表4-51中，有75.3%的教师希望从幼儿园学习平台获取学习资源，有72.6%的教师希望从互联网学习平台获取学习资源，这是占比最高的两个选项。对于幼儿园教师来说，从互联网和幼儿园的学习平台获取知识的途径也是最方便与最高效的。有59.3%的教师希望通过专家或同伴推荐。希望通过同伴共享学习资料、幼儿园印发学习材料和自己购买书籍的教师分别占50.6%、46.8%和44.1%。

总之，农村幼儿园教师职后教育的总体需求较高，大部分农村幼儿园教师职后教育的目的都是提高自身专业素养和专业能力。在师资方面，农村幼儿园教师更希望由学前教育领域的专家教授和幼儿园一线名师来引领她们的专业成长。对于考核方式，农村幼儿园教师更希望是全方位的考核以及职后教育中的过程性的考核。在内容需求上，不同年龄、不同婚姻状况、是否有孩子、不同幼儿园性质、不同学历、不同专业、教师性质和不同地域的教师都有所不同。

四、农村幼儿园教师职后教育的现状分析

农村幼儿园教师职后教育的现状可以有效地反映现实中农村幼儿园教师职后教育在各方面的开展情况，本书的研究将幼儿园教师的职后教育分为园内外培训和教师自我研修两个方面并对其展开调查，分别对教师参加职后教育活动的频次、时间、内容、师资、培训经费、评价方式等方面进行分析，从而掌握江苏省农村幼儿园教师职后教育的现状以及存在的困境。

（一）农村幼儿园教师职后教育的总体情况

1. 入职后参加过的学历提高和非学历提高的活动的情况

本部分从农村幼儿教师职后教育的活动情况、园内外培训的组织形式与频率、职后教育参与人员的遴选方式、经费来源、时间安排，职后教育的内容、形式、主讲教师和后续指导以及自我研修等方面进行调查，以期厘清农村幼儿教师职后教育总体状况。

表4-52　入职后参加过的学历提高和非学历提高的活动的情况（$N=4861$）

题目	选项	人数	占比/%
入职后参加过的学历提高的活动	没有参加过	1030	21.19
	函授	2453	50.46
	专升本	2044	42.05
	自修班或课程	1408	28.97
	在职研究生	144	2.96
	全日制脱产研究生	111	2.28
	同等学力研究生	105	2.16
	其他	116	2.39

续表 4-52

题目	选项	人数	占比/%
入职后参加过的非学历提高的活动	园本培训	3561	73.26
	各种短期培训	2803	57.66
	网络远程教育	2233	45.94
	社会实践	1836	37.77
	外出参加的各种会议	1840	37.85
	自我研修	1767	36.35
	国培计划	729	15.00
	其他	50	1.03

从表 4-52 可知，在农村幼儿园教师参加的学历提高的活动中，参加人数最多的是函授和专升本，有 50.46% 和 42.05% 的教师参加过，参加过自修班或课程的教师有 28.97%，攻读研究生学位的教师共占 7.4%，有 21.19% 的教师表示没有参加过职后提高学历的活动，在其他学历提高的活动中，有教师表示参加过自考，考取同等学力的不同专业本科，通过进修学校和乡村培育站进行学习和提高学历，也有部分教师表示并没有时间学习。

在入职后参加的非学历提高的活动中，教师的参与方式主要是自我研修、网络教育和园内外的培训活动。其中，参加过自我研修的教师有 36.35%，参加过园本培训的教师有 73.26%，同时，这两种也是职后培训的主要方式。参加过园外培训中的各种短期培训、网络远程教育、外出参加各种会议、社会实践和国培计划的教师依次有 57.66%、45.94%、37.85%、37.77%、15.00%，还有极少部分教师表示因刚入职而没有参加过职后培训或只参加过入职培训，还有部分教师将以上的培训描述得更加具体因而难以归类。

总体来看，教师对于职后再提升、继续学习的参与度很高，大部分教师参加过不同种类的职后教育活动。

2. 园本培训的组织形式与园内教师培训频率

表 4-53 园本培训的组织形式与园内教师培训频率的分析（$N=4861$）

题目	选项	频率	占比/%
园本培训的组织形式	师徒结对	3092	63.61
	现场观摩	3782	77.80
	教研讨论、案例分析	3772	77.60
	专家指导	2163	44.50
	教学技能比赛	2840	58.42
	听课备课	3408	70.11
	同伴互助	2878	59.21
	跨园学习交流	2586	53.20
	其他	36	0.74
园内教师培训频率	无	201	4.13
	每学期一次	651	13.39
	每学期2—3次	1789	36.80
	每月一次	769	15.83
	每月2—3次	1451	29.85

由于园本培训的组织形式比较多样化，所以此次研究将园本培训的组织形式设为一道多选题。从表 4-53 可以看出，大部分的园本培训的组织形式是园内同伴间的相互学习和讨论观摩，参加过这些培训活动的教师人数相差不多。其中，教师参加得最多的培训活动是现场观摩和教研讨论、案例分析，参加过专家指导和跨园学习交流的教师分别有 44.50% 和 53.20%，还有极少部分教师表示会去外地学习。

此次研究对园内教师培训频率用每学期和每个月来衡量，频率为每学期 2—3 次的教师最多，为 36.80%，每月 2—3 次的教师有 29.85%，每月一次和每学期一次的教师分别有 15.83%、13.39%。但仍有一部分幼儿园没有园内培训活动，民办幼儿园缺少园本培训的现象则更为普遍。

3. 园外培训级别与培训频率

表4-54 园外培训级别与培训频率结果（N=4861）

题目	选项	频率	占比/%
园外培训级别	乡镇组织	2847	58.57
	县级	3081	63.38
	市级	2166	44.56
	省级（含直辖市）	832	17.12
	国培	303	6.23
	其他	92	1.89
园外培训频率	没有参加过	809	16.64
	一次	1182	24.32
	两次	1314	27.03
	三次以上	1533	31.54
	其他	23	0.47

在参加过园外培训的教师中，参加过县级、乡镇组织和市级培训的教师较多，分别有63.38%、58.57%、44.56%，参加过省级和国培级培训的教师相对较少，只有17.12%和6.23%。之所以有这种现象的产生是因为省级和国培的的名额较少，只有少数骨干教师才有机会参加。

从园外培训的频率看，有16.64%的教师没有参加过园外培训，频率是一学期一次、两次和三次以上的教师分别有24.32%、27.03%和31.54%。而在0.47%的教师中，有的表示以前经常参加过但现在没有参加了，有的表示没有固定次数，有的表示参加的次数很多，有的则表示可能几年才能参加一次、要以学校的活动为准。调查显示，大部分教师的培训需求较强，而目前园内和园外培训的组织频率都不高，并且还有一部分教师没有参加过培训活动。

4. 入选职后教育的遴选方式、经费来源和时间安排

表4-55 职后教育的遴选方式、经费来源和时间安排分析（N=4861）

题目	选项	频率	占比/%
单位遴选教师参加培训的方式	学校领导指定	3254	66.94
	自愿参加	2633	54.17
	轮流参与	2859	58.82
	投票选取	497	10.22
	其他	37	0.76
职后教育的经费来源	自费	668	13.74
	幼儿园承担	2380	48.96
	教育局承担	312	6.42
	幼儿园与教育局共同承担	642	13.21
	个人与幼儿园承担	475	9.77
	个人与教育局承担	26	0.53
	个人、幼儿园和教育局共同承担	358	7.36
时间安排	工作日	1578	32.47
	周末	791	16.27
	寒暑假或者节假日	671	13.80
	不管什么时候只要有时间就会不断学习	1789	36.80
	其他	32	0.66

如表4-55所示，在参加过培训的教师中，通过学校领导指定、教师轮流参与和自愿参加的遴选方式参加培训的教师最多，分别有66.94%、58.82%和54.17%，通过投票选取这一遴选方式参加培训的教师只有10.22%。在教师参加职后教育的经费来源方面，教师的经费由幼儿园承担的有48.96%，由教育局承担的有6.42%，由幼儿园和教育局共同承担的有13.21%，自费的有13.74%，由个人分别与幼儿园、教育局、幼儿园和教育局共同承担的分别有9.77%、0.53%、7.36%。从以上数据可以看出，大部分农村幼儿园教师外出参加职后教育的经费来源于幼儿园或

者教育局，还有一小部分需要自己来承担，由于乡村教师的薪资本身并不高，所以这也有可能是阻碍乡村教师参加职后教育的一个重要原因。

在接受调查的教师中，在时间安排选项选择"不管什么时候只要有时间就会不断学习"和"工作日"的教师最多，有 36.80% 和 32.47%，选择"周末"和"寒暑假或者节假日"的教师有 16.27%、13.80%，同时选择工作日、寒暑假或节假日和工作日、周末、寒暑假或节假日的教师有 0.66%。

5. 职后教育内容、形式、主讲教师和后续指导

表 4-56 职后教育内容、形式、主讲教师和后续指导结果（$N=4861$）

题目	选项	频率	占比/%
职后教育内容	师德修养类	3311	68.11
	学前教育理论知识提升类	3658	75.25
	相关政策宣讲	1795	36.93
	政治类学习	1914	39.37
	学前教育艺术专业技能	2601	53.51
	领域活动设计与组织方法	2528	52.01
	多媒体技术	1633	33.59
	幼儿卫生保健类常识	2531	52.07
	教育与教学研究方法	2130	43.82
	教学常规管理类	1496	30.78
	职业规划	722	14.85
	其他	55	1.13

续表 4-56

题目	选项	频率	占比/%
职后教育形式	国培	792	16.29
	送教下乡	1961	40.34
	城市跟岗	1490	30.65
	园本研修	3557	73.17
	网络研修	2200	45.26
	顶岗置换	345	7.10
	其他	101	2.08
职后教育主讲教师	学前领域的专家教授	3615	74.37
	幼儿园一线名师	3630	74.68
	往期受训优秀学员	1293	26.60
	某个领域的专家	1396	28.72
	教育行政部门领导	1401	28.82
	幼教教研人员	2301	47.34
培训教师的专业素养	培训教师既有深厚的理论又有丰富的实践经验，能做到理论联系实践	3759	77.32
	培训教师有深厚的理论知识，但缺乏实践经验，仅能提供理论知识	704	14.50
	培训教师有丰富的实践经验，但理论高度不够	373	7.67
	其他	25	0.52

从接受调查的教师的选择中可以看出，教师对职后教育内容的需求都比较高，其中，选择学前教育理论知识提升类、师德修养类、学前教育艺术专业技能和幼儿卫生保健类常识的教师较多，分别有 75.25%、68.11%、53.51%、52.07%。

从表 4-56 可知，在幼儿园教师参加的职后教育中，主讲教师为学前领域的专家教授和幼儿园一线名师的均超过 74%，主讲教师为幼教教研人员的达 47.34%，而主讲教师为往期受训优秀学员、某个领域的专家、教育行政部门领导的相对较少，分别有 26.60%、28.72%、28.82%。在进一步对幼儿园教师关于培训教师素养的看法进行问卷调查后可发现，77.32% 的教师认为培训教师既有深厚的理论又有丰富的实践经验，所讲授的内容能够理论与实践相结合，可以给乡村教师带来实际的指导和帮助。也有 14.50% 的教师认为培训教师有很深厚的理论知识，但缺乏实践经验，只能提供一些理论方面的指导。这与职后教育中有一部分培训教师是某个领域的专家（如儿科医生、保健医生）有关，他们并没有从事学前领域，还有一部分培训教师是教育行政部门领导，他们在宏观上对学前教育有一个大概方向的把控，但不像专门从事学前教育的教师有丰富的经验。有 7.67% 的教师认为培训教师有着丰富的实践经验，但理论高度不够，这也与培训教师的身份、背景学历有着极大的关系。

6. 职后教育的评价考核、后续指导与自我提高最有效的形式

评价考核是职后教育重要的组成部分，2019 年教育部明确提出要深化教育评价体系改革。有效真实的评价对职后教育能够起到有效的诊断和反馈作用，也可以对教育活动现时的或潜在的价值做出判断。根据评价的功能，可以将其分为诊断性评价、形成性评价和终结性评价。诊断性评价可以反映受教育对象目前的能力水平以及存在的问题，对职后教育的因材施教可以起到很好的帮助作用。形成性评价也称为过程性评价，可以对受教育者在职后教育中的表现做出评价判断，及时发现存在的问题并改进。终结性评价是对受教育对象在一定时期内的状况进行全面的判断。

表 4-57　评价考核与自我提高的方式分析（$N=4861$）

题目	选项	频率	占比/%
对学员进行考核评价的情况	无评价考核	994	20.45
	有评价考核	3867	79.55
对培训者进行哪些方面评价	在培训前对幼儿园教师发展水平进行评价	3372	69.37
	根据幼儿园教师在培训过程中的表现进行评价	3712	76.36
	根据幼儿园教师培训达到的效果进行评价	3183	65.48
	其他	67	1.38

续表 4-57

题目	选项	频率	占比/%
考核方式	组织相应的考试	2774	57.07
	撰写论文	1611	33.14
	综合测评	3668	75.46
	根据实际表现	2790	57.40
	其他	43	0.88
培训方是否会对您专业发展展开后续指导	是	2689	55.32
	否	1130	23.25
	不清楚	1042	21.44
自我提高最有效的形式	学历继续教育	677	13.93
	脱产院校培训	105	2.16
	园本培训	934	19.21
	学、教、研相结合	2780	57.19
	自我学习	351	7.22
	其他	14	0.29

从表 4-57 可以得知，在受调查的教师中，20.45% 的教师参加的职后教育没有评价考核，79.55% 的教师参加的职后教育有评价考核。分别有 69.37%、76.36%、65.48% 的教师表示培训方会对培训者进行培训前的评价、培训过程评价和最终培训效果评价，其中，过程评价最常见。在考核方式上，75.46% 的教师表示其所接受的职后教育采取综合测评的方式，这也是职后教育最常用的考核方式，其次是根据受教育者的实际表现和组织相应的考试，分别有 57.40%、57.07% 的教师的职后教育考核方式是这两种。只有 33.14% 的教师的职后教育考核方式是撰写论文。

后续指导可以帮助教师进一步将所接受的教育内容融会贯通，从而更好地运用到实践中。数据表示，有 55.32% 的教师表示培训方会长期对专业发展进行后续的指导，也有 23.25% 和 21.44% 的教师表示没有或者不清楚是否有后续跟踪指导。大多教师表示在培训结束后需要跟踪指导，或者通过网上教学继续学习相关知识。因此，有必要制订职后培训后续指导的计划，从而提高职后教育的效率、巩固教师学习的成果。

在幼儿园教师自我提高最有效的形式中，57.19%的教师表示学、教、研相结合的方式是最有效的，19.21%的教师认为园本培训是最有效的，13.93%的教师表示学历继续教育是最有效的，分别有7.22%和2.16%的教师认为自我学习和脱产院校培训是最有效的。

7. 教师自我研修的情况

表4-58 教师自我研修的情况结果（$N=4861$）

题目	选项	频率	占比/%
工作之余，您有进行自我研修吗	总是	857	17.64
	经常	2626	54.00
	偶尔	1173	24.13
	很少	189	3.89
	从不	16	0.34
自我研修的内容	师德修养类	3145	64.70
	学前教育理论知识提升类	3811	78.40
	相关政策宣讲	1429	29.40
	政治类学习	1570	32.30
	学前教育艺术专业技能	2559	52.64
	领域活动设计与组织方法	2333	47.99
	多媒体技术	1597	32.85
	幼儿卫生保健类常识	2193	45.11
	教育与教学研究方法	2042	42.01
	教学常规管理类	1431	29.44
	职业规划	620	12.75
	其他	28	0.58

续表 4-58

题目	选项	频率	占比/%
自我研修中，通过哪些方法提升自己	阅读相关领域书籍	4270	87.84
	同伴交流	3504	72.08
	网络课程	3305	67.99
	其他	44	0.91
自我研修遇到困难会怎么解决	向专业老师请教	3226	66.36
	利用网络解决	1427	29.36
	自己独立解决	196	4.03
	直接放弃	12	0.25

根据学习动机产生的诱因来源，可以将学习动机分为内部动机和外部动机，想要教师主动地进行自我研修，就要不断地激发教师自我提高的内驱力，也要从外部对教师的自我研修及时给予正强化，鼓励教师多参加自我提高的学习活动。

表 4-58 为教师自我研修的具体情况。首先，从表中可以得知，共有 71.64% 的教师在工作之余总是学习和经常学习，28.02% 的教师偶尔或很少学习，0.34% 的教师从不进行自我学习。在自我研修的内容中，学习学前教育相关知识的教师相对较多。其中，教师学得最多的三种类型依次为学前教育理论知识提升类、师德修养类、学前教育艺术专业技能，学得较少的三种类型分别为职业规划、教学常规管理类和相关政策宣讲。由此可以看出，教师更加注重专业知识和专业能力的提升，疏忽对政治政策、规划管理的学习，这可能会导致教师对自己职业发展没有明确目标，跟不上最前沿的教育理念与方向。

在自我学习过程中，有 87.84% 的教师表示会通过阅读相关领域书籍的方式来进行自我提高，72.08% 的教师通过同伴相互交流，67.99% 的教师表示会通过网络课程来进行自我提高。在学习过程中遇到问题与困难，仅有 0.24% 的教师选择直接放弃，其余 99.76% 的教师都会采取不同的方式方法去解决难题，而不是置之不理。有 66.36%、29.36%、4.03% 的教师分别表示会通过向专业老师请教、利用网络解决和自己独立解决。

(二) 不同人口统计学变量下农村幼儿园教师职后教育现状的分析

为了进一步研究性别、年龄、婚姻状况、是否有孩子、幼儿园性质、学历、专业、教师的性质以及不同地域这些因素是否在教师的教育内容需求中有差异,笔者将运用 SPSS 软件分别将这些因素与职后教育满意度量表进行交叉卡方分析。

1. 不同性质幼儿园的园内外教师培训的频率、经费来源分析

表 4-59 不同幼儿园性质的园内外教师培训频率情况分析 ($N=4861$)

		一学期参加园内教师培训的频率					卡方
		每学期一次	每学期2—3次	每月一次	每月2—3次	无	
公办幼儿园	计数	482	1337	579	1189	159	114.857 ($P=0.029$)
	占比/%	9.9	27.5	11.9	24.5	3.3	
普惠性民办幼儿园	计数	126	345	155	223	31	
	占比/%	2.6	7.1	3.2	4.6	0.6	
盈利性民办幼儿园	计数	27	82	39	52	8	
	占比/%	0.6	1.7	0.8	1.1	0.2	
其他	计数	3	9	7	4	4	
	占比/%	0.1	0.2	0.1	0	0	

在不同性质幼儿园的园内外教师培训频率中,园内显著性 P 值为 0.029,小于 0.05,说明在不同性质幼儿园在园内教师培训频率上存在显著差异。从表 4-59 的数据中可以看出,公办幼儿园开展园内教师培训的频率比民办幼儿园高。但园外培训频率的显著性 P 值为 0.100,大于 0.05,不存在显著差异。

表 4–60 不同性质幼儿园的职后教育经费来源情况分析（$N=4861$）

		职后教育经费来源							卡方
		自费	幼儿园	教育局	幼儿园与教育局	个人与幼儿园	个人与教育局	三方共同承担	
公办幼儿园	计数	523	1684	289	591	331	21	307	
	占比/%	14	45	7.7	15.8	8.8	0.6	8.2	
普惠性民办幼儿园	计数	127	513	23	48	122	5	42	347.24 ($P=0.000$)
	占比/%	14.4	58.3	2.6	5.5	13.9	0.6	4.8	
盈利性民办幼儿园	计数	25	137	4	8	25	0	9	
	占比/%	12	65.9	1.9	3.8	12	0	4.3	
其他	计数	5	15	1	1	4	0	1	
	占比/%	18.5	55.5	3.7	3.7	14.8	0	3.7	

从表 4–60 的数据来看，经费来源在不同性质幼儿园上的显著性 P 值为 0.000，小于 0.05，表明经费来源在不同性质幼儿园上有显著差异。通过表 4–58 亦可知教师职后教育经费的来源，公办与民办幼儿园均有教师自费参加职后教育的情况，这一现象说明职后教育会增加收入微薄的农村幼儿园教师的生活负担，从而影响教师的积极性。在承担教师职后教育的经费方面，民办幼儿园要优于公办幼儿园。政府部门承担了部分或全部经费方面，但政府部门对公办幼儿园职后教育经费的投入更大。

2. 不同学历与职后教育最有效形式的分析

表4-61 不同学历与职后教育最有效形式的分析（$N=4861$）

		教师职后教育最有效形式						卡方
		学历教育	脱产院校培训	园本培训	学、教、研相结合	自我研修	其他	
中专及以下	计数	80	4	161	240	74	4	201.184 ($P=0.00$)
	占比/%	14.2	0.7	28.6	42.6	13.1	0.7	
大专	计数	315	34	371	969	149	8	
	占比/%	17.1	1.8	20.1	52.5	8.1	0.4	
本科	计数	272	68	404	1567	130	2	
	占比/%	11.1	2.8	16.5	64.1	5.3	0.1	
研究生	计数	1	0	0	8	0	0	
	占比/%	11.1	0	0	88.9	0	0	

表4-61中，不同学历在职后教育最有效形式上的显著性P值为0.000，小于0.05，表明不同学历的教师在职后教育的最有效形式的看法上存在显著差异，其中研究生学历的教师认为最有效的只有两种，分别为学、教、研相结合和学历提升学习。

3. 不同年龄、婚姻状况下的教师工作之余是否会进行自我研修的分析

表 4-62 不同年龄、婚姻状况下的教师工作之余是否会进行自我研修的分析（$N=4861$）

			在工作之余，是否会进行自我研修					卡方
			总是	经常	偶尔	很少	从不	
年龄	25 岁以下	计数	131	262	185	33	0	186.862 ($P=0.000$)
		占比/%	21.4	42.9	30.3	5.4	0	
	25—30 岁	计数	190	563	367	57	6	
		占比/%	16.1	47.6	31.0	4.8	0.5	
	31—35 岁	计数	148	537	291	36	3	
		占比/%	14.6	52.9	28.7	3.5	0.3	
	36—40 岁	计数	82	336	92	23	1	
		占比/%	15.4	62.9	17.2	4.3	0.2	
	40 岁以上	计数	308	934	228	42	6	
		占比/%	20.3	61.5	15.0	2.8	0.4	
婚姻	已婚	计数	661	2207	849	139	13	82.775 ($P=0.000$)
		占比/%	17.1	57.0	21.9	3.6	0.3	
	未婚	计数	180	399	291	48	2	
		占比/%	19.6	43.4	31.6	5.2	0.2	
	离异	计数	11	19	21	3	1	
		占比/%	20	34.5	38.2	5.5	1.8	
	丧偶	计数	7	7	2	1	0	
		占比/%	41.2	41.2	11.8	5.9	0	

从表 4-62 可以看出，年龄与婚姻在自我研修上的显著值均小于 0.05。从整体来看，经常自我研修的教师比较多。在不同年龄与自我研修的关系中，25 岁以下和 41 岁以上的教师更多选择"总是"学习，而"经

常"学习的教师数量随着年龄的增加而增加,表明年轻教师的学习频率低于年长的教师。因此,要不断激励年轻教师主动学习,提高专业能力。在不同婚姻状况中,已婚教师由于需要承担家务,其的学习频率低于其他婚姻状况的教师,因而选择"总是"学习的已婚教师较少。而在选择"经常"学习的教师中,已婚教师是最多的。

总之,教师对于职后再提升、继续学习的积极性普遍较高,大部分教师都参加过不同种类的职后教育活动,公办幼儿园开展园本培训的频率高于民办幼儿园。同时,政府对公办幼儿园教师的职后教育的经费支持多于民办幼儿园。在职后教育形式上,教师普遍认为职后教育最有效的形式为学、教、研相结合的形式。在培训师资方面,乡村幼儿园的教师更喜欢培训教师既有深厚的理论又有丰富的实践经验,能做到理论联系实践。教师职后教育的评价指导需要得到进一步的完善。在对不同年龄、婚姻状况下的教师工作之余是否会进行自我研修进行分析后发现,在"经常"学习与"偶尔"学习的教师中,二者的年龄顺序是相反的,在"总是"学习中,教师的年龄呈现两极化。在不同婚姻状况中,已婚教师由于需要承担家务,其学习频率低于其他婚姻状况的教师。

五、农村幼儿园教师职后教育满意度的分析

随着国家对乡村教育越来越重视并逐步提高乡村教师队伍整体素质,针对现在已有的培训情况,本书对江苏省的农村幼儿园教师职后教育满意度进行分析,具体分为两个维度,一是对园内外培训的满意度,二是对自我研修的满意度,并分别分析在每个维度上的满意度、不同人口统计学变量之间的差异分析和教师的职后教育内容需求与满意度的相关分析。

(一)总体满意度分析

表4-63 农村幼儿园教师的职后教育总体满意度分析($N=4861$)

	均值	标准差
总体满意度	4.28	0.77
园内外培训满意度	4.29	0.79

续表 4-63

	均值	标准差
自我研修满意度	4.22	0.81

通过运用李克特五点量表对问卷的园内外培训满意度和自我教育满意度进行数据处理。经过分析可知，农村幼儿园教师的职后教育总体满意度的均值为 4.28，标准差为 0.77。在教师职后教育满意度的各维度上，园内外培训满意度和自我研修满意度的总体均值为 4.29、4.22，均超过的了平均分 3 分，说明教师的满意度总体处于较高水平，并且园内外培训满意度高于自我研修满意度。

（二）不同人口统计学变量中农村幼儿园教师的职后教育满意度差异分析

为了进一步研究性别、年龄、婚姻状况、是否有孩子、幼儿园性质、学历、专业、教师的性质以及不同地域等因素是否在教师的教育内容需求中有差异，笔者将运用 SPSS 软件分别将这些因素与职后教育满意度量表进行单因素方差分析。

1. 性别情况

表 4-64 不同性别教师的满意度差异分析（$N=4861$）

	性别	个案数	平均值	标准差	t	P
园内外培训满意度	男	170	4.36	0.76	1.15	0.284
	女	4691	4.29	0.79		
自我研修满意度	男	170	4.39	0.77	7.94	0.005
	女	4691	4.22	0.81		

从表 4-64 可以看出，自我研修满意度在性别上的显著性 P 值为 0.005，小于 0.05，达到显著性水平，存在显著性差异。结合平均值可知，男性在自我研修满意度上高于女性。

2. 年龄情况

表 4-65 不同年龄教师的满意度差异分析（$N=4861$）

	年龄	个案数	平均值	标准差	F	P	LSD 事后比较
园内外培训满意度	A. 25 岁以下	611	4.34	0.86	13.22	0.000	E＜A、B、C D＜A、B
	B. 25—30 岁	1183	4.38	0.79			
	C. 31—35 岁	1015	4.37	0.76			
	D. 36—40 岁	534	4.25	0.77			
	E. 41 岁以上	1518	4.19	0.76			
自我研修满意度	A. 25 岁以下	611	4.25	0.88	6.79	0.000	E＜A、B、C D＜A、B
	B. 25—30 岁	1183	4.30	0.81			
	C. 31—35 岁	1015	4.25	0.82			
	D. 36—40 岁	534	4.18	0.79			
	E. 41 岁以上	1518	4.15	0.77			

单因素方差分析结果显示，两个维度在年龄上的显著性 P 值均为 0.000，小于 0.05，表明园内外培训满意度和自我研修满意度在不同年龄上都存在显著性差异。LSD 事后检验结果显示，在园内外培训满意度和自我研修满意度中，41 岁以上与 25 岁以下、25—30 岁、31—35 岁人群之间均存在显著性差异，36—40 岁与 25 岁以下、25—30 岁人群存在显著性差异。结合表 4-63 的平均值可知，在园内外培训满意度和自我研修满意度上，25—30 岁教师高于其他年龄阶段的教师。

3. 婚姻情况

表 4-66 不同婚姻状况教师的满意度差异分析（$N=4861$）

	婚姻状况	个案数	平均值	标准差	F	P	LSD 事后比较
园内外培训满意度	A. 已婚	3869	4.29	0.77	4.964	0.002	B＞A
	B. 未婚	920	4.33	0.83			
	C. 离异	55	3.92	0.99			
	D. 丧偶	17	4.18	0.78			

续表 4-66

	婚姻状况	个案数	平均值	标准差	F	P	LSD 事后比较
自我研修满意度	A. 已婚	3869	4.22	0.79	2.827	0.037	B＞A
	B. 未婚	920	4.26	0.85			
	C. 离异	55	3.96	0.97			
	D. 丧偶	17	4.06	0.74			

单因素方差分析结果显示，两个维度在婚姻状况上的显著性 P 值均小于 0.05，达到显著性水平，存在显著性差异。LSD 事后检验结果显示，两个维度上的已婚教师与未婚教师之间存在显著性差异。未婚教师在园内外培训满意和自我研修满意度上均高于已婚教师。

4. 学历情况

表 4-67　不同学历教师的满意度差异分析（$N=4861$）

	学历	个案数	平均值	标准差	F	P	LSD 事后比较
园内外培训满意度	A. 中专及以下	563	4.41	0.71	5.55	0.001	A＞B、C
	B. 大专	1846	4.31	0.79			
	C. 本科	2443	4.26	0.79			
	D. 研究生	9	4.38	0.79			
自我研修满意度	A. 中专及以下	563	4.31	0.77	2.654	0.047	A＞B、C
	B. 大专	1846	4.23	0.82			
	C. 本科	2443	4.20	0.81			
	D. 研究生	9	4.38	0.72			

单因素方差分析结果显示，两个维度在学历上的显著性 P 值均小于 0.05，达到显著性水平，存在显著性差异。LSD 事后检验结果显示，两个维度在中专及以下与大专、本科之间存在显著性差异。中专及以下学历的教师满意度最高，中专及以下学历的教师由于本身学历较低，欠缺的知识较多，上升空间较大，所以职后教育更容易让其获得知识，满意度也会较高。

5. 专业情况

表4-68 不同专业教师的满意度差异分析（$N=4861$）

	专业	个案数	平均值	标准差	F	P	LSD事后比较
园内外培训满意度	A. 学前教育专业	3873	4.28	0.79	5.119	0.006	C>A>B
	B. 其他师范教育专业	226	4.25	0.75			
	C. 非师范教育专业	762	4.38	0.74			
自我研修满意度	A. 学前教育专业	3873	4.22	0.82	0.47	0.625	
	B. 其他师范教育专业	226	4.23	0.76			
	C. 非师范教育专业	762	4.25	0.79			

园内外培训满意度在教师专业上的显著性P值小于0.05，达到显著性水平，存在显著性差异。LSD事后检验结果显示，园内外培训满意度上非师范教育专业与学前教育专业、其他师范教育专业之间存在显著性差异。非师范教育专业的教师的园内外培训满意度最高。

6. 编制情况

表4-69 不同教师性质教师的满意度差异分析（$N=4861$）

	教师性质	个案数	平均值	标准差	F	P	LSD事后比较
园内外培训满意度	A. 正式在编教师	1430	4.26	0.81	4.482	0.004	D>C>B>A
	B. 无编制的长期聘任教师（一年以上）	2637	4.29	0.78			
	C. 临时聘任教师	544	4.34	0.81			
	D. 其他	250	4.44	0.66			
自我研修满意度	A. 正式在编教师	1430	4.19	0.83	0.842	0.471	
	B. 无编制的长期聘任教师（一年以上）	2637	4.23	0.79			
	C. 临时聘任教师	544	4.21	0.87			
	D. 其他	250	4.27	0.73			

园内外培训满意度在教师性质上的显著性 P 值小于 0.05，达到显著性水平，存在显著性差异。LSD 事后检验结果显示，在园内外培训满意度上，正式在编教师与无编制的长期聘任教师、临时聘任教师、其他教师之间存在显著性差异。正式在编教师的园内外培训满意度最低，临时聘任教师与其他身份教师对园内外培训满意度最高。

7. 地域情况

表 4-70　不同地域教师的满意度差异分析（N=4861）

	地域	个案数	平均值	标准差	F	P	LSD 事后比较
园内外培训满意度	A. 苏南	481	4.16	0.79	9.769	0.000	C>B>A
	B. 苏中	1602	4.28	0.79			
	C. 苏北	2778	4.33	0.78			
自我研修满意度	A. 苏南	481	4.07	0.8	11.04	0.000	
	B. 苏中	1602	4.21	0.81			
	C. 苏北	2778	4.26	0.81			

单因素方差分析结果显示，两个维度的满意度在不同地域上的显著性 P 值均为 0.000，小于 0.05，达到显著性水平，存在显著性差异。LSD 事后检验结果显示，在职后教育满意度上，不同地域之间均存在显著性差异。其中，从平均值中可以看出，苏北地区的教师对园内外培训满意度和自我研修满意度最高。

此外，职后教育总体满意度在是否有孩子（P=0.176）、幼儿园性质（P=0.78）上没有显著差异，因此笔者也不再进一步说明。

(三) 农村幼儿园教师的职后教育内容需求与满意度的相关分析

表4-71　内容需求与满意度的相关分析（$N=4861$）

		内容需求	满意度
内容需求	Pearson 相关性	1	0.533**
	Sig.（双尾）		0.000
	个案数	4861	4861
满意度	Pearson 相关性	0.533**	1
	Sig.（双尾）	0.000	
	个案数	4861	4861

注：*代表$P<0.05$；**代表$P<0.01$；***代表$P<0.001$。

从表4-71可知，教师对职后教育的内容需求与满意度存在显著性正相关关系。当教师的内容需求得到满足后，满意度也会随之提升。职后教育的本质就是为了提高教师的专业知识与能力，提高教师整体素养，从而推动幼儿园教育发展。因此，培训的内容是职后教育的核心内容，不管采用何种方式的职后教育都是为了教师能够更好地掌握知识与能力。所以，应当要保证教师职后教育内容的质量，要更加有针对性地对教师实施教育而非形式化的培训。教师的整体素质提高，工作也会变得游刃有余，一些外在的因素（如职称、工资）也都会随着能力的提高而得到改善。所以，当教师的内容需求得到满足时，满意度也会随之提升。

综上所述，农村幼儿园教师对职后教育的总体满意度较高。进一步对职后教育各维度的满意度进行方差分析，结果显示：在性别上，男性教师的自我研修满意度高于女性教师。在年龄上，41岁以上教师与25岁以下、25—30岁、31—35岁教师之间均存在显著性差异，36—40岁教师与25岁以下、25—30岁教师之间存在显著性差异。在婚姻状况上，已婚教师与未婚教师之间存在显著性差异，未婚教师在各个维度的满意度上都高于已婚教师。在学历上，中专学历及以下的教师与大专、本科学历的教师之间存在显著性差异。在不同专业上，非师范教育专业教师的园内外培训满意度与学前教育专业、其他师范教育专业之间存在显著性差异。在教师性质上，在编教师的园内外培训满意度与无编制的长期聘任教师、临时聘任教师、其他教师之间均存在显著性差异。在不同地域上，不同地域的教师对职后教育满意度均存在显著性差异。其中，苏北地区的教师对园内外培训和自我研修的满意度得分最高。本书此次的研究对乡村教师职后教育内容需求与满意度进行相关分析，结果显示，教师职后教育的内容需求与满意度存在显著性正相关关系。

（四）研究小结

乡村教师职后教育是教师专业成长的重要途径，本书对农村幼儿园教师职后教育的现状进行调查，分别从江苏省农村幼儿园教师队伍的基本情况、教师职后教育的需求、现状以及满意度进行分析。

首先，江苏省农村幼儿园教师队伍整体较年轻，幼儿园以公办幼儿园为主，并且农村幼儿园教师队伍整体素质令人满意，有专科及以上学历的教师达88.5%。持幼儿园教师资格证上岗的教师占绝大多数。苏中和苏北地区的无编制农村幼儿园教师较多，有待进一步解决教师身份地位问题。

其次，在江苏省农村幼儿园教师职后教育需求方面，农村幼儿园教师职后教育的总体需求较高，大部分农村幼儿园教师职后教育的目的是提高自身专业素养和专业能力。在师资方面，农村幼儿园教师更需要学前教育领域的专家教授和幼儿园的一线名师去引领她们成长。教师希望的考核方式是全方位地进行考核以及职后教育中的过程性的考核。在内容需求方面，不同年龄、不同婚姻状况、是否有孩子、不同幼儿园性质、不同学历、不同专业、教师性质和不同地域的教师在内容需求方面均有显著差异。

再次，在江苏省农村幼儿园教师职后教育现状方面，大部分教师参加过不同种类的职后教育学习活动，公办幼儿园开展园本培训的频率高于民办幼儿园。同时，政府在职后教育经费支持方面更倾向于公办幼儿园。教师普遍认为职后教育最有效的形式为学、教、研相结合的形式。在培训师资方面，教师更喜欢培训教师既有深厚的理论知识又有丰富的实践经验，能做到理论联系实践。同时，教师职后教育的评价指导体系还需要进一步完善。

最后，在江苏省农村幼儿园教师职后教育满意度方面，农村幼儿园教师对职后教育的总体满意度较高。针对不同人口统计学变量对农村幼儿园教师各维度的满意度进行分析并对内容需求与满意进行相关分析后发现，内容需求与满意之间呈现正相关关系，当教师的内容需求得到满足时，满意度也会随之提高。

六、农村幼儿园教师职后教育存在的问题及原因分析

农村幼儿园教师队伍的整体素质不仅影响了教师自身的发展，还严重影响了乡村地区幼儿所接受的教育质量。党的十九大提出，要建设一支高素质、善保教的幼儿园教师队伍。提高幼儿园教师队伍整体素质势在必行，教师职后教育是提高教师综合素质的有效方法与途径。随着职后教育的不断发展，幼儿园教师职后教育活动的开展也有了一定的规模与体系，但仍存在一些问题。因此，笔者分别从政府与教育行政部门层面、园外培训组织层面机构、幼儿园层面和教师个人层面对这些问题进行分析。

（一）政府与教育行政部门层面

1. 政府部门对农村幼儿园教师的政策落实和财政投入力度不够

政府的制度保障是幼儿园教师进行职后教育的根本保障，只有当教师的身份地位、薪资待遇得到切实的提高，教师的基本需求得到满足，幼儿园教师才能全身心地投入到幼儿园教育事业。在受调查的江苏省农村幼儿园教师中，高达70.6%的教师没有编制，并有教师表示"现在幼儿园还有很多无编制的聘用教师，她们工资不能和在编的老师同工同酬，这在很大程度上影响了老师们继续学习的积极性。老师们的整体素质得不到提高，在编老师的素质也会受影响"。有一些老教师从事乡村幼儿园教育三十多年，编制问题却一直得不到解决，无编制教师发展积极性不高的问题对其他教师的影响无疑是很大的。农村幼儿园教师的薪资低，教师们觉得自己的付出与回报不成正比，尤其是一些乡村民办幼儿园和无编制教师。教师工资达不到社会平均工资，公办幼儿园与民办幼儿园差距大，在编教师与无编制教师待遇差距大。农村幼儿园教师的工资、待遇都无法得到保证，想积极热情且全身心地投入学习又谈何容易，解决不了幼儿园教师实

际存在的根本问题，想全面提高幼儿园教育的水平何其之难。在幼儿园教师队伍中，有一部分教师的学历仍在专科以下，自身基础薄弱自然会影响其职后教育。因此，政府和行政部门要不断落实政策，从源头把控。

长期以来，我国公共教育经费占比偏低，2010年公布的《国家中长期教育改革和发展规划纲要（2010—2020年）》提出，2012年国家财政性教育经费支出占国内生产总值的比例达到4%，由此可见，用于学前教育的经费更是少之又少。在调查中发现，68.6%的教师参加职后教育的经费由幼儿园和政府部分承担，但依然有很大一部分需要自己承担，13.7%的教师的职后教育需要完全自费，农村幼儿园教师的工资待遇本就不高，再自费参加职后教育无疑会削弱教师参加职后教育的积极性。政府在公办幼儿园与民办幼儿园的职后教育经费的支持上并不平衡，民办幼儿园教师的职后教育经费基本来源于教师个人与幼儿园。还有教师表示乡村幼儿园设施不完善、硬件设施跟不上，器械老化等问题也会影响教师的教育教学效率和在园学习效率。

2. 参加职后教育的名额有限

影响教师参加职后教育的主要因素就是培训的名额有限，有教师表示："多给我们提供机会吧，有时很想参加一些职后教育，无奈名额太少；很想学习但是苦于没有机会。而且我们获取信息量太少，不知道什么时候什么地方有培训活动，都是听从上级安排。"教师国培、省培、县培和送教下乡都是由政府组织的培训，政府制定计划、分配名额。虽然有一定的计划名额分配，但实际分配到乡镇的名额较少。而这些名额大部分给了公办幼儿园，分配给民办幼儿园的名额更少，教师能出去学习的机会也就不多。职后教育名额有限就不能保证想要发展的教师能得到机会学习发展，这也成为教师继续专业发展、提高能力最大的难题。

3. 教育资源不整合，互联网利用不充分

由于学前教育经费相对偏少，农村幼儿园教师工作量大，只有将教师的职后教育与各种职后教育资源进行整合，优化各种培训资源，才能提高职后教育的实效性。笔者通过整理教师对职后教育的建议得知，在教师参加过的职后教育活动中，存在相同的教育内容出现在不同的职后教育场所的情况，职后教育的组织者并未做到有计划、合理地安排培训内容，未能深入了解教师实际需要，培训内容与实际脱离，并不能解决教师日常工作中的真实问题。这就表明，各种职后教育机构之间整合力度不够，造成了教育资源的浪费。职后教育的组织者也对教师在教育教学中遇到的问题与教师的实际情况了解得不到位,造成了职后教育与教师实践的脱节。

进入网络信息时代,互联网为人们的生活带来了许多便捷,从此空间距离不再是问题,同时也打破了区域界线,使人人都能接收到同样的信息资源,促进了教育公平。在对教师进行调查时发现,大部分教师希望建立起学习资源库和学习交流平台,从而能够获取优质的资源。

(二) 园外培训组织机构层面

在表4-72的排序中,可以清晰地看出目前园外培训中存在的问题。其中,大部分教师认为园外培训的首要问题是实效性不高,具体分析如下。

表4-72 园外培训存在的问题排序 ($N=4861$)

题目	选项	平均分
目前园外培训存在的问题	培训实效性不高	4.42
	培训形式单一	4.34
	培训时间短	4.11
	缺乏培训学习的激励与评价机制	3.43
	培训内容陈旧	2.12
	培训教师素质不高	1.50
	培训考核方式不科学	1.45
	其他	0.32

1. 园外培训组织机构制度不健全

若要园外培训实行有效果,首先需要一套健全完善的培训制度,明确每次培训的目的,衔接好各项培训,从而更好地达成目标。目前,园外培训组织机构的培训制度还不够系统,不能构成一个完整的制度体系,不能顾及各个发展阶段的教师,更不能以教师的长远发展为目标制定某一发展阶段教师的系统培训制度。培训时间也较短,不能够定期提供指导与培训后的跟踪指导。培训内容也脱离实际,不能有效地帮助教师解决问题。这些问题都源于制度的不健全、不完善,导致培训前对教育对象的调查不全面、不深入，对培训没有清晰定位，培训的内容与形式不新颖，培训后也缺乏激励与评价机制。政策制度不能够将所有培训环节环环相扣，只能照顾到某一部分。因此，园外培训组织还需要不断完善培训制度。

2. 职后教育组织机构对教师需求调查不到位，培训实效性不高

在对园外培训组织机构是否会对教师进行培训前的调查中得知，仍有一部分园外培训组织机构不会对教师进行需求调查，这就违背了职后教育的本质，职后教育是为了帮助教师解决问题、促进专业发展，没有对教育对象进行了解、探寻教师的需求就盲目地进行培训，是本末倒置。这样不仅浪费时间、组织培训的人力物力，浪费资源耗费成本，也会影响教师对培训的态度，比如觉得培训都是流于形式并不能解决根本问题，专业得不到提升也缓解不了工作中的困难。有教师表示："农村幼儿园教师需要的是根据自身的实际需求和本园发展的实际需要的、有针对性的、系统有序的学习，而不是一次两次随大流的应付式学习。"对症下药、因材施教、因地制宜才能有效地保障培训的实效性。

3. 培训内容不切实，培训形式单一

园外培训内容的不切实体现在两个方面。一是培训内容不能与教师的实际相结合。由于培训教师大都来自城市的优秀教师，他们并不了解乡村教育的真实情况，培训时更多是讲述城市幼儿园中一些优质案例。有教师表示："对于农村和城市的教学模式，我个人觉得不应该一样，农村经济资源缺乏，农村孩子的父母几乎不在身边，教育教学活动跟城市有很大不同。一本好书也不是适应所有地方。"目前的培训未能深入了解基层情况找准问题"对症下药"。二是培训内容不够丰富也缺乏层次性。很多园外培训的组织单位并没有按照教师的发展阶段划分对应的培训内容，并且在参训人员的选择上也没有进行严格把控，出现各个年龄段的教师参加同一种培训的情况，培训内容也不够广泛多样，未能多方位地开展培训从而推动并促进教师的全面发展。

园外培训不是固化思维，大多数讲座讲授的培训方式都忽略了教师的主体性与示范性。有的教师表示，她们只是被动地去接受一些理论知识，希望能够从乡村幼儿园的实际出发结合案例讲解，这样既能帮助教师掌握理论，也能更好地将理论运用于实践。

4. 缺乏职后教育的激励评价与后期跟踪指导

教师参加的园外培训未能将培训与教师的绩效考核科学衔接，使教师

缺乏参加学习的外驱力；不能对教师参加培训的成果进行科学地评价，没有评价标准体系，同时已有的评价对教师的薪资与职称关联性不大，也是教师动力缺乏的原因，这些都会影响培训效果。有教师表示，一些园外培训单位的培训形式单一并且太过形式化，培训结束后也没有及时跟进，更不会组织培训教师对教师参加完培训存在的问题进行答疑解惑，导致部分教师认为职后教育就是形式主义，并不能对她们的发展起到帮助也不能解决实际问题。

（三）幼儿园层面

表4-73　园内存在的问题排序（$N=4861$）

题目	选项	平均分
目前园内存在的问题	物质条件（经费不足）	5.19
	缺少激励手段，教研活动气氛不活跃，教师水平不足	4.38
	没时间	4.04
	缺乏专业幼教人员的引导和帮助	3.64
	尚未建立完整的教研、培训体系	3.11
	培训或教研活动形式化，内容与教学实践不紧密	2.40
	找不到切入点，缺乏针对性	2.24
	教师不积极	1.89
	园内业务管理者指导不力	1.39
	其他	0.32

1. 园本培训制度不健全，教师工作量大

园本培训制度分为两个方面。一方面是对在园外参加培训的人员的分配管理，另一方面是本园的培训规划。大多幼儿园的园外培训的遴选方式都是由学校制定的，有些幼儿园更加重视对年轻老师的培养而忽略了年长一点的教师，这将会导致幼儿园发展不平衡，两极分化严重，幼儿园整体素质的提升很难得到保证。还有些幼儿园只要有培训机会总是让个别的几个教师去，顾及不到其他教师，更不可能做到全覆盖。有很多教师表示希望可以轮流去培训，让大家都有机会去园外学习，并希望能够给予经费支持。在园本培训制度中，首先，我们从数据中发现不是所有幼儿园都会进行园本培训，有些园所因为没有优质师资带领、经费不足，只能保证正常的幼儿园日常开支与教师工资。但大部分的教师都参加过幼儿园的培训，园本培训是农村幼儿园教师主要的培训方式，也是农村幼儿园教师参加非学历学习活动的主要方式。

目前，一些乡村幼儿园并没有明确的园本培训目标与规划，更没有成文的规定，有培训计划的乡村幼儿园也没能对培训做全面的系统规划，不能科学合理地安排教师的园内培训，并且，教师的培训时间与工作时间也存在冲突。在调查中发现，教师的职后教育需求普遍较高，但平时工作量过多，教师已经精疲力竭，没有时间再去学习。A 教师表示："园内领导能够正确指引教师向统一方向前进，但不能在多方面提要求。老师的精力是有限的，要减轻教师的压力，让幼儿园教师将笑容传递给每个幼儿，这对职后教育也很有帮助。如果不能减轻教师的负担而是直接安排职后教育，只会让教师更忙，对待职后教育也没法认真专注。建议对教育和工作进行取舍，如果要安排教育就要把工作内容减少。"B 教师也表示："孩子要减压，老师是不是也要减压？天天加班，夏天天黑才能回家，没时间学习不说，家庭也不要管吗？长期这样，教师的心理是不是也会出问题？"幼儿园教师工作量大、任务重。园本培训不能将教师的工作时间与学习时间进行合理分配，教师的职后培训缺乏评价和激励机制，这些都导致教师缺乏专业发展的外在动力。

2. 缺乏园本特色的园本培训与园内专家型教师

目前，乡村幼儿园大多缺乏自己本园的特色，未能结合自己的实际情况组织属于本园的课程体系教学活动，看到有成功的经验就照搬，失去本园独有的特色。有教师表示："随着社会的不断发展，幼儿园的生存也会存在一定的困境。现在幼儿园逐渐增多，但幼儿园的教育理念与方式大致相同，不能开发本园独有的活动与课程，同质化严重。因此，无论是公办幼儿园还是民办幼儿园，一定要'以特色求生存'。"因此，要因地制宜、因人制宜，不断探索与创新，要善于发现不同教师的特长，发挥教师的潜能，这样才能形成幼儿园的特色。同时，要结合实际情况，探索适合本园的园本培训模式和策略来促进教师成长，让乡村幼儿园可持续发展。

园本研修是以幼儿园为本开展的日常教学研究，以园长和教师为主体，以幼儿园存在的教育问题为研究对象，目的是改善幼儿园的管理与教学质量、促进幼儿园教师专业发展。这需要幼儿园管理人员与教师有一定的理论基础、知识素养和反思能力，但大多数幼儿园对园本研修的理解不够深入，未确立以园为本的教育理念，也未形成大方向把控，使得教师参与性意识不强，学习教研氛围不够浓厚且过于形式化。又由于农村幼儿园教师能力水平有限，教师工作繁重，教师在平时的教育教学活动中也缺乏反思能力，使得园本研修只停留在表面，未能真正起到它该有的作用。

园本培训的培训者水平高低对培训的质量有影响重要。由于幼儿园的地理位置、环境状况都很难吸引优秀高素质的教师来到农村任教，农村幼儿园欠缺有能力的教师，同时也未能将教师朝专家型研究型方向培养，让她们在园内起模范带头作用，引领本园教师向前发展。

3. 缺乏专业幼教人员的引导

幼儿园不仅要针对本园实际情况开展有效的园本培训，也要多与外界合作，相互交流学习。目前，乡村幼儿园与政府、教育部门、高校、示范园等的合作交流联系不够紧密。这一方面导致了相关部门不能深入了解目前乡村幼儿园的真实情况与困境；另一方面，幼儿园本身也会丧失培训机会，不能让本园教师去培训，也引进不了优秀的幼教专业人员，从而出现理论与实践脱节的情况。部分农村幼儿园教师表示，城乡教师要相互流动，同级别的示范园、优质园也要相互交流学习，大家都想有机会学习新的教育理念；老师和管理人员也要流动，这样名师可以到农村支教，深入农村一线，从而提高农村教育水平，切实改变农村教育的落后状况。

（四）教师个人层面

表4-74是对农村幼儿园教师认为的影响参加职后教育的主要原因的排序，由表可知，阻碍教师参加职后教育的主要原因依次是培训名额有限、工作负担重、想参加但没有时间。

表4-74 阻碍教师参加职后教育的因素的排序 （N=4861）

题目	选项	平均分
阻碍参加职后教育的因素	培训名额有限	6.71
	工作负担重	5.19
	想参加但没有时间	5.08
	家庭负担重	1.78
	单位支持力度不够	1.71
	都是照本宣科，培训效果不佳，不想去	1.66
	基础知识薄弱，听不懂	1.64
	自己能够很好地胜任工作，不需要培训	0.69
	其他	0.33

1. 教师缺乏专业发展动力，职业规划不清晰

教师的自主发展意识首先是教师自主的选择，是教师在没有外力的强制与压迫下自愿进行的一种的行为，自身主动的发展意识是教师自主实现专业发展的前提。笔者在农村幼儿园教师职后教育目的的调查中发现，因幼儿园规定必须参加、迫于压力和外界强制性要求而不是自发参加培训的教师有27.4%。同时，有部分教师表示参加的职后教育的实效性并不高，反而浪费时间。还有28.9%和22%的教师表示参加职后教育是为了能够带来某些收益和建立社会关系，这些目的是带有一些功利性质的，并不是为了自身专业的提升而去参加的。在针对教师职后发展需求的调查中笔者发现，农村幼儿园教师想要通过参加职后教育来发展自身专业的需求很强烈，但大部分教师缺乏自主学习的积极性。在对教师是否会自我学习进行调查时笔者发现，有一半的教师只是偶尔学习甚至从不学习，有少部分幼儿园教师认为自己已经可以很好地胜任工作了，不需要再进行培训学习。这些都表明了教师缺乏自主发展的意识。很多教师对自己的职业规划也并不明确，有部分教师表示"干好本职工作就好了"，并没有对自己的职业进行长远的规划，没有明确前进的目标与方向，就没有动力去学习。从教师专业发展的外部动力来看，即阻碍教师参加职后教育的因素（见表4-74）中可以看到，培训名额有限、工作负担重、没有时间、单位支持力度不够、培训效果不佳以及一些政策的缺失和落实不到位，都制约了教师专业发展的动力。

2. 教师缺乏反思总结与科研意识

对学习内容和教育教学的反思总结对幼儿园教师的专业发展有很大帮助，但许多农村幼儿园教师只是墨守成规、循规蹈矩地组织每日的教育教学活动，并不会对这些知识与经验进行反思。一些职后教育活动以完成论文的方式进行评价考核，但教师所写的多数都是较为浅显的反思，没能深入地探寻和反思。缺少对学习内容、教育现象的反思总结会让职后教育的效果大打折扣，也会导致教师对工作与学习不够主动进取，只满足于完成每天的正常教育教学；遇到问题时也不善于思考，更谈不上创新，缺乏敬业精神。由于农村幼儿园教师的专业基础薄弱，许多专科、本科的教师都是通过在职进修函授的方式提高自己的学历，部分教师未能考取到幼儿园教师资格证，幼儿园对园本教研也不够重视、创新意识不足，导致教师缺乏科研意识。同时，许多农村幼儿园教师也缺少教育研究的意识。

第六节　提高农村幼儿园教师队伍质量的对策与建议

教育是阻断贫困代际传递的有效措施。振兴民族的希望在教育，振兴教育的希望在教师。农村教师质量的提高对乡村教育的发展起着重要的作用，有助于乡村社会的可持续发展。教师是知识的继承者、传播者，是教育者和被教育者之间知识传播的主要桥梁，是教育的实施者，教师的自身素养决定了教育质量，从而影响了人口素质的高低。可见，农村幼儿园教师自身的专业性与长期的专业性发展会影响乡村教育的质量。

我国是城乡二元结构国家，诸多历史社会等因素使城市与乡村在各方面都存在很大的差距，其中城市教育与乡村教育之间在地理位置、经济发展、文化背景、师资水平、资源配备、教育基础等方面都大不相同。为了逐步实现更公平、更高质量的教育，增进城乡一体化、缩小城乡之间的差距，乡村教育质量的提高就显得尤为重要。因此，我们需要不断提高乡村教师的专业知识与专业技能从而提高乡村教育质量，逐渐向城市教育质量靠拢，努力在最短的时间内为每个幼儿提供基本相同的教育条件，这是实现乡村振兴战略的重要一环。高素质的幼儿园教师队伍才能保障乡村教育有更好的发展，促进农村幼儿园教师队伍专业化发展也是教育现代化的必然要求，这样才能让每一位乡村幼儿享受更高质量的幼儿园教育，体现教育的公平。因此，高质量的教师队伍是乡村教育健康持续发展的根。

在乡村振兴战略实施的背景下，江苏省各级政府及教育主管部门充分重视农村学前教育发展问题，加大农村学前教育改革的力度。主要体现在4个方面：①在管理体制上，配齐配全各级学前教育管理机构[①]。②在教师培养发展方面，江苏省在职前幼儿园教师培养中尝试招收五年制学前教育专业免费师范男生，增加男教师比例；在师范院校中设置乡村学前教师定向培养班，鼓励大学生从事农村幼儿园教师工作。在职后教育中，加强学前教育教研工作，组建市级、县级专业教研团队，建立师范院校协作教研制度，设置学前教育教研工作经费，促进幼儿园内涵发展，提升教师队伍质量。[②] ③建立有特色的教师发展制度。④在农村学前教育投入资金方面，设置专项经费，完善农村园所设备设施，注重农村幼儿园教师的职后培训。

2015年，国务院颁发《乡村教师支持计划（2015—2020年）》，文件明确指出"采取切实措施加强乡村教师队伍建设，明显缩小城乡师资水平差距，让每个乡村孩子都能接受公平、有质量的教育"[③]。2018年发布的《国务院关于全面深化新时代教师队伍建设改革意见》提出了6个要求：①坚持兴国必先强师，深刻认识教师队伍建设的重要意义和总体要求；②着力提升思想政治素质，全面加强师德师风建设；③大力振兴教师教育，不断提升教师专业素质能力；④深化教师管理综合改革，切实理顺体制机制；⑤不断提高地位待遇，真正让教师成为令人羡慕的职业；⑥切

[①] 江苏省教育厅：《江苏省学前教育条例》，见江苏省教育厅网（http://jyt.jiangsu.gov.cn/art/2012/10/31/art_57834_7005186.html），访问日期：2022年5月22日。

[②] 基础教育处：《关于加强学前教育教研工作的意见》，见江苏省教育厅网（http://jyt.jiangsu.gov.cn/art/2017/9/21/art_58359_7499059.html），访问日期：2022年5月22日。

[③] 国务院办公厅：《国务院办公厅关于印发乡村教师支持计划（2015—2020年）的通知》，见中华人民共和国中央政府网（http://www.gov.cn/zhengce/content/2015-06/08/content_9833.htm），访问日期：2022年5月22日。

实加强党的领导，全力确保政策举措落地见效。① 树立科学幼教理念、提高保教实践能力是农村幼儿园教师专业发展迫切需要解决的问题，受自身素质影响，目前农村幼儿园教师在观察与分析幼儿的能力、组织保教活动的能力、师幼互动能力、游戏指导能力、教育研究能力等方面上仍然存在较多问题，只有努力提高农村幼儿园教师的专业能力，农村幼儿园教师的专业成长才有可能实现。本书从各级政府和相关教育部门、幼儿园、教师这3个层面提出提高农村幼儿园教师队伍质量的对策与建议，进而实现保教质量的提高，促进幼儿健康成长。

一、各级政府和相关教育部门层面

（一）完善农村学前教育管理，建立专业化管理团队

为建设一支"高素质善保教的农村幼儿园教师队伍"，基层政府应建构适宜的支持体系，通过提供政策制度上的保证，人力、物力与资金上的支持，使农村幼儿园教师能够在专业精神、专业知识和专业能力方面获得发展，为幼儿园教师的专业发展营造良好的社会环境。建立专业化管理团队是提高农村幼儿园教师队伍质量的关键环节。完善农村学前教育管理可以从两个方面着手：一是组成专业化教育行政部门团队，可选聘高学历学前教育专业人员，或从幼儿园选拔优秀园长；二是聘请学前教育专业园长，赋予园长实权，改变部分地区小学校长兼管幼儿园的现状，真正实现市—县—镇—园专业化管理"一条龙"。

（二）加大投入提高农村幼儿园教师工资待遇，增强教师的职业幸福感

保障教师的生存条件是教师能否完成教育任务和实现进一步发展的基础，若要教师达到高层次的积极性及职业素养，就要满足较低级的生理、安全需要。为此，高工资、低工作强度、正常工作时长的农村幼儿园教师的工作积极性更高，更想提高自身职业素养，就更容易获得职业幸福感。

---

① 《国务院关于全面深化新时代教师队伍建设改革意见》，见中华人民共和国中央政府网（http://www.gov.cn/zhengce/2018-01/31/content_5262659.htm），访问日期：2022年5月22日。

这就需要优化农村幼儿园教师的待遇，尤其是提高教师队伍中庞大的编外教师的待遇，持续增加编制名额，逐步实现农村幼儿园编制全覆盖；加速推进"同工同酬"的实现；进一步落实"乡村教师补助"以及"五险一金"社会保障；改善农村偏远地区幼儿园教师交通问题；减轻教师额外工作负担，关注教师心理健康及生活困难，提高农村幼儿园教师职业幸福感，实现"开开心心上班去、认认真真搞教育"的美好图景。

2016 年，江苏省在普通教育的财政支出为 2808267.74 万元，其中学前教育为 120 万元，小学教育为 106668.11 万元，初中教育为 38438.18 万元，高等教育为 1567409.26 万元，相比较而言，在学前教育上的财政支出可以说是微乎其微，这对于依靠地方财政投入的学前教育来说无疑是十分不利的。正如《国务院关于全面深化新时代教师队伍建设改革意见》中提到的，抓住关键环节，"把提高教师地位待遇作为真招实招，增强教师职业吸引力"。增加政府财政投入，应当以"同工同酬"为原则，按照在编教师的待遇，采取购买"岗位"的办法来壮大教师队伍。在农村幼儿园建设上，首先要必须保证幼儿园教师的数量，其次必须提高幼儿园教师的地位和待遇，这应当成为当前加强农村幼儿园教师队伍建设的重要内容。

增加农村公办幼儿园教职工编制，尤其是教师编制，是加强农村公办幼儿园教师队伍建设、提升教育质量的重要手段。农村公办幼儿园的教师队伍建设直接关系到能否办好公办幼儿园，真正发挥农村公办幼儿园的示范引领作用。因此，在国家相关政策的指导下，地方教育部门应尽快出台相关的教师编制标准，适当扩大农村公办幼儿园在编教师的比例，稳定农村幼儿园教师队伍。

（三）创新农村幼儿园教师职前培养机制，开展乡村师范生定向培养

2015 年年底，为认真贯彻党的十八大、十八届三中四中五中全会精神，全面落实国务院办公厅关于印发的《乡村教师支持计划（2015—2020 年）》，着力加强乡村教师队伍建设，扎实推进教育现代化，努力办好人民满意的教育，江苏省政府印发了《江苏省乡村教师支持计划实施办法（2015—2020 年）》。该"支持计划"的主要目标是按照"师德为先、以德化人，规模适当、结构合理，提升质量、提高待遇，改革机制、

激发活力"的原则，全面加强乡村教师队伍建设，力争到 2020 年，全省乡村教师资源配置得到进一步优化，教育教学能力水平稳步提高，各方面合理待遇依法得到保障，职业吸引力明显增强，"下得去、留得住、教得好"的局面逐步形成，可持续发展的长效机制基本建立，努力造就一支数量充足、结构合理、素质优良、甘于奉献的乡村教师队伍。2016 年，江苏省在贯彻落实乡村教师支持计划的过程中，首批招收定向生 1872 人，200 多个乡村骨干教师培育站全部开始运行，使高校师范生能够"下得去"，从而提高了农村师资队伍的整体水平。位于苏北的 Y 市，依托于 Y 市师范学院和 Y 市高等师范学校这两所师范院校开展农村幼儿园教师定向培养项目，为农村地区稳定地输送优质的幼儿园教师。实施乡村教师支持计划，对解决当前乡村教师队伍建设存在的突出问题，缩小教育差距，促进教育公平，提升教育现代化水平，建设经济强、百姓富、环境美、社会文明程度高的新江苏，具有十分重要的意义。针对农村地区幼儿园教师资源短缺的现状，高校在培养农村定向幼儿园教师时，要走进乡村幼儿园，贴近农村幼儿成长实际，创新培养模式，注重培养爱幼崇教的乡村教育情怀，在开设儿童心理学、学前教育学、学前卫生学等理论课程的同时，也要兼顾在音乐、舞蹈、美术等艺术技能的训练，更要注重幼儿园教师保教实践能力的培养，使定向师范生毕业后能顺利地适应农村幼儿园的教育环境和教学条件，更好地在乡村教育工作中发挥作用。

二、幼儿园层面

1. 控制园所规模，减轻工作负担

幼儿园教师这一职业一直存在着工作时间长、工作琐碎、负担重的特点。农村幼儿园教师因班级人数过多、保育员配备不足，导致了师生比严重超标。因此，要想合理减轻农村幼儿园教师的职业压力，教育管理部门和幼儿园管理者就必须控制幼儿园规模，减少班级幼儿人数，补齐教师、保育员配置，合理推进幼教改革，从而降低农村幼儿园教师的工作负荷。

2. 推进民主化管理，促进专业发展

农村幼儿园教师的管理应树立"以人为本"的理念，推进民主化管理。教育管理部门和幼儿园管理者要真心诚意地去关心幼儿园教师，公平公正地对待每一位教师，切实了解教师的专业发展需求，进行针对性的帮

扶。同时，应给农村幼儿园教师多提供学习、进修的机会，鼓励教师进行职称评审，以满足她们的自我发展需求、自我期望。尤其是那些缺乏正规学前教育专业教育背景的教师，管理者要帮助她们尽快获取相应的从业资格证。此外，管理者还应立足于本园教师的现有水平，优化教师培训的质量，尽量缩短教师培训的时间，减少不必要的评比活动，采用发展性评价制度，以更有效地促进农村幼儿园教师的专业发展。

3. 建立区域联盟，促进城乡幼儿园教师交流

建立区域内学前教育资源共享机制，是发挥资源效益最大化的有效途径之一。加强区域内教学资源的重组、整合与优化，中心城市与重点乡镇幼儿园要充分发挥优质资源的示范作用，充分利用幼儿园自身的品牌效应与扩散效应，建立教育资源共享机制，着力探索并打造资源共享的学前教育区域联盟新模式。通过区域联盟来加强区域统筹，努力促进区域范围之内的幼儿园之间的师资平衡。加强和完善师资培训制度，建立多层次、多形式、多元开放、立体交叉的幼儿园教师培训体系，以不断提高农村教师队伍的整体素质。区际要建立"教师异地交流"制度、"幼儿园园长互访"制度等，每年选派富有经验的幼儿园院长到落后地区的幼儿园进行指导，选派一批优秀市级、县级骨干幼儿园教师到农村幼儿园支教，开展讲学、辅导活动。加强城镇与农村幼儿园教师教育教学交流与合作，促进农村幼儿园教育水平的提高。

三、教师层面

1. 树立正确的压力观，提高应对职业压力的信心

农村幼儿园教师不仅是职业压力的承受者，同时也是调控职业压力真正的主体。社会上任何一项工作都存在压力，农村幼儿园教师也不例外。另外，职业压力也并不是一点好处都没有，"有压力才有动力"，适当的压力，有助于提高人们工作的效率。因此，广大农村幼儿园教师首先要树立这样一种观念，那就是职业压力并不可怕。职业压力具有两面性，关键是要培养自己面对压力时的乐观、豁达的态度，形成积极面对职业压力的信心。在本次调查中，79.5%的教师对职业压力的看法比较积极，71.8%的教师认为自己能较好应对职业压力。在访谈中，她们介绍了一些自己应对职业压力的策略：放松法（可以通过有意识地控制自己的生理和心理

活动，从而降低身体的觉醒水平，幼儿园教师可以在饭后、睡前练习，简单轻松又能达到缓解压力的效果），要学会发泄自己的负性情绪（俗话说，积劳成疾、积怨成毒。媒体报道的幼儿园教师体罚孩子的现象，很有可能就是因为她们的压力长期得不到有效释放，越积越多而最后爆发的结果。因此，幼儿园教师要学会合理地缓解自己的压力。如跟家人、朋友、同事聊天、逛街购物、唱歌、旅游等方式都可以缓解紧绷的神经，降低压力），进行适当的体育锻炼（体育锻炼不仅有强身健体的作用，同时还可以转移注意力，使人忘掉自己的失意和不快，对缓解幼儿园教师的职业压力有很好的效果）。希望广大农村幼儿园教师能树立积极的压力观，调整应对职业压力的策略，合理调节职业压力。

2. 建立合理的自我期望，提升职业认同感

人的成就感跟人的自我期望呈倒"U"型关系，期望过低和过高，都不利于形成职业成就感。职业成就感与职业认同感息息相关，只有在建立合理的自我期望时，农村幼儿园教师的职业成就感才能获得相应的提升，从而坚定从事农村幼儿园教育的职业信念，提升职业认同感。因此，幼儿园教师要根据自己的实际情况，实事求是，既要发现自己的优点、肯定自己的优点，也要正视自己的不足，在工作中发挥自己的长处，克服自己的不足，建立合理的期望值。教师既不要盲目自大，也不可不切实际地苛求自己，建立自己无法企及的高期望，无法顺利达到自己的期望目标只会引起自己的挫败感，导致职业压力的产生。同时，农村幼儿园教师必须要具有终身学习的意识和能力。只有通过不断的学习，才能掌握更加全面、先进的教育知识和理念，不断提高自身的专业理论知识，才能在面对教育对象时，更加自如地应对，才能更好地调控自身的职业压力，不会因为自身专业化程度不高而有压力，才能不会在面对教育问题时，因不知所措而产生职业压力。

3. 激发农村幼儿园教师终身学习的内驱力，促进自身专业发展

教师是职后教育的学习主体，要培养教师终身学习的学习动力，激发教师的自我发展主动性，这样职后教育的效果才能到达最优化。规划自己的职业发展，制定符合自己现阶段水平的目标，可以提高自我对知识的渴望和需求程度。通过组织教师参加教育教学技能大赛来激发教师的学习动机，不仅能提高农村幼儿园教师的专业知识与能力，也能检测职后教育的实效性。教师自我提高的内驱力是教师通过自身才能取得的成功，更多指

向的是教师的外部动机。因此，要通过教师的自我提高的内驱力促进教师自主学习与发展。

第五章 "乡村振兴"背景下0—3岁婴幼儿托育服务现状

第一节 我国0—3岁婴幼儿托育服务的研究现状与趋势

一、0—3岁婴幼儿托育服务研究背景

随着经济发展和社会进步,托育服务成为世界普遍关注的议题。20世纪末,受女性学历与就业率提高、育龄青年晚婚晚育、家庭规模缩小等社会变化影响,发达国家将0—3岁婴幼儿托育服务视为政府责任,走在了托育服务建设的前列[1],入托率达到25%—55%,而我国0—3岁婴幼儿的入托率仅为4.1%[2]。

2016年,"全面二孩"政策实施后,我国新生婴幼儿的数量增加,然而很多家庭迫于时间资源和人力资源双重缺失的压力无法自主照料孩子,

---

[1] 参见杨雪燕、高琛卓、井文《典型福利类型下0—3岁婴幼儿托育服务的国际比较与借鉴》,载《人口与经济》2019年第2期,第1页。

[2] MoreCare:《0—3岁儿童托育服务行业白皮书》,见搜狐网(https://www.sohu.com/a/208949621_817001),访问日期:2022年5月22日。

对 0—3 岁婴幼儿托育服务的需求增大。① 因此，国家出台了一系列政策支持托育服务。2017 年年底，党的十九大报告把"幼有所育"作为需取得新进展的民生任务之一，健全托育公共服务体系成为推进"幼有所育"的重要任务。2019 年 5 月，国务院办公厅印发《关于促进 3 岁以下婴幼儿照护服务发展的指导意见》，为婴幼儿照护服务指明了发展方向。2021 年 7 月 20 日，国务院办公厅发布《关于优化生育政策促进人口长期均衡发展的决定》，提出三孩生育政策及配套支持措施，将发展普惠托育服务体系纳入支持措施的建设重点，让托育服务成为社会关注热点。②

为把握我国 0—3 岁婴幼儿托育服务的研究现状及趋势，本书以近十年中国学术期刊网络出版总库（CNKI）刊载有关 0—3 岁婴幼儿托育服务的文献作为数据来源，运用 Cite Space 软件可视化分析，以期从大数据视角进一步提高 0—3 岁婴幼儿托育服务关注度，启发学者开展深入研究。

二、0—3 岁婴幼儿托育服务研究设计

（一）研究工具

本章的研究工具是可视化分析软件 Cite Space，其主要用于分析特定研究领域的热点及趋势，由美国德雷塞尔大学陈超美博士基于 JAVA 编写研发，集合文献计量学法、信息可视化方法和数据挖掘算法，分析研究对象之间的共现与共引关系，通过绘制可视化图谱的、建立节点之间的关联来完成。③

（二）数据来源

本文所用数据出自 CNKI 文献全文数据。利用 CNKI 高级检索功能，以"0—3 岁婴幼儿托育服务""0—3 岁托育服务"为主要检索关键词，

---

① 参见高佳蕊、刘梦超、李子晗《0—3 岁婴幼儿公共托育服务的现状与问题分析》，载《现代商贸工业》2021 年第 5 期，第 107 页。
② 参见杨舒《三孩生育政策配套支持措施来了》，见中国政府网（http://www.gov.cn/zhengce/2021 - 07/22/content_ 5626517.htm），访问日期：2022 年 5 月 22 日。
③ 参见胡金萍、吕芮《我国听障大学生研究热点主题及趋势探析：基于知识图谱的可视化分析》，载《绥化学院学报》2020 年第 1 卷，第 43 - 47 页。

以 2012—2021 年为时间区间，共检索出 114 篇文献（检索时间：2021 年 11 月 3 日）。筛选并删除英文文献、会议记录报告、新闻报道、故事叙述性及主题性极强的文章，筛选后共得到 92 篇文献。为了获取本文研究的数据样本，以 Ref Works 格式导出所选的 92 篇目标文献，并以"download"命名该文件，在 Cite Space 中转码输出。

三、0—3 岁婴幼儿托育服务的数据分析

（一）基本情况分析

1. 随时间分布的发文量状况

如图 5-1 所示，我国 0—3 岁婴幼儿托育服务的研究性文献发文量总体呈现逐年剧增趋势。十年间，2012—2016 年的年均发文量为 0 篇，说明该段时间学者们鲜少关注 0—3 岁婴幼儿托育服务领域；2017 年后的发文量开始逐年增多，年均发文量增长迅速，尤其是 2020 年迎来发文量最高峰，共有 35 篇相关文章。可见，我国学者对 0—3 岁婴幼儿托育服务的研究关注得较晚。但随着国家陆续进行"全面二孩""全面三孩"生育政策的重大调整，并颁布了一系列推进托育服务的政策文件，最近五年 0—3 岁婴幼儿托育服务才引起学者关注，成为研究领域的热门话题。

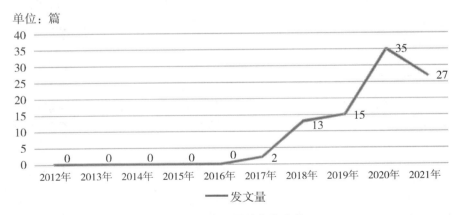

图 5-1 发文量的年代变化

2. 机构及核心作者群分布状况

通过运行 Cite Space，将时间跨度设置为 2012 年 1 月—2021 年 12 月，时间切片设置为 1 年，节点类型勾选"机构"选项，其他参数设置皆为默认，得到机构共现的网络知识图谱。从图谱中可发现，西安交通大学公共政策与管理学院、中国人民大学社会与人口学院、中国宏观经济研究院社会发展研究所、华中师范大学教育学院的节点较大。生成的节点越大，说明发表的文章数量越多。可见，我国 0—3 岁婴幼儿托育服务的研究以高等院校和国内权威研究机构为主力军，其在该领域研究的发表文章数量较大。研究者主要来自高等院校和研究机构，他们出于研究敏感性，率先关注到国家生育政策变化突显了托育服务缺失问题，并以此申请研究基金开展研究，为 0—3 岁婴幼儿托育服务提供教育性建议。

机构间的合作密切程度主要取决于生成节点的连线数密集程度，生成节点连线数为 0，则代表各机构之间几乎没有合作，研究成果由机构间合作共同得出的几乎没有，说明在该领域研究中，研究机构仍各自为营，缺乏协作研究。

通过运行 Cite Space，在节点类型的选择中，勾选"作者"选项，其他参数与机构设置相同，得到作者共现网络知识图谱。从生成节点大小来看，生成节点数最大的学者为杨雪燕，在某高校 2018 年专项科研项目"新时代全面二孩政策下 0—3 岁婴幼儿托育服务的发展战略研究"的基金项目支持下，发表该主题的文章 5 篇，主要探讨国际经验、家长托育需求调查、体系构建与质量评估等问题。高琛卓、井文、秦旭芳等学者的发文数量达到 3 篇或以上，依次位列其后，可见 0—3 岁婴幼儿托育服务的核心作者群以杨雪燕为首。从生成节点间连线数来看，高产作者间的合作较多，以两个及两个以上作者的机构内部合作为主，形成了以杨雪燕、张欢欢、秦旭芳、高佳蕊等高产作者为首的多个合作群体。出现该现象的原因在于作者合作群体同处一个工作单位，持有相同的研究方向和目标，有相似的专业知识结构，研究多以师生合作、同事合作为主要形式，有利于托育服务研究合作的顺利开展。

（二）研究热点分析

为把握我国 0—3 岁婴幼儿托育服务的研究热点，本章运用关键词聚类分析法探寻我国 0—3 岁婴幼儿托育服务的研究热点主题。

通过运行 Cite Space，在节点类型的选择中，勾选"关键词"选项，参数设置与机构参数设置相同，得到关键词共现图谱，基于此获得关键词聚类网络图谱。关键词共现图谱中出现频次较高的关键词有"托育服务""婴幼儿托育机构""公共服务""公共托育照护服务"，在关键词聚类网络图谱中则主要依序分布了"婴幼儿""幼儿教育""托育机构""生育政策""公共托育""再生育""全面二孩"7 个聚类，反映了近年来我国 0—3 岁婴幼儿托育服务研究热点紧紧着围绕国家的生育政策调整。

为深入分析研究热点，运行 Cluster Explorer 算出对数似然率，将关键词聚类知识图谱转化为反映聚类全部标签词的关键词共现网络聚类表，结果如表 5-1 所示。

表 5-1 关键词共现网络聚类

聚类号	聚类大小	高频标签词
0	36	婴幼儿；托育服务；托育机构 0—3 岁婴幼儿；0—3 岁婴幼儿
1	14	婴幼儿；幼儿教育；供给主体；科学育儿；四川省
2	11	托育机构；利用；完善对策；美国；准入制度
3	9	生育政策；0—3 岁；公共服务；社会政策；上海市
4	6	公共托育；普惠型；照护服务；供需关系；国际比较
5	3	再生育；影响因素分析；家长参与；地理位置；婴幼儿家长
8	3	全面二孩；公共托育服务体系；发展进程；0—3 岁婴幼儿；托育服务

通过分析聚类的标签词、结合聚类内容交叉部分和文献的梳理阅读，可以将我国 0—3 岁婴幼儿托育服务的研究热点归纳为 4 个领域。

1. 0—3 岁婴幼儿托育服务国外经验的相关研究

20 世纪末，受发达国家社会的影响，我国将 0—3 岁婴幼儿托育服务纳入社会福利建设。因此，我国学者从服务模式、发展经验、质量评价介绍发达国家经验，期望通过参考美国、欧洲国家的成功经验来探讨国际经验应用于国内的可行性建议。在关于美国托育服务的研究中，罗丽、刘昊认为美国评估托育机构质量的"课堂互动评估系统"产生了多方参与的良性循环，启示我国托育服务在扩张规模的同时不要忽视质量。① 鲁熙茜认为美国0—3岁婴幼儿托育服务重视公平质量，"早期开端计划"的开展与科学的理论、社会良性互动、立法保障、资金支持、处境不利婴幼儿的保护、家庭与社区的合作密切相关。②

关于欧洲国家的托育服务研究中，杨雪燕等人分析了不同福利类型欧洲国家0—3岁婴幼儿托育服务的差异，认为托育服务的供给可采取兜底补缺与适度普惠、贯彻保教融合、鼓励多元参与、规范有章可循等。③ 蔡迎旗、王翌关注欧洲国家提高0—3岁婴幼儿保教服务质量的行动计划，介绍其五大关键领域及具体目标，认为我国可以借鉴欧洲国家提高保教服务质量的做法，建构中国特色多元化、高质量的托育服务体系。④

2. 0—3岁婴幼儿托育服务国内政策的相关研究

随着国家生育政策的重大调整，我国学者开始关注政府颁布的托育服务政策文件，并对其进行政策梳理和文本分析。在政策回顾中，学者们大多以新中国成立、改革开放作为0—3岁婴幼儿托育服务的起始点。罗佳欣、左瑞勇认为新中国成立初期，托育服务的目的是支持女性就业和促进经济增长，带有公共福利性质的公共托幼系统蓝图可追溯到20世纪50年代。⑤ 洪秀敏、陶鑫萌以改革开放为起点，将我国托育服务划分为国家重视振兴期、儿童照顾责任回归家庭期、构建婴幼儿照护和早期教育服务体系的公益普惠期三阶段。⑥ 在政策文本分析中，学者们利用NVivo软件对中央、省级的政策文本进行质性分析。王晓贝、王景芝用词频分析法解读中央和河北省0—3岁婴幼儿托育服务的政策文件，发现服务性是托育政

---

① 参见罗丽、刘昊《美国0—3岁婴幼儿托育服务机构质量评估中的CLASS：内容、特点与应用》，载《外国中小学教育》2018年第10期，第45页。

② 参见鲁熙茜《共享理念视角下美国0—3岁托育服务的政策分析及启示》（学位论文），华东师范大学2020年，第93-101页。

③ 参见杨雪燕、井文、王洒洒、高琛卓《中国0—3岁婴幼儿托育服务实践模式评估》，载《人口学刊》2019年第1期，第5页。

④ 参见蔡迎旗、王翌《欧洲国家0—3岁婴幼儿保教服务质量提升行动及其启示》，载《学前教育研究》2020年第12期，第3页。

⑤ 参见罗佳欣、左瑞勇《70年来我国0—3岁婴幼儿托育服务政策的发展历程及未来展望》，载《早期教育（教育教学）》2020年第1期，第18页。

⑥ 参见洪秀敏、陶鑫萌《改革开放40年我国0—3岁早期教育服务的政策与实践》，载《学前教育研究》2019年第2期，第3页。

策的核心、托育机构是托育服务实施的依托、标准是评估托育质量的基础。① 潘宝城、宋占美研究了 28 个省级实施意见,发现政策文本存在市场化程度不高、行业专业化程度低、相关知识普及不足、缺乏理论指导的问题。②

3. 0—3 岁婴幼儿托育服务供需状况的相关研究

"全面二孩"政策实施后,部分学者捕捉到家长对 0—3 岁婴幼儿托育服务的需求,开始调查 0—3 岁婴幼儿托育服务供需状况,得出了有益结论。在需求研究中,李沛霖等学者调查了南京市区托育服务市场,发现当地家庭的托育需求强烈,原因在于家长工作忙碌、祖辈育儿观念差异、提升孩子能力。③ 谢丽调查重庆市中心城区家庭对托育服务的需求,发现众多家庭追求专业照护指导以及科学化、专业化、多元化的早期教育服务。④ 除了调查我国大中城市需求外,郭瑞发现郑州城中村的家庭仍以祖辈育儿的家庭式托育为主,托幼服务有市场需求,尤其是对服务类型的需求,最看重幼儿托管照料的安全卫生。⑤

在供给研究中,宁洋洋使用选择实验法分析全国 0—3 岁婴幼儿家长参与托育机构影响因素、支付意愿和现实层面供给,发现机构因素是影响家长参与托育服务机构的最重要因素,家庭、社会、机构在孩子母亲学历、最小孩子月龄上均存在较显著的差异。⑥ 郭栋在现状调查中发现,天津市托育服务存在机构数量少、师资数量资质不足、民营机构良莠不齐的现象,提出了采取完善政策法规、增加公共投入、建立多元化机制的政策

---

① 参见王晓贝、王景芝《0—3 岁婴幼儿托育服务政策解读:基于词频分析法》,载《早期教育(教育科研)》2020 年第 12 期,第 18 页。

② 参见潘宝城、宋占美《我国促进 3 岁以下婴幼儿照护服务发展的政策分析及思考:基于 28 个省级实施意见政策文本的 NVivo 软件分析》,载《陕西学前师范学院学报》2021 年第 7 期,第 8 页。

③ 参见李沛霖、王晖、丁小平等《对发达地区 0—3 岁儿童托育服务市场的调查与思考:以南京市为例》,载《南方人口》2017 年第 2 期,第 71 页。

④ 参见谢丽《大中城市家庭 0—3 岁婴幼儿托育服务需求特征调查:以重庆市为例》,载《成都师范学院学报》2021 年第 8 期,第 74 页。

⑤ 参见郭瑞《城中村 0—3 岁婴幼儿家长托育服务需求研究》(学位论文),华中师范大学 2020 年,第 52-57 页。

⑥ 参见宁洋洋《0—3 岁婴幼儿家长参与托育服务机构的选择偏好及影响因素研究》(学位论文),沈阳师范大学 2020 年,第 60-66 页。

支持等建议。①

4. 0—3 岁婴幼儿托育服务从业人员的相关研究

托育服务质量离不开从业人员水平的提高，托育服务从业人员是托育服务体系建构的重要一环。因此，我国学者聚焦从业人员职前与职后培养的现状，针对问题提出合理建议。针对师资培养，陈虹岩提出要明确培养目标定位、重构课程方案、改革教学模式、建构教材、优化教学团队、培育实践基地等针对性建议，为婴幼儿园教师职前培养提供思路。② 张婵娟对上海市徐汇区的从业人员进行调查后发现如下问题：从业人员性别单一、年龄偏大、数量不足、流动性大、整体素质不高、欠缺专业理论知识和职业技能、培训时间短且内容简单，认为应加快建设完备的职前职后培训体系。③ 针对从业人员职业化水平，秦旭芳等学者发现辽宁省托育服务人员职业化水平总体较好，尤其是职业道德和职业意识水平较高，建议整合高校、家庭、企业、社区等多方资源，提高托育服务从业人员职业化水平。④

（三）研究态势分析

为了解关键词在不同阶段的差异性，通过运行 Cite Space，基于关键词共现分析和时间片段，将关键词共现图谱转化为关键词时序图谱。

依据关键词时序图谱以及学者们关注的研究主题的阶段差异性，可将我国近10年0—3岁婴幼儿托育服务研究的阶段划分为研究基础时期和快速发展时期。

1. 基础时期（2012—2017 年）

在这一时期，0—3 岁婴幼儿托育服务的研究处于基础层面，发文量少且影响力小，鲜少有学者关注托育服务研究领域。主要原因是本阶段大

---

① 参见郭栋《0—3 岁婴幼儿托育公共服务供给的政策支持研究》（学位论文），天津财经大学 2020 年，第 28 - 38 页。

② 参见陈虹岩《对0—3 岁婴幼儿教育师资培养的思考》，载《教育探索》2017 年第 5 期，第 101 页。

③ 参见张婵娟《0—3 岁托育机构从业人员现状分析及对策研究》（学位论文），上海师范大学 2019 年，第 25 - 49 页。

④ 参见秦旭芳、姜春林、党淼《0—3 岁婴幼儿托育服务从业人员职业化水平调查研究》，载《教育与教学研究》2021 年第 3 期，第 76 页。

多数家庭只有一个孩子，由家庭主要承担孩子的照顾责任，以祖辈抚育为主。2016 年，国家卫生和计划生育委员会在北京、上海、广州、沈阳等 10 个城市进行的城市家庭 3 岁婴幼儿托育服务需求调查结果显示，城市家庭普遍有强烈的托育需求，希望向社会购买服务，将孩子送入托育机构享受专业服务。① 在此期间，2013 年教育部在上海市、北京市海淀区等 14 个地区开展的 0—3 岁婴幼儿早期教育试点正处于起步阶段。② 因此，从"托育机构""国际比较""公共托育"等关键词来看，这一阶段的研究内容主要为介绍国外 0—3 岁婴幼儿托育服务经验并与我国国情结合，探讨发达地区托育服务出现的问题及解决对策，研究主体以高等院校教师和权威机构的专家为主，研究尚未形成系统化，甚至在 2012—2015 年处于空白状态。

2．快速发展时期（2018 年—至今）

在这一时期，0—3 岁婴幼儿托育服务的研究开始快速发展，发文量呈现逐年剧增的趋势，来自人口学、教育学、建筑学、心理学、管理学的学者陆续加入 0—3 岁婴幼儿托育服务的研究行列。国家从 2016 年开始实施"全面二孩"政策，新生婴幼儿数量递增，随着女性参与劳动增多和早期教育的缺位现象，构建普惠性托育服务体系、满足多数家庭的托育成为社会热点，"幼有所育"的呼声推动一系列政策应运而生，政府主导、多方参与的托育服务体系初步构建。③ 基于此，这一阶段的研究内容走向多元化、丰富化。学者们注意到了首先提供托育服务的上海市。上海市在 2018 年开始遵循社会多方合作的思路，尝试构建托育服务体系，但在实施过程中出现市场监管不严、供需能力不匹配、从业人员素质低等问题。④"供给主体""供需关系""家长需求""保教质量"等关键词反映了学者们重点从家长需求和托育机构调查托育服务的供需现状，针对规模

---

① MoreCare：《0—3 岁儿童托育服务行业白皮书》，见搜狐网（https://www.sohu.com/a/208949621_817001），访问日期：2022 年 5 月 22 日。
② 参见郭晓婷《教育部关于开展 0—3 岁婴幼儿早期教育试点的通知》，见中国政府网（http://www.gov.cn/gzdt/2013-01/06/content_2305645.htm），访问日期：2022 年 5 月 22 日。
③ 参见余雅洋、李涛、姜辉《0—3 岁婴幼儿托育服务实施主体的研究：基于新中国成立以来国家政策的文本分析》，载《教育观察》2021 年第 24 期，第 4 页。
④ 参见潘鸿雁《我国普惠性托育服务的发展与思考：基于上海市普惠性托育点的调查》，载《福建论坛（人文社会科学版）》2020 年第 1 期，第 178 页。

扩张导致的质量问题,提出了增强托育机构的质量评估、加强市场准入和监管机制的建议。从"家长参与""家长需求""支付意愿""生育意愿""再生育"等关键词可看出,家长已成为该领域的重点研究对象。"托育管理""地理位置""情绪情感""托育资源"等关键词的出现,显示出0—3岁婴幼儿托育服务研究正从宏观逐步走向微观。

四、0—3岁婴幼儿托育研究结论与展望

(一)结论

第一,从我国0—3岁婴幼儿托育服务的研究性文献发文量看,整体发文量呈逐年上升趋势,尤其是2017年开始出现较快上升的特点,2020年出现发文量最高峰,说明我国0—3岁婴幼儿托育服务研究在政策支持、社会舆论的影响下,受到较多关注,预计该研究在未来几年仍会维持较高的热度。

第二,从机构发文数量看,不同机构间的发文数量差距悬殊,且机构间的连线数为0,可见大部分机构单枪匹马、专注单一方向研究,缺乏与其他机构的合作交流。从核心作者群来看,同一机构研究者合作较多,多以师生合作、同事合作为主要形式,表明我国学者与其他机构的合作意识缺乏,研究范围单一,且作者的教育背景以学前教育领域为主。

第三,从研究热点及趋势看,我国的0—3岁婴幼儿托育服务研究主要从国外优秀经验介绍、国内政策、供需状况、从业人员四个领域开展,关注质量提升、宏观走向微观、内容走向多元化是该领域未来研究的趋势。可见,我国0—3岁婴幼儿托育服务研究存在合作形式单一、学科融合程度低、微观层面研究少的问题。

(二)展望

1. 丰富研究合作形式,建立学术共同体

我国托育服务体系是由政府主导,市场、社区、家庭多方力量合力建设的,其建设和完善不仅需权威机构和高等院校的专家提供专业指导,还需社区、托育机构、家庭提出宝贵意见。权威机构、高等院校与社会多方力量合作形成学术共同体,为实践提供科学理论与方法指导,而社会多方

力量则为理论研究提供了丰富经验，将0—3岁婴幼儿托育服务的实践上升到了理论层面。因此，学者们应该增强机构之间的合作意识，合作不应限于机构内部，合作形式可以是不同高等院校之间、高等院校与权威机构之间，甚至可将合作范围拓展到开展普惠性托育的社区、托育机构等，树立同一研究目标，集结社会多方力量共建学术共同体，让合作形式多样化。

2. 关注跨学科融合，突破单一领域壁垒

跨学科融合是适应我国托育服务研究内容的多元化走向、突破单一研究思维限制的大势所趋。学者们首先应加快0—3岁婴幼儿托育服务研究的跨学科融合步伐，可与心理学、卫生学、管理学等领域的研究者合作。例如，从心理学视角关注托育服务主体的情绪体验，从卫生学视角完善托育服务的健康照护，从管理学视角提高托育服务体系的运作效率。其次是采用不同研究方法，目前我国0—3岁婴幼儿托育服务研究方法以访谈法、问卷法为主，未来可借鉴人类学的田野调查法深入调查我国民族地区、农村地区的托育服务发展现状，借鉴心理学的量表评估发调查从业人员的职业认同感。基于不同学科视域专业性和研究方法多样性，突破以学前教育为主的单一领域，整合多学科力量推进0—3岁婴幼儿托育服务研究的持续发展。

3. 注重理论联系实际，研究内容深入精细

国家两次生育政策的重大调整、托育服务试点城市和0—3岁婴幼儿托育服务的政策文件内容逐渐成为学者们研究0—3岁婴幼儿托育服务的风向标。经过文献梳理发现：学者们侧重研究发达地区的托育服务，对我国小城市、农村民族地区的托育服务研究较少；关注托育服务的宏观层面，缺乏对微观层面某一问题的深入分析。因此，首先要增加托育服务的地域化研究，针对不同地区特点提出因地制宜的建议，通过理论联系实践，为不同地区托育服务的发展提供重要参考。其次是开展精细托育服务的研究。可深入探讨托育服务从业人员、托育机构、托育管理的某一方面问题，例如：对0—3岁婴幼儿托育服务的从业人员质量提高、角色定位、职业认同进行研究；对0—3岁婴幼儿托育机构的环境创设、家托共育、师幼互动进行研究；对托育管理的法律法规制定、准入、监管等进行研究，让研究落到实处并能够具体而微。

第二节 0—3岁婴幼儿家长的托育服务需求

随着脑科学、心理科学研究的深入，当今社会越来越认同0—3岁是人一生中发展非常迅速、非常关键的时期，0—3岁婴幼儿的早期教育不仅是学前教育的基础，更是终身教育的重要开端。当前，我国学前教育公共服务体系中的教育机构大部分为面向3—6岁幼儿开放的幼儿园，而面向0—3岁婴幼儿的托育服务基础薄弱，存在数量短缺、结构失衡、质量良莠不齐的问题。① 如何优化0—3岁托育服务体系是新时代学前教育改革发展面临的重要问题，也是补齐民生短板、实现"幼有所育"的重要议题。②

随着"全面二孩"政策的实施，中国0—3岁婴幼儿的数量已达到5千万左右。2021年5月，中共中央政治局在审议《关于优化生育政策促进人口长期均衡发展的决定》时指出"进一步优化生育政策，实施一对夫妻可以生育三个子女政策及配套支持措施"。随着国家"三孩政策"的实施，中国0—3岁婴幼儿的数量会进一步增长。家庭在抚养婴幼儿上不仅面临养育时间和成本增加的问题，如何应对两到三个孩子的照护也将成为新的挑战。③ 家庭抚育幼儿的压力已成为亟须解决的社会性问题，发展托育服务的急迫性也得到了党和国家的高度重视。党的十九大报告首次加入"幼有所育"的新要求；2019年5月，国务院印发的《关于促进3岁以下婴幼儿照护服务发展的指导意见》（以下简称《指导意见》）明确提出，要充分调动社会力量的积极性，多种形式开展婴幼儿照护服务，逐步满足人民群众对婴幼儿照护服务的需求。随后，各省市纷纷响应，截至

---

① 参见洪秀敏、陶鑫萌《改革开放40年我国0—3岁早期教育服务的政策与实践》，载《学前教育研究》2019年第2期，第3页。

② 参见矫佳凝、但菲《论"全面两孩"政策下的"有所育、有好育"》，载《教育探索》2019年第3期，第29页。

③ 参见洪秀敏、朱文婷、赵思婕《青年父母婴幼儿照护支持与养育压力研究：基于全国13个城市的调研数据》，载《中国青年社会科学》2020年第2期，第106页。

2020年6月底，河北等27个省（区、市）印发了贯彻落实《指导意见》的实施意见，通过出台相应政策加大对3岁以下婴幼儿照护服务的供给，对有照护困难的家庭或婴幼儿提供必要的服务。

2017年，国家卫健委指出，我国大型城市中3岁以下婴幼儿托育机构的入托率非常低，0—3岁婴幼儿在我国各类托幼机构的入托率仅为4%，远低于一些发达国家50%的比例。[①] 当前，0—3岁婴幼儿托育服务的发展面临诸多困境，基于此，本书在调查家庭托育服务需求现状的基础上，从家长对托育服务的认知度、参与度和满意度三方面对影响托育服务需求的因素进行剖析，为婴幼儿托育服务支持体系的构建提供参考与依据。在本书中，托育服务需求指的是家长为了让自己的孩子得到更好的发展而产生的为孩子选择托育机构的需求，这种需求包括家长希望0—3岁婴幼儿在某些方面得到发展的需求与家长自身接受托育机构指导的需求。

一、0—3岁婴幼儿家长的托育服务需求研究设计

（一）研究对象

2020年3月至2021年3月，笔者以江苏省为调研对象，通过网络平台发送自编问卷对婴幼儿家长进行线上调查，最后共得到有效答卷5276份。对数据使用软件SPSS 22.0进行了样本描述、卡方检验等检测分析方法。具体样本构成见表5-2。

表5-2 被调查家长样本构成情况（$N=5276$）

项目	具体指标	n	占比/%
性别	男	1148	21.76
	女	4128	78.24

---

① 参见《0—3岁儿童托育服务行业白皮书》，见搜狐网（https://www.sohu.com/a/208949621_817001），访问日期：2022年5月22日。

续表 5-2

项目	具体指标	n	占比/%
年龄	30 岁及以下	1325	25.11
	31—40 岁	3389	64.23
	41—50 岁	453	8.59
	51—60 岁	89	1.69
	61 岁以上	20	0.38
文化程度	初中及以下	1935	36.68
	高中	1045	19.81
	专科	1124	21.30
	本科	1093	20.72
	硕士及以上	79	1.50
职业	政府部门、事业单位	390	7.39
	教师、医生等专业技术人员	682	12.93
	商业、服务工作人员	616	11.68
	工厂产业工人	843	15.98
	务农	356	6.75
	个体	877	16.62
	无业	747	14.16
	离退休人员	27	0.51
	其他	738	13.99
地区	苏北地区	4054	76.84
	苏南地区	1098	20.81
	其他	124	2.35
城乡户籍	城市地区	1909	36.18
	乡村地区	3367	63.82

续表5-2

项目	具体指标	n	占比/%
家庭总月收入/元	5000及以下	1570	29.76
	5001—10000	1997	37.85
	10001—15000	897	17.00
	15001—20000	359	6.80
	20001—30000	194	3.68
	30001及以上	259	4.91

(二) 研究工具

1. 家庭社会经济地位 (socioeconomic status, SES)

一般把家庭收入、父母受教育程度与父母职业3个变量作为衡量社会经济地位的指标[①]，本书此次研究采用最大正交旋转提取主成分的方法对3个指标进行探索性因素分析。结果显示，特征根大于1.0的因子仅1个（特征根=1.606），方差总解释率为53.53%，分指标的因子载荷如下：家长受教育程度为0.69，家长职业为0.48，家庭经济收入为0.43。所得结果表明，3个分指标可以合成一个主成分，即社会经济地位的综合指标。合并步骤如下：先对3个分指标分数进行标准化，然后用因子载荷乘以对应指标的标准分，最后按以下公式求和，即可获得社会经济地位总分：$Z_{总} = 0.69 \times Z_{家长受教育程度} + 0.48 \times Z_{家长职业} + 0.43 \times Z_{家庭经济收入}$。本次研究中的SES得分范围在-1.95—2.96之间，得分越高表示家庭社会经济地位越高。本次研究将排名前27%的划分为低家庭社会经济，排名后27%的为高家庭社会经济地位，其余为中等水平家庭经济地位。

2. 婴幼儿家长对托育服务的需求研究问卷

本书此次研究在查阅大量文献的基础上，自编家长调查问卷"幼儿家长对婴幼儿早期托育服务的需求研究问卷"，该问卷共有24道题目，内容包括4个方面：①研究对象的基本信息：性别、年龄、职业、文化程

---

① Bradley R. H., Corwyn R. F. "Socioeconomic status and Child development", *Annual Review of Psychology* 53 (2002): 371.

度、家庭月收入、户籍所在地等；②研究对象对托育服务的认知度（您觉得给0—3岁的婴幼儿报名参与托育机构的活动是否有必要？），托育服务的参与度（您的孩子在0—3岁期间是否参与过托育机构的学习？）；③研究对象参与托育服务的满意度（你对之前给孩子报过名的托育服务情况满意吗？）；④从师资情况、环境设施等7个方面，探索影响家长满意度的因素。该问卷的 Cronbach's α 系数为 0.78，表明问卷具有较好的信度。

3. 访谈设计

本书此次研究通过查阅资料和阅读相关文献，在借鉴相关学者的访谈提纲的基础上整合设计出了专门访谈提纲。访谈内容包括3个方面，即对托育机构的需求情况、对所参加的托育机构的看法以及对当前我国托育机构的评价看法。

（三）研究过程与数据分析

针对家长的问卷调查使用问卷星工具面向幼儿园家长展开大规模调查，历时2周完成调查工作。访谈对象是从Y市4个不同类型的幼儿园中随机抽取的8名曾带孩子参加过早教班的家长（每个幼儿园2名），访谈在各个幼儿园提供的专门访谈室进行，由研究者亲自做主试。研究者在访谈记录表上做适当记录，访谈结束后进行整理。整个访谈过程历时1周。

对所回收的家长问卷进行0001—5276编码，并将数据录入分析软件。研究运用 SPSS 22.0 进行样本描述、卡方检验、方差分析等对数据进行处理与分析。

二、0—3岁婴幼儿家长的托育服务需求调查结果及分析

（一）0—3岁婴幼儿家长对托育服务的认知度

1. 家长对托育服务需求的总体情况

调查结果显示，在对0—3岁婴幼儿是否有必要参与托育服务的认知度上，有12.04%的家庭表示"非常有必要"，有47.10%的家庭表示"有必要"，仅有2.14%的家庭认为"完全没必要"，19.77%的家庭认为

"没必要"。总体而言，有一半以上的家庭（59.14%）对0—3岁以下婴幼儿参与托育服务是持认可的态度（见表5-3）。

表5-3 家长对托育机构重视程度情况（$N=5276$）

重视程度	n	占比/%
非常有必要	635	12.04
有必要	2485	47.10
无所谓	1000	18.95
没必要	1043	19.77
完全没必要	113	2.14

结合家长在考虑选择托育机构时最看重的因素，本次研究对师资、环境、距离等7个因素进行赋值，将家长最看重的因素赋值为7分，排名第二位的因素赋值为6分，依次排序。结果显示家长最看重的是师资情况（$M=5.32$），其次是环境设施（$M=4.82$）和距离位置（$M=4.52$），最后才会考虑托育机构的口碑状况（$M=4.51$）、收费价格（$M=4.00$）等（见表5-4）。根据问卷来看，家长对教师素质的需求体现在学历要求上，92.5%的家长希望托育机构教师的学历要求能达到专科或本科学历。在教师道德上，98.8%的家长希望托育机构教师能富有爱心。在教育能力上，85.4%的家长认为教师应具备科学养育幼儿的专业能力。

表5-4 家长对托育机构的总体需求情况（$N=5276$）

重视因素	内容	第一位	第二位	第三位	第四位	第五位	第六位	第七位	平均综合得分
师资情况	频数	1567	1243	958	692	492	302	22	5.32
	占比/%	29.70	23.56	18.16	13.12	9.33	5.72	0.42	
环境设施	频数	885	1143	1100	961	682	471	34	4.82
	占比/%	16.77	21.66	20.85	18.21	12.93	8.93	0.64	

续表 5-4

重视因素	内容	第一位	第二位	第三位	第四位	第五位	第六位	第七位	平均综合得分
距离位置	频数	888	859	867	1000	854	760	48	4.52
	占比/%	16.83	16.28	16.43	18.95	16.19	14.40	0.91	
口碑状况	频数	751	911	1034	952	888	710	30	4.51
	占比/%	14.23	17.27	19.60	18.04	16.83	13.46	0.57	
收费价格	频数	696	556	667	848	1199	1256	54	4.00
	占比/%	13.19	10.54	12.64	16.07	22.73	23.81	1.02	
课程内容	频数	438	537	636	802	1122	1638	103	3.68
	占比/%	8.30	10.18	12.05	15.20	21.27	31.05	1.95	
其他	频数	51	27	14	21	39	139	4985	1.15
	占比/%	0.97	0.51	0.27	0.40	0.74	2.63	94.48	

2. 家长对托育服务需求的具体情况

调查发现，家长对托育服务需求呈多样化的特点，具体情况如下。

（1）家长对托育机构教师的专业性需求情况

表 5-5 家长对托育机构教师素质的需求情况（$N=5276$）

教师素质	内容	第一位	第二位	第三位	第四位	第五位	第六位	平均综合得分
专业教学能力	频数	1099	1325	1338	979	496	39	4.27
	占比/%	20.83	25.11	25.36	18.56	9.40	0.74	
科学养育能力	频数	529	939	1301	1499	950	58	3.70
	占比/%	10.03	17.8	24.66	28.41	18.01	1.1	
对孩子热情有爱心	频数	2411	1263	774	546	263	19	4.94
	占比/%	45.70	23.94	14.67	10.35	4.98	0.36	

续表 5-5

教师素质	内容	第一位	第二位	第三位	第四位	第五位	第六位	平均综合得分
对家长尊重热情	频数	269	475	677	972	2747	136	2.89
	占比/%	5.10	9.00	12.83	18.42	52.07	2.58	
做人真诚高尚	频数	937	1250	1165	1219	644	61	4.08
	占比/%	17.76	23.69	22.08	23.1	12.21	1.16	
其他	频数	31	24	21	61	176	4963	1.12
	占比/%	0.59	0.45	0.40	1.16	3.34	94.07	

调查数据显示，在托育机构中教师的各项素质中，家长最看重的是教师能够对孩子热情、有爱心（$M=4.94$），教师的专业教学能力也较受家长重视（$M=4.27$），另外，家长们也对托育机构中的老师的道德品格有一定的要求，希望教师为人能够真诚高尚（$M=4.08$），从家长们反馈的数据能够看出来家长更关注教师的职业道德，相关教学方面的能力倒是其次。

在对托育机构教师学历的要求上，54.21%的家长希望托育机构的老师可以有大学本科的学历，选择人数为2860人；38.27%的家长认为托育机构教师有个专科学历就够了，选择人数为2019人。可以看出，大部分的家长对于托育机构老师学历的最低要求是专科，家长们觉得是否本科以上的学历不是很重要，而托育机构老师学历低于专科则是绝大部分家长不能接受的。

调查数据显示，在托育机构教师应具备的资格证书上，家长们选择最多的是幼师资格证、育婴师证和心理咨询师证，分别有94.24%、73.33%和69.84%的家长选择，可以看出托育机构的老师若想要得到家长们的认可，考取幼师资格证、育婴师证和心理咨询师证是必不可少的。

（2）托育内容需求情况

托育内容需求分为家长对托育机构课程本身需求以及家长自身想从托育机构获得帮助的内容两部分。首先是家长对托育机构课程的需求。调查显示，个性道德品质、生活习惯还有语言表达是家长们最希望托育机构能够对孩子进行培养的内容，平均综合得分分别为6.17、5.82和5.01，排在之后的内容是：婴幼儿情绪情感（$M=3.52$），身体素质（$M=3.24$），社会交往（$M=2.56$），识字、数数等知识（$M=1.81$），艺术才能（$M=1.31$）。

至于家长自身想要从托育机构获得的知识如表 5-6 所示，家长们最需要托育机构教给他们提供培养良好亲子关系的知识和心理情绪调控方法。

表 5-6　家长自身知识需求情况（$N=5276$）

家长自身需求的知识	内容	第一位	第二位	第三位	第四位	第五位	平均综合得分
培养良好亲子关系方法	频数	1421	1526	1309	982	38	3.63
	占比/%	26.93	28.92	24.81	18.61	0.72	
婴幼儿保健卫生知识	频数	858	1054	1405	1858	101	3.13
	占比/%	16.26	19.98	26.63	35.22	1.91	
科学育儿知识方法	频数	1508	1221	1270	1218	59	3.55
	占比/%	28.58	23.14	24.07	23.09	1.12	
心理情绪调控方法	频数	1467	1456	1245	1059	49	3.61
	占比/%	27.81	27.60	23.60	20.07	0.93	
其他	频数	22	19	47	159	5029	1.08
	占比/%	0.42	0.36	0.89	3.01	95.32	

(3) 环境与设施需求情况

表 5-7　家长对托育机构环境设施的需求情况（$N=5276$）

环境设施	n	占比/%
注重童趣，有各种有趣的玩具游戏设施，幼儿可开心玩耍	4033	76.44
注重自然，有许多自然动植物，可让幼儿充分接触大自然	3252	61.64
注重秩序，设施桌椅有序，孩子可以养成良好习惯	3605	68.33
注重温馨，布置的环境有家的感觉	1474	27.94
注重教育，有丰富书籍绘本可供阅读	2708	51.33
其他	42	0.80

调查显示，大部分的家长更希望托育机构能够提供给孩子们富有童趣的环境，能够让孩子们可以开心地玩耍；同时很多家长也强调环境的秩序性，因为这可以帮助孩子养成良好习惯；另外也有不少家长希望托育机构可以在孩子们 0—3 岁的时候多给孩子提供接触大自然的机会，让孩子们能够充分感受大自然的魅力。

(4) 收费与距离需求情况

表 5-8　家长对托育机构收费及距离的需求情况（$N=5276$）

项目	具体指标	n	占比/%
收费	5000 元及以下	3327	63.06
	5001—10000 元	1469	27.84
	10001—15000 元	274	5.19
	15001—20000 元	79	1.50
	20001 元及以上	127	2.41

续表 5-8

项目	具体指标	n	占比/%
距离	1 公里以内	1077	20.41
	1—3 公里	2596	49.20
	3—5 公里	1203	22.80
	5—10 公里	371	7.03
	10 公里以上	29	0.55

在家长对托育机构价格的选择方面，针对目前国内托育服务的定价，大部分的家长反映价格偏高，有 3327 名家长希望托育机构一年内的收费价格可以在 5000 元以下，占 63.06%，还有 1469 名家长表示托育机构服务的价格在 5001—10000 元内也可以接受，占 27.84%。

对于托育机构的距离，调查中有 1077 名家长希望托育机构可以在 1 公里的范围内，占 20.41%；有 2596 名家长表示希望托育机构的距离可以在 1—3 公里内，占 49.20%；有 1203 名家长希望托育机构可以在 3—5 公里内，占 22.80%。可以看出，绝大部分的家长能够承受托育机构最远的距离在 5 公里之内，超过这个范围，家长就可能考虑选择其他托育机构。

3. 0—3 岁婴幼儿家长对托育服务认知度的差异分析

为进一步从人口统计学变量角度分析家长对托育服务认知度产生差异的原因，此次研究通过采用频数统计和卡方检验方法来检验家长受教育水平、性别、年龄、城乡和地域 5 个方面对参与托育服务认知度的差异，具体见表 5-9。

表5-9 家长对参与托育服务认知度的人口统计学变量差异分析

人口统计学变量		托育服务认知度				
		非常有必要	有必要	无所谓	没有必要	完全没必要
父母受教育水平	初中及以下	217[a] (4.1%)	909[a] (17.2%)	375[a] (7.1%)	400[a] (7.6%)	34[a] (0.6%)
	高中学历	112[a] (2.1%)	472[a] (8.9%)	194[ab] (3.7%)	233[ab] (4.4%)	34[b] (0.6%)
	专科学历	124[a] (2.4%)	540[a] (10.2%)	215[a] (4.1%)	213[a] (4.0%)	32[a] (0.6%)
	本科学历	169[a] (3.2%)	529[b] (10.0%)	200[bc] (3.8%)	184[bc] (3.5%)	11[c] (0.2%)
	硕士及以上	13[a] (0.2%)	35[a] (0.7%)	16[a] (0.3%)	13[a] (0.2%)	2[a] (0.01%)
	χ^2	44.02***				
性别	男	177[ab] (3.4%)	496[c] (9.4%)	192[c] (3.6%)	239[bc] (4.5%)	44[a] (0.8%)
	女	458[a,b] (8.7%)	1989[c] (37.7%)	808[c] (15.3%)	804[bc] (15.2%)	69[a] (1.3%)
	χ^2	42.93***				
年龄	≤30岁	167[ab] (3.2%)	699[a] (13.2%)	227[a] (4.3%)	208[a] (3.9%)	24[a] (0.5%)
	31—40岁	379[b] (7.2%)	1569[b] (29.7%)	672[a] (12.7%)	693[b] (13.1%)	76[a] (1.4%)
	≥41岁	89[a] (1.7%)	217[c] (4.1%)	101[a] (1.9%)	142[c] (2.7%)	13[a] (0.2%)
	χ^2	52.58***				

续表 5-9

人口统计学变量		托育服务认知度				
		非常有必要	有必要	无所谓	没有必要	完全没必要
城乡	城市	295[a] (5.6%)	873[b] (16.5%)	375[b] (7.1%)	331[b] (6.3%)	35[b] (0.7%))
	农村	340[a] (6.4%)	1612[b] (30.6%)	625[b] (11.8%)	712[b] (13.5%)	78[b] (1.5%)
	χ^2	41.23***				
地域	苏南	160[a] (3.0%)	596[a] (11.3%)	204[a] (3.9%)	232[a] (4.4%)	19[a] (0.4%)
	苏北	475[a] (9.0%)	1889[a] (35.8%)	796[b] (15.1%)	811[a] (15.4%)	94[a] (1.8%)
	χ^2	9.69*				

注：$P^*<0.05$，$P^{**}<0.01$，$P^{***}<0.001$，下同。

由表 5-9 可知，父母受教育水平在托育服务认知度上存在显著差异（$\chi^2=44.02$，$P<0.001$）。通过两两比较发现，父母受教育水平越高，在托育服务态度上持"有必要"观点的概率越高，且显著高于受教育水平中等或低水平的家长，即处于本科及以上高学历水平的家长更认可托育服务；持"有必要"观点的女性家长要显著多于男性家长，相对于男性家长，她们对托育服务更多持认可的态度（$P<0.05$）；在年龄结构上，越年轻的家长越认为托育服务有必要，30 岁以下的年轻家长最认同托育服务，其次是 31—40 岁的家长，最后是 40 岁以上的家长；农村家庭与城市家庭在托育服务的认知度上存在显著差异（$\chi^2=41.23$，$P<0.001$），农村家庭的托育服务"非常有必要"的观念要比城市家庭更强烈。在地域差异上，苏南地区和苏北地区在托育服务的认知度上也存在显著差异，苏北地区家庭持"无所谓"的认知度要显著高于苏南地区家庭。

(二) 0—3 岁婴幼儿家长对托育服务的参与度

本书此次研究对被调查的 5276 个家庭参与托育服务的情况开展调查，

结果发现尽管59.1%的家庭高度认可托育服务的重要性，但真正参与过托育服务的家庭仅有31.24%（1648个家庭），其中体验过2个及以上托育机构的家庭更少（10.15%）（见表5-10）。

表5-10 婴幼儿参加托育机构学习情况（$N=5276$）

参加托育机构数量/个	n	占比/%
0	3628	68.76
1	1113	21.10
2	415	7.87
3	90	1.71
4	18	0.34
5及以上	12	0.23

进一步调查家长送孩子去托育机构的原因发现，家长们给孩子报名托育机构主要的原因是认为早期教育很重要，想通过托育机构来帮助孩子的发展；同时家长也想得到专业的育儿指导，能够更科学地培养孩子（见表5-11）。另外，对没有给孩子报名托育机构的3628名家长进行调查后发现，这些家长中有1805名家长因为没有找到心仪的托育机构而没有报名，有1615名家长认为家中有人带孩子，不需要托育机构的帮助，还有一部分家长反映当前的托育机构价格过高以及对托育机构不了解，不放心把孩子交给其他人照顾。

表5-11 家长给孩子报名托育机构原因情况（$N=1648$）

参加托育机构原因	小计	个案占比/%
认为早期教育很重要，托育机构对幼儿发展有帮助	1182	71.72
给孩子找一个玩耍的地方，让其认识更多同伴	714	43.33
想得到专业的育儿指导，更科学地培养孩子	975	59.16
身边的朋友都给孩子报名了托育班，我的孩子不能落下	64	3.88

续表 5-11

参加托育机构原因	小计	个案占比/%
为了给孩子入幼儿园做准备	705	42.78
大人太忙，没时间照看孩子	202	12.26
孩子喜欢托幼机构	47	2.85
可以与同年龄宝宝的家长或机构老师交流学习育儿知识	460	27.91
其他	13	0.79

针对家长对托育服务认可度较高但参与度较低的矛盾现象，笔者进一步通过卡方检验从家长的认知度、家庭经济地位、家长年龄、家长户籍所在地等方面探究其对参与度的影响，分析结果见表 5-12、表 5-13。

表 5-12 家长是否参与托育服务与认知度的差异分析

人口统计学变量		托育服务认知度				
		非常有必要	有必要	无所谓	没有必要	完全没必要
是否参与托育	是	355	924	211	145	13
	否	280	1561	789	898	100
	χ^2	435.05***				

结果显示，家长的托育服务参与度与托育服务认可度之间存在显著差异（$\chi^2=435.05$，$P<0.001$），接受过托育服务的家长比没有接受过托育服务的家庭会更坚定地认为托育服务是"非常有必要"的（$P<0.001$），并且接受过托育服务的家庭较少持"完全没必要没必要"和"无所谓"态度，且显著少于没有接受过托育服务的家庭。

表 5-13　家长对托育服务参与度的人口统计学变量差异分析

人口统计学变量		参与度
家庭社会经济地位	低（$n=1425$）	0.18±0.38
	中（$n=2426$）	0.30±0.46
	高（$n=1425$）	0.47±0.50
	F	153.20***
年龄	≤30 岁（$n=1325$）	0.25±0.44
	31—40 岁（$n=3389$）	0.34±0.47
	≥41 岁（$n=562$）	0.29±0.45
	F	17.43***
城乡	城市（$n=1909$）	0.49±0.50
	农村（$n=3367$）	0.21±0.41
	t	20.95***

由表 5-13 可知，不同家庭社会经济地位在托育服务的参与度上存在显著差异（$F=153.20$，$P<0.001$），表现为家庭社会经济地位越高，家庭对托育服务的参与度越高；不同年龄段的家长在托育服务的参与度上存在差异（$F=17.43$，$P<0.001$），具体表现为 31—40 岁年龄段的父母参与度最高，30 岁以下的父母参与度最低；另外，托育参与度还表现出城乡差异，城市家庭的托育服务参与度显著高于农村家庭（$t=20.95$，$P<0.001$）。

（三）0—3 岁婴幼儿家长对托育服务的满意度

对已体验过托育服务的 1648 个家庭进行满意度调查后发现，74.8%的家庭对托育机构的服务表示比较满意，只有 2.4%的家庭对托育机构提供的服务表现出不满。本次研究从教师素质、教育理念、环境设施、培训效果等方面进一步调查家长对托育机构表示满意的因素，结果见表 5-14。

表 5-14 家长对托育机构满意度的分析（$N=1648$）

满意内容	内容	第一位	第二位	第三位	第四位	第五位	第六位	第七位	平均综合得分
教师素质	频数	515	374	294	213	138	105	9	5.34
	占比/%	31.25	22.69	17.84	12.92	8.37	6.37	0.55	
教育理念	频数	326	397	334	251	208	115	17	4.98
	占比/%	19.78	24.09	20.27	15.23	12.62	6.98	1.03	
环境设施	频数	347	282	324	287	227	167	14	4.8
	占比/%	21.06	17.11	19.66	17.42	13.77	10.13	0.85	
培训效果	频数	183	223	296	354	331	243	18	4.25
	占比/%	11.10	13.53	17.96	21.48	20.08	14.75	1.09	
师生比例	频数	160	217	216	304	378	342	31	3.98
	占比/%	9.71	13.17	13.11	18.45	22.94	20.75	1.88	
价格设置	频数	105	144	177	218	334	625	45	3.43
	占比/%	6.37	8.74	10.74	13.23	20.27	37.92	2.73	
其他	频数	12	11	7	21	32	51	1514	1.2
	占比/%	0.73	0.67	0.42	1.27	1.94	3.09	91.87	

结果显示，家长们对托育服务中的教师素质因素是最满意的，其次是托育机构的教育理念和环境设施。家长对托育机构收费标准、师生比例的满意度不高。调查显示，在收费标准上，84%的家长能接受每年10000元的托育费用，当费用达到每年15000元及以上时，仅有5.6%的家长表示能承受。

（四）0—3岁婴幼儿家长对托育服务的认知度、参与度和满意度之间的关系

本书对家长托育服务的认知度、参与度、满意度三维度做相关分析，结果见表5-15。家长对托育机构的认知度与参与度呈正相关（$r=0.28$，$P<0.01$），即当家长越认为托育服务有必要，其参与度就越高；家长的参与度又与满意度呈正相关（$r=0.97$，$P<0.01$），即越愿意参与托育服

务的家长，其对托育服务的满意度越高；家长对托育服务的满意度与认知度呈正相关（$r=0.30$，$P<0.01$），即家长的满意度越高，其认知度也越高。

表5-15 家长对托育服务的满意度、认知度和参与度的相关分析

	认知度	满意度	参与度
认知度	1		
满意度	0.30**	1	
参与度	0.28**	0.97**	1

三、影响0—3岁婴幼儿家长托育服务需求认知度、参与度及满意度的因素

1. 教育：家长对0—3岁婴幼儿托育正确认知的推动因素

随着脑科学、心理学、教育学等众多学科研究与实践的发展，世界各国普遍重视0—3岁婴幼儿的早期发展，人们逐渐意识到0—3岁是个体大脑发育的关键时期，具有极强的可塑性，对儿童成长及其未来发展至关重要。联合国教科文组织也提出"儿童早期关心与发展"（early childhood care and development，ECCD），提示政策制定者和教育者应关注早期儿童的健康、营养、认知、情感和社会活动能力，而且指出应加强社区在经济上、物质上和道德上对家庭和儿童的支持。中国自21世纪以来，国家层面陆续出台一系列文件推进0—3岁婴幼儿的早期教育工作。2020年，上海、宁波、广州、济南、南京等城市先后在国家和各省的指导意见下，开展托育服务从业人员培训、托育机构备案、普惠型托育申报、组建托育行业协会等促进托育服务发展的具体工作。由此可见，0—3岁婴幼儿托育服务发展已经逐渐进入到大众的日常生活中。

随着社会的快速发展，家长对婴幼儿早期发展重要性的认识也在不断提高。本书发现有一半以上的家庭（59.1%）对0—3岁婴幼儿接受托育服务持认可的态度，表明人们普遍认识到了托育服务对于婴幼儿发展的重要性。本书也发现家长的受教育水平会影响对托育服务的认知度，处于本

科及以上高学历水平的家长对托育服务更认可，证实了父母受教育水平是预测儿童是否会获得更好早期教育的一个重要因素①，同时，这也与 Huston 等人的观点一致，受过高等教育的父母更偏好选择托育服务。② 究其原因，高学历的家长他们往往本身具备更多文化资本，因此可能更能意识到早期教育投入对婴幼儿发展的重要意义。

2. 经济：决定家长实施 0—3 岁婴幼儿托育的关键因素

本书发现家长对婴幼儿托育服务的参与度偏低，这与目前我国 3 岁以下婴幼儿的入托率不到 10% 的现状相符。③ 随着市场化进程的日益深入，家庭经济收入成为社会地位的重要指标，尤其对双职工且缺少祖辈协助的家庭，经济基础成为他们养育幼儿的必备条件，也是影响家庭参与托育服务的关键因素。本书将经济收入、父母职业、父母受教育水平三者综合为家庭经济地位，从家庭拥有的社会资源视角上考察其对托育服务参与度的影响。研究发现，家庭经济社会地位越高，托育服务的参与度越高，这与该类型家庭会将更多的经济资源用于婴幼儿教育有关，高收入家庭会更偏好送托，这个结论也与以往的研究一致；家庭经济状况越好的家庭对婴幼儿照护服务的参与度越高，家庭平均月收入每提高一个单位，需要照护服务的发生比就增加 20.7%④，而中低收入家庭只能够依赖亲属或者自己来照料儿童，而在双职工家庭中，承担这些责任的往往是祖父母和外祖父母。⑤

在年龄结构上，家长对托育服务的态度出现了年轻家长"高认知度低参与度"的矛盾现象，具体表现在 30 岁以下的年轻父母托育服务的认

---

① Magnuson K A, Sexton H R, Huston D K C. "SPECIAL ISSUE: Educational Attainment in Developmental Perspective Increases in Maternal Education and Young Children's Language Skills", *Merrill - Palmer Quarterly* 3 (2009): 319.

② Huston A. C., Chang Y. E., Gennetian L. "Family and Individual Predictors of Child Care Use by Low: Income Families in Different Policy Contexts", *Early Childhood Research Quarterly*, 4 (2001): 441.

③ 参见范明丽、李聪聪、贺振蓉《全面两孩政策下我国 0—3 岁婴幼儿托育服务体系建构的思考》，载《新疆教育学院学报》2020 年第 1 期，第 38 页。

④ 参见史薇《隔代照料对城市双职家庭婴幼儿照护服务需求的影响：兼论家庭经济收入的调节效应》，载《消费经济》2019 年第 6 期，第 3 页。

⑤ 参见马春华《重构国家和青年家庭之间的契约：儿童养育责任的集体分担》，载《青年研究》2015 年第 4 期，第 66 页。

知度最高，但30—40岁的父母参与度最高。分析原因，30岁以下的年轻父母处于职业发展的初始阶段，收入不高，经济压力较大；30—40岁的家长多处于事业上升期，收入较高，经济基础稳定，他们更有能力送孩子到托育机构中参与早期教育活动。城乡差异也是影响家长参与托育服务的重要因素，具体表现在城市家庭的托育服务参与度要显著高于农村家庭，城市父母更倾向于选择购买托育服务。这一方面与农村父母在育儿上面临更大的经济压力有关①，他们多从事收入较低的职业，且收入多用于住房、医疗，对托育服务的支出较少；另一方面，农村的隔代照料情况比城镇地区更普遍，父母进入城市务工，婴幼儿多由祖辈照顾，参与托育服务的机会就更少。因此，本书认为相关部门应致力于缩小家庭早期教育的城乡差异，鼓励非营利性质的社会机构参与婴幼儿的家庭教育，保障弱势群体接受良好家庭教育的基本权益。

3. 质量：影响家长托育服务满意度的核心因素

本书在调查家长的托育服务满意度时发现，决定家长对托育服务是否满意的核心因素是托育机构的教育质量。其中，家长最重视托育服务的师资质量，家长希望托育教师的学历水平能达到专科或本科学历，更希望托育人员具备"富有爱心"的职业道德和"科学育儿"的专业素养。这种需求与以下因素有关。首先，与目前托育服务市场中教师专业化水平较低且流动性较大有关，托育机构的教师多由机构内部培训上岗，部分教师缺乏必备的专业理论及专业技能，师资质量参差不齐，而由高等职业院校或高等师范院校培养的幼师在择业时更愿意选择进入幼儿园。其次，与0—3岁婴幼儿的特殊性有关，他们在身体机能与自理能力等方面尚未得到充分发展，缺乏基本的识别能力、对抗能力和表达能力，他们发生风险的概率会比较高，更需要照护者科学细致的呵护②。另外，托育服务中师资质量会影响婴幼儿的认知、语言和交流能力的发展，例如：当照护者人际交往反馈更迅速、更积极时，婴幼儿的认知能力也会增强；当照护者受教育程度更高时，婴幼儿的交流能力也会增强。因此，在托育服务中，没有什

---

① 参见洪秀敏、朱文婷、赵思婕《青年父母婴幼儿照护支持与养育压力研究：基于全国13个城市的调研数据》，载《中国青年社会科学》2020年第2期，第106页。

② 参见高琛卓、杨雪燕、井文《城市父母对0—3岁婴幼儿托育服务的需求偏好：基于选择实验法的实证分析》，载《人口研究》2020年第1期，第85页。

么比教师质量更为重要。

环境设施也是影响家长满意度的重要因素，随着生活质量的提高，家长会考虑环境布置是否安全舒适，教学设施是否完备作为选择托育服务的标准，例如家长更愿意选择有监控摄像头的托育服务机构①、更愿意选择有专门室外活动场所的托育机构②、更关注要保障孩子健康的生活细节，例如通风、消毒、食品安全、急救措施等等。国家卫健委于2021年颁布的《托育机构保育指导大纲（试行）》多次强调托育服务机构要创设适应环境，要最大限度地保护婴幼儿的安全和健康，切实做好托育机构的安全防护工作，以期为婴儿建立起最基本的"保护屏障"。

第三节 0—3岁婴幼儿托育机构保育质量现状

婴幼儿时期是个体接受教育的重要开端，对个体的成长和人生历程起着至关重要的作用。世界脑科学、婴幼儿发展心理学、教育学研究持续推进，社会各界对0—3岁婴幼儿群体越来越关注和重视。随着经济发展和社会进步，受女性学历和就业率提高、育龄青年晚婚晚育、家庭结构规模缩小等社会变化的影响③，世界各国纷纷出台支持0—3岁婴幼儿托育的政策法规，把托育服务作为政府责任，将婴幼儿托育纳入终身教育体系之中。因此，托育服务成为近年来世界普遍关注的议题，社会各界将目光投向了提供托育服务的托育机构。

近年来，我国逐渐推行"全面二孩"政策、"全面三孩"政策，进行生育政策重大调整，新生婴幼儿数量逐渐增加，然而很多家庭迫于时间资源和人力资源双重缺失的压力，无法自主照料孩子，对婴幼儿托育的需求

---

① 参见高琛卓、杨雪燕、井文《城市父母对0—3岁婴幼儿托育服务的需求偏好：基于选择实验法的实证分析》，载《人口研究》2020年第1期，第85页。

② 参见李沛霖、王晖、丁小平等《对发达地区0—3岁儿童托育服务市场的调查与思考：以南京市为例》，载《南方人口》2017年第2期，第71页。

③ 参见杨雪燕、高琛卓、井文《典型福利类型下0—3岁婴幼儿托育服务的国际比较与借鉴》，载《人口与经济》2019年第2期，第1—16页。

越来越大。与此同时,"入园难""入园贵"的呼声越来越强烈,国家开始出台《国务院办公厅关于促进3岁以下婴幼儿照护服务发展的指导意见》(国办发〔2019〕15号)、《托育机构保育指导大纲(试行)》、《中华人民共和国国民经济和社会发展第十四个五年规划和2035年远景目标纲要》、《托育机构设置标准(试行)》等系列政策文件,关注0—3岁婴幼儿托育发展问题,逐步构建并完善托育服务体系,增加托育机构数量的同时,重视提高托育机构的质量,详细制定托育机构工作的规范。

我国托育机构在国家政策的支持下快速发展,出现一批具有示范效应的托育机构,多形式的托育机构如雨后春笋般发展起来,"保教融合""保教一体化"的观念深入婴幼儿成长的各个阶段,满足了不同社会群体的多层次需求。然而,由于发展时间较短,受政府、市场、师资三方因素制约①,目前,托育机构有数量严重匮乏、服务质量良莠不齐、服务人员队伍建设滞后这三大发展"瓶颈"亟待解决②。同时,处于托育机构核心地位的保育工作也面临诸多争议,例如:知识化倾向严重,出现重视教育、忽视保育的现象,偏离了设置托育机构的初衷;托育教师的专业化水平低,职前职后培训滞后③;实施保育过程中缺乏对婴幼儿成长敏感期的认知和对身心规律的基本遵循,婴幼儿日常照料环境缺乏科学性和规范性,脱离婴幼儿实际发展水平④;等等。

可见,托育机构的保育现状并不乐观,如何平衡保育与教育的关系,让保育回归托育机构工作的主体地位值得业内人士给予更多关注和思考。基于此,本节聚焦江苏省Y市托育机构保育的质量现状,采用文献法、问卷调查法、访谈法、观察法,从宏观、微观角度研究Y市托育机构保育的质量现状。

在本节中,托育机构保育是指托育机构基于适宜的办托条件和专门的

---

① 参见付粉玲《探究西安市0—3岁婴幼儿托育机构发展的制约因素》,载《现代营销》(经营版)2020年第5期,第37-39页。
② 参见洪秀敏《托育服务亟待破解三大"瓶颈"》,载《中国人口报》2020年2月19日第3版。
③ 参见张婵娟《0—3岁托育机构从业人员现状分析及对策研究——以上海市徐汇区为例》(学位论文),上海师范大学2019年,第27-31页。
④ 参见蒲阳《C市托育机构婴幼儿学习环境质量调查研究》(硕士论文),西南大学2021年,第71-75页。

托育队伍，为婴幼儿及家庭提供多样化的托育服务，服务内容主要涵盖保育照护、教育支持、家托合作等。

一、研究设计

（一）研究对象

2022年6月至2022年12月，笔者以江苏省Y市0—3岁婴幼儿托育机构为研究对象，调研江苏省Y市3所公办幼儿园附设托班、1所民办幼儿园附设托班、2所公办托育园、5所民办托育园，走访4个区县托育机构的主管部门，结合深度访谈和现场观察，了解不同性质、不同规模的托育机构的办托条件、保育照护、教养支持的基本情况，通过网络平台分别对托育教师和婴幼儿家长进行线上调查，了解托育教师的保育素质现状和婴幼儿家长保育质量的满意度情况。最终共得到托育教师保育素质有效问卷200份（具体样本构成见表5-16）、婴幼儿家长保育素质满意度有效问卷593份（具体样本构成见表5-17），使用SPSS 26.0软件对收集的问卷数据进行分析。

表5-16 被调查的托育教师的样本构成情况（$N=200$）

项目	具体指标	n	占比/%
性别	男	5	2.5
	女	195	97.5
年龄	20—25岁	39	19.5
	26—30岁	40	20.0
	31—35岁	50	25.0
	36—40岁	26	13.0
	41—45岁	27	13.5
	46岁及以上	18	9.0

续表 5–16

项目	具体指标	n	占比/%
婚姻	未婚	46	23.0
	已婚	150	75.0
	离异	2	1.0
	丧偶	2	1.0
现有学历	初中	5	2.5
	高中	13	6.5
	中师/中专	8	4.0
	大专	92	46.0
	本科	82	41.0
所学专业	学前教育专业	146	73.0
	师范类非学前教育专业	18	9.0
	非师范专业	29	14.5
	其他	7	3.5
所持资格证书	幼儿园教师资格证书	124	62.0
	其他学段教师资格证书	11	5.5
	育婴师证	107	53.5
	保育员证	103	51.5
	早期教育指导师证	15	7.5
	心理咨询师证	7	3.5
	普通话证书	141	70.5

续表 5-16

项目	具体指标	n	占比/%
托育教师从业原因	喜欢学前教育，喜欢孩子	191	95.5
	实现自我价值的需要	161	80.5
	与所学专业相符合	159	79.5
	受周围人的影响	44	22.0
	寻求一份工作	63	31.5
	其他	4	2.0
机构性质	公办托育园	42	21.0
	公办幼儿园托班	56	28.0
	民办托育园	35	17.5
	民办幼儿园托班	67	33.5
机构每班教师人数	1—2 名	20	10.0
	3—4 名	179	89.5
	5—6 名	1	0.5
托育教师从业年限	小于 3 年	68	34.0
	3—6 年	64	32.0
	7—9 年	23	11.5
	10 年及以上	45	22.5
托育教师岗前培训次数	没参加过	18	9.0
	小于 1 个月	22	11.0
	1—2 月	54	27.0
	3—4 个月	32	16.0
	5 个月以上	74	37.0

续表 5-16

项目	具体指标	n	占比/%
托育教师在岗培训次数	没参加过	16	8.0
	两年一次	4	2.0
	一年一次	57	28.5
	一年两次	47	23.5
	一年三次及以上	73	36.5
	其他	3	1.5
托育教师培训次数的评价	没参加过	12	6.0
	特别少	6	3.0
	比较少	22	11.0
	正常	111	55.5
	比较多	32	16.0
	特别多	17	8.5
托育教师月收入	2000 元及以下	22	11.0
	2001—4000 元	136	68.0
	4001—6000 元	35	17.5
	6001—8000 元	6	3.0
	8001 元及以上	1	0.5
托育教师薪酬福利满意度	特别满意	16	8.0
	比较满意	70	35.0
	一般	60	30.0
	比较不满意	40	20.0
	特别不满意	14	7.0

续表 5-16

项目	具体指标	n	占比/%
托育教师 工作时间	4小时以内	2	1.0
	4—8小时	55	27.5
	偶尔8小时以上	103	51.5
	经常8小时以上,加班频繁	40	20.0
托育教师 工作繁忙度	非常繁忙	24	12.0
	比较繁忙	116	58.0
	一般	56	28.0
	不太繁忙	2	1.0
	不繁忙	2	1.0
托育教师 工作心情	非常愉快	63	31.5
	比较愉快	91	45.5
	一般	37	18.5
	不太愉快	7	3.5
	比较不愉快	2	1.0
托育教师 工作环境	非常和谐	91	45.5
	比较和谐	73	36.5
	一般	32	16.0
	不太和谐	3	1.5
	非常压抑	1	0.5
托育教师 工作状态	非常消极	4	2.0
	比较消极	7	3.5
	一般	44	22.0
	比较积极	89	44.5
	非常积极	56	28.0

续表 5-16

项目	具体指标	n	占比/%
离职意愿强烈	完全不符合	31	15.5
	不符合	73	36.5
	一般	69	34.5
	符合	16	8.0
	非常符合	11	5.5
离职原因第一顺位	工资太低	93	46.5
	照顾婴幼儿压力大	29	14.5
	工作太劳累	20	10.0
离职原因第二顺位	工作太劳累	57	28.5
	照顾婴幼儿压力大	29	14.5
	待遇无保障	30	15.0
离职原因第三顺位	工作太劳累	47	23.5
	照顾婴幼儿压力大	29	14.5
	专业发展机会少	26	13.0

表 5-17　被调查婴幼儿家长样本构成情况（$N=593$）

项目	具体指标	n	占比/%
孩子性别	男	327	55.1
	女	266	44.9
孩子月龄	0—12 个月	5	0.8
	13—24 个月	34	5.7
	25—36 个月	554	94.3

续表 5-17

项目	具体指标	n	占比/%
孩子父亲年龄	0—25 岁	19	3.2
	26—30 岁	146	24.6
	31—35 岁	291	49.1
	36—40 岁	90	15.2
	41 岁及以上	47	7.9
孩子母亲年龄	0—25 岁	33	5.6
	26—30 岁	181	30.5
	31—35 岁	273	46.0
	36—40 岁	83	14.0
	41 岁及以上	23	3.9
孩子父亲学历	硕士及以上	44	7.4
	本科	236	39.8
	大专	184	31.0
	中专/高中	101	17.0
	初中及以下	28	4.7
孩子母亲学历	硕士及以上	40	6.7
	本科	245	41.3
	大专	187	31.5
	中专/高中	94	15.9
	初中及以下	27	4.6

续表 5-17

项目	具体指标	n	占比/%
孩子父亲职业	个体户、商业服务业人员	214	36.1
	农民	8	1.3
	教师、医生等专业技术人员	55	9.3
	党政军机关、事业单位或国企员工	133	22.4
	工人	68	11.5
	城市无业、务业和半失业者	3	0.5
	其他	112	18.9
孩子母亲职业	个体户、商业服务业人员	142	23.9
	农民	11	1.9
	教师、医生等专业技术人员	109	18.4
	党政军机关、事业单位或国企员工	118	19.9
	工人	64	10.8
	城市无业、失业和半失业者	31	5.2
	其他	118	19.9
家庭每月总收入	0—5000 元	63	10.6
	5001—10000 元	142	23.9
	10001—15000 元	148	25.0
	15001—20000 元	133	22.4
	20001—30000 元	67	11.3
	30001—40000 元	15	2.5
	40001—50000 元	8	1.3
	50001 元及以上	17	2.9

续表 5-17

项目	具体指标	n	占比/%
家庭所在位置	省级城市	20	3.4
	地级城市	438	73.9
	县城	30	5.1
	乡镇	86	14.5
	村	19	3.2
送托所选的托育机构性质	公办托育园	110	18.5
	公办幼儿园托班	206	34.7
	民办托育园	111	18.7
	民办幼儿园托班	166	28.0
家庭可承受的托育费用	0—1000 元	199	33.6
	1001—2000 元	219	36.9
	2001—3000 元	109	18.4
	3001—4000 元	27	4.6
	4001—5000 元	19	3.2
	5001—6000 元	9	1.5
	6001 元及以上	11	1.9

（二）研究工具

1. 0—3 岁婴幼儿托育机构教师保育素质现状的调查问卷

本书的此次研究通过查阅大量文献，自编托育教师调查问卷"0—3 岁婴幼儿托育机构教师保育素质现状的调查问卷"。问卷共 69 题，根据调查需求分为两大部分：第一部分是托育机构教师的基本情况，包括性别、年龄、婚姻状况、学历水平、专业背景、所获证书、培训情况、工资待遇、工作情况等；第二部分是托育机构教师的保育素质量表，包括职业认同、专业理念与师德、专业知识、专业能力四个维度，采用李克特五点量表对托育机构教师素质进行计分，其中 1—5 分代表"非常不符合"到

"非常符合"。该问卷的 Cronbach's α 系数为 0.993，检验出的 KMO 值为 0.954，Bartlett 的球形度检验结果为 14819.729，表明该问卷有较好的信效度。

2. 0—3 岁婴幼儿托育机构保育质量家长满意度的调查问卷

本书的此次研究通过查阅大量文献，自编婴幼儿家长调查问卷"0—3 岁婴幼儿托育机构保育质量家长满意度的调查问卷"。问卷共 53 题，包括两部分：第一部分为基本情况，主要了解婴幼儿基本信息、家庭收入水平、家长职业、可承受的托育费用、家庭送托情况等；第二部分为托育机构的家长满意度量表，主要包括办托条件、托育队伍、园所管理、课程活动、孩子表现、家托合作六个维度。采用李克特五点量表对家长的满意度进行计分，其中 1—5 分代表"非常不满意"到"非常满意"。该问卷的 Cronbach's α 系数为 0.994，检验出的 KMO 值为 0.985，Bartlett 的球形度检验结果为 40961.706，表明该问卷有较好的信效度。

3. 访谈设计

本书的此次研究通过阅读文献和查阅资料，在借鉴相关学者的访谈提纲基础上整合设计专门的访谈提纲。采用半结构访谈，提纲内容为婴幼儿托育服务的现状和规划、托育教师对保育工作的认识和重视程度、家长对托育机构保育的深层看法。

4. 观察设计

本书的此次研究通过大量阅读文献和查阅资料编制观察记录表，采用非参与式观察走访 Y 市托育机构，以 12 所具有代表性的托育机构为观察对象，观察办托条件、保育照护和教育支持现状。

（三）研究过程与数据分析

针对托育教师和婴幼儿家长的问卷，本次研究通过使用"问卷星"软件面向托育机构教师和参与托育的婴幼儿家长进行大规模调查，历时 1 个月完成调查。访谈对象为从 Y 市 12 所具有代表性的托育机构和 4 个区县主管部门随机抽取的 8 名婴幼儿家长、12 名托育教师、12 名托育机构负责人以及 4 名主管部门负责人，在托育机构和主管部门提供的办公室中进行访谈，由研究者担任主试。研究者使用访谈记录表和录音工具同时记录，在访谈结束后再进行整理，过程历时 1 个月。观察对象为 Y 市 12 所具有代表性的托育机构，观察办托条件、保育照护和教育支持现状，整个观察过程历时 1 个月。

将回收的问卷进行编码并录入数据软件,运用 SPSS 26.0 软件进行数据处理与分析。同时,将被观察的 12 所托育机构进行 A—L 编码,将受访对象按照不同类型编码,即 N 代表婴幼儿家长、J 代表托育教师、F 代表机构负责人、G 代表主管部门负责人,对收集的走访资料进行梳理分析。

二、Y 市 0—3 岁婴幼儿托育服务的发展概况

依据 Y 市托育服务供给状况统计表的数据(表 5-18)(该表格数据收集截止时间为 2022 年 9 月 30 日,Y 市各区县的真实地名使用大写英文字母表示),结合走访获得的信息。目前,Y 市的 0—3 岁婴幼儿托育服务发展情况如下。

(一)0—3 岁婴幼儿托育服务支持体系初步建成

由表可知,Y 市开办的托育机构覆盖了其所管辖的 11 个区县。Y 市提供服务的机构共有 300 个,其中,开设托班的幼儿园共有 173 个,国家备案的托育机构共有 92 个,提供的托位数有 18987 个,实际收托数为 6308 个,从业人员共计 2711 人,每千人口拥有 3 岁以下婴幼儿的托位数为 2.83 个,距《中华人民共和国国民经济和社会发展第十四个五年规划和 2035 年远景目标纲要》要求"2025 年实现每千人口拥有 3 岁以下婴幼儿托位数 4.5 个"的目标还差 1.67 个①。

Y 市提供托育服务的机构的办学形式主要有两种,一是幼儿园开设托班,二是开设专门面向 0—3 岁婴幼儿的托育机构。Y 市幼儿园开设托班的机构数量有 173 个,占比为 57.7%。

Y 市提供托育服务的机构公办和民办性质并存,以民办为主。以 A 区、B 区为例,A 区公办托育机构共 11 个,占比 25.6%,其中,公办托育园 3 个,附设托班的公办幼儿园 8 个;民办托育机构共 32 个,占比为

---

① 《中华人民共和国国民经济和社会发展第十四个五年规划和 2035 年远景目标纲要》,见中国政府网(http://www.gov.cn/xinwen/2021-03/13/content_5592681.htm),访问日期:2022 年 11 月 18 日。

74.4%，其中，民办托育园有 4 个，附设托班的民办幼儿园有 28 个。B 区公办托育机构共 8 个，占比 25.8%，均为附设托班的幼儿园；民办托育机构共 23 个，占比 74.2%，其中，附设托班的民办幼儿园和民办托育园分别为 6 个和 17 个。可见，民办托育机构是 Y 市托育服务市场的主要供给主体。

综上，Y 市 0—3 岁婴幼儿托育在政策支持下，其发展已初具规模。托育园利用和整合幼儿园现有的教育资源开办托班并进行"托幼一体化"建设，同时，Y 市政府通过发放补贴和提供行业引导鼓励社会力量开办专门提供托育服务的托育园。以 A 区为例，该区创建了 3 个普惠性公办托育园，成功申报多个托育发展示范点和普惠托育点，初步形成 Y 市特色的"政府推动、部门协同、家庭为主、社会参与"的婴幼儿托育服务支持体系。

（二）0—3 岁婴幼儿托育机构托位基本能满足托育需求

由表 5-18 可知，Y 市目前提供的托位总数为 18987 个，实际收托数为 6308 个。与此同时，Y 市管辖的 11 个区县提供的托位数均高于实际入托的人数。可见，Y 市提供的托位数远远高于实际入托的人数，说明在近几年的大力建设和推进下，Y 市 0—3 岁婴幼儿专门的托育机构和"托幼一体化"的幼儿园附设托班建设带动托位数量不断增加，Y 市托育市场供给比较充足，总体上处于供大于求的状态，基本上能够满足当前婴幼儿家庭的入托需求。

托育市场呈现供大于求的现象一方面是由于近年婴幼儿出生率降低，另一方面，不少托育机构负责人认为是由于部分地区的家长送托需求较低。

可见，Y 市部分 0—3 岁婴幼儿家庭受传统带养观念、家庭收入水平、托育宣传不足等的影响，尚不能接受将孩子送入托育机构，对托位需求较低，尤其是老城区、乡镇地区、农村地区的婴幼儿家庭。

（三）0—3 岁婴幼儿托育服务的地域发展不平衡

从 Y 市 11 个县区每千人口拥有婴幼儿托位数来看，D 县每千人口拥有婴幼儿托位数最高，G 县每千人口拥有婴幼儿托位数最低。Y 市有 7 个区县——A 区、C 区、D 县、E 县、I 区、J 县、K 区的每千人口拥有婴幼儿的托位数超过了Y市的平均水平，且A区、C区、D县、K区的托育服务供给水平较高，每千人口拥有3岁以下婴幼儿托位数均超过3个，分别为3.15个、3.33个、3.40个、3.22个。另外4个区县——B区、F县、G县、H县的每千人口拥有婴幼儿的托位数均低于全市平均水平。

从Y市11个县区提供的托位数来看，J县提供的托位数最多，高达2510个，I区提供的托位数最少，仅有305个，两个地区提供的托位数差距非常悬殊。可见，Y市婴幼儿托育机构数量在各个区县分布不均。

从每千人口拥有婴幼儿托位数和提供的托位数在Y市各区县的分布来看，位于南部的A区、C区、J县提供的托位数较多，说明托育服务供给水平相对较高；位于北部的F县、G县、H县提供的托位数较少，说明托育服务供给水平相对较低。可见，Y市托育服务供给水平的南北差异明显，南部托育机构数量普遍多于北部，分布数量呈现由南向北减少的趋势。

同时，经访谈得知，婴幼儿托育机构分布非常不均匀，主要分布在驻城街道。目前，乡镇中只有镇中心的幼儿园能够提供托育服务，而农村几乎没有幼儿园能够提供托育服务。可见，Y市存在城市地区托育机构分布集中、乡镇地区托育机构分布较少、农村地区托育机构几乎没有的现象。

总的来说，Y市托育服务呈现地域发展不平衡的特点，一方面体现在Y市各区县间托育机构数量的不平衡，另一方面体现在城市和农村地区的托育机构分布数量的不平衡。

（四）0—3岁婴幼儿托育服务的规范化有待提高

由表5-18可知，Y市在国家备案的托育机构数量有92个，备案率仅为30.7%。可见Y市在国家备案的托育机构很少，许多托育机构尚未被纳入相关部门的规范管理中，一些不具备资质的民办托育机构涉嫌违规营业谋取利益。

与此同时，一些符合在国家备案标准的托育机构出现了监管不严的现象，如机构超龄超额招生、机构以培训机构的资质开设托班、活动场地使用不达标等。这一定程度上反映了Y市托育机构放任式管理的现象丛生，相关部门对多数托育机构疏于监督和指导。不同托育机构的发展水平差异明显，从而导致其提供的保育质量参差不齐。因此，Y市应严格规范托育机构的准入和管理，保障和提供优质的托育服务，促进托育行业规范化发展。

表5-18　Y市托育服务供给状况

地区	提供托育服务的机构数量			供托位数/个	实际收托数/个	从业人员人数/个	常住人口数/个	千人口托位数/个
	实有机构总数/个	其中：幼儿园开设托班/个	其中：国家备案的托育机构数/个					
A区	43	38	29	2152	508	275	684239	3.15
B区	31	19	6	1465	361	146	614128	2.39
C区	26	16	9	2148	659	257	645603	3.33
D县	23	6	4	1560	468	194	459156	3.40
E县	29	7	5	2450	1030	223	820084	2.99
F县	42	33	2	2059	862	630	794036	2.59
G县	23	6	4	1687	443	266	759403	2.22
H县	17	8	6	1580	359	165	609346	2.59
I区	6	3	0	305	43	26	103004	2.96
J县	39	26	18	2510	1077	306	888410	2.83
K区	21	11	9	1071	498	223	332220	3.22
总计	300	173	92	18987	6308	2711	6709629	2.83

三、Y市0—3岁婴幼儿托育机构的保育质量现状

（一）基本概况

在被调查的托育机构的性质方面，这些机构公办与民办并存，公办机构较少，民办机构较多，民办托育机构是托育市场的主力军。幼儿园和专门托育园扮演托育服务的供给主体角色，以全日托为主，呈现机构式托育

为主、家庭式托育为辅的特点。

托育机构创立时间多集中在 2019—2022 年，总体较晚，运行时间较短，处于起步阶段。相对而言，专门托育园的创办早于幼儿园附设托班，民办托育机构的创立早于公办托育机构，运营时间久，经验较丰富。

托育机构的服务对象为 6—36 月龄的婴幼儿及其家庭，面向不同月龄段的婴幼儿开设三种不同的班型，依据婴幼儿成长特点设置乳儿班、托小班、托大班，分别面向 6—12 月龄、12—24 月龄、24—36 月龄的婴幼儿。有些机构仅开设一种班型，如托小、托大的混龄班或者托大班。Y 市托育机构服务对象的月龄普遍偏大，仅有公办托育园开设三种班型，其他则以开设托大班或混龄班为主，班型单一。

托育机构提供的托位容量普遍高于实际的招生规模，出现入托人数少、生源较少的现象。托育机构招收的孩子一般在 5—45 个之间，托位容量处于 15—160 之间。除个别位于市区的幼儿园托班招生满员外，其他托育机构的托位容量都有富余。

托育机构每月收费一般在 550 元到 3500 元。在托育园收费方面，公办托育园由政府统一定价收费，各年龄班收费标准不同，月龄越小的班型收费越高。民办托育园的收费在 1500 元到 3500 元之间。幼儿园托班收费参照小班或整个幼儿园的收费标准执行。同时，公办与民办机构的收费也存在一定差别。总的来说，民办托育机构每月收费高于公办托育机构。

（二）办托条件现状

本书的此次研究中，被调查的托育机构均持有营业执照，符合国家备案的基本条件，属于规范化、合法化运营，具备开办托育、提供托育服务的资质条件。

大多数托育机构分布于人口集中的居民区或人口流动大的工作单位附近，小部分托育机构设立在商场或者写字楼内。托育机构的选址多在城区，极小部分在乡镇中心。这些托育机构远离工地施工、大型娱乐场所、机场周围、集贸市场，远离噪声和污染源，空气清新，周边环境的绿化工程到位，但自然环境明显不足。

托育机构之间各有优势，幼儿园与托育园的面积差异明显。幼儿园普遍比托育园宽敞，幼儿园托班教室普遍大于托育园教室。托育园的教室面积不达标，就会出现婴幼儿的活动空间不充足、区域划分不明显的现象。

托育机构的布置氛围温馨，室内装潢以暖色风格为主，为婴幼儿营造家一样的环境。不同性质类型的托育机构设备设施差异较大，幼儿园附设托班的设备设施较专门托育园齐全完备，种类丰富多样。

托育机构均设有为婴幼儿提供户外活动的场地，仅有个别机构无户外场地。幼儿园托班可使用的户外场地也很宽敞。托育园自有的户外活动场地面积虽然远不及"托幼一体化"的幼儿园，但是托育园善于利用园所门口自有空地、楼顶天台、小区场地搭建户外活动场地。

(三) 保育照护现状

0—3岁婴幼儿每日的喝水与进餐是托育机构保育工作的重要环节，是托育机构每日活动不可或缺的一环，更是0—3岁婴幼儿生活的必需。

1. 喝水

在被调查的托育机构中，婴幼儿的喝水环节由教师有序组织或者婴幼儿口渴时自发自愿进行，一般安排在吃完早餐、集体活动后、户外活动后、午睡结束后的时间段，与如厕、盥洗的时间段一致。绝大多数托育机构让婴幼儿从家中自带保温水杯，不使用公共杯子。只有一家公办幼儿园使用公共杯子喝水。

在喝水环节，托育教师言语提示婴幼儿多喝水，适时为婴幼儿添加水温适宜的温水。同时，以自身为榜样，拿水杯跟婴幼儿一起喝水，以此来鼓励、引导不喜欢喝水或者喝水较少的婴幼儿，在潜移默化中培养婴幼儿自主喝水、规律喝水的习惯。

2. 进餐

被调查的托育机构进餐普遍包括3个环节：早餐、午餐、午点。仅有1家民办托育园因在托时间长、离托时间迟而安排晚餐和晚点，2家公办托育园为乳儿班的婴幼儿安排喝奶和辅食环节。

托育机构的食谱每周在周一更新一次并张贴在告示栏，通过公众号和社交平台告知家长。专门托育园按不同月龄段婴幼儿的营养需求设计专门食谱，幼儿园托班的食谱参照幼儿园食谱。

托育机构的早餐是饮料搭配点心，或一份主食。午餐安排普遍为一荤一素一汤一主食，有3家民办托育园在此基础上多安排一荤菜。主食除常规白米饭外，一周内安排1—2次杂粮米饭。午点与早餐相似，提供点心或主食。依据点心、主食分量，准备适量的当季水果。托育机构提供的膳食食物符合季节供应规律，食材采购新鲜，每周食物种类达到12种以上，品种多样，膳食荤素搭配合理。

托育机构食物烹调方法以蒸、煮为主，烹调火候适中，口味较为清淡，盐、油量适宜，食物分量基本满足婴幼儿的所需。据走访了解，Y市专门托育园的饮食比幼儿园托班更精细。因托班与幼儿园食谱一致，幼儿园厨师的烹调习惯面向3—6岁儿童，导致托班食物的加工不够精细，烹调后的食物软烂度不合适，加工后的大小不符合24—36月龄孩子的发育特点。

托育机构非常重视婴幼儿的进餐过程，在进餐前后组织婴幼儿到盥洗室如厕、洗手、擦嘴，注重培养婴幼儿的卫生习惯。同时，在进餐过程中渗透用餐礼仪、自主用餐意识、感恩教育，但托育教师对婴幼儿自主进餐的组织和指导能力还有待提高。

3. 睡眠

被调查的托育园受限于教室面积，不设立专门的睡眠区或者睡眠室，一般与活动区共用。午休时，老师移开活动区的桌椅搬出小床供婴幼儿休息。幼儿园托班因空间宽敞，则有专门的睡眠区或睡眠室。

托育机构提供的床和被褥数量足够，保证婴幼儿单独一人一床一被褥，尚未出现上下床的现象。同时，在教室窗边安装窗帘，营造光线柔和、适合入睡的睡眠环境。睡眠环境的卫生工作由保育老师负责，午餐结束后用消毒水拖地，定期擦拭婴幼儿的睡眠床，家长负责被褥清洗工作，被褥清洗频率一般为两周一次或者一周一次，保证了睡眠环境的干净卫生。

被调查的托育机构安排托大班、托小班睡眠时间为2小时，但因婴幼儿入睡习惯差异，实际睡眠时间不足2小时。乳儿班的婴幼儿则是随困就睡，基本保证乳儿班婴幼儿的在托睡眠。

睡觉前，托育教师一般会组织婴幼儿到户外场地或者走廊散步10分钟左右，帮助婴幼儿休息缓冲和运动消食。散步结束后到盥洗室如厕、洗手。然而，研究者走访多数机构发现，散步环节往往被压缩、省略。托育教师普遍组织婴幼儿进餐结束后就到床边准备午睡。

婴幼儿在故事或音乐中陆续入睡，由于不同婴幼儿的入睡习惯不同，老师顺应不同婴幼儿的差异安抚婴幼儿入睡。在睡眠过程中，至少安排一名保育老师全程巡视看护，主、副班老师也会协助保育老师轮流巡视，适时提醒或者帮助睡姿不正确的婴幼儿调整睡姿，给没盖好被子的婴幼儿盖好被子，观察婴幼儿的脸色、呼吸、体温等，防范窒息等危险发生。

总的来说，Y 市大多数 0—3 岁婴幼儿托育机构的睡眠环境较为适宜、干净、托育教师能尽心管理婴幼儿睡眠全过程，但指导婴幼儿入睡能力还有待提高。

4. 如厕盥洗

被调查的托育机构的如厕盥洗安排贯彻婴幼儿日常生活的一整天，一般固定安排在早餐后、午饭前、午睡后、集体活动后，时间一般为 10—15 分钟，其他非固定的如厕盥洗时间，由婴幼儿自发进行。

教室普遍配有独立盥洗室，仅有 3 家民办托育园使用公共盥洗室。在盥洗室内，配有符合婴幼儿身高的洗手槽、水龙头等清洁设施，设置坐便器、蹲便池、小便斗等生活照料设施，独立盥洗室设施数量较公共盥洗室更合适，基本满足婴幼儿洗手和如厕的需要。

托育教师在固定的如厕盥洗时间进行言语提示，分批组织每次 3—5 名婴幼儿如厕盥洗。在指导过程中，托育教师时常面临手忙脚乱的情况，对于如何培养婴幼儿正确的如厕习惯还在摸索当中。据走访观察，月龄小的婴幼儿使用尿不湿居多，托育教师每隔一段时间就会检查婴幼儿的尿不湿是否干爽、是否有排泄物，做到及时发现、更换，为婴幼儿擦洗屁股，保持屁股干爽，但托育机构缺少专门的尿布台，一般在地毯、椅子上换尿布。

（四）教育支持现状

1. 活动计划

被调查的托育机构的活动开展具有计划性、条理性、周全性。据走访观察，托育教师依据婴幼儿月龄特点和发展需要提前拟定好活动计划，每周周一在班级门口的家园合作栏展示一周教学活动计划和一日生活具体安排，活动计划内容详尽，包括一周的活动主题和活动目标、每日的活动类型以及具体的活动内容。计划安排的活动内容丰富、形式多样，内容涵盖身体发育、动作、语言、认知、情感与社会性等各个领域，时间安排合理。

2. 活动实施

被调查的托育机构的活动类型主要为生活活动、户外活动、集体课程活动、区域活动。托育机构普遍重视保育照护，将生活活动有规律地穿插在托班一日生活过程中。

据观察访谈，被调查的托育机构为婴幼儿安排的户外活动的实际时长一般只有 30—60 分钟，有的机构甚至没有开展户外活动，远不能满足《托育机构管理规范（试行）》规定的根据季节和天气灵活调整外出活动时间且户外活动不少于 120 分钟的要求[①]。

被调查的托育机构都开设了集体课程活动，安排在早餐盥洗结束后，计划 20 分钟，而实际开展时长只有 5—10 分钟，以分组、集体活动为主要形式。这些活动以托育教师集中讲解为主，婴幼儿参与度低。多数托育教师也反映了婴幼儿注意力容易分散等组织集体课程活动的困难之处。

仅有民办托育园开展形式丰富多样的社会实践活动，如带婴幼儿到农场认养果树、参观城市博物馆、参加在商业广场举办的绘本展示舞台等。社会实践活动一般每周开展一次，目的是提高婴幼儿与人交往的意识，培养婴幼儿接触社会、适应社会的能力。

3. 教材、课程类型

被调查的托育机构的教材和课程都尚未统一，一般是依托现有的教材和课程，尚未有研发托育园本课程的意识，呈现幼儿园托班课程类型常规单一、专门托育园课程多元丰富的特点。教材内容多取材于日常生活，重视培养婴幼儿生活自理能力和生活卫生习惯，将一些生活常识渗透到教育支持中。

被调查的幼儿园托班课程以幼儿园五大领域（健康、语言、社会、科学、艺术）为重点开展集体教学活动，其中民办机构会定期为托班的孩子开展特色课程，如游泳课、烘焙课、美工课、奥尔夫音乐课、全脑课、感统训练课。

托育园常规课程除了参考幼儿园五大领域课程外，还加入了蒙氏教学法、五感训练、奥尔夫音乐等富有早期教育特色的课程，开设针对婴幼儿通识教育的国学课程和英语课程，支持婴幼儿身体发育、动作、语言、认知、情感与社会性的发展。

---

① 国家卫生健康委：《关于印发托育机构设置标准（试行）和托育机构管理规范（试行）的通知》，见中国政府网（http://www.gov.cn/gongbao/content/2020/content_ 5477327.htm），访问日期：2022 年 11 月 18 日。

4. 材料投放

被调查的托育机构普遍提供一定数量和类型的图书、玩具和活动材料，支持婴幼儿动作、语言、认知、情感与社会性的发展，活动材料包括幼教领域知名的蒙氏教具、亿童活动材料，以及低结构活动材料。

据观察了解，公办托育园内图书、玩具、活动材料的种类齐全，针对不同月龄段的婴幼儿投放不同类型的图书、玩具、活动材料，2家民办托育园对婴幼儿的图书投放最为重视，设立专门的阅读室，购买获得国际认可、插图多的绘本或者通过借阅少儿图书馆的馆藏图书布置阅读室，图书类型丰富，室内布置坐垫和符合婴幼儿身高的椅子，在一日生活中安排自主阅读环节或教师分享绘本环节。

倡导蒙氏教学法的民办托育园注重蒙氏教具的投放，按照感官教育、数学教育、语言教育、科学文化教育、日常教育、音乐教育布置环境，教具陈列严格遵循由简到繁的原则，孩子在自主工作时间内独立操作教具，培养孩子的逻辑习性和推理能力。

然而，据走访的结果，多数图书、玩具、活动材料都被收纳进柜子或者只拿出了一小部分放置在篮子内，导致供婴幼儿可以使用的玩具、图书很少。

由此可见，目前Y市不同托育机构投放的图书、玩具、活动材料的数量和种类不尽相同，且不同托育机构的材料投放各有特点，托育机构依据投放的材料情况开展相应的特色课程。

四、Y市0—3岁婴幼儿托育教师保育素质现状

（一）托育教师保育素质总体现状

托育教师保育素质问卷采用李克特五点量表衡量Y市托育教师保育素质水平，每题依据"非常不符合""不太符合""一般""比较符合""非常符合"这5个等级分别赋值1—5分。托育教师保育素质总分均值是教师对职业认同、专业理念与师德、专业知识、专业能力这4个维度题项的自我评价分数相加后除以总题数的结果。分值越高，代表托育教师的保育素质水平越高，反之则越低。

由表5-19可知，托育教师保育素质总体均值为4.17，属于中等偏

上水平，各个维度的均值在 4.01 到 4.34 之间，均高于或者接近 4，4 对应等级"比较符合"。可见 Y 市托育教师的保育素质总体良好，介于"比较符合"和"非常符合"之间。

托育教师保育素质的各维度均值，由高到低的排序为：专业理念与师德、专业能力、专业知识、职业认同。其中，专业理念与师德的均值得分为 4.34，位列托育教师保育素质第一。这说明 Y 市托育教师队伍对待工作认真负责，恪尽职守，遵守职业道德和托育法律法规，具备良好的职业道德。

调查结果显示，托育教师的职业认同的均值得分最低，仅有 4.01 分，说明 Y 市托育教师受社会认知、经济地位、工作性质等多方面的影响，对自身的职业认同感较低，自我效能感不高，托育教师的职业认同感亟待增强。托育教师的专业能力、专业知识的均值得分相当，说明托育教师较为认可自己目前具备的托育能力和知识且认为还存在提升空间。

表 5-19 托育教师保育素质各维度描述统计表（$N=200$）

项目	维度	二级维度	题项	均值	标准差
托育教师保育素质各维度水平	职业认同		第 1—5 题	4.01	0.877
	专业理念与师德		第 6—9 题	4.34	0.778
	专业知识		第 10—15 题	4.14	0.861
	专业能力		第 16—38 题	4.18	0.869
		保育照护能力	第 16—22 题	4.20	0.866
		教育支持能力	第 23—32 题	4.19	0.873
		沟通合作能力	第 33—34 题	4.24	0.852
		自我发展调节能力	第 35—38 题	4.12	0.959
	总体水平		第 1—38 题	4.17	0.830

（二）托育教师保育素质各维度现状

1. 职业认同

由表 5-19 可知，托育教师的职业认同维度的得分均值为 4.01 分，低于保育素质总得分的均值。各题项的得分由高到低依次排序为：热爱托育事业，对工作感到欣慰，工作价值高、专业性强，工作获得满足感、成就感，工作受人尊敬、社会认可度高。（详见表5-20）

其中，热爱托育事业的得分均值最高，为4.17。这说明Y市多数托育教师都乐于从事托育行业，对托育教师的职业充满热情。这与该群体喜爱婴幼儿的从业初衷息息相关，该群体普遍认为婴幼儿是其从事和热爱托育工作的重要理由，婴幼儿有可爱纯真的特质，与婴幼儿朝夕相处让人心情愉悦，工作氛围舒适。对工作感到欣慰的得分均值也相对较高。这说明托育教师普遍希望自己对托育工作的努力和坚持可以被看见，并得到认可和赞许。受访的托育教师认为在受到家长认可和见证婴幼儿成长时得到的欣慰感最强烈。

工作受人尊敬、社会认可度高的得分最低，均值为3.68，普遍低于职业认同维度中各题项的均值。这说明多数被调查者认为托育教师的社会认可度和受人尊敬程度普遍较低，这不是一份特别受尊重的职业，表达了职业不被认可尊重的无奈。

表5-20 托育教师保育素质职业认同维度描述统计（$N=200$）

职业认同	均值	标准差
工作价值高、专业性强	4.02	0.972
工作受人尊敬、社会认可度高	3.68	1.064
对工作感到欣慰	4.15	0.928
工作获得满足感、成就感	4.00	1.003
热爱托育事业	4.17	0.875

2. 专业理念与师德

由表5-19可知，专业理念与师德维度的得分均值为4.34分，高于保育素质总题项的得分均值。各题项的得分由高到低的排序为：关爱、尊重和信任婴幼儿，遵守职业道德，对待工作认真，了解遵守托育政策法规。（详见表5-21）

关爱、尊重和信任婴幼儿的得分均值最高，为4.41。这说明Y市托育教师将婴幼儿视为独立个体的人，以婴幼儿为本位，在保育照护和教养支持过程中给予其充分的关爱、尊重和信任。受访的托育教师普遍认为婴幼儿是托育服务的主要对象，首要的任务就是将婴幼儿视为被尊重、关爱的独立个体，平等对待每个婴幼儿，做到不偏不倚。

遵守职业道德和对待工作认真的得分均值相当，分别为 4.37 和 4.32。这说明 Y 市托育教师重视职业道德的遵守，以自身言行举止为婴幼儿和家长树立榜样示范。据调查结果显示，托育教师每日工作时间普遍在 8 小时以上，工作内容繁多，比较繁忙。尽管如此，多数托育教师对待职责范围内的工作认真、恪尽职守，对婴幼儿和家长都秉持负责态度。

了解遵守托育政策法规的得分均值最低，为 4.26。由此可见，Y 市托育教师对托育相关的政策法规有一定了解，但在理解和践行具体内容时不够透彻和深入。因此，托育机构应组织托育教师加强对托育政策法规的学习，通过案例教学、研讨帮助托育教师将托育政策法规的理论应用于具体实践。

表 5-21 托育教师保育素质专业理念与师德维度描述统计（$N=200$）

专业理念与师德	均值	标准差
对待工作认真	4.32	0.818
遵守职业道德	4.37	0.835
了解遵守托育政策法规	4.26	0.845
关爱、尊重和信任婴幼儿	4.41	0.809

3. 专业知识

由表 5-19 可知，专业知识维度的得分均值为 4.14 分，低于保育素质总题项的得分均值 4.17，说明托育教师普遍具备相关的专业知识基础，但仍有提升的空间。各题项的得分由高到低的排序为：掌握保育组织方法，尊重差异、因材施教，熟知保育目标、任务、内容，掌握安全应急预案知识，掌握婴幼儿心理健康知识，掌握通识性知识。（详见表 5-22）

掌握保育组织方法和尊重差异、因材施教的得分均值相对较高，分别为 4.21 和 4.19。据调查结果显示，被调查的托育教师具备幼儿园的从业经验和学前教育的专业背景，在求学和岗位任职过程中积累了幼儿园保育工作的管理经验。因此，在应对组织安排一日生活、班级管理等事务时更加从容不迫、得心应手。

尊重婴幼儿差异、因材施教是托育教师在婴幼儿实施保教方法上达成的共识。受访的机构负责人和教师都认为婴幼儿的个性差异极大，托育教师要熟练掌握不同婴幼儿的个性特点和发展规律，对不同个体实施针对性、个别化的保教活动。

掌握婴幼儿心理健康知识、掌握通识性知识的得分均值相对较低，分别为4.11、4.04。这说明Y市托育教师虽然具备一些婴幼儿的心理健康知识和通识性知识，但其还需学习更多的相关知识。研究者在与托育教师的交谈中了解到，大部分的托育教师对婴幼儿心理健康知识还停留在0—3岁各阶段的敏感期，对具体的某个月龄、某个月龄段的婴幼儿的身心发展特点和对应的保育照护要点知之甚少。

与此同时，受访的托育教师表示其对通识类知识的储备比较欠缺，认为自身掌握的知识具有局限性，不能适应时代快节奏发展和婴幼儿日益增长的认知需求。因此，托育教师渴望通过多种途径学习新知识的热情是比较高涨的，迫切希望学习新知识来提高自身的专业能力，为婴幼儿和家长提供专业化的托育服务。

表5-22 托育教师保育素质专业知识维度描述统计（$N=200$）

专业知识	均值	标准差
尊重差异、因材施教	4.19	0.880
熟知保育目标、任务、内容	4.17	0.901
掌握保育组织方法	4.21	0.900
掌握安全应急预案知识	4.15	0.890
掌握婴幼儿心理健康知识	4.11	0.957
掌握通识性知识	4.04	0.948

4. 专业能力

由表5-19可知，专业能力维度的得分均值为4.18，可见Y市托育教师普遍认为自己具备较好的专业能力，基本能够胜任婴幼儿的保育照护、教育支持工作，具备与同事、家长良好沟通的合作能力和自我发展调节能力。在该维度下，保育照护能力、教育支持能力、沟通合作能力、自我发展调节能力的得分均值分别为 4.20、4.19、4.24、4.12。沟通合作能力的得分均值最高，自我发展调节能力的得分均值最低。

在沟通合作能力方面，托育教师普遍将与同事合作交流、与家长合作沟通视为保育照护、教育支持婴幼儿工作之外最重要的一项。首先，良好的同事关系是托育教师齐心协力投入婴幼儿托育工作的基础，也是在工作中相互学习、取长补短的重要途径。其次，稳定的家托关系是托育机构与婴幼儿家庭良性互动的桥梁，有助于托育教师在了解婴幼儿的个性和家庭教养特点基础上，为婴幼儿提供托育服务和为家庭提供育儿指导，同时能够通过家长的反馈及时发现并解决问题。因此，托育教师普遍意识到同事关系和家托关系的重要性，有意识地培养自己的沟通合作能力。

保育照护能力和教育支持能力的得分均值相当，其中托育教师的保育照护能力略高于教育支持能力，说明被调查的托育教师认为比起教育支持工作，自己更能胜任婴幼儿的保育照护工作。由表 5-23 可知，在保育照护能力中，均值得分靠前的是培养婴幼儿良好的卫生习惯能力、指导婴幼儿生活自理技能习得能力、进餐习惯培养能力。这与上述托育教师主要工作内容的调查结果相符。托育教师普遍认为教师在保育照护过程中不能包办一切，一致赞成在 0—3 岁阶段要培养婴幼儿的生活自理能力和卫生习惯，将其渗透在托班一日生活的各个环节中。然而，托育教师规律喂养婴幼儿能力的得分均值最低。主要原因是目前 Y 市托育教师接触的婴幼儿月龄普遍大于 18 个月，饮食以饭菜为主，能够自主进餐，无需单独喂养。而托育机构每日依照固定的进餐时间组织婴幼儿集体进餐，尚未根据婴幼儿发出的饥饿信号安排不同的用餐时间。

在教育支持能力中，鼓励婴幼儿做力所能及的事、与婴幼儿交流互动、培养婴幼儿规则意识的得分均值是较为靠前的。鼓励婴幼儿做力所能及的事、与婴幼儿交流互动、培养婴幼儿规则意识可以促进婴幼儿的社会性和情感发展。托育教师在与婴幼儿相处的过程中，可以用符合婴幼儿年龄特点的语言或表情动作与婴幼儿互动交流，同时鼓励婴幼儿做力所能及的任务来增强自信，在一日生活中树立班级公约，培养婴幼儿规则意识，给予婴幼儿充分的社会性和情感发展支持。引导婴幼儿自主阅读、投放适宜材料的得分均值相对较低，说明托育教师指导婴幼儿自主阅读和投放材料的能力还有待提高。受访的托育教师在访谈中也提到了开展婴幼儿自主阅读、阅读指导方面的困难（见表 5-23）。

在自我发展调节能力中，积极参加培训的得分均值最高，为4.17。这说明托育教师普遍具备不断学习、充实自我的意识，希望通过培训积累托育相关的专业知识、提高专业能力。与之相比，反思评价工作的均值相对较低，得分为4.11。由此反映出托育教师的自我反思意识不足，大部分托育教师视培训为学习的重要途径，忽视反思评价的重要性，从而影响了解决问题的能力。积极解决工作问题的得分均值最低，仅为4.09。可见托育教师应对工作问题、排解工作烦恼的能力有待增强。受访教师表示，如何应对托班出现的问题是巨大挑战，带托班每日新问题频出，处理问题时往往处于有心无力或者"摸着石头过河"的状态，有些问题没办法及时解决，只能慢慢应对。

表5-23 托育教师保育素质专业能力维度描述统计（$N=200$）

专业能力	具体内容	均值	标准差
保育照护能力	环境创设能力	4.17	0.884
	托班一日生活组织能力	4.16	1.015
	睡眠照护能力	4.25	0.888
	进餐习惯培养能力	4.26	0.865
	规律喂养婴幼儿能力	3.98	1.178
	指导婴幼儿生活自理技能习得能力	4.26	0.846
	培养婴幼儿良好的卫生习惯能力	4.29	0.860

续表 5-23

专业能力	具体内容	均值	标准差
教育支持能力	制定活动计划	4.17	0.945
	组织多样活动	4.22	0.907
	组织户外活动	4.21	0.894
	投放适宜材料	4.06	1.054
	与婴幼儿交流互动	4.29	0.835
	引导婴幼儿自主阅读	4.09	1.031
	引导婴幼儿自由活动	4.15	0.960
	引导婴幼儿自主探究	4.11	1.029
	鼓励婴幼儿做力所能及的事	4.32	0.824
	培养婴幼儿规则意识	4.28	0.852
沟通合作能力	与同事合作交流	4.25	0.861
	与家长合作沟通	4.23	0.901
自我发展调节能力	反思评价工作	4.11	0.986
	积极参加培训	4.17	0.952
	保持工作情绪稳定	4.11	1.021
	积极解决工作问题	4.09	1.013

（三）托育教师保育素质差异分析

为进一步探究性别、年龄、婚姻、从业年限、所在机构性质、学历、资格证书、专业、月收入、满意度等因素对托育教师保育素质是否有影响，本部分将运用 SPSS 软件分别对两组变量进行独立样本 t 检验或者 ANOVA 单因素方差分析。

单因素分析结果显示（见表 5-24），不同机构性质的托育教师保育素质总均分及各维度都存在显著性差异。说明托育教师任职机构性质不同，对自身的保育素质评价也不相同。经 LSD 事后检验，托育教师在保育素质总均分、职业认同、专业知识、专业能力均表现为：民办托育园 >

公办托育园＞公办幼儿园托班＞民办幼儿园托班，在专业理念与师德表现为：民办托育园＞公办幼儿园托班＞公办托育园＞民办幼儿园托班。可见，被调查的托育园教师保育素质整体高于幼儿园托班教师，尤其体现在职业认同、专业知识、专业能力上。

表 5-24　不同机构性质的托育教师保育素质的差异分析

所在机构性质	保育素质总均分（M±SD）	职业认同（M±SD）	专业理念与师德（M±SD）	专业知识（M±SD）	专业能力（M±SD）
公办托育园	4.365±0.836	4.029±0.898	4.405±0.864	4.381±0.871	4.427±0.850
公办幼儿园托班	4.132±0.812	4.014±0.872	4.420±0.709	4.057±0.833	4.127±0.860
民办托育园	4.545±0.477	4.354±0.739	4.586±0.462	4.543±0.513	4.580±0.500
民办幼儿园托班	3.882±0.892	3.800±0.892	4.101±0.856	3.858±0.916	3.868±0.926
F	6.353	3.182	3.717	6.761	7.164
P	0	0.025	0.012	0	0

单因素分析结果显示（见表 5-25），在不同工作环境中，托育教师的保育素质总均分及各维度都存在显著性差异。经 LSD 事后检验，托育教师在保育素质总均分、职业认同、专业知识、专业能力维度表现为：非常和谐＞比较和谐＞一般＞非常压抑＞不太和谐，在专业理念与师德表现为：非常压抑＞非常和谐＞比较和谐＞一般＞不太和谐。这说明托育教师的保育素质水平与工作环境呈正相关，托育教师的保育素质越高，工作环境越和谐。

表 5-25　不同工作环境的托育教师保育素质的差异分析

工作环境	保育素质 总均分 ($M \pm SD$)	职业认同 ($M \pm SD$)	专业理念 与师德 ($M \pm SD$)	专业知识 ($M \pm SD$)	专业能力 ($M \pm SD$)
非常和谐	4.322±0.853	4.222±0.853	4.484±0.784	4.278±0.886	4.327±0.895
比较和谐	4.191±0.681	4.006±0.770	4.336±0.650	4.137±0.752	4.220±0.702
一般	3.823±0.908	3.506±0.935	4.047±0.851	3.906±0.918	3.832±0.970
不太和谐	3.00±1.00	3.00±1.00	3.00±1.00	3.00±1.00	3.00±1.00
非常压抑	3.290±0	3.200±0	4.750±0	3.333±0	3.044±0
F	4.193	5.656	4.504	2.811	4.019
P	0.003	0	0.002	0.027	0.004

单因素分析结果显示（见表 5-26），在不同工作状态中，托育教师保育素质总均分及各维度存在显著性差异。经 LSD 事后检验，托育教师在保育素质总均分、职业认同、专业知识、专业能力维度表现为：非常积极＞比较积极＞一般＞非常消极＞比较消极，在专业理念与师德表现为：非常积极＞比较积极＞一般＞比较消极＞非常消极。可见，托育教师保育素质自我评价较高，工作状态也较为积极。

表 5-26　不同工作状态的托育教师保育素质的差异分析表

工作状态	保育素质 总均分 ($M \pm SD$)	职业认同 ($M \pm SD$)	专业理念 与师德 ($M \pm SD$)	专业知识 ($M \pm SD$)	专业能力 ($M \pm SD$)
非常积极	4.525±0.721	4.346±0.807	4.696±0.621	4.470±0.800	4.549±0.759
比较积极	4.168±0.730	4.020±0.749	4.309±0.694	4.112±0.771	4.190±0.762
一般	3.909±0.886	3.696±0.965	4.136±0.808	3.958±0.898	3.902±0.938
比较消极	3.387±0.682	3.257±0.718	3.571±0.800	3.405±0.719	3.379±0.683
非常消极	3.461±1.719	3.600±1.781	3.563±1.760	3.583±1.772	3.380±1.702
F	6.609	5.425	7.247	4.574	6.666
P	0	0	0	0.001	0

单因素分析结果显示（见表5-27），在不同工资福利满意度中，托育教师的保育素质总均分及各维度都存在显著性差异。经 LSD 事后检验，托育教师在保育素质总均分及各维度都表现为：比较满意＞特别满意＞一般＞特别不满意＞比较不满意。可见，托育教师的保育素质水平高，对薪资福利较为满意。

表5-27 不同工资福利满意度的托育教师保育素质的差异分析

工资福利满意度	保育素质总均分（$M \pm SD$）	职业认同（$M \pm SD$）	专业理念与师德（$M \pm SD$）	专业知识（$M \pm SD$）	专业能力（$M \pm SD$）
特别满意	4.329±1.009	4.263±1.011	4.375±1.004	4.365±1.030	4.326±1.013
比较满意	4.520±0.660	4.349±0.782	4.539±0.677	4.495±0.671	4.560±0.670
一般	4.230±0.759	3.970±0.780	4.354±0.745	4.203±0.799	4.273±0.798
比较不满意	3.582±0.744	3.485±0.848	4.038±0.816	3.533±0.786	3.536±0.773
特别不满意	3.654±0.858	3.629±0.852	4.089±0.763	3.619±0.89	3.593±0.906
F	11.803	8.263	3.171	11.628	13.379
P	0	0	0.015	0	0

单因素分析结果显示（见表5-28），不同工作心情的托育教师的保育素质总均分及各维度都存在显著性差异。经 LSD 事后检验，托育教师在保育素质总均分、专业理念与师德、专业能力维度都表现为：非常愉快＞比较愉快＞不太愉快＞一般＞比较不愉快，在职业认同维度表现为：非常愉快＞比较愉快＞一般＞不太愉快＞比较不愉快，在专业知识维度表现为：不太愉快＞非常愉快＞比较愉快＞一般＞比较不愉快。可见，除了职业认同维度，"保育素质得分越高、工作心情越好"的现象很少出现。因此应重视保育素质水平较高但情绪低落的托育教师，帮助其发现心情不畅原因并及时解决。

表 5-28 不同工作心情的托育教师保育素质的差异分析

工作心情	保育素质总均分 ($M \pm SD$)	职业认同 ($M \pm SD$)	专业理念与师德 ($M \pm SD$)	专业知识 ($M \pm SD$)	专业能力 ($M \pm SD$)
非常愉快	4.319±0.815	4.270±0.805	4.480±0.752	4.280±0.861	4.311±0.847
比较愉快	4.197±0.775	4.009±0.832	4.368±0.720	4.132±0.818	4.226±0.817
一般	3.940±0.906	3.687±0.941	4.135±0.835	4.000±0.911	3.945±0.960
不太愉快	4.154±0.699	3.686±0.901	4.286±0.756	4.286±0.756	4.199±0.716
比较不愉快	2.500±0.707	2.500±0.707	2.500±0.707	2.500±0.707	2.500±0.707
F	3.423	4.681	4.251	2.612	3.094
P	0.01	0.001	0.003	0.037	0.017

单因素分析结果显示（见表 5-29），不同离职意愿的托育教师在保育素质总均分、职业认同、专业知识、专业能力存在显著差异。经 LSD 事后检验，托育教师在保育素质总均分、专业知识、专业能力表现为：完全不符合＞一般＞不符合＞非常符合＞符合。在职业认同维度上表现为：完全不符合＞不符合＞一般＞非常符合＞符合。由此可见，保育素质的得分高低与托育教师的离职意愿强烈程度息息相关，职业认同感越低的托育教师，离职意愿越明显。

表 5-29 不同离职意愿的托育教师保育素质的差异分析

离职意愿	保育素质总均分 ($M \pm SD$)	职业认同 ($M \pm SD$)	专业理念与师德 ($M \pm SD$)	专业知识 ($M \pm SD$)	专业能力 ($M \pm SD$)
完全不符合	4.502±0.829	4.381±0.866	4.653±0.771	4.446±0.904	4.516±0.845
不符合	4.171±0.800	4.090±0.802	4.346±0.728	4.123±0.848	4.171±0.835
一般	4.187±0.749	3.957±0.801	4.308±0.727	4.172±0.763	4.219±0.804

续表5-29

离职意愿	保育素质总均分 ($M \pm SD$)	职业认同 ($M \pm SD$)	专业理念与师德 ($M \pm SD$)	专业知识 ($M \pm SD$)	专业能力 ($M \pm SD$)
符合	3.651±1.037	3.388±1.121	4.016±0.972	3.667±1.036	3.641±1.075
非常符合	3.866±0.866	3.582±0.931	4.068±0.929	3.939±0.917	3.874±0.898
F	3.32	4.575	2.384	2.437	3.213
P	0.012	0.001	0.053	0.048	0.014

此外，托育教师性别（$P=0.934$）、年龄（$P=0.377$）、婚姻（$P=0.225$）、从业年限（$P=0.544$）、学历（$P=0.474$）、专业（$P=0.326$）、月收入（$P=0.537$）、工作繁忙程度（$P=0.277$）的保育素质总均分及各维度的显著性P值均大于0.05，未发现显著差异，此处不再一一描述说明。

五、Y市0—3岁婴幼儿家长对托育机构保育质量的满意度现状

（一）家长满意度总体情况

由表5-30可知，家长满意度总体均值为4.35，属于中等偏上水平，各个维度的均值为4.30—4.37，均高于4，4对应等级"比较满意"。可见Y市0—3岁婴幼儿托育机构的家长满意度总体较高，介于比较满意和非常满意之间。

其中，课程活动的均值最高，均值为4.37，说明家长对托育机构的课程活动形式、内容、主题比较认可；家托合作的均值最低，均值为4.30，说明家托合作的方式、内容、频率等不符合家长的期待，家长的需求在家托合作中没有得到很好的满足，Y市托育机构在家托合作质量方面有待提升。

办托条件、托育队伍、园所管理、孩子表现的均值差别不大，表明Y市托育机构在办托条件、托育队伍、园所管理、孩子表现方面提供的服务

得到的家长认可度相当，仍存在提升的空间。

Y市托育机构的家长满意度总体较高，一方面，Y市近年来大力建设和推进托育机构取得了一定的成效，满足了婴幼儿家长将孩子送托的需求，托育机构提供的托育服务受到了家长的认可和好评。另一方面，家长将婴幼儿送入托育机构前会"货比三家"，通过综合比较多个托育机构的条件，考虑多方因素，选出最心仪的托育机构，因此对婴幼儿所入托的托育机构满意度较高。

表 5-30 婴幼儿家长的各维度满意度统计（$N=593$）

项目	维度	题项	均值	标准差
家长各维度满意度	办托条件	第 1—7 题	4.35	0.811
	托育队伍	第 8—15 题	4.36	0.828
	园所管理	第 16—20 题	4.36	0.822
	课程活动	第 21—24 题	4.37	0.823
	孩子表现	第 25—31 题	4.35	0.817
	家托合作	第 32—37 题	4.30	0.877
	总体满意度	第 1—37 题	4.35	0.811

（二）不同维度家长满意度情况

1. 办托条件维度

由表 5-31 可知，家长对托育机构办托条件的满意度均值均在 4.2 以上，满意度均值由高到低为室内消毒卫生、室内设施安全、室内环境创设、周边环境、室内活动空间、材料投放的数量种类、户外场地设施。总体来看，家长对室内空间的满意度高于对户外空间的满意度。

其中室内消毒卫生的满意度排名第一，均值为 4.46，排名第二的是室内设施安全。这说明 Y 市托育机构的安全卫生工作最令家长放心，托育机构尽力为婴幼儿营造健康安全的生活学习环境。不少机构负责人表示，托育机构的安全卫生是机构在发展过程中最重视的一项工作，采取桌角包边、墙面软包、安装监控、日常消毒等措施进行安全卫生工作，有效保障了婴幼儿健康安全成长，让家长安心。

与此同时，户外场地设施、材料投放的数量种类、室内活动空间的家长满意度偏低，尤其是户外场地设施的满意度均值最低，仅为4.27。这说明Y市托育机构的户外场地设施不能很好地满足家长的需求。据走访观察，Y市托育机构尤其是专门托育园普遍位于小区门口、商圈或者交通枢纽的位置，受限于场地面积，很少有独立、自有的户外场地。不少家长表示，托育机构提供的户外场地过少、借用其他场地存在安全隐患。材料投放的数量种类、室内活动空间的满意度均值均为4.31。这一方面说明材料投放的数量种类不够丰富、更新周期较长；另一方面说明部分托育机构，尤其是专门托育园的教室面积有限，区域划分不够明晰，生活区兼有睡眠区、就餐区的功能，活动空间不足，这大大降低了婴幼儿在室内活动的自由度，空间狭窄就容易产生安全隐患。

表5-31 婴幼儿家长的办托条件满意度统计（$N=593$）

办托条件	均值	标准差
周边环境	4.36	0.859
室内环境创设	4.38	0.832
室内活动空间	4.31	0.933
室内设施安全	4.39	0.845
室内消毒卫生	4.46	0.813
材料投放的数量种类	4.31	0.915
户外场地设施	4.27	0.953

2. 托育队伍维度

由表5-32可知，家长对托育机构的托育队伍的满意度均值均在4.2以上，满意度均值由高到低依次为教师工作态度、教师亲和力、教师保育照护能力、教师教育教学能力、教师与婴幼儿互动能力、教师情绪支持能力、教师家托沟通能力、教师育儿指导能力。

其中，教师工作态度的满意度均值得分最高，为4.47，与之相当的是教师亲和力、教师保育照护能力，均值分别为4.46、4.43。由此可见，Y市托育教师认真负责的工作态度、充满细心爱心的亲和力、体贴入微的保育照护能力受到了家长的青睐。托育教师对待工作一丝不苟，对待婴幼儿富有亲和力，与婴幼儿建立良好的关系联结，给予婴幼儿无微不至的保育照护，为婴幼儿提供一个充满爱的环境，有助于帮助婴幼儿建立安全感，适应分离焦虑，接纳新环境，形成安全型依恋关系。同时，这也能够减轻家长的送托顾虑，让家长放心地将孩子交给托育机构照顾。在访谈过程中，多数家长对托育教师的工作态度、亲和力和照护能力赞不绝口。

然而，家长对教师家托沟通能力、教师育儿指导能力的满意度均值偏低，尤其是教师育儿指导能力的均值仅为4.21。由此反映出，家长希望托育教师在与家长沟通时有及时性和针对性，期待能够从沟通中得到更多个性化育儿指导，帮助自己更好践行家庭教育。因此，Y市托育教师的家托沟通能力、育儿指导能力还有待提升。据走访了解，托育机构教师每天或者每周会多次将婴幼儿在托的照片、视频和公众号文章及时发送给家长，让家长能够及时了解婴幼儿的在托情况和平时表现。相比之下，托育教师对婴幼儿的育儿指导有些不足，尤其是育儿指导的方式、内容和频率有待加强。

值得注意的是，家长对教师教育教学能力的满意度均值为4.37。这说明家长对托育教师的教育教学能力表示信任和认可，但仍有提升的空间。据走访了解，大多数家长实际上对托育教师教育教学能力的认识是模糊的，认为孩子在托育机构过得开心、积极参与活动就足够了，更多关注托育教师对孩子日常生理需求的保育照护能力，对教师的教育教学能力要求不高。

表5-32 婴幼儿家长的托育队伍满意度统计（N=593）

托育队伍	均值	标准差
教师工作态度	4.47	0.803
教师亲和力	4.46	0.807
教师保育照护能力	4.43	0.842
教师教育教学能力	4.37	0.876
教师情绪支持能力	4.30	0.926
教师家托沟通能力	4.28	0.935
教师育儿指导能力	4.21	0.988
教师与婴幼儿互动能力	4.34	0.881

3. 园所管理维度

由表 5-33 可知，家长的园所管理的满意度均值均在 4.28 以上，由高到低依序为作息安排、班级孩子数量、班级教师数量、收费、接送时间。其中，作息安排的满意度均值得分最高，为 4.40。这说明 Y 市托育机构一日生活的作息安排符合多数家长的期待，反映了 Y 市托育机构的一日生活时间安排合理，能够依据季节和天气灵活变动，顺应不同月龄婴幼儿成长规律，帮助婴幼儿形成有规律的作息。

家长对托育机构班级的婴幼儿数量与教师数量满意度均值分别为 4.38 和 4.37，表明家长基本认可托育机构安排的班级师幼比。值得关注的是，家长对孩子数量的满意度均值稍高于其对教师数量的满意度均值，但差别不大，说明家长希望增加托育教师的数量，以达到每位婴幼儿都能得到托育教师平等关注和照顾的目的。

家长对托育机构的收费满意度均值为 4.36，总体较为满意。据走访了解，结合家长每月可承受的托育费用调查结果，Y 市托育机构的收费普遍具有普惠性，存在民办非普惠托育机构收费偏高的问题。尽管收费偏高问题存在，但是如果机构能够提供相应价值或者更优质的托育服务，家长也乐于接受，并且非常愿意将孩子送入此类收费高的托育机构。

家长对托育机构接送时间的满意度均值为 4.28，普遍低于园所管理维度内的其他题项均值。可见，家长认为托育机构安排的接送时间总体合理，但还有改进的空间。据走访了解，Y 市托育机构送托时间的安排是比较弹性的，尤其是民办性质的托育机构，时间段普遍安排在 8 点到 9 点半，时间长达 1 个半小时，能够满足不同职业家长的不同上班时间需求，同时顺应婴幼儿的作息时间。

然而，由于 Y 市托育机构的离托时间较早，集中在下午 4 点到 5 点，仅有几家托育机构开展课时延迟服务。多数家长由于下班时间与离托时间错开，家庭中无合适的成员去接孩子，对离托时间的安排较不满意。

表 5-33 婴幼儿家长的园所管理满意度统计（N=593）

园所管理	均值	标准差
收费	4.36	0.925
接送时间	4.28	0.925

续表 5-33

园所管理	均值	标准差
班级孩子数量	4.38	0.896
班级教师数量	4.37	0.911
作息安排	4.40	0.818

4. 课程活动维度

由表 5-34 可知，家长在课程活动维度各个题项上的满意度均值均高于 4.3，满意度均值由高到低依次为活动内容、活动主题、活动组织、活动形式。

活动内容、活动形式的满意度均值较高，为 4.40，均高于总体满意度 4.3471。这表明 Y 市托育机构开展的课程活动内容丰富、类型多样，常规课程和特色课程兼有，主题明确，与时俱进，善于捕捉婴幼儿的兴趣点，得到家长认可。活动组织、活动形式的满意度均值分别为 4.34、4.32，虽低于总体满意度，但仍处在中等较高水平。

据走访了解，目前多数婴幼儿家长对托育机构提供的课程活动持两种完全不同的看法：一部分家长对托育机构的课程活动知之甚少，不在乎婴幼儿从课程活动中学会了哪些知识、习得了哪些技能，更多关注孩子在托育机构是否被照顾妥帖、是否开心。另一部分家长则希望托育机构可以提供优质的课程活动服务，孩子在托育机构能养成良好的生活习惯、习得生活自理技能，学会与同龄人和睦相处。

表 5-34　婴幼儿家长的课程活动满意度统计（$N=593$）

课程活动	均值	标准差
活动内容	4.40	0.825
活动形式	4.32	0.903
活动组织	4.34	0.874
活动主题	4.40	0.833

5. 孩子表现维度

由表 5-35 可知，家长在孩子表现维度各个题项上的满意度均值均高于4.3，满意度均值由高到低依次为孩子的活动兴趣和参与度、孩子的精细动作习得、孩子的生活自理技能习得、孩子的生活卫生习惯养成、孩子的睡眠情况、孩子的自主探究养成、孩子的进餐情况。

其中，孩子的活动兴趣和参与度、孩子的精细动作习得、孩子的生活自理技能习得、孩子的生活卫生习惯养成的满意度均值均高于总体满意度。从对孩子的活动兴趣和参与度的满意度较高可以看出，Y市托育机构的一日生活安排符合婴幼儿的兴趣，婴幼儿非常乐于到托育机构来，在参与课程活动时沉浸其中。受访者均表示婴幼儿很喜欢托育机构，对托育机构不抗拒。

从家长对孩子的精细动作习得的满意度来看，Y市托育机构安排的课程活动、投放的活动材料能够帮助婴幼儿锻炼手部肌肉，习得与月龄相符的精细动作。

从家长对孩子的生活自理技能习得、孩子的生活卫生习惯养成的满意度来看，结合Y市托育机构教师保育工作内容的调查结果，说明Y市托育机构的课程活动、托育教师的工作主要围绕帮助婴幼儿习得生活自理技能和养成良好的生活卫生习惯展开。多数托育教师会在托班一日生活中鼓励婴幼儿自己的事情自己做，树立自我服务意识，尝试做一些力所能及的小事情，如自主喝水、自主端饭、自主进餐、收拾玩具图书、自行穿脱鞋子等。

家长对孩子的睡眠情况、孩子的自主探究养成的满意度偏低。从孩子的睡眠情况来看，家长满意度偏低的原因一方面是托育机构安排的睡眠时间不够充足，或者托育机构提供的睡眠环境不适宜，导致婴幼儿下午的精神状态不佳；另一方面是有些婴幼儿没有养成规律午睡的习惯，睡得很迟或者醒得很早，有的甚至不睡午觉。

从家长对孩子的自主探究养成的满意度来看，托育机构在该方面还有提升空间，这与机构投放的玩具图书数量不够或者图书玩具对婴幼儿的吸引力不够、机构安排的自主探究时间少、教师指导婴幼儿自主探究的能力不足有关。

表 5-35　婴幼儿家长的孩子表现满意度统计表（N=593）

孩子表现	均值	标准差
孩子的活动兴趣和参与度	4.40	0.833
孩子的睡眠情况	4.34	0.886
孩子的生活自理技能习得	4.36	0.863
孩子的生活卫生习惯养成	4.36	0.872
孩子的进餐情况	4.32	0.892
孩子的精细动作习得	4.37	0.860
孩子的自主探究养成	4.32	0.899

6. 家托合作维度

由表 5-36 可知，家长对家托合作满意度的均值均在 4.2 以上，总的来说，Y 市 0—3 岁婴幼儿家长对家托合作总体表示满意，但其中出现了四个题项低于总体满意度的情况，因此个别方面仍需改进。各题项满意度均值由高到低依次为：与家长签订协议、家长的信息告知、家长合理需求的满足、家长的反馈意见和建议征求、家庭的育儿支持、家长需求的个别化咨询。

家长对签订协议、信息告知的满意度都是非常高的，均值分别为 4.46、4.45。这说明 Y 市托育机构非常重视在婴幼儿入托前的家长沟通工作，与家长签订协议，做好新生入托登记，了解婴幼儿的基本信息和生活习惯，明确双方责任、权利义务、服务项目、收费标准等，这在一定程度上减少了争议纠纷的产生。同时，托育机构主动向家长公开信息，每周推送婴幼儿作息时间安排、餐点提供等信息，分享婴幼儿在托育机构的照片、视频，主动告知家长，让家长放心。同时，托育机构也会定期邀请家长加入课程活动，组织亲子运动会、秋游春游等。

家长合理需求的满足、家长的反馈意见和建议征求、家庭的育儿支持、家长需求的个别化咨询的满意度均值分别为 4.24、4.21、4.21、4.20。家长不满意的地方集中在家长需求、家长育儿指导、家长建议这几方面。部分家长称托育机构基本上可以满足家长的合理需求，但托育机构在为不同家庭提供个别化的咨询服务方面因受限于人力和时间而有所欠缺。

据走访了解，向家长征求反馈意见和建议在 Y 市托育机构中是较为少见的，一方面是家长缺少反映反馈意见建议的专门渠道，另一方面是托育机构普遍缺乏向家长征求意见与建议的意识，家托合作的形式只停留在信息公开、签订协议上。

从育儿支持来看，Y 市家长对托育机构尤其是托育教师提供育儿指导的需求是比较旺盛的。然而，Y 市托育机构组织开展育儿指导还处于摸索起步阶段，主要方式是以家长会的形式召集全体家长统一指导，平时推送育儿知识的资料给家长。只有部分机构每学期开设两次父母课堂进行家庭教育知识技能的指导，且考虑到课堂效果和场地限制，每次仅邀请 10 名左右的家长参加。

可见，目前 Y 市托育机构的育儿指导形式比较单一传统，指导频次较少，且受众面较窄。个性化的指导以主班教师与家长的单独沟通为主，指导效果不明显。因此，Y 市托育机构在家长需求、家长反馈意见、育儿支持、个别化咨询的家托合作方面仍有较大的提升空间。

表 5-36　婴幼儿家长的家托合作满意度统计（$N=593$）

家托合作	均值	标准差
与家长签订协议	4.46	0.823
家长的信息告知	4.45	0.829
家庭的育儿支持	4.21	0.998
家长需求的个别化咨询	4.20	1.005
家长合理需求的满足	4.24	0.990
家长的反馈意见和建议征求	4.21	1.016

（三）婴幼儿家长的保育质量满意度差异分析

为进一步探究婴幼儿父母年龄、婴幼儿父母学历、婴幼儿父母职业、家庭月收入、家庭所在位置、家庭每月可承受托育费用、家庭所选的机构性质等因素是否对婴幼儿家长的保育质量满意度及其各维度满意度有影响，本部分将运用 SPSS 软件分别对两组变量进行 ANOVA 单因素方差分析。

单因素分析结果显示（见表5-37），所选机构的性质与家庭的保育质量满意度总均分和各维度存在显著性差异，说明入托机构性质的不同导致了家庭保育质量满意度也不尽相同。经LSD事后检验，家长满意度在总均分及各维度都表现为：民办托育园＞公办托育园＞公办幼儿园托班＞民办幼儿园托班。可见，Y市婴幼儿家庭对专门提供托育服务的托育园的满意度总体高于"托幼一体化"的幼儿园。

表5-37 不同机构性质的保育质量满意度差异

机构性质	总满意度均分 ($M \pm SD$)	办托条件 ($M \pm SD$)	托育队伍 ($M \pm SD$)	园所管理 ($M \pm SD$)	课程活动 ($M \pm SD$)	孩子表现 ($M \pm SD$)	家托合作 ($M \pm SD$)
公办托育园	4.522±0.830	4.526±0.828	4.521±0.852	4.506±0.831	4.555±0.831	4.534±0.820	4.497±0.876
公办幼儿园托班	4.297±0.896	4.321±0.887	4.305±0.915	4.333±0.899	4.312±0.908	4.307±0.906	4.206±0.975
民办托育园	4.598±0.692	4.561±0.715	4.619±0.700	4.584±0.721	4.626±0.688	4.601±0.693	4.602±0.721
民办幼儿园托班	4.126±0.690	4.142±0.701	4.139±0.707	4.147±0.724	4.140±0.716	4.122±0.701	4.067±0.755
F	10.057	8.258	9.667	7.948	10.566	10.3	11.501
P	0	0	0	0	0	0	0

单因素分析结果显示（见表5-38），不同婴幼儿家庭位置的保育质量总满意度均分和各维度均存在显著性差异。说明婴幼儿家庭位置的不同对托育机构的各方面评价也不同。经LSD事后检验，家长在总满意度均分、办托条件、园所管理、课程活动、孩子表现的满意度都表现为：村＞地级城市＞省级城市＞县城＞乡镇，在托育队伍、家托合作维度的满意度则表现为：村＞省级城市＞地级城市＞县城＞乡镇。这说明居住在村、城市的家庭较县城、乡镇的家庭对托育机构更为满意。之所以出现这一现象，一方面是城市托育机构较多，具备的软硬件设施相对较好，而农村家

庭对托育机构的要求期待较低，另一方面是乡镇托育机构较少，服务质量受制于资金、人力、物力，因而乡镇婴幼儿家庭对其提供的服务的满意度相对较低。

表 5-38 不同婴幼儿家庭位置的保育质量满意度差异分析

婴幼儿家庭位置	总满意度均分 ($M \pm SD$)	办托条件 ($M \pm SD$)	托育队伍 ($M \pm SD$)	园所管理 ($M \pm SD$)	课程活动 ($M \pm SD$)	孩子表现 ($M \pm SD$)	家托合作 ($M \pm SD$)
省级城市	4.414 ± 0.616	4.414 ± 0.635	4.438 ± 0.624	4.390 ± 0.631	4.425 ± 0.634	4.379 ± 0.621	4.433 ± 0.606
地级城市	4.426 ± 0.757	4.424 ± 0.761	4.428 ± 0.776	4.430 ± 0.769	4.450 ± 0.766	4.433 ± 0.762	4.396 ± 0.816
县城	4.146 ± 1.040	4.162 ± 1.043	4.154 ± 1.047	4.167 ± 1.067	4.125 ± 1.052	4.143 ± 1.031	4.117 ± 1.048
乡镇	3.974 ± 0.967	4.032 ± 0.960	4.017 ± 0.995	4.023 ± 0.983	3.977 ± 0.984	3.990 ± 0.985	3.789 ± 1.033
村	4.469 ± 0.528	4.436 ± 0.574	4.487 ± 0.591	4.537 ± 0.525	4.553 ± 0.504	4.444 ± 0.567	4.404 ± 0.612
F	6.394	4.839	5.180	5.188	7.151	6.034	9.666
P	0.000	0.001	0.000	0.000	0.000	0.000	0.000

单因素分析结果显示（见表 5-39），不同月承受托育费用能力家庭的保育质量的总满意度均分和各维度都存在显著性差异。说明不同托育费用承受能力家庭对保育质量的满意度差异大。经 LSD 事后检验，月承受托育费用能力家庭在总满意度均分、办托条件、课程活动、孩子表现、家托合作的满意度都表现为：4001—5000 元＞2001—3000 元＞5001—6000 元＞3001—4000 元＞1001—2000 元＞0—1000 元＞6001 元及以上，在托育队伍维度的满意度则表现为：4001—5000 元＞2001—3000 元＞5001—6000 元＞3001—4000 元＞1001—2000 元＞6001 元及以上＞0—1000 元，在园所管理维度表现为：4001—5000 元＞2001—3000 元＞3001—4000 元

>5001—6000 元>6001 元及以上>1001—2000 元>0—1000 元。这说明托育费用承受能力不同的婴幼儿家庭对保育质量的看法不一,而月承受托育费用能力特别高或特别低的家庭的满意度相对较低。

表5-39 不同月承受托育费用能力家庭的保育质量满意度差异分析

每月能承受的托育费用	总满意度均分($M \pm SD$)	办托条件($M \pm SD$)	托育队伍($M \pm SD$)	园所管理($M \pm SD$)	课程活动($M \pm SD$)	孩子表现($M \pm SD$)	家托合作($M \pm SD$)
0—1000 元	4.239±0.751	4.262±0.745	4.254±0.786	4.253±0.775	4.266±0.756	4.249±0.759	4.149±0.844
1001—2000 元	4.311±0.904	4.307±0.906	4.312±0.912	4.322±0.915	4.325±0.922	4.314±0.905	4.291±0.945
2001—3000 元	4.554±0.652	4.564±0.653	4.571±0.661	4.560±0.642	4.576±0.669	4.553±0.666	4.503±0.740
3001—4000 元	4.409±0.861	4.413±0.856	4.398±0.889	4.437±0.850	4.435±0.876	4.423±0.877	4.364±0.900
4001—5000 元	4.649±0.625	4.647±0.638	4.651±0.630	4.653±0.610	4.658±0.625	4.662±0.614	4.623±0.648
5001—6000 元	4.451±0.666	4.460±0.622	4.472±0.643	4.422±0.724	4.444±0.682	4.444±0.683	4.444±0.702
6001 元及以上	4.216±1.218	4.130±1.235	4.296±1.225	4.327±1.250	4.250±1.220	4.195±1.224	4.121±1.259
F	2.417	2.399	2.315	2.189	2.261	2.309	2.569
P	0.026	0.027	0.032	0.043	0.036	0.033	0.018

单因素分析结果显示(见表5-40),不同职业的婴幼儿母亲保育质量总满意度均分和办托条件维度存在显著性差异,说明不同职业的婴幼儿母亲的保育质量满意度不同,特别是在办托条件方面。经 LSD 事后检验,婴幼儿母亲的不同职业在总满意度均分上表现为:教师、医生等专业技

人员＞个体户、商业服务业人员＞其他＞城市无业、失业和半失业者＞党政军机关、事业单位或国企员工＞工人＞农民，在办托条件维度表现为：教师、医生等专业技术人员＞其他＞个体户、商业服务业人员＞党政军机关、事业单位或国企员工＞城市无业、失业和半失业者＞工人＞农民。

此外，孩子父亲年龄（$P=0.213$）、孩子母亲年龄（$P=0.549$）、孩子父亲学历（$P=0.824$）、孩子母亲学历（$P=0.631$）、孩子父亲职业（$P=0.61$）、家庭月收入（$P=0.168$）的保育质量总满意度均分及各维度的显著性 P 值均大于 0.05，未见显著差异，此处不再赘述。

表 5-40　婴幼儿母亲不同职业的保育质量满意度差异分析

婴幼儿母亲的职业	总满意度均分（$M±SD$）	办托条件（$M±SD$）	托育队伍（$M±SD$）	园所管理（$M±SD$）	课程活动（$M±SD$）	孩子表现（$M±SD$）	家托合作（$M±SD$）
个体户、商业服务业人员	4.385±0.873	4.381±0.887	4.385±0.883	4.372±0.883	4.412±0.875	4.397±0.881	4.367±0.915
农民	4.049±0.646	4.078±0.627	4.136±0.663	4.091±0.807	4.091±0.645	4.065±0.617	3.818±0.783
教师、医生等专业技术人员	4.540±0.654	4.513±0.666	4.555±0.673	4.558±0.647	4.555±0.671	4.531±0.658	4.538±0.696
党政军机关、事业单位或国企员工	4.240±0.824	4.297±0.808	4.234±0.843	4.271±0.821	4.252±0.846	4.246±0.842	4.143±0.903
工人	4.183±0.847	4.163±0.872	4.223±0.874	4.188±0.877	4.250±0.837	4.185±0.853	4.104±0.917

续表 5-40

婴幼儿母亲的职业	总满意度均分 ($M \pm SD$)	办托条件 ($M \pm SD$)	托育队伍 ($M \pm SD$)	园所管理 ($M \pm SD$)	课程活动 ($M \pm SD$)	孩子表现 ($M \pm SD$)	家托合作 ($M \pm SD$)
城市无业、失业和半失业者	4.263±0.613	4.249±0.616	4.262±0.658	4.252±0.673	4.282±0.645	4.304±0.601	4.231±0.699
其他	4.369±0.865	4.389±0.845	4.382±0.879	4.398±0.873	4.369±0.89	4.369±0.867	4.302±0.928
F	2.197	2.357	1.916	1.847	1.594	1.972	2.087
P	0.042	0.029	0.076	0.088	0.146	0.068	0.053

第四节 0—3岁婴幼儿托育机构保育质量存在的问题与提升建议

一、0—3岁婴幼儿托育机构保育质量存在的问题

(一)服务类型多样性有待完善

据走访了解，从服务形式来看，目前Y市的托育机构以提供全日制托育服务为主，很少提供计时制托育服务、半日制托育服务、寄宿制托育服务，同时，开设课时延迟服务的托育机构数量不多。0—3岁婴幼儿家长受工作、家庭、消费偏好的影响，对计时制托育服务、半日制托育服务、寄宿制托育服务、课时延迟服务有不同程度的需求。尤其是在家长下班时间与机构安排的接托时间不吻合的情况下，多数家庭几乎没有合适的家庭成员可以去托育机构接孩子，因而其对课时延迟服务的需求非常

强烈。

从服务对象来看，Y市托育机构普遍招收18—36月龄的婴幼儿，招收24—36月龄的婴幼儿居多，开设的班型以托小混龄班、托大混龄班或托大班的单一班型为主，甚至有些民办托育机构为了增加盈利，招收3岁以上的儿童，班型设置存在幼儿园倾向。而仅有3家公办托育园招收的婴幼儿覆盖6—36月龄，根据不同月龄阶段婴幼儿的发育特点开设乳儿班、托小班、托大班。

可见，Y市托育机构以18—36月龄的婴幼儿及所在家庭为服务重点，受众面相对狭窄，月龄小婴幼儿的照护责任主要由家庭承担。可见，Y市为0—3岁婴幼儿提供服务的机构的服务多样性仍有待完善，以满足婴幼儿家庭多元化的需求。

（二）办托条件良莠不齐

经实地走访，Y市托育机构的主要类型有公办托育园、民办托育园、公办幼儿园附设托班、民办幼儿园附设托班。不同类型的托育机构所具备的办托条件良莠不齐，在空间面积、室内设备设施、户外场地方面表现得尤为突出。总的来说，Y市幼儿园附设托班的办托条件整体较好，能为婴幼儿提供更为宽敞的活动空间，室内设备设施齐全多样，区域划分合理明确，户外场地基本能够满足婴幼儿的户外活动需求。

然而，提供专门托育服务的托育园虽然投入的设备设施能够满足婴幼儿的基本所需，但是教室面积不够宽敞，多数不能满足《托儿所、幼儿园建筑设计规范》规定的托大班的教室面积参考幼儿园活动室的最小使用面积（70平方米）的具体要求①，婴幼儿的活动空间较狭窄，区域划分不够明显，当婴幼儿的数量过多、托育教师管理疏忽时，存在着一定的安全风险。

调查发现，家长对户外场地设施的评价较为不满意。Y市托育机构提供的婴幼儿户外场地存在几个问题。一是托育园将楼顶天台空间改造为户外活动场地后使用率很低，而增设的室外娱乐设施不能满足每个婴幼儿的

---

① 住房和城乡建设部：《关于发布行业标准〈托儿所、幼儿园建筑设计规范〉局部修订的公告》，见中华人民共和国住房和城乡建设部网（https://www.mohurd.gov.cn/gongkai/fdzdgknr/tzgg/201909/20190906_241708.html），访问日期：2022年11月18日。

需求。在走访时，研究者发现天台的户外场地非常干净整洁，几乎没有使用过的痕迹。二是托育园借用旁边小区的户外场地和娱乐设施的安全隐患高，一方面，将婴幼儿带到小区增加了托育教师组织管理婴幼儿的难度，不可避免地出现无序状态；另一方面，小区出入往来的人鱼龙混杂，此举将使婴幼儿置身于相对危险与陌生的环境。且小区内的娱乐设施一般针对幼儿园、小学这类低年级的人群，与0—3岁婴幼儿的发展特征不相符。三是Y市幼儿园附设托班可使用的户外场地与幼儿园共用，但其室外娱乐设施和材料的可玩性较低。鲜少有幼儿园专门为24—36月龄的托班婴幼儿购置符合该月龄段动作发展特点的户外活动材料和娱乐设施，只有1个机构专门为托班孩子购买了小型滑滑梯、毛毛虫、娃娃家小屋等娱乐设施。

（三）保育照护适宜性有待改进

总的来说，Y市托育机构非常注重婴幼儿的保育照护，将保育照护作为托育教师日常工作的重中之重，在托班一日生活中注重营养与喂养、睡眠、盥洗如厕，为婴幼儿提供精心的生活照料，保障婴幼儿的健康成长，让婴幼儿养成规律作息的习惯，培养婴幼儿良好的卫生习惯和生活自理能力。然而，研究者观察发现，在保育照护实施过程中，这些机构在进餐、睡眠、如厕盥洗的适宜性方面还有待改进。

在进餐方面主要存在以下四个问题。一是托育机构提供的饮食精细程度有待提高，尤其是幼儿园附设托班与幼儿园共用食谱，出现烹调后的食物过硬过大、软烂度不够合适、加工后的食材尺寸不符合婴幼儿发育特点的现象。二是婴幼儿的自主进餐意识较差，进餐过程混乱无序。三是托育教师对婴幼儿的自主进餐行为有一定的引导意识，但在引导方式和方法上存在偏差，甚至出现部分教师疲于应对、疏于指导或者大声呵斥婴幼儿的现象。这不仅不利于培养婴幼儿自主进餐习惯，而且还会对婴幼儿的心理发展产生不良的影响。四是进餐结束后普遍缺乏组织婴幼儿漱口的环节，没有及时将口腔内的食物残渣和细菌清洗干净，易导致婴幼儿的乳牙出现龋齿，影响婴幼儿乳牙的健康。

在睡眠方面主要存在以下三个问题。一是睡眠前的散步环节被压缩、省略。研究者走访的大部分托育机构都没有安排散步环节，有的托育机构尽管安排了散步环节，但时长也很短。托育教师普遍直接在婴幼儿进餐结束后，安排婴幼儿到床边准备午睡。二是多数在托婴幼儿的实际睡眠时长不足两个小时，未能达到国家卫生健康委《托育机构保育指导大纲（试行）》保障不同月龄段的婴幼儿有充足的睡眠时间的目标[①]。三是婴幼儿使用的床的材质参差不齐，有的托育机构使用带有护栏的木质床，有的托育机构则使用无护栏的塑料床。木质床的材料比较坚硬，更有利于婴幼儿的脊柱发育。

在如厕盥洗方面主要存在以下三个问题。一是公共盥洗室的设置存在高峰时段拥挤、婴幼儿如厕使用的马桶数量不够充足的问题。二是大部分托育机构缺少尿布台，托育教师通常都会让婴幼儿躺在地毯上，为婴幼儿更换尿不湿，存在更换尿不湿的环境不卫生的问题。三是托育教师指导婴幼儿如厕盥洗的方法不合适、能力有待提升。多数托育教师有指导婴幼儿自主如厕的意识，但没有掌握指导婴幼儿自主如厕的正确方法，不能很好地引导婴幼儿自主如厕。

（四）教育支持合理性有待改善

目前，Y市托育机构在为婴幼儿的日常生活提供保育照护的同时，也为婴幼儿提供早期学习的教育支持。总的来说，Y市0—3岁婴幼儿托育机构提供的教育支持以集体课程活动为主，并贯穿在托班一日生活的方方面面。活动安排合理周全，课程活动种类繁多，基本可以满足每个婴幼儿获得早期学习机会的需求。但Y市托育机构的教育支持存在一定欠缺，特别是课程、活动实施、材料投放方面的合理性仍有待改善。

课程存在的问题是Y市0—3岁婴幼儿托育机构尚没有统一的参考教材，因此开设的课程五花八门，各有侧重。目前，Y市托育机构的课程开设存在以下三个问题。一是托育机构或者家长认为可以给予婴幼儿支持的课程往往忽视了以婴幼儿本位的课程设置导向，没有考虑到婴幼儿的实际所需和兴趣点。二是托育机构的课程往往是幼儿园五大领域常规课程的延续，将幼儿园的小班课程复制到托育机构，呈现出托育课程"幼儿园化"的倾向，与0—3岁婴幼儿认知发展的特点不相符。三是托育机构园本课

[①] 国家卫生健康委：《关于印发托育机构保育指导大纲（试行）的通知》，见中国政府网（http://www.nhc.gov.cn/rkjcyjtfzs/s7785/202101/deb9c0d7a44e4e8283b3e227c5b114c9.shtml），访问日期：2022年11月18日。

程的开发意识薄弱，基本参考现成的教材，缺少创新，适合本机构婴幼儿的课程内容较少。

活动实施存在的问题有以下三个。一是活动实施的实际内容与活动安排计划有出入，托育教师更注重保育照护，开展集体课程活动和区域活动的次数少，特别是乳儿班、托小班几乎没有开展集体活动。二是大多数托育机构的实际户外活动时长较短，大部分不足 2 小时。三是托育教师的教学组织能力和师幼互动能力有待提高。研究者观察发现，大部分托育机构的集体课程活动都是以教师示范的方式进行，婴幼儿的参与度较低、注意力集中程度较差。同时，活动的实际时长不相同，有的活动时长过短，课堂演示效果差，较难达到预期的教学目的；有的活动则长于 20 分钟，与婴幼儿的专注规律不一致。

材料投放普遍存在的问题有以下三个。一是投放的玩具数量少、图书种类单一。仅在柜子中投放数量较少的玩具，无法满足每个婴幼儿的日常需要，甚至还会出现婴幼儿之间争抢玩具的现象。图书以普通纸质的绘本为主，洞洞书、立体书、翻翻书、布书非常罕见。二是所投放的图书玩具与婴幼儿的月龄发展特点不相适应。例如，有些"托幼一体化"的幼儿园，直接把小班幼儿的玩具图书给托班的婴幼儿使用，不符合 2—3 岁婴幼儿的发展规律。三是投放的图书、玩具的使用率低，以摆设为主。尽管托育机构安排了婴幼儿自主阅读和自主游戏的时间，但托育老师考虑到安全隐患、活动时间仓促，实际上很少组织或活动时间过短。四是投放的图书、玩具消毒不及时、更新不频繁。Y 市托育机构的玩具图书普遍是一周消毒一次，一学年更新一次。而婴幼儿喜欢将玩具放入口中，通过感官探索建立安全感。消毒不及时会让免疫力低下的婴幼儿接触到更多的细菌，增加生病的可能性。

（五）教师队伍专业性有待提高

调查结果显示，Y 市托育机构的托育教师队伍整体呈现年轻化，已婚人群占多数，学历以大专、本科的学前教育专业为主，持有的资格证书类型多样，普遍接受过培训，对薪资福利的满意度较低。工作内容多种多样，以培养婴幼儿生活自理能力和卫生习惯为重点，工作处于"累并快乐着"的状态，想要转行的人数较少，存在可能的离职原因主要为工资太低、工作太劳累、照顾婴幼儿压力大。托育教师保育素质总体较好，但职业认同感较低。在家长满意度方面，托育教师的工作态度、亲和力、保育照护能力都得到家长一致认同。

研究者据走访了解到，目前 Y 市托育机构的教师队伍存在专业性有待提高的问题，主要表现在四个方面。

首先，托育教师持有的资格证书类型多样。托育教师持有幼儿园及其他学段教师资格证书、育婴师证、保育员证、早期教育指导师证、心理咨询师证、普通话证书、护理证。但是各种类型证书的服务对象、服务场所、工作内容的侧重点各有不同，这在一定上程度影响了托育教师的专业针对性。

其次，托育教师队伍的从业经验不够充足。Y 市托育教师的从业年限较短，多集中在六年以下，对 0—3 岁婴幼儿的保育照护经验多停留在自身的育儿经历。

再次，托育教师接受的专业培训不到位。托育教师普遍接受的岗前培训，主要是短期培训班和观摩见习，时间比较仓促。有些民办托育机构以个体经营为主，不愿为新入职的教师支付高昂的职业培训经费，致使部分托育教师没有经过正规的专业系统培训就直接上岗。调查结果显示，在岗托育教师接受的培训次数也较少。

最后，托育教师的专业知识能力存在一定的幼儿园倾向。被调查的托育教师多为学前教育专业，具有丰富的幼儿园工作经验，但 0—3 岁婴幼儿的托育工作经验却是一片空白。因此，托育教师所具备的专业知识技能主要针对 3—6 岁儿童。在托育工作时，会将针对 3—6 岁儿童的专业经验应用到 0—3 岁婴幼儿身上，但这些经验并不符合 0—3 岁婴幼儿的发展规律。

（六）家托合作质量有待提升

调查结果显示，家长对托育机构的家托合作的满意度较高，特别是在签订协议、信息告知方面。但托育机构在家庭育儿支持、家长需求的个别化咨询等方面仍需要不断改进。

研究者通过梳理资料和家长满意度的调查结果，发现 Y 市托育机构的家托合作质量存在三个问题。

首先，家托合作的形式停留在表面，多数只有签订协议、信息公开的形式。这种合作形式难免有些公式化、模式化，托育教师虽具备沟通合作的意识和能力，但常常将家托合作视为每日必须完成的工作任务，缺乏与家长建立紧密联系的意识，很难发挥托育机构与家庭协同育儿的合力。

其次，托育机构为婴幼儿家庭提供的育儿指导支持不够充足，无法满足家长旺盛的育儿指导需求。走访发现，Y市托育机构对家长进行育儿指导的意识普遍存在，但指导形式较单一：以家长会为主，以专家授课的父母课堂为辅。指导频次少，一学期只有一到两次。接受父母课堂指导的家长较少，由于课堂效果和场地条件的限制，只有少数家长被邀请参加。个别形式的育儿指导由托育教师承担，通过微信、QQ、电话等方式进行一对一的线上家访，但指导频率低、指导效果不如预期。

最后，家托合作的社区互动不足、社区资源利用率不高。目前，仅有少数民办托育园会利用社区资源举办社会实践类的亲子活动，例如到农场种植、采摘水果蔬菜、做蛋糕送社区、利用社区舞台表演个人才艺等，以增加婴幼儿与社会社区的接触机会，促进婴幼儿的社会适应性。然而，多数托育机构与社区之间的合作程度低，托育机构的活动场地也较少向公众开放。因此，Y市托育机构的家托合作普遍存在着社区资源利用不充分、与社区互动频率低的问题。

二、0—3岁婴幼儿托育机构保育质量存在问题的原因

（一）准入监管不够严格

Y市托育机构的准入监管不够严格，准入监管的有效性影响保育质量的高低。目前，在托育机构准入方面，Y市实施后置登记备案制度，降低了托育行业的市场准入门槛。Y市根据国家托育机构备案管理规范的相关要求，对托育机构实行不同于幼儿园的后置备案登记制度。所谓后置备案是指托育机构先根据不同性质分别到县级以上编制部门、民政部门、市场监督管理部门办理注册登记，最后再到卫生健康部门备案。宽松的准入条件导致通过审批流程的托育机构可以轻而易举地拿到营业执照，但多数没有达到卫生健康部门的备案要求。因此，Y市很多0—3岁婴幼儿托育机构选择不申请备案，在没有监管约束的情况下，正常进入到托育市场。

在监管方面，主管部门的监管指导作用没有完全显现。首先，监管手

段单一、监管频次少。目前,托育机构主管部门的监管方式主要有日常检查、备案管理、证照查验、台账翻阅、现场督查等形式。然而,在检查出问题后,托育机构采取相应的整改措施较少,主管部门也较少对问题机构进行二次监管,给出相应的专业指导,没有真正将"以查促改"的作用发挥最大化。其次,各主管部门对托育机构的责任界定不够清晰,监管内容不够明确,部门间缺乏监督合力。目前,Y市监管托育机构的部门主要是卫生健康部门和教育部门。卫生健康部门的主要监督对象是专门提供托育服务的托育机构,定期指导和检查托育机构的卫生保健、规范运行工作。教育部门则牵头推动"托幼一体化"建设,侧重监督指导幼儿园托班的托育工作。而市场监管、妇联、发改委等部门的监管力度较小,且在托育机构的消防安全、食品安全、收费定价、保育照护等方面缺乏有效监管和专门指导,导致托育机构的保育质量难以得到有效保障。

(二) 资金支持不够充足

据走访了解,Y市托育机构的保育质量发展受到资金支持不够充足的制约。目前,只有公办托育机构得到了政府的财政支持,受访者表示政府投入了大量资金支持托育机构的硬件设施建设,但是对日常运营的财政支持减少,尚未有富余的资金改善保育质量。例如,Y市A区三家公办托育园实施的是财政兜底政策,前期建设投入由财政全部承包,正式投入市场运营后遵循最低的财政支持标准。

而大多数民办性质的托育机构在运营过程中得到的财政支持很少,只有为数不多的普惠性民办托育机构享有固定的财政补贴,有时相关部门也会为运营困难的托育机构发放纾困补贴。一般情况下,Y市多数民办托育机构都是自负盈亏、自给自足。民办托育机构负责人在受访时表示,目前民办托育机构面临生源不充足、教师流动性强、运营成本高于营业收入的生存困境,在轻微亏损或者持平状态勉强运转。资金支持不够充足,最直观的体现是Y市托育机构无户外场地或可供使用的户外活动场地存在安全隐患。由于土地资源紧张、场地租金昂贵,很多托育机构都无力购置或租赁具备独立户外场地的场所,无法购置符合婴幼儿月龄特点的材料设施。另外,资金支持不够充足也体现在托育教师薪资福利水平无法得到有效提高,进而影响托育教师的职业认同和积极性,降低优质托育专门人才对托育行业的参与热情。由此可见,托育机构的资金支持不够充足,优化保育质量则是空中楼阁、无从谈起。

（三）配套政策有待完善

目前，Y市在婴幼儿照护方面出台了《推进全市3岁以下婴幼儿照护服务工作实施方案的通知》《关于开展2021年普惠托育民生实事项目的通知》的纲领性文件，积极推动Y市托育机构的建设和发展，为Y市建设健全婴幼儿照护体系指明了方向和目标，框架性地引领Y市托育服务的发展。只有A区出台的文件规定了三家公办园的收费标准，在托育机构管理、财政补贴、教师队伍建设、质量评估标准等方面没有出台详细的配套政策文件。

由于缺乏具体的政策参考细则，一方面，托育主管部门的具体职责内容不明确，无"章"可依，无具体标准可遵循，影响评估、监管托育机构保育质量的有效性。另一方面，由于缺乏详细政策对托育机构持续发展的有效引导，托育机构的保育质量建设缺少基本的参考依据。可见，Y市发展托育的配套政策仍需进一步完善，以保证托育机构保育质量的持续提高。

（四）托育队伍建设支持力度不足

托育教师队伍的建设支持力度不足是制约Y市托育机构保育质量，尤其是教师队伍专业性的关键。

首先，目前Y市托育教师准入资质缺乏基本标准，缺乏基本的准入门槛。托育机构招聘托育教师以机构需求为导向，注重招聘对象的性格和工作经验，对招聘对象的专业背景没有严格要求，对其具有的托育相关的资格证书、具备的专业能力知识要求较低。调查结果显示，Y市托育教师持有幼儿园教师资格证书、育婴师证、保育员证、早期教育指导师证、心理咨询师证、普通话证书、护理证等即可上岗，造成了托育教师队伍鱼龙混杂、良莠不齐的现象。

其次，Y市托育教师的职业发展空间较小，缺少职称晋升通道。调查发现，目前Y市托育教师的职称评定体系建立尚处空白，对教师的激励机制也比较单一，制约了教师队伍的积极性和稳定性。"托幼一体化"建设的幼儿园利用师资共享解决了托育教师岗位空缺的问题，但由于托育教师岗位缺乏职称晋升渠道，托班教师的从业经历尚不能作为幼儿园教师职称评聘的参考依据，导致多数幼儿园教师不愿意从事托班的教师工作，一定程度上造成托育教师队伍的紧缺。

最后，Y市托育教师职前职后培训体系尚未健全完善，对托育教师的专业支持较少。在职前培训方面，Y市仅有两所高职院校开设了婴幼儿托育专业，为托育服务提供专业的师资力量。然而经过系统培训的托育专业毕业生，往往优先选择幼儿园、企业、教育培训机构。目前，Y市托育机构0—3岁婴幼儿托育专业毕业的托育教师寥寥无几，托育专业人才紧缺。与此同时，托育机构为了解决教师空缺，让托育教师尽快入职、快速上岗，导致组织的培训时间仓促，培训的内容浅显，甚至有些机构不安排托育教师参加系统训练就直接上岗。在职后培训方面，由托育机构承担主要培训责任，以教研活动、线上主题讲座为主，存在幼儿园托班的教师与小班合作教研的情况，培训内容缺乏针对性。而Y市主管部门组织的教师队伍培训仅面向托育机构负责人，每年培训的次数和人员数量有限，难以满足托育机构的快速发展和教师队伍专业化建设的需要。

（五）社会认知程度不高

目前，社会对科学育儿、托育服务的宣传力度不够，特别是婴幼儿家庭对托育的认识程度不高，尚未充分认识到托育发展的重要价值和意义。社会对托育的认知水平在一定程度上影响了托育机构的保育质量。

从受托的婴幼儿家庭来看，部分家庭对托育教师的角色存在错误定位，将托育教师视为照顾婴幼儿的保姆，忽视了托育教师的专业价值，从而造成了不平等的家托关系。部分家庭将育儿责任完全交给托育机构，忽视家庭教育对婴幼儿的重要影响。甚至还有部分家庭只注重托育机构对婴幼儿的保育照护，关注婴幼儿的情绪状态，忽视教育支持对婴幼儿的影响。因此，有些托育机构为迎合家庭的喜好，过于注重照顾婴幼儿，忽略了婴幼儿的全面发展，甚至根据家长的消费偏好来安排调整课程活动。

从未入托的婴幼儿家庭来看，部分家庭并不了解托育机构，因此一些有入托需求的家庭也不知晓托育机构的存在。部分婴幼儿家庭虽然知晓托育机构，却不愿意将适龄入托的婴幼儿送到托育机构，认为婴幼儿月龄太小了，应该在家中细致照护。还有部分婴幼儿家庭轻视托育机构的价值作用，认为将婴幼儿送入托育机构跟让家里的长辈照顾或者请保姆照顾别无二致，不需要额外花钱，可以节省家庭开销。因此，社会对托育服务的认知水平较低，导致托育机构的定位不清晰，托育教师的社会地位低，进而对托育机构提供的服务质量产生不利的影响。

三、0—3岁婴幼儿托育机构保育质量的提升建议

（一）对0—3岁婴幼儿托育机构主管部门的建议

1. 明确部门职责，建立有效监管体系

首先，卫健委、发改委、妇联、教育局、公安、消防等部门之间要加强沟通，确保部门间的信息畅通。尽快明确0—3岁婴幼儿托育的主体责任，切实执行职责范围内的婴幼儿托育工作。尤其是在推进"托幼一体化"的建设中，卫生健康部门和教育部门要当好"排头兵"的带头示范作用，发挥托育机构保育照护和教育支持的价值最大化，打破部门之间的管理壁垒，调动各方资源，为婴幼儿托育的蓬勃发展提供有力支撑。各部门要建立联动机制，通力合作，积极作为，解决托育机构准入备案、专业人才短缺、场所设施安全隐患的问题。

其次，严格规范市场准入备案和退出机制，规范管理托育行业。将"托幼一体化"的幼儿园托班纳入备案范围，针对正在经营、未备案的托育机构提出指导意见，帮助其按规整改，督促其及时备案，促进运营规范化；对不符合开办要求的托育机构，依照法律法规，严格执行托育机构退出机制；对已经备案的托育机构定期进行专项监管整治，加强托育机构的规范管理。

最后，充分发挥Y市政府以及责任部门的监管作用，加强各部门间的协调联动，构建市、区、街镇三级联动的综合监管机制，着力落地落实婴幼儿托育政策方案。各职能部门加强监督检查，落实综合监管职责，实施联合执法，通力合作，重点加强对托育机构安全保健、教师队伍、运营管理的常态化监管，促进托育机构规范发展。同时，利用互联网技术，搭建"互联网+托育"的智慧托育平台，利用该平台实现托育机构监管透明化，既便于政府监管部门掌握托育机构的运营动态，对托育机构的质量实施动态化管理，又可以为社会提供了解托育机构信息的渠道，也为婴幼儿家庭提供便利。

2. 加大财政支持，保障托育持续发展

政府应率先肩负起供给托育服务的"兜底补缺"的责任，缓解托育机构的生存困境，加大财政投入的支持力度，统筹财政部门利用现有的资金和政策渠道，优先支持托育人才建设，设立托育教师培训专项资金，提高托育教师的福利待遇和培训质量。同时，为托育机构给予充分的政策优惠和资金保障，将现金补贴、减租、减税作为重点补贴形式，保障托育机构的日常运转和教师队伍的稳定。

政府应为目前运营困难且符合申请条件的托育机构设立专项纾困补贴，帮助托育机构解决燃眉之急，顺利渡过经营危机。鼓励已经成功备案的托育机构按照具体程序和要求申请成为示范性普惠性托育点，为已经成功申请示范性普惠性的托育机构积极争取各级各类奖补政策，让奖励补贴落到实处，激励托育行业积极向上发展。

同时，政府应建立补助标准正常增长机制。对普惠性托育机构中符合资助条件的家庭经济困难的婴幼儿，按照相关规定给予困难补助，充分体现人文关怀。通过加强政府的扶持力度，重振托育机构的办托积极性，保障托育机构的保育质量水平，提高托育机构提供服务的能力，增强社会对托育机构的信心，助推托育行业的可持续发展。

3. 加强统筹规划，增加托育服务供给

首先，在框架性指引基础上制定配套政策，制订具体细则。建立起由卫生健康部门和教育部门牵头、其他主管部门互相配合支持的工作机制，坚持推动"托幼一体化"建设和普惠性婴幼儿保育照护体系构建，结合Y市托育机构发展情况和托育行业特点，出台针对托育机构的办托条件、托育队伍、保育照护、教育支持、机构管理、安全保障等方面的具体制度和实施方案，全方面规范托育机构保育的全过程，让托育机构的质量提升有具体政策可参考对照，提高托育机构的服务供给水平。

其次，要统筹利用教育资源，实现教育资源利用最大化。近年来，随着人口出生率的降低、学前教育资源供给的不断增加，部分幼儿园出现学位过剩和教育资源闲置的现象，这为开设托班创造了条件。因此，Y市要持续推进"托幼一体化"建设，鼓励有条件的幼儿园以及新开设的幼儿园下设托班，招收6—36月龄的婴幼儿。

最后，要统筹布局规划，满足不同家庭的入托需求。对于老旧城区，要调整用地类型，增加托育机构用地规划，满足托育机构用地需求。同

时，提高社会力量的参与度，鼓励老旧社区、工业产业园区等人群密集区兴办托育机构，推动医疗卫生资源与托育紧密结合，支持有条件的医疗机构开设托育机构。对于新建居住区，则统一规划小区配套幼儿园建设和托育机构建设。对于乡镇地区，要鼓励乡镇中心幼儿园承担托育的主要责任。与此同时，鼓励招收2—3岁婴幼儿的托育机构将服务对象的月龄下延到6月龄，开设乳儿班、托小班，在全日托基础上丰富半日托、双休日日托、临时托管、夜间紧急托管的计时托等，增设服务类型，丰富办托形式，增加托育机构的服务供给，满足社会多元化、多层次需求。

4. 完善托育队伍，促进托育良性发展

托育教师队伍是托育机构保育质量的根基和基石，因此，必须加强托育教师队伍的规范化、专业化建设。

首先，建立和完善托育教师职业资格准入制度和行为规范，严格规范托育机构的招聘流程，明确要求托育教师应具备的任职资格和专业标准，建立托育教师资格审查机制和过程考核机制，做好规范化人事管理，确保托育教师队伍的专业准入，达到教师百分百持证上岗。

其次，保障和提高托育教师的薪资福利水平，提供有利于托育教师职业生涯发展的职业晋升通道。相关部门应研究制定托育教师的市场指导工资定价，建立岗位分级发展制度和绩效考核制度，提高托育教师的薪资待遇水平。同时，要将托育教师纳入社会保障体系，落实职业培训补贴、技能鉴定补贴等政策。在职业晋升通道上，对托育教师和幼儿园教师做到一视同仁，保证托育教师与幼儿园教师在参加各级评优评先方面享受同等待遇。

最后，建立完善托育教师职前职后培训体系，拓宽托育人才的培养途径。在职前培养方面，加大对高校设置婴幼儿托育专业的支持，对设有婴幼儿托育专业的高等院校优化人才培养方案，通过系统课程学习和实践见习观摩提高婴幼儿托育专业学生的职业认同感。鼓励中职院校和高职院校贯通招生专业和规模，实行"3+3"托育人才培养模式。引导、支持有条件的高等院校开设婴幼儿托育专业，探索辅修专业或双学位培养模式，对外扩大招生规模，培养高层次的托育专门人才。在职后培训上，定期召集、组织托育教师队伍接受系统的岗中培训，邀请专家开展专题讲座、案例分析讲解，选派骨干型教师到上海、南京、深圳等托育示范城市的优秀托育机构见习观摩，向行业领军型教师学习交流。同时，鼓励职业院校开设专业技能培训班,并贯通职前培养和职后培训全过程,不断提高托育教师队伍的专业知识技能,形成良好的职业道德和医育结合观念,创造多渠道培养托育人才的发展路径,推动托育行业的良性发展。

5. 联合社区家庭,推广家托社合作模式

党的二十大报告明确提出要"健全学校家庭社会育人机制"[①],发挥学校、家庭、社会教育的合力作用。可见,优化托育机构保育质量的责任,不仅在于托育机构自身,还在于发挥家庭和社会的力量。因此,应该探索建设托育机构、家庭、社区共同参与的合作模式,调动家庭、社区的力量共同参与托育建设。

在家庭方面,鼓励家庭与托育机构保持密切沟通,充分发挥家庭的育儿功能,提高家庭的抚养能力,探索建立婴幼儿家庭托育指导体系。开发和开展隔代养育和家庭教育课程,定期为家长提供线上线下结合的育儿指导,征询婴幼儿家庭中常见的育儿问题,提出针对性的家庭教育指导建议,为婴幼儿家庭指点迷津,助力祖辈和父母与婴幼儿共同成长,使其成为具有正确育儿理念和科学育儿方法的合格家长。

在社区方面,发挥社区联结托育机构和家庭的纽带作用,鼓励社区加大对0—3岁婴幼儿托育的宣传力度,通过邀请社区范围内的托育机构开展家长讲座、节日主题活动、入户指导等形式宣传婴幼儿托育的重要性,提高婴幼儿家庭对0—3岁婴幼儿托育的关注度和参与度。与此同时,积极引导社区的地理资源、行政资源、人文资源向托育机构开放,帮助托育机构充分利用社区的丰富资源向婴幼儿提供社会性的教育支持。

(二) 对0—3岁婴幼儿托育机构的建议

1. 营造优质的办托条件

目前,Y市托育机构由于办托时间较短,室内设备设施较新且齐全多样,基本能够满足婴幼儿和托育教师的日常所需,办托条件总体较好。然而,室内活动空间和户外场地的安全性还有待完善。

首先,托育机构必须将安全放在办托的首位,时刻注意可能出现的安

---

① 《习近平:高举中国特色社会主义伟大旗帜 为全面建设社会主义现代化国家而团结奋斗——在中国共产党第二十次全国代表大会上的报告》,见中国政府网(http://www.gov.cn/xinwen/2022-10/25/content_5721685.htm),访问日期:2022年11月18日。

全隐患，定期进行排查，识别环境危险因素，并及时整改。

其次，提高室内活动空间的充足性。在没有办法改变现有托育机构场地的前提下，增加每班托育教师的配置数量，适当减少婴幼儿的数量，每班人数保持在18名以下，通过提高师幼比保证室内活动空间的充足性。若托育机构的场地租赁即将到期，可考虑重新选址，新建的托大班的教室面积应参考幼儿园，幼儿园活动室的最小使用面积是70平方米[①]。

同时，提高托育教师的安全责任意识和组织管理能力，做到近距离、不间断、不分心。实时关注每个婴幼儿在活动中的状态，培养婴幼儿的规则意识。在楼顶天台空间的户外场地要加高围栏进行保护，与小区共用的户外场地则需要托育机构负责人必须严格把关，与小区物业管理部门签订协议，随时沟通跟进，实时监控婴幼儿所在的户外场地，尽量保证在户外活动时段所用场地的安全性，杜绝安全隐患。

2. 提供适宜性的保育照护

针对托育机构保育照护的具体实施过程中出现的适宜性不够、合理性不足等问题，研究者从保育照护的进餐、睡眠、如厕盥洗环节出发提出改进建议。

在进餐方面，托育机构应根据婴幼儿的月龄特点准备加工精细化的食物，严格把关食材来源，保证食材健康新鲜，食物烹调方法以蒸、煮为主，少盐少油，软烂程度适宜，食材大小应符合婴幼儿的月龄特点。此外，要根据婴幼儿营养需要，编制花样食谱，尤其是幼儿园要为托班编制专门食谱，做到荤素搭配均衡，主食安排也可变化多样，除白米饭外，还可以提供水饺、馄饨、炒饭、杂粮米饭等，提高婴幼儿的进餐兴趣，婴幼儿通过接触品种多样的食材，养成均衡饮食、不挑食的习惯。与此同时，提高托育教师的保育照护能力，以温和、尊重的态度对待婴幼儿，学习、掌握正确的保育照护指导方法，细致耐心地对婴幼儿进行自主进餐习惯指导，提醒婴幼儿养成饭前洗手、饭后洗手与漱口的卫生习惯。

在睡眠方面，托育机构要落实午睡前的散步环节，保证婴幼儿午饭环节与睡眠环节有一定的时间间隔。同时，将睡眠时间延长到两个半小时到

[①] 住房和城乡建设部：《关于发布行业标准〈托儿所、幼儿园建筑设计规范〉局部修订的公告》，见中华人民共和国住房和城乡建设部网（https://www.mohurd.gov.cn/gongkai/fdzdgknr/tzgg/201909/20190906_241708.html），访问日期：2022年11月18日。

三个小时，保证婴幼儿有充足的睡眠，以精神饱满的状态迎接下午的课程活动。关注婴幼儿的个别睡眠需求，例如：针对不愿午睡的婴幼儿应加强家托沟通，帮助其建立规律的午睡习惯；针对无法入睡的婴幼儿，应避免让其消极等待，可安排安静的游戏或活动分散注意，不强迫入睡。在保证充足睡眠的同时，建议托育机构将无护栏的塑料床统一更换为符合婴幼儿脊椎发育特点、带有护栏的木质床，将被褥定期交给家长清洗的时间间隔变更为两周一次或者一周一次，在阳光充足的时候将婴幼儿使用过的被褥拿到阳光下晾晒。

在如厕盥洗方面，托育机构应对公共盥洗室进行改造，增加水龙头数量、马桶数量，调整不同班级的如厕盥洗时间，安排不同班级错峰如厕盥洗，避免人员拥挤，消除安全隐患。同时，托育机构还应重视设置专门的尿布台，保证婴幼儿换尿不湿的环境卫生。托育教师也应该学习如何正确指导婴幼儿进行自主如厕，提高自身的指导能力。

3. 给予针对性的教育支持

针对 Y 市托育机构缺乏教育支持的问题，研究者从课程、活动实施、材料投放方面提出建议。

在课程方面，托育机构开设的课程不应以婴幼儿家长的偏好为导向，应以婴幼儿为本位进行课程设置，充分考虑婴幼儿的兴趣点和最近发展区。与此同时，还应该摒弃托育课程幼儿园化倾向，避免出现不符合婴幼儿月龄特点的课程。建议托育机构增强托育课程的开发意识，建立专业的课程开发团队，邀请高校教师或课程研发机构共同开发研讨，结合 Y 市地域特点，将国际优秀的托育理念本土化，融入中华民族传统文化，参照婴幼儿的个别差异，设置合理的托育课程。

在活动实施方面，托育机构的活动安排计划与活动实施的具体内容应基本一致，在托班一日生活中合理安排集体课程活动、区域活动、户外活动。尤其是户外活动的时间应该根据天气情况和婴幼儿的状态适当延长，尽量满足国家卫生健康委《托育机构管理规范（试行）》规定的根据季节和天气灵活调整外出活动时间且户外活动不少于 120 分钟的要求[①]，增加

---

① 国家卫生健康委：《关于印发托育机构设置标准（试行）和托育机构管理规范（试行）的通知》，见中国政府网（http://www.gov.cn/gongbao/content/2020/content_5477327.htm），访问日期：2022 年 11 月 18 日。

婴幼儿在户外自由活动、与大自然互动的机会，为婴幼儿提供动作发展支持。最为重要的是要提高托育教师的教学组织能力和师幼互动能力。在集体课程活动中，托育机构应丰富活动的组织形式，可以是集体/小组/个别、室内/室外等不同形式。合理安排集体课程时间，遵循不同月龄段婴幼儿的专注规律，如托小班安排5—8分钟，托大班则为10分钟。选择婴幼儿感兴趣的内容提高婴幼儿的专注度和参与度。摒弃全程教师主导的课堂，增加婴幼儿的参与环节，真正发挥课程活动对婴幼儿的教育支持作用。

在材料投放方面，首先，材料投放的数量要能够满足每一个婴幼儿，同时要丰富玩具、图书、材料的种类，例如在图书角投放洞洞书、立体书、翻翻书、布书等吸引婴幼儿的阅读兴趣，提供有利于视、听、触、味、嗅的材料供婴幼儿自主操作、观察、探究。其次，在保证数量的同时，安全、质量和价值也不能被忽略，应为0—3岁婴幼儿提供质量合格、没有安全风险、符合月龄发展特点的玩具、图书、材料。再次，托育机构应重视安排区域活动、自由活动的时间，在保证安全的前提下，将玩具图书放在婴幼儿够得到的位置，供其自由选取自主探究。最后，托育机构要定期更新玩具、图书、活动材料，若资金不足，可联合其他的托育机构进行互换或共享。同时，活动材料的存放要规整，做到每日消毒、定期保养，减少破损。

4. 建设专业的托育队伍

首先，托育机构应严格规定托育教师的准入标准，提高托育教师的准入门槛。托育机构应将师德作为招聘的首要标准，同时更应注重考察托育教师的专业理念、专业知识、专业能力等保育素质。优先聘用0—3岁婴幼儿托育相关专业毕业、受过婴幼儿保育相关培训和心理健康知识培训的托育教师，将优秀的托育专门人才纳入托育机构的教师队伍中。

其次，托育机构要充分支持托育教师的专业学习和自我发展，鼓励托育教师通过各种途径学习和发展。支持方式包括：内部组织教研、培训，提供外出见习参加培训的机会，提供丰富的学习资源如专业类报刊书籍、线上学习资源等，为托育教师提升学历提供便利，鼓励托育教师申请组织课题研究等。托育机构应参照国家卫生健康委发布的《托育机构保育人员培训大纲（试行）》要求①，提高组织托育教师培训的频率，除了关注师德教育、婴幼儿教育活动组织与支持方法外，还要增加医护知识技能、家托社合作的培训内容，通过专家指导、网络研修等方式丰富培训形式。与此同时，托育机构要从理论和实践两个方面建立严格的托育教师过程性考核评估体系，通过"以考促学"、定期考核的形式督促托育教师提高专业知识和技能。

最后，托育机构要时刻关注托育教师心理状态，对情绪低沉、工作消极的托育教师进行及时的心理疏导，同时邀请专业的心理咨询师定期为托育教师队伍提供团体心理辅导，帮助托育教师从容应对心理困境，正确定位自身，增强自信。

5. 促进高质量的家托合作

首先，托育机构应提高家托合作的频率和质量，丰富家托合作形式。一方面，托育机构应鼓励所有教师和家庭中的所有成员都参与家托合作，托育教师应该发挥好托育机构和婴幼儿家庭之间的桥梁作用，转变家托合作的固有认知，提高家托合作的频率，与婴幼儿家庭建立更深度密切的联结。另一方面，托育机构要制订家托合作的记录表，以制度形式督促家托合作的进行。除了照片、视频、推文的信息公开形式外，还可设计婴幼儿成长记录手册，每周记录婴幼儿的成长足迹，帮助家长记录婴幼儿的成长点滴变化。此外，在"互联网+"时代，托育机构可以充分利用网络平台开发APP、微信小程序等，打破时间与空间的界限，为家长提供意见反馈和表达个性化需求的专门渠道，使其更好地参与到家托合作中。

其次，托育机构应发挥家庭教育的补充作用，对家长进行育儿指导，满足家长旺盛的育儿指导需求，积极开展面向全部婴幼儿家长的育儿指导活动。例如：周末邀请家长参与亲子活动，提高亲子之间的互动频率；在每学期开学前对即将入托的婴幼儿进行家庭访问，及时掌握婴幼儿的性格特点、家庭背景和育儿需求；定期邀请育儿指导专家开展父母课堂，让家长能够及时汲取家庭教育的前沿观念，查漏补缺；每学期设置三到四次家

---

① 国家卫生健康委：《关于印发托育机构负责人培训大纲（试行）和托育机构保育人员培训大纲（试行）的通知》，见中华人民共和国卫生健康委员会网（http://www.nhc.gov.cn/cms-search/xxgk/getManuscriptXxgk.htm?id=92e9dba86aff41ac82bdc1fcf09eb13c），访问日期：2022年11月18日。

长开放日活动,让家长观摩托班的一日生活日常,鼓励家长从家庭视角提出改善保育质量的针对性建议。这些活动的设置能够让家长充分了解婴幼儿的托育生活,与托育机构形成良性互动。

最后,托育机构要积极与社区联动。托育机构应开放托育机构活动场地,提高托育机构的对外开放性,同时与所在社区保持紧密联系,充分利用社区资源,开展适宜婴幼儿的社会实践活动,如组织婴幼儿参观博物馆、图书馆、农场等。同时,定期与社区开展合作,为婴幼儿及家长提供科学的育儿支持,如开展亲子活动、入户指导、早期干预等。

(三) 对0—3岁婴幼儿托育机构教师的建议

1. 树立终身学习意识,增长专业知识能力

终身学习是终身教育的延伸拓展,强调了学习者主动学习、发挥主观能动性的能力,顺应了在知识经济时代下的个体学习知识、汲取新观念的要求,与"活到老,学到老,知无涯,生有涯"所提倡的观点不谋而合。因此,作为托育教师,为了适应托育行业的发展和婴幼儿的成长变化,应当树立终身学习的意识,践行终身学习、增长专业知识能力的理念,成为终身学习者。

首先,托育教师要在终身学习过程中转变固有理念和固有思维。不应将取得学位当作学习的完成,不应将在幼儿园积累了丰富工作经验当作不继续学习的理由。托育教师应当保持一颗持续求知的进取之心,不僵化固守幼儿园相关的知识理论,深入学习0—3岁婴幼儿托育相关的专业知识和技能,并在实践过程中根据实际情况灵活运用,将理论知识丰富化,将技能易于操作化。

与此同时,为了适应托育行业的快速更新变化,托育教师还应具备持续学习的能力,积极参加托育机构和主管部门组织的岗中培训,紧跟婴幼儿托育的发展步伐,汲取行业发展前沿的新观点,这样才能得心应手地应对托育工作中的突发状况,以丰富的知识储备和专业的工作能力赢得同事、婴幼儿家长的尊重和信任。

2. 增强自我反思意识,提高自我反思能力

美国学者波斯纳于1989年提出教师成长的公式:教师的成长=经

验+反思①。强调了教师基于经验反思助力持续成长的重要性，认为教师不应仅仅满足于已获得的经验而不进行深入反思。我国著名学者刘铁芳教授认为，教师不仅要不断吸收外来的教育知识和教育思想资源、不断触动自己对教育实践的思考，还要不断反思自我教育生活，把自身的教育经验作为文本来解读。②

因此，托育教师应增强自我反思意识，认识到反思对托育教师个人成长和职业生涯的意义价值，在思想高度重视自我反思。同时，托育教师要提高自我反思能力，学习科学合理的自我反思方式技巧。

首先，托育教师应从自身出发，例如写反思日记，将每日的保育照护和教育支持中发生的问题、成就以日记的形式记录下来；制定并撰写婴幼儿观察记录表，实时追踪婴幼儿的成长变化，分析婴幼儿的行为表现，及时调整婴幼儿的保教策略。其次，托育教师在实践过程中不断反思和进步，提高实践性反思的能力。托育教师因工作性质要求，无时无刻都处在实践之中，同时，托育教师作为婴幼儿保育照护和教育支持的重要组织者和研究者，必须经历依据实践制订活动计划—在实践中不断调整活动计划—反思的循环往复，才能在岗位中不断收获和成长。最后，托育教师应以身边优秀的教师为榜样，学习优秀教师的经验品质，通过学习反思自身的不足之处。同时，可以将自己与反思有关的经历和记录与同事交流探讨，在思维碰撞中发现优势和不足，与同事共同进步。

3. 正确进行职业定位，增强职业认同感

调查结果显示，受社会认知、经济地位、工作性质等多因素影响，托育教师的职业认同感普遍不高。这从侧面反映出托育教师对自身的职业定位有偏差，没有正确地认识自身形象，缺乏自信心，从而导致职业认同感较低。因此，托育教师应进行正确的职业定位。

首先，托育教师应形成正确的自我职业认知，加深对职业的理解，深刻认识托育教师职业的性质、功能、意义，深入探究托育教师的专业价值，获得职业认可感。

其次，托育教师要树立合理的自我形象，在学习和工作中注重内外兼

---

① 参见赵美荣《经验+反思=成长》，载《小学教学参考》2011年第5期，第1页。
② 参见刘铁芳《教育叙事与教师成长》，载《当代教育论坛》2006年第3期，第75－78页。

修，重视外在气质和内在修养的提高，由此对托育教师的工作形象产生自信，提升工作的热情。

最后，托育教师应热爱自己的职业，不忘从事托育教师工作的初衷，对工作中可能发生的事情做好周全准备，从容应对。与此同时，树立坚定的职业意志，提升成就动机水平，主动接受新的托育思想，不断创新保育教育的实施方法，以积极的心态和坚定的意志完成各项工作，将自身定位为婴幼儿和婴幼儿家庭的成长导师，在帮助婴幼儿成长进步和婴幼儿家庭的积极反馈中获得自我效能感，实现自我价值。

（四）对0—3岁婴幼儿家庭的建议

1. 树立正确的托育观念

0—3岁婴幼儿家庭作为0—3岁婴幼儿托育机构的主要服务对象，具有一定的选择权和消费权。0—3岁婴幼儿家庭正确使用选择权和消费权，应建立在正确的托育观念基础上。

首先，0—3岁婴幼儿家庭应对托育机构有正确、全面的认识，改变托育机构是照顾和满足婴幼儿的生理需求的固有认知，正视托育机构为婴幼儿提供的教育支持作用。同时，家长要打破视托育教师为保姆的刻板印象，重视托育教师的不可替代性，与托育教师建立平等的关系。

其次，0—3岁婴幼儿家庭应树立与托育机构协同照料的理念，承担起家庭对婴幼儿的教养责任。不应将家庭应承担的教育职责完全推卸给托育机构，应将托育机构视为自己的合作者，与托育机构保持积极的良性沟通互动，在家托合作中共同携手，为婴幼儿的成长保驾护航。

最后，0—3岁婴幼儿家庭在选择托育机构时不应盲目从众，杜绝家长偏好取向，应以婴幼儿本位为选择取向，深入了解不同托育机构的课程活动的理念和价值，与婴幼儿共同参加托育机构的体验课程，在了解和参与过程中判断其是否符合婴幼儿的兴趣和有利于婴幼儿所处月龄阶段的发展，为婴幼儿选择一所办托条件齐全、托育教师队伍素质高、真正适合婴幼儿身心健康发展的托育机构。

2. 树立科学的育儿观念

随着我国家庭教育促进法①的颁布实施，社会越来越重视家庭教育的重要价值，提倡家庭科学育儿的观念蔚然成风。父母是孩子的第一任老师，家庭是婴幼儿的第一个受教育场所，因此，树立科学的育儿观念、采用合理的家庭教育方式对婴幼儿的身心健康成长意义重大。

首先，婴幼儿家庭要树立正确的儿童观。将婴幼儿视为具有巨大发展潜能和具有主观能动性的独立个体；要清楚认识到婴幼儿是具有社会性的个体，其成长发展是在社会中与他人、与环境积极互动的结果；要意识到家庭不能永远为婴幼儿包办一切或者以婴幼儿为中心，应该适当放手，让其独立成长。

其次，婴幼儿家庭要树立科学的教育观。遵循0—3岁婴幼儿的发展特点和发展敏感期，了解婴幼儿的气质特点，结合婴幼儿的月龄特点和实际发展情况，有的放矢地进行因材施教，循序渐进地施以教育引导。

最后，婴幼儿家庭要建立平等的亲子观。家长应该给予婴幼儿充分的尊重、及时的爱和回应，尊重婴幼儿的权利和意愿，抛开家长与孩子的关系束缚，以对待朋友的方式对待婴幼儿，用符合婴幼儿认知特点的语言或者非语言的形式与婴幼儿进行互动交流、增进感情，给婴幼儿以温暖和安全的感觉，营造充满温暖与爱的教养环境，帮助婴幼儿形成安全型依恋关系。

---

① 《中华人民共和国家庭教育促进法》，见中国人大网（http://www.npc.gov.cn/npc/c30834/202110/8d266f0320b74e17b02cd43722eeb413.shtml），访问日期：2022年11月18日。

第六章 "乡村振兴"背景下幼儿园对农村留守幼儿家庭教养支持的现状

第一节 幼儿园对农村留守幼儿家庭教养支持的研究综述

一、研究背景

(一) 政策背景:政府给予家庭教育前所未有的重视

从古至今,重视家庭教育一直是我国的优良传统,家庭教育政策作为家庭教育历史进程的重要见证,对我国的家庭教育迭代意义深远。

清代末年,政府颁布我国近代历史上第一部幼儿教育法规——《奏定蒙养院章程及家庭教育法章程》,家庭教育作为儿童教育的方式被首次提出[①];南京国民政府时期,教育部颁发《推行家庭教育令》,自此正式开启我国近代关于家庭教育的立法进程。改革开放以来,国家对家庭教育的重视折射出新的时代特征,1996年,我国第一个教育专项政策《全国家庭教育工作"九五"计划》的出台,极大推动了家庭教育事业的发展步伐。进入21世纪后,在全面实施素质教育的方针指引下,家庭作为儿

---

① 参见吴洪成、宋立会《论清末学前教育立法——以〈奏定蒙养院章程及家庭教育法章程〉为中心》,载《河北法学》2017年第12期,第37页。

童启蒙的"第一所学校",其教育的合理性、规范性备受各界的关注,《全国家庭教育工作"十五"计划》《全国家庭教育指导大纲》《关于指导推进家庭教育的五年规划》等政策的颁发实施为我国家庭教育的发展指明了前进方向。

2021年颁发的《中华人民共和国家庭教育促进法》(简称《家庭教育促进法》),是我国首次就家庭教育进行的专门立法。在《家庭教育促进法》出台之前,重庆、贵州、江苏等地先行出台了家庭教育促进条例,以地方法规的形式保障当地的家庭教育。总而言之,无论是国家层面的立法还是地方层面的条例实施,都与家庭教育、家庭教育支持紧密相连,这意味着家庭教育这一传统的"家事"上升为新时代极具重要的"国事",受到了国家前所未有的重视,必将在科学性、合理性、合法性轨道上长久前行。

(二)现实背景:我国留守儿童人数较多,对留守幼儿的关注度不足

近年来,随着城市化进程的不断加快,进城务工成了农村劳动人员的首选,"农民工"这一特殊群体应时而生。据国家统计局数字显示,2019年我国农民工的总量达到29077万人,在这一群体中,跨省流动的农民工数量有7508万人,在省内就业的农民工达9917万人。①

由于各种难以解决的现实原因,农民工无法将子女带在身边亲自抚养,不得不将子女留在农村户籍所在地生活成长,因而产生了"农村留守儿童"这一特殊群体。随着"乡村振兴"战略的大力实施,无论是从全国范围还是各省市的情况来看,留守儿童的数量均在大幅减少,但距完全消除"留守现象"仍存在一定差距,截至"十三五"规划末期,我国共有农村留守儿童643.6万名。② 根据2017年J省民政厅发布的数据显示,J省现有农村留守儿童24.2万人,其中3944人无人监护,1.3万多人是父母一方外出一方没能力监护的。在经济欠发达的苏北城市,农村留

---

① 国家统计局:《2019年农民工监测调查报告》,见国家统计局门户网(http://www.stats.gov.cn/tjSj/zxfb/202004/t20200430_1742724.html),访问日期:2022年6月1日。

② 民政部儿童福利司:《2020年农村留守儿童总数》,见中华人民共和国民政部门户网(http://lyzx.mca.gov.cn:8280/consult/showQuestion.jsp?MZ=7910978776),访问日期:2022年6月1日。

守儿童有 20.69 万人之多①，根据以上数据推测，J 省 Y 市所辖区县农村留守幼儿的数量依旧相对较多，亟需受到关注。

近年来，留守儿童的发展受到了政府部门的大力关注，2016 年国务院颁布的《关于加强农村留守儿童关爱保护工作的意见》②对相关工作做出了指导性要求；2017 年民政部开发"全国农村留守儿童和困境儿童信息管理系统"，以便对 31 个省市农村留守儿童的相关数据实行信息动态更新模式。③ 然而，我国政府部门目前尚未颁布对"农村留守幼儿"实施精准关爱、精准帮扶、精准保护的相关意见与政策，也未建立翔实完备的农村留守幼儿信息平台，可见留守幼儿的成长发展还远未受到应有重视。

（三）时事背景：建立家校协同育人模式是健全高质量教育体系的新要求

国势之强在于强人，人材之成出于学。高质量教育体系的建立完善需要以基础、中等、高等教育为主的正规学校教育间的通力合作，但为有效规避 5+2<0 的教育痛点，学校教育不再是教育的唯一力量，家庭教育作为教育系统的一环开始受到社会各界的重视与关注。

颁布《家庭教育促进法》的目的之一是贯彻并落实"双减"政策的精神，改变当前家庭只是学生课堂的延伸、家长只是学校教师助理的状况，以便将家庭教育从学校教育的附庸地位释放出来，真正实现家校间的协同。《中共中央关于制定国民经济和社会发展第十四个五年规划和二〇三五年远景目标的建议》明确提出要健全家庭学校社会协同育人机制，这"是对'十四五'时期建设高质量教育体系、形成广泛共识和协调行动提出的新的更高要求"④。2022 年 4 月，全国妇联、教育部等 11 部门联

---

① 项凤华：《全省 24.2 万农村留守儿童 今年底纳入有效监护范围》，载《现代快报》2017 年 2 月 25 日第 F2 版。

② 《国务院关于加强农村留守儿童关爱保护工作的意见》，见中国政府网门户网（http://www.gov.cn/zhengce/content/2016-02/14/content_5041066.htm），访问日期：2022 年 6 月 1 日。

③ 民政部：《全国农村留守儿童信息管理系统正式启用》，见中华人民共和国民政部门户网（http://www.mca.gov.cn/article/xw/mzyw/201710/20171015006198.shtml），访问日期：2022 年 6 月 1 日。

④ 张力：《健全学校家庭社会协同育人机制的宏观政策导向》，见全国教育科学规划领导小组办公室门户网（http://onsgep.moe.edu.cn/edoas2/website7/level3.jsp?infoid=1335254571420199&id=1612148617437277&location=null），访问日期：2022 年 6 月 3 日。

合印发《关于指导推进家庭教育的五年规划（2021—2025年）》，明确指出要构建覆盖城乡的家庭教育指导服务体系，健全家庭学校社会的协同育人机制，推动"十四五"时期家庭教育高质量发展；在巩固发展学校家庭教育指导方面，推动中小学、幼儿园普遍建立家长学校，做到有制度、有计划、有师资、有活动、有评估。[①]

从以上近年来国家层面颁发实施的指导规划建议可以看出，家庭教育的重要程度正在不断凸显，家校协同育人的理念不断深入民心，无论是家庭教育还是学校教育单独育人的机制，显然不再能适应高质量教育的发展要求，响应国家号召、转变育人理念迫在眉睫。

二、概念界定

（一）农村留守幼儿

本书将"农村留守幼儿"定义为：父母双方或一方离开农村地区，外出务工或学习3个月以上，在户籍所在地生活的3—6岁的个体和群体。

（二）家庭教养

本书将"家庭教养"定义为：家庭范围内以亲子关系为核心、以祖辈及亲友关系为辅助，幼儿的各类监护人对幼儿进行的一切养育和教育行为的总和。

（三）幼儿园家庭教养支持

本书将"幼儿园家庭教养支持"定义为：为提高家庭教养的质量，促进农村留守幼儿健康和谐发展，幼儿园利用一定的政策、物质、教育等支持手段，对农村留守幼儿家庭教养开展的帮扶活动。其中，提高家庭教养水平是幼儿园家庭教养支持的直接目的，促进幼儿发展是幼儿园家庭教养支持的根本目的，家庭与幼儿均是幼儿园家庭教养支持的受益主体。

---

① 全国妇联教育部：《关于指导推进家庭教育的五年规划（2021—2025年）》，见中华人民共和国教育部门户网（http://www.moe.gov.cn/jyb_xwfb/s5147/202204/t20220413_616321.html），访问日期：2022年6月3日。

三、研究设计

(一) 研究对象

本书此次研究拟以 J 省 Y 市作为调查地点,鉴于 Y 市所辖区县间的经济发展水平存在差距,最终选定贯穿 Y 市南北的 A 区、B 区、C 县、D 县作为研究地点。主要运用问卷调查的方法,以 J 省 Y 市的部分农村幼儿园教师、留守幼儿家长作为研究对象,就调查对象的基本情况、幼儿园提供的农村留守家庭教养支持的内容和途径、农村留守家庭从幼儿园实际获取的教养支持内容和途径展开了调查。共回收教师有效问卷 750 份,家长有效问卷 7428 份,其中留守幼儿家长有效问卷 1710 份。

(二) 研究工具

依据本书此次研究的选题与所要研究的具体问题,拟以农村留守幼儿的家长和农村幼儿园的教师为研究对象,在梳理已有研究并整理实地调研内容的基础上,分别编制《幼儿园对农村留守幼儿家庭教养支持的调查问卷——家长版》(简称《教养支持家长问卷》)、《幼儿园对农村留守幼儿家庭教养支持的调查问卷——教师版》(简称《教养支持教师问卷》)两个问卷作为本研究的初始调查工具。

为了检验自编问卷的可行性与适切性,在初步完成问卷的编制后,以 A 区 4 所幼儿园的教师及留守幼儿的家长作为初始问卷的发放对象,共计回收施测家长问卷 167 份、有效问卷 158 份作为问卷施测、项目分析和因素分析的数据来源,并根据分析的结果与标准,最终形成了《教养支持家长问卷》《教养支持教师问卷》两个正式问卷,涵盖单选、多选、排序三种题型。

家长问卷分为两部分:第一部分为基本信息调查,其中教养情况部分的调查以量表的形式呈现,包括 3 个维度 19 个题项;第二部分为幼儿园家庭教养支持情况的调查,包括 4 个维度、8 个具体指标,共计 30 个题项。教师问卷分为三部分:第一部分为基本信息调查,第二部分为教养支持途径调查,第三部分为幼儿园教养支持情况调查,同样包括 4 个维度、8 个具体指标,共计 30 个题项。正式问卷中的量表部分采用李克特五点量表法，家长和教师根据实际的教养情况与幼儿园的家庭教养支持情况，选择"完全不符合"记 1 分，"比较不符合"记 2 分，"不确定"记 3 分，"比较符合"记 4 分，"完全符合"记 5 分，分数越高表示农村留守幼儿的家庭教养情况越理想，幼儿园对农村留守幼儿家庭教养的支持情况越好。

为确保问卷中的量表所测结果的稳定性及一致性，对最终回收问卷进行了信度检验；为保证测验结果的正确性与可靠性，对最终回收问卷进行了效度检验。信效度检验的有效样本数分别为：家长问卷 1552 份，教师问卷 687 份。信效度检验的最终结果为：家长版教养支持量表的 Cronbach's ∂ 值为 0.968、Kaiser-Meyer-Olkin（KMO）值为 0.971；教师版教养支持量表的 Cronbach's ∂ 值为 0.982、KMO 值为 0.969，表示本书此次研究拟正式使用的问卷及量表均具有极佳的可信度且所测得的结果具有良好的正确性和可靠性，适合作为研究的工具。

第二节 调查对象的基本情况

结合此次研究的主题与对象，本小节就 A 区、B 区、C 县、D 县的农村幼儿园、农村留守幼儿、农村留守幼儿家庭和农村留守幼儿家庭教养的基本情况进行了调查与现状描述，具体呈现如下。

一、农村幼儿园的基本情况

根据《2021 Y 市统计年鉴》教育事业板块的统计数据显示，当前全市建成各级各类幼儿园 734 所。本书的研究所选四区县的幼儿园数量分别为：A 区 59 所、B 区 50 所、D 县 35 所、C 县 18 所。由表 6-1 可知，在所回收的 750 份教师问卷中，A 区的问卷数量占比最高，达到 38.7%，而 C 县的占比仅为 18.7%，这与本地区幼儿园的数量多寡直接相关，地区幼儿园的数量在一定程度上决定了幼儿园教师的数量，因而决定本研究在此地区的问卷发放数量。

就农村幼儿园的性质来看，公办园的数量达到了全部幼儿园数量的95.9%，远超于民办园，在仅有的3.6%的民办园中，也以普惠性民办园为主。此外，还有极个别的教师就职于各类学校的附属幼儿园中，上述事实情况的呈现与我国学前教育的建设发展目标一致，表明当地农村地区基本形成了以公办园为主、普惠性民办园为辅的办园体系。再就农村幼儿园的等级来看，调查样本中省优质园的比重占84.7%，而市优质园的比重也显著高于合格园，说明近年来J省教育厅、各市教育行政部门对于本省市幼儿园的评估验收工作取得了显著成效。

表6-1 被调查教师所在幼儿园基本情况（$N=750$）

题目	具体情况	频率	占比/%
所在地区	A区	290	38.7
	B区	164	21.9
	C县	140	18.7
	D县	156	20.8
幼儿园性质	公办园	716	95.5
	普惠性民办园	15	2.0
	营利性民办园	12	1.6
	其他	7	0.9
幼儿园等级	省优质园	635	84.7
	市优质园	66	8.8
	合格园	48	6.4
	其他	1	0.1

二、农村留守幼儿的基本情况

在本书此研究回收的1710份有效样本中，留守幼儿在四区县的分布情况为：A区437人、B区216人、C县546人、D县511人，分别占25.6%、12.6%、31.9%和29.9%，可以看出C县的留守幼儿数量明显多于其他区县，而 B 区的留守情况相对乐观。

由表 6-2 可知，在全部留守幼儿中，处于学龄阶段及以后的幼儿人数显著多于学龄前的幼儿人数，其中 3—4 岁、4—5 岁、5—6 岁及 6 岁以上的留守幼儿分别占比 19.9%、25.0%、39.9% 和 14.4%，而 3 岁以下的留守幼儿仅占比 0.7%。再就留守幼儿的性别情况来看，男童与女童的人数差距不大，分别为 891 和 819 人，说明性别在幼儿是否留守这一问题上并无显著差异。而从留守家庭孩子的人数上可以看出，68% 的家庭有 2 个及以上数量的孩子，说明"全面二孩"政策在农村地区取得了一定的成效，但也相应加大了农村留守幼儿家庭的教养难度。

本书此次研究将留守幼儿划分成了单亲留守和完全留守两种类型，从回收数据中可以看出，在农村地区完全留守的情况占据主流，农村幼儿父母双方外出的现象更为普遍。父母外出期间孩子的教养由谁实施与承担对孩子的成长极为重要。从关于留守幼儿实际教养人的数据可以看出，以祖父母为主的隔代教养最为普遍；此外，单亲留守的孩子主要由母亲承担教养责任，有 539 位，占 31.5%，父亲居家照顾孩子的情况较少；此外还有个别家庭由于特殊情况，父母外出不得已将孩子托付给了孩子的姑姑、哥嫂、祖父、祖母等其他亲属代为照看。

表 6-2　农村留守幼儿基本情况（$N=1710$）

题项	具体情况	频率	占比/%
所属区县	A 区	437	25.6
	B 区	216	12.6
	C 县	546	31.9
	D 县	511	29.9
孩子年龄	3 岁以下	12	0.7
	3—4 岁	341	19.9
	4—5 岁	428	25.0
	5—6 岁	683	39.9
	6 岁以上	246	14.4

续表 6-2

题项	具体情况	频率	占比/%
孩子性别	男	891	52.1
	女	819	47.9
孩子人数	1人	548	32.0
	2人	908	53.1
	3人	126	7.4
	3人以上	128	7.5
留守类型	单亲留守	695	40.6
	完全留守	1015	59.4
教养人	父亲	42	2.5
	母亲	539	31.5
	祖父母	1110	64.9
	其他亲属	19	1.1

三、农村留守幼儿家庭的基本情况

由表 6-3 可知，根据被调查家长文化程度的具体分布情况来看，受教育水平为初中及以下程度的家长人数最多，有 917 人，占比 53.6%，其次是高中水平，有 264 人，占比 15.4%，中专或中师、大专水平的家长分别有 201 人和 222 人，拥有本科学历的家长仅 94 人，占比 5.5%，而研究生学历的家长最少，仅有 12 人。再就农村留守幼儿所处家庭的结构来看，主干家庭有 1078 个，占比达 63%，其次是核心家庭，有 400 个，占比 23.4%，联合家庭 85 个，占比 5.0%，值得关注的是还有 147 个具有特殊情况的留守家庭，从家长们的反映中可以看出主要以单亲家庭、重组家庭以及寄托家庭这几种形式最为普遍。

从留守孩子家庭经济的收入来源可以反映其家庭经济水平，调查显示经济来源于孩子父母双方的家庭有 930 个，其次是经济来源于父亲一方的家庭，有 661 个，而经济来源于母亲一方的情况最少，只有 44 个，占比

2.6%，同时还有 71 个留守孩子的家庭收入来源于孩子的祖父母，4 个特殊家庭的经济全靠政府、民政部门的补贴维持。无论是单亲留守还是完全留守的家庭，孩子父母双方或父母一方外出务工的时间多集中于 9 个月以上，分别占全体样本总量的 59.7% 和 65.8%，说明绝大多数农村留守幼儿一年有四分之三甚至更多的时间与父母分隔两地，父母对孩子的家庭教养长期处于缺位状态。

表 6-3 农村留守幼儿家庭基本情况（$N=1710$）

题项	具体情况	频率	占比/%
家长文化程度	初中及以下	917	53.6
	高中	264	15.4
	中专或中师	201	11.8
	大专	222	13.0
	本科	94	5.5
	研究生	12	0.7
家庭结构	核心家庭	400	23.4
	主干家庭	1078	63.0
	联合家庭	85	5.0
	其他家庭	147	8.6
经济来源	孩子父母双方	930	54.4
	孩子父亲	661	38.7
	孩子母亲	44	2.6
	孩子祖父母	71	4.1
	其他人员	4	0.2
父母一方外出时长（$n=695$）	3 个月以下	117	16.9
	3—6 个月	93	13.4
	6—9 个月	70	10
	9 个月以上	415	59.7

续表 6-3

题项	具体情况	频率	占比/%
父母双方外出时长（n=1015）	3 个月以下	153	15.1
	3—6 个月	110	10.8
	6—9 个月	84	8.3
	9 个月以上	668	65.8

问卷调查中，对于某种特质、态度、行为或心理知觉等潜在构念的调查，在分析时不能逐题进行，要先进行层面题项的加总[①]。通过上述数据分析方法对农村留守幼儿家庭环境的题目进行相关统计分析显示（见表6-4），绝大多数家长认为自己的家庭环境比较符合或者完全符合"家庭关系融洽"或"偶尔争吵"的描述，样本平均值分别为 3.89、3.85，而只有少部分的家长认为家庭中"经常争吵"或家庭成员"关系紧张"，样本平均值分别为 1.83 和 1.66，说明所调查农村留守幼儿的整体家庭环境较为和谐（见表6-4）。

表 6-4　家庭环境的叙述统计（N=1710）

选项	最小值	最大值	平均值	标准差
关系融洽	1	5	3.89	1.187
偶尔争吵	1	5	3.85	1.239
经常争吵	1	5	1.83	1.230
关系紧张	1	5	1.66	1.175

四、农村留守幼儿的家庭教养情况

由表 6-5 可以看出，教养观念层面的单题平均得分为 3.72，表示样本观察值勾选的选项介于"不确定"与"比较符合"之间，因为教养观

---

① 吴明隆：《问卷统计实务分析——SPSS 操作与应用》，重庆大学出版社 2010 年版，第 117-118 页。

念层面的题目设置为反向计分，题项均值得分越高，表示留守幼儿家长的教养观念越缺乏科学性与合理性；而教养内容、教养关系情况两个层面的单题平均得分分别为4.03、4.11，表示样本观察值勾选的选项介于"比较符合"与"完全符合"之间。农村留守幼儿家长对"教养情况"三个层面的题目作答情况具有一定的主观性且不排除家长对真实教养情况的粉饰与美化，因此上述数据在一定程度上可以说明被调查家长的教养观念存在问题，家长对孩子实施的教养内容较为科学，且与孩子的关系较为亲密，但是不足以完全反映研究所选区县农村留守幼儿家庭教养情况的全貌。

表6-5 教养情况的叙述统计（$N=1710$）

选项	题数	最小值	最大值	平均值	标准差
教养观念单题平均	6	1	5	3.72	0.910
教养内容单题平均	10	1	5	4.03	0.733
教养关系单题平均	3	1	5	4.11	0.768

第三节　幼儿园对农村留守幼儿家庭教养支持内容的现状

在梳理已有研究并整理实地调研内容的基础上，本书此研究将幼儿园教养支持的内容划分为了经济政策、生活、教育、健康四个维度，在每一维度下又包含两项具体的指标，本小节的分析主要围绕上述4个维度和8项指标展开，将幼儿园提供的教养支持（即"教养支持"）与留守幼儿家庭获取的教养支持（即"教养获取"）进行比较，从而更为全面、真实地了解幼儿园对农村留守幼儿家庭教养支持的实际状况。

一、幼儿园教养支持内容与家庭教养获取内容的总体描述

为了解教师和留守幼儿家长在"教养支持量表"上的题均值得分情况,运用 SPSS 23.0 软件分别对 4 个维度和 8 项指标进行了描述性分析和均值差异性检验分析。

(一)教养支持与教养获取在各维度上的现状

由表 6-6 可知,"幼儿园教养支持"在 4 个维度中的题均值介于 4.22—4.51,按照"教养支持量表"的等级水平,处于"比较符合"与"完全符合"之间,说明教养支持在各个维度上的得分均处于较高水平;"家庭教养获取"在 4 个维度中的题均值介于 3.06—3.85,处于"不确定"与"比较符合"之间,说明教养获取在各个维度上的得分均处于中等偏上水平。

从上述分析可以看出,幼儿园教养支持在各个维度上的得分均高于家庭教养获取在各个维度上的得分,说明本研究所选区县幼儿园对农村留守幼儿家庭教养的支持情况与留守家庭实际获得的支持存在一定差异,从侧面反映出幼儿园可能夸大了教养支持的部分工作,或教养支持工作缺乏针对性或流于表面形式,所做的部分教养支持工作并没有得到家长的认可。

幼儿园教养支持的题目均值由高到低的排序为:生活方面>教育方面=健康方面>经济政策。家庭教养获取的题目均值由高到低排序的结果为:生活方面>健康方面>教育方面>经济政策方面,表示幼儿园提供的教养支持与留守家庭实际获取的教养支持在具体维度上并无差异,说明教养支持与获取的数量呈现正向相关。由各维度题均值绘制的雷达图直观反映了教养支持与获取水平的高低情况(如图 6-1 所示)。

表6-6　教养支持与教养获取各维度的描述性统计结果
($N_{(教师)}$=750；$N_{(家长)}$=1710)

维度	最小值	最大值	幼儿园教养支持		家庭教养获取	
			M	SD	M	SD
经济政策	1	5	4.22	0.836	3.06	0.973
生活方面	1	5	4.51	0.704	3.85	0.854
教育方面	1	5	4.42	0.736	3.62	0.974
健康方面	1	5	4.42	0.738	3.77	0.928

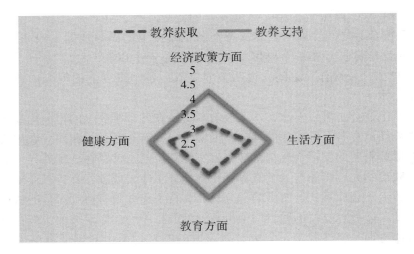

图6-1　各维度教养支持与教养获取雷达图

(二) 教养支持与教养获取在各指标上的现状

由表6-7可知，教养支持在各个指标上的得分依旧处于较高水平，但家庭教养获取在8个指标中的题均值介于2.71—4.19，处于"比较不符合"与"比较符合"之间，说明留守家庭从幼儿园实际获得的教养支持存在内容上的不均衡。

8个指标在幼儿园教养支持题均值中由高到低的排序结果为：生活保护＞教育辅助＝保健服务＞生活照顾＞教育机会＞营养饮食＝政策落实＞

第六章 "乡村振兴"背景下幼儿园对农村留守幼儿家庭教养支持的现状

物资帮助；在家庭教养获取题均值中的排序为：教育机会＞生活保护＞保健服务＞政策落实＞营养饮食＞生活照顾＞教育辅助＞物资帮助，说明教养支持与获取在具体指标上也存在差异，其中教育机会的差异最小，物资帮助的差异最大。这说明教养支持与获取在各指标上的得分存在较大程度的不对等，其中，教育机会间的差异最小，物资帮助间的差异最大，这一现实情况可能与幼儿园自身的教育属性及农村幼儿园缺乏相应的专项资金密切相关。由各指标题均值绘制的雷达图直观反映了教养支持与获取水平的高低情况（见图6-2）。

表6-7 教养支持与教养获取各指标的描述性统计结果
($N_{(教师)}$=750；$N_{(家长)}$=1710)

维度	最小值	最大值	幼儿园教养支持		家庭教养获取	
			M	SD	M	SD
物资帮助	1	5	4.14	0.920	2.71	1.17
政策落实	1	5	4.39	0.849	3.77	0.94
生活保护	1	5	4.57	0.710	4.13	0.88
生活照顾	1	5	4.42	0.764	3.48	1.03
教育辅助	1	5	4.44	0.748	3.46	1.09
教育机会	1	5	4.40	0.769	4.19	0.78
营养饮食	1	5	4.39	0.781	3.56	1.07
保健服务	1	5	4.44	0.732	3.92	0.91

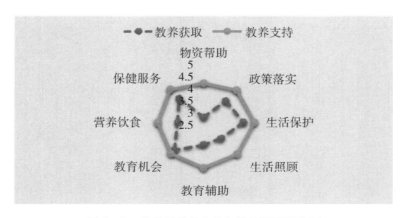

图6-2 各指标教养支持与教养获取雷达图

二、不同人口学变量下教养支持内容与教养获取内容的比较分析

为了分析本书此次研究所选区县的幼儿园教师、农村留守幼儿家长在教养支持内容与教养获取内容上的现实状况，研究者进行了不同人口学变量下教养支持与教养获取总分题均值的平均数差异检验。对教师问卷中的"性别"与家长问卷中的"家庭类型"和"留守类型"这3个二分变量进行了独立样本 t 检验，结果如表6-8所示；对教师问卷中的地区、园所性质、园所等级等10个多水平分组变量和家长问卷中的地区、孩子年龄、孩子人数等9个多水平分组变量进行了方差分析，结果如表6-9所示。

表6-8 教养支持与教养获取总分题均值独立样本 t 检验结果统计表
（$N_{(教师)}$=750；$N_{(留守)}$=1710；$N_{(非留守)}$=5718）

差异来源	检验变量	变量选项	M（SD）	t 值	η^2
教养支持	性别	男	4.58（0.512）	2.006*	0.005
		女	4.37（0.718）		
教养获取	家庭类型	留守家庭	3.40（0.811）	6.055***	0.004
		非留守家庭	3.52（0.762）		
	留守类型	单亲留守	3.50（0.854）	-1.772	0.002
		完全留守	3.57（0.830）		

注：*$P<0.05$，***$P<0.001$。

表6-9 教养支持与教养获取总分题均值单因素方差分析结果统计

($N_{(教师)}=750$；$N_{(家长)}=1710$)

差异来源	检验变量	平方和（SS）	自由度（df）	平均平方和（MS）	F检验	η^2
教养支持	地区	13.489	3	4.496	9.253***	0.036
	园所性质	8.979	3	2.993	6.084***	0.024
	园所等级	1.884	3	0.628	1.252	0.005
	任职情况	1.189	4	0.297	0.591	0.003
	任教年级	3.638	4	0.909	1.820	0.010
	教师年龄	5.346	3	1.782	3.586*	0.014
	教师教龄	1.297	4	0.324	0.644	0.003
	教师学历	0.269	4	0.067	0.133	0.001
	所学专业	3.819	3	1.273	2.551	0.010
	受聘形式	8.763	3	2.921	5.934**	0.023
教养获取	地区	11.782	3	3.927	5.603**	0.010
	孩子年龄	2.842	4	0.710	1.006	0.002
	孩子人数	9.923	3	3.308	4.712**	0.008
	父母/教养人文化程度	11.134	5	2.227	3.172**	0.009
	家庭收入来源	2.904	4	0.726	1.027	0.002
	家庭结构	4.616	3	1.539	2.182	0.004
	教养人员	0.426	3	0.142	0.201	0.000
	父母一方外出时长	9.968	4	2.492	3.548**	0.008
	父母双方外出时长	4.770	4	1.192	1.690	0.004

注：* $P<0.05$，** $P<0.01$，*** $P<0.001$。

从上述独立样本 t 检验和方差分析的结果可以看出，幼儿园对农村留守幼儿家庭教养支持内容的总体状况不存在园所等级、教师任职情况、教师任教年级、教师教龄、教师学历及教师所学专业上的差异，但在教师性别、地区、园所性质、教师年龄及教师的受聘形式上存在显著性差异；农村留守幼儿家庭教养获取内容的总体状况不存在留守类型、孩子年龄、家长收入来源、家庭结构、教养人员及父母双方外出时长上的差异，但在地区、孩子人数、父母/教养人文化程度、父母一方外出时长上具有显著性差异。为了进一步分析不同人口学变量下教养支持与教养获取内容的具体差异，特从教养支持与教养获取的4个维度和8个指标进行了各变量上的差异分析。

（一）幼儿园教养支持内容的差异分析

1. 幼儿园教养支持内容的地区差异

（1）幼儿园教养支持内容在各维度上的地区差异比较

为了比较不同地区幼儿园对农村留守幼儿家庭教养支持的内容是否存在差异，本书此次研究以所选地区（A区、B区、C县、D县）作为自变量，以当地农村幼儿园所提供的不同教养支持内容（经济政策支持、生活支持、教育支持、健康支持）为因变量进行方差分析，由表6-10可以看出，不同地区幼儿园对农村留守幼儿家庭教养提供的经济政策支持（$F_{(3,746)}=7.652, P<0.001$）、教育支持（$F_{(3,746)}=7.723, P<0.001$）、生活支持（$F_{(3,746)}=8.110, P<0.001$）和健康支持（$F_{(3,746)}=10.253, P<0.001$）均存在显著差异。LSD事后比较结果显示，在上述4个维度的因变量中，B区的幼儿园教养支持得分显著低于A区、C县和D县。

表6-10 不同地区幼儿园教养支持内容的各维度比较（$N=750$）

地区	n	经济政策支持 M（SD）	生活支持 M（SD）	教育支持 M（SD）	健康支持 M（SD）
A区	290	4.30（0.841）	4.59（0.679）	4.53（0.699）	4.56（0.684）
B区	164	3.95（0.883）	4.28（0.799）	4.18（0.806）	4.17（0.830）
C县	140	4.25（0.743）	4.57（0.578）	4.46（0.660）	4.42（0.667）
D县	156	4.33（0.801）	4.54（0.701）	4.45（0.743）	4.44（0.729）

续表 6-10

地区	n	经济政策支持 $M(SD)$	生活支持 $M(SD)$	教育支持 $M(SD)$	健康支持 $M(SD)$
F		7.562***	7.723***	8.110***	10.253***
LSD 事后比较		A 区 > B 区、C 县 > B 区、D 县 > B 区			

注：***$P<0.001$。

(2) 幼儿园教养支持内容在各指标上的地区差异比较

在具体指标层面上，方差分析的结果显示，物资帮助（$F_{(3,746)}=7.463$，$P<0.001$）、政策落实（$F_{(3,746)}=6.519$，$P<0.001$）、生活保护（$F_{(3,746)}=5.651$，$P<0.01$）、生活照顾（$F_{(3,746)}=9.407$，$P<0.001$）、教育辅助（$F_{(3,746)}=10.491$，$P<0.001$）、教育机会（$F_{(3,746)}=4.788$，$P<0.01$）、营养饮食（$F_{(3,746)}=9.497$，$P<0.001$）、保健服务（$F_{(3,746)}=10.203$，$P<0.001$）8 项教养支持指标均呈现显著的地区差异，表明地区可能是影响幼儿园对农村留守幼儿家庭教养支持内容的重要因素之一。

由图 6-3 可以直观地发现，A 区除"物资帮助"和"生活保护"两项指标的题均值分别稍低于 C 县和 D 县外，其余 6 项教养支持内容指标的题均值均高于其他地区。B 区 8 项教养支持内容指标的题均值均处于折线图的最低处，显著低于其他三个地区。

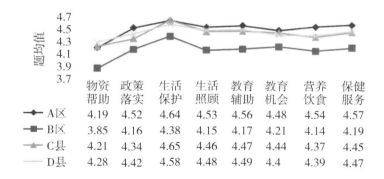

图 6-3 不同地区幼儿园教养支持内容各指标折线图

2. 幼儿园教养支持内容的园所性质差异

（1）幼儿园教养支持内容在各维度上的园所性质差异比较

由表6-11可以看出，不同性质的幼儿园对农村留守幼儿家庭教养提供的经济政策支持（$F_{(3,746)}=7.046,P<0.001$）、教育支持（$F_{(3,746)}=5.380,P<0.01$）、生活支持（$F_{(3,746)}=5.169,P<0.01$）和健康支持（$F_{(3,746)}=4.267,P<0.01$）均存在显著差异。LSD事后比较结果显示，就"经济政策支持"因变量而言，其他性质的幼儿园教养支持的得分显著低于公办园、普惠性民办园及营利性民办园；就"生活支持""教育支持"2个因变量而言，公办园的教养支持得分显著高于营利性民办园和其他性质的幼儿园，且普惠性民办园高于其他性质的幼儿园；而就"健康支持"因变量而言，公办园的教养支持得分依旧显著高于营利性民办园与其他性质的幼儿园。

表6-11 不同园所性质幼儿园教养支持内容的各维度比较（$N=750$）

园所性质	n	经济政策支持 $M(SD)$	生活支持 $M(SD)$	教育支持 $M(SD)$	健康支持 $M(SD)$
A. 公办园	716	4.24（0.825）	4.53（0.689）	4.44（0.723）	4.44（0.721）
B. 普惠性民办园	15	4.15（0.735）	4.37（0.650）	4.31（0.655）	4.25（0.699）
C. 营利性民办园	12	3.97（0.705）	4.04（0.883）	3.96（0.912）	3.92（1.020）
D. 其他	7	2.84（1.245）	3.69（1.268）	3.55（1.244）	3.76（1.303）
F		7.046***	5.380**	5.169**	4.267**
LSD 事后比较		A＞D B＞D C＞D	A＞C A＞D B＞D	A＞C A＞D	A＞C A＞D

注：**$P<0.01$，***$P<0.001$。

（2）幼儿园教养支持内容在各指标上的园所性质差异比较

在具体指标层面上，方差分析的结果显示，物资帮助（$F_{(3,746)}=5.044,P<0.01$）、政策落实（$F_{(3,746)}=8.833,P<0.001$）、生活保护（$F_{(3,746)}=3.298,P<0.05$）、生活照顾（$F_{(3,746)}=7.556,P<0.001$）、教育辅助（$F_{(3,746)}=5.846,P<0.01$）、教育机会（$F_{(3,746)}=3.812,P<$

0.05)、营养饮食($F_{(3,746)} = 3.980$,$P < 0.01$)、保健服务($F_{(3,746)} = 4.231$,$P < 0.01$)8 项教养支持指标在幼儿园的园所性质上均存在显著差异,表明园所性质是影响幼儿园对农村留守幼儿家庭教养支持内容的重要因素之一。

由图 6-4 可以直观地看出,公办园各项教养支持内容指标的题均值均高于民办园和其他性质的幼儿园;在民办园中,普惠性民办园的得分又高于营利性民办园。

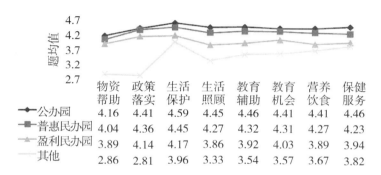

图 6-4 不同性质幼儿园教养支持内容各指标折线图

3. 幼儿园教养支持内容的教师性别差异

(1)幼儿园教养支持内容在各维度上的教师性别差异比较

由表 6-12 可以看出,不同性别的教师在留守幼儿家庭教养提供的经济政策支持($t = 2.198$,$P < 0.05$,$\eta^2 = 0.080$)和教育支持($t = 2.604$,$P < 0.05$,$\eta^2 = 0.070$)上存在显著差异,在生活支持($t = 1.205$,$P_{(0.192)} > 0.05$,$\eta^2 = 0.048$)和健康支持($t = 1.896$,$P_{(0.058)} > 0.05$,$\eta^2 = 0.069$)上则不存在显著差异。

表 6-12 不同性别幼儿园教师教养支持内容的各维度比较($N = 750$)

检验变量	性别	个数	平均数(M)	标准差(SD)	t 值	η^2
经济政策支持	男	46	4.48	0.573	2.198*	0.080
	女	704	4.20	0.848		

续表 6-12

检验变量	性别	个数	平均数（M）	标准差（SD）	t 值	η^2
生活支持	男	46	4.64	0.489	1.305	0.048
	女	704	4.50	0.715		
教育支持	男	46	4.62	0.525	2.604*	0.070
	女	704	4.41	0.747		
健康支持	男	46	4.62	0.550	1.896	0.069
	女	704	4.41	0.747		

注：* $P<0.05$。

（2）幼儿园教养支持内容在各指标上的教师性别差异比较

在具体指标层面上，独立样本 t 检验的结果显示，除经济政策支持维度下的政策落实（$F_{(1,748)}=5.001$，$P<0.05$，$\eta^2=0.007$）和健康支持维度下的营养饮食（$F_{(1,748)}=4.593$，$P<0.05$，$\eta^2=0.006$）2 项指标外，其余 6 项教养支持内容的指标不存在教师性别上的显著差异。

根据图 6-5 所示的折线图，可以直观地发现男性教师在各指标上的题均值得分都高于女性教师，男性教师和女性教师在生活保护这一教养支持指标上的得分差距最小，而在经济政策支持维度下的 2 项指标上的得分差距相对较大。

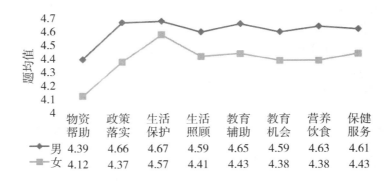

图 6-5　不同性别幼儿园教师教养支持内容各指标折线图

4. 幼儿园教养支持内容的教师年龄差异

（1）幼儿园教养支持内容在各维度上的教师年龄差异比较

由表 6-13 可以看出，不同年龄的教师在农村留守幼儿家庭教养提供的经济政策支持（$F_{(3,746)} = 4.241$，$P < 0.01$）、教育支持（$F_{(3,746)} = 4.516$，$P < 0.01$）和生活支持（$F_{(3,746)} = 3.116$，$P < 0.05$）上存在显著差异，但在农村留守幼儿家庭教养提供的健康支持（$F_{(3,746)} = 1.841$，$P_{(0.138)} > 0.05$）上不存在显著差异。

LSD 事后比较结果显示，25 岁及以下的教师为农村留守幼儿家庭教养提供的经济政策支持的题均值显著高于其他三个年龄段的教师；25 岁及以下、36—45 岁这两个年龄阶段的教师为家庭教养提供的生活支持显著高于 26—35 岁这一年龄段的教师；25 岁及以下的教师为家庭教养提供的教育支持显著高于 26—35 岁和 36—45 岁这两个年龄段的教师，而教师的年龄对于家庭教养提供的健康支持则没有显著的影响。

表 6-13 不同年龄幼儿园教师教养支持内容的各维度比较（$N=750$）

教师年龄	n	经济政策支持 M（SD）	生活支持 M（SD）	教育支持 M（SD）	健康支持 M（SD）
A. 25 岁及以下	141	4.44（0.683）	4.62（0.582）	4.57（0.657）	4.52（0.659）
B. 26—35 岁	340	4.15（0.899）	4.41（0.790）	4.36（0.796）	4.36（0.799）
C. 36—45 岁	182	4.22（0.816）	4.60（0.599）	4.46（0.658）	4.46（0.674）
D. 46 岁及以上	87	4.16（0.800）	4.54（0.689）	4.37（0.745）	4.41（0.724）
F		4.241**	4.516**	3.116*	1.841
LSD 事后比较		A > B A > C A > D	A > B C > B	A > B A > D	

注：* $P < 0.05$，** $P < 0.01$。

（2）幼儿园教养支持内容在各指标上的教师年龄差异比较

在具体指标层面上，方差分析的结果显示，幼儿园教养支持内容在政策落实、教育机会、营养饮食、保健服务这 4 项指标上不存在显著差异，而在物资帮助（$F_{(3,746)} = 4.662$，$P < 0.01$）、生活保护（$F_{(3,746)} = 5.605$，

$P<0.01$)、生活照顾（$F_{(3,746)}=2.781$，$P<0.05$）和教育辅助（$F_{(3,746)}=3.388$，$P<0.05$）这 4 项指标中存在显著性差异，这表示政策落实、教育机会、营养饮食、保健服务这 4 项指标受教师年龄变化的影响较小。据图 6-6 所示的折线图可以直观地看出，保健服务这一指标在教师年龄上的差异最小，而物资帮助这一指标在教师年龄上的差异最大。

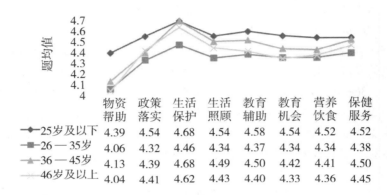

图 6-6　不同年龄幼儿园教师教养支持内容各指标折线图

5. 幼儿园教养支持内容的教师受聘形式差异

（1）幼儿园教养支持内容在各维度上的教师受聘形式差异比较

由表 6-14 可以看出，不同受聘形式的教师对农村留守幼儿家庭教养提供的经济政策支持（$F_{(3,746)}=5.034$，$P<0.01$）、教育支持（$F_{(3,746)}=4.115$，$P<0.01$）和生活支持（$F_{(3,746)}=7.456$，$P<0.001$）和健康支持（$F_{(3,746)}=4.845$，$P_{(0.138)}<0.01$）均存在显著差异。LSD 事后比较结果显示，正式在编教师在 4 个教养支持维度上的得分显著高于临时聘任合同制教师在各个维度上的得分。

表 6-14　不同受聘形式幼儿园教师教养支持内容的各维度比较（$N=750$）

受聘形式	n	经济政策支持 $M(SD)$	生活支持 $M(SD)$	教育支持 $M(SD)$	健康支持 $M(SD)$
A. 在编教师	333	4.29（0.838）	4.54（0.751）	4.51（0.754）	4.49（0.750）
B. 长期聘任	328	4.23（0.796）	4.53（0.640）	4.42（0.692）	4.42（0.712）

续表 6-14

受聘形式	n	经济政策支持 $M(SD)$	生活支持 $M(SD)$	教育支持 $M(SD)$	健康支持 $M(SD)$
C. 临时聘任	66	3.86 (0.898)	4.22 (0.761)	4.05 (0.743)	4.12 (0.753)
D. 其他形式	23	4.10 (0.961)	4.56 (0.533)	4.35 (0.775)	4.30 (0.687)
F		5.034**	4.115**	7.456***	4.845**
LSD 事后比较		A>C B>C	A>C B>C D>C	A>C B>C	A>C B>C

注：**$P<0.01$，***$P<0.001$。

（2）幼儿园教养支持内容在各指标上的教师受聘形式差异比较

在具体指标层面上，方差分析的结果显示，物资帮助（$F_{(3,746)}=3.674$，$P<0.05$）、政策落实（$F_{(3,746)}=7.434$，$P<0.001$）、生活保护（$F_{(3,746)}=3.054$，$P<0.05$）、生活照顾（$F_{(3,746)}=5.090$，$P<0.01$）、教育辅助（$F_{(3,746)}=7.265$，$P<0.001$）、教育机会（$F_{(3,746)}=7.010$，$P<0.001$）、营养饮食（$F_{(3,746)}=5.113$，$P<0.01$）、保健服务（$F_{(3,746)}=4.299$，$P<0.01$）这 8 项教养支持指标在教师的受聘形式上均存在显著差异，表明教师的受聘形式是影响幼儿园对农村留守幼儿家庭教养支持内容的重要因素之一。由图 6-7 可以直观地看出，临时聘任教师各项指标的题均值均显著低于在编教师和长期聘任教师；生活保护与生活照顾这两项指标的题均值相对最高，说明上述两项指标受教师聘任形式的影响最为显著，与幼儿园教养支持的生活维度的分析结果相一致。

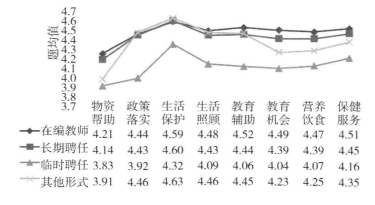

图 6-7 不同受聘形式幼儿园教师教养支持内容各指标折线图

(二) 家庭教养获取内容的差异分析

本书此次研究通过农村留守幼儿与非留守幼儿家庭教养获取内容进行群体间比较的方式来分析农村留守幼儿家庭教养的获取内容，同时对农村留守幼儿家庭教养获取内容进行群体内的比较，以便更为全面地了解农村留守幼儿家庭实际获得教养支持的情况。

1. 农村留守幼儿与非留守幼儿家庭教养获取内容的群体间比较

(1) 教养获取内容维度的群体间比较

为了比较农村留守幼儿与非留守幼儿家庭实际获得的教养支持在各维度上是否存在群体间差异，本书此次研究以农村幼儿家庭的类型（留守幼儿和非留守幼儿）作为自变量，以其家庭实际获得的教养支持内容（包括经济政策支持、生活支持、教育支持、健康支持）为因变量进行独立样本 t 检验，由表 6-15 的量化结果发现，农村留守幼儿和非留守幼儿实际从幼儿园获得的教养支持在生活支持（$t = -6.432$，$P < 0.001$）、教育支持（$t = -5.314$，$P < 0.001$）和健康支持（$t = -7.476$，$P < 0.001$）方面存在显著差异，在经济政策支持（$t = -0.530$，$P_{(0.596)} > 0.05$）方面则不存在显著差异。

表 6-15　不同幼儿家庭类型教养获取内容维度的群体间比较（$N = 7428$）

设计变量 反应变量	农村幼儿家庭类型		判别指标	
	留守幼儿家庭 M（SD）	非留守幼儿家庭 M（SD）	t 值	η^2
经济政策支持	2.98 (1.01)	3.00 (1.00)	-0.530	0.000
生活支持	3.86 (0.85)	4.01 (0.79)	-6.432***	0.006
教育支持	3.65 (0.98)	3.79 (0.96)	-5.314***	0.004
健康支持	3.77 (0.93)	3.95 (0.88)	-7.476***	0.007

注：*** $P < 0.001$。

从农村留守幼儿与非留守幼儿家庭实际获得的教养支持在各维度上的题均值得分来看，农村留守幼儿家庭实际获得的教养支持均显著低于非留守幼儿家庭。这从侧面反映出研究所选区县的农村幼儿园对在园留守幼儿家庭提供的教养支持缺乏针对性。

（2）教养获取内容指标的群体间比较

由表6-16的量化结果发现，农村留守幼儿与非留守幼儿家庭实际获得的教养支持在政策落实（$t = -6.841$，$P < 0.001$）、生活保护（$t = -6.610$，$P < 0.001$）、生活照顾（$t = -5.358$，$P < 0.001$）、教育辅助（$t = -4.936$，$P < 0.001$）、教育机会（$t = -5.183$，$P < 0.001$）、营养饮食（$t = -8.088$，$P < 0.001$）、保健服务（$t = -6.232$，$P < 0.001$）7项指标上存在显著差异，在物资帮助（$t = 1.206$，$P_{(0.228)} > 0.05$）这一指标上则不存在显著差异。

表6-16　不同幼儿家庭类型教养获取内容维度指标的群体间比较（$N = 7428$）

设计变量 反应变量	农村幼儿家庭类型		判别指标	
	留守幼儿家庭 M（SD）	非留守幼儿家庭 M（SD）	t值	η^2
物资帮助	2.70（1.17）	2.67（1.20）	1.206	0.000
政策落实	3.82（0.94）	4.00（0.91）	-6.841***	0.007
生活保护	4.08（0.94）	4.25（0.87）	-6.610***	0.006
生活照顾	3.65（0.92）	3.78（0.87）	-5.358***	0.004
教育辅助	3.51（1.07）	3.66（1.07）	-4.936***	0.003
教育机会	3.93（0.96）	4.06（0.92）	-5.183***	0.004
营养饮食	3.56（1.07）	3.79（1.03）	-8.088***	0.009
保健服务	3.92（0.91）	4.07（0.85）	-6.232***	0.005

注：***$P < 0.001$。

从农村留守幼儿与非留守幼儿家庭实际获得的教养支持在各具体指标上的题均值得分来看，农村留守幼儿家庭实际获得的教养支持得分均显著低于非留守幼儿家庭，就"物资帮助"这一指标来看，虽不存在留守幼儿与非留守幼儿家庭群体间的差异，但明显可以看出物资帮助是农村幼儿园对家庭教养尤其是留守幼儿家庭教养提供支持的短板。

2. 农村留守幼儿家庭教养获取内容的群体内比较

（1）家庭教养获取内容的地区差异

1) 家庭教养获取内容在各维度上的地区差异比较

由表 6-17 可以看出，不同地区的留守幼儿家庭从幼儿园获得的生活支持（$F_{(1,1708)} = 6.562$，$P < 0.001$）、教育支持（$F_{(1,1708)} = 5.704$，$P < 0.01$）和健康支持（$F_{(1,1708)} = 10.069$，$P < 0.001$）存在显著的地区差异，但获得的经济政策支持（$F_{(1,1708)} = 0.974$，$P_{(0.404)} > 0.05$）不存在地区上的差异。LSD 事后比较结果显示，在上述 4 个维度的因变量中，A 区与 D 县留守幼儿家庭获得的教养支持得分显著高于 B 区和 C 县，4 个地区得到的经济政策支持水平最低、生活支持相对较好。

表 6-17 不同地区家庭教养获取内容的各维度比较（$N = 1710$）

地区	n	经济政策支持 M（SD）	生活支持 M（SD）	教育支持 M（SD）	健康支持 M（SD）
A 区	437	3.09（1.040）	3.92（0.812）	3.75（0.969）	3.87（0.904）
B 区	216	3.00（0.920）	3.71（0.875）	3.49（1.014）	3.64（0.996）
C 县	523	3.02（0.934）	3.76（0.879）	3.53（0.957）	3.62（0.950）
D 县	534	3.10（0.974）	3.94（0.840）	3.67（0.966）	3.87（0.873）
F		0.974	6.562***	5.704**	10.069***
LSD 事后比较			A 区 > B 区、A 区 > C 县、D 县 > B 区、D 县 > C 县		

注：**$P < 0.01$，***$P < 0.001$。

2) 家庭教养获取内容在各指标上的地区差异比较

在具体指标层面上，方差分析的结果显示，除物资帮助、教育机会这 2 项教养支持指标没有地区差异外，政策落实（$F_{(3,1076)} = 2.687$，$P < 0.05$）、生活保护（$F_{(3,1076)} = 6.967$，$P < 0.001$）、生活照顾（$F_{(3,1076)} = 5.721$，$P < 0.01$）、教育辅助（$F_{(3,1076)} = 5.951$，$P < 0.001$）、营养饮食（$F_{(3,1076)} = 7.951$，$P < 0.001$）、保健服务（$F_{(3,1076)} = 10.416$，$P < 0.001$）这 6 项教养支持指标均呈现显著的地区差异。根据图 6-8 所示的折线图可以直观地看出，A 区和 D 县的留守幼儿家庭教养获取内容在各个指标上的得分都较为理想，而 B 区和 C 县的情况则不容乐观。

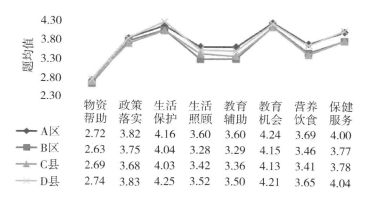

图6-8 不同地区家庭教养获取内容各指标折线图

（2）家庭教养获取内容的孩子人数差异

1）家庭教养获取内容在各维度上的人数差异比较

由表6-18可以看出，不同孩子人数的留守幼儿家庭在从幼儿园获得的经济政策支持（$F_{(1,1708)}=4.861$，$P<0.01$）、教育支持（$F_{(1,1708)}=5.367$，$P<0.01$）和健康支持（$F_{(1,1708)}=4.173$，$P<0.01$）上存在显著的差异，但在获得的生活支持（$F_{(1,1708)}=1.653$，$P_{(0.175)}>0.05$）上不存在孩子人数的差异。

LSD事后比较结果显示，就获取的经济政策支持来看，有3个及以上孩子的家庭获得教养的得分显著高于2个孩子和1个孩子的家庭；就获得的教育支持和健康支持来看，1个孩子和3个孩子的家庭整体获得的教养支持显著高于2个孩子的家庭。

表6-18 不同孩子人数家庭教养获取内容的各维度比较（$N=1710$）

孩子人数	n	经济政策支持 M（SD）	生活支持 M（SD）	教育支持 M（SD）	健康支持 M（SD）
A 1人	548	3.09（0.957）	3.89（0.833）	3.71（0.942）	3.84（0.916）
B 2人	908	2.99（0.980）	3.81（0.877）	3.54（0.992）	3.70（0.943）
C 3人	126	3.19（1.024）	3.87（0.841）	3.67（1.020）	3.78（0.962）
D 3人以上	128	3.29（0.884）	3.95（0.777）	3.82（0.880）	3.93（0.797）

续表 6-18

孩子人数	n	经济政策支持 M（SD）	生活支持 M（SD）	教育支持 M（SD）	健康支持 M（SD）
F		4.861**	1.653	5.367**	4.173**
LSD 事后比较		C > B D > A D > B		A > B D > B	

注：**$P < 0.01$。

2）家庭教养获取内容在各指标上的人数差异比较

在具体指标层面上，方差分析的结果显示，除生活保护这一教养支持指标在孩子人数上没有统计学意义上的差异外，物资帮助（$F_{(3,1076)} = 4.051，P < 0.01$）、政策落实（$F_{(3,1076)} = 3.399，P < 0.05$）、生活照顾（$F_{(3,1076)} = 2.914，P < 0.05$）、教育辅助（$F_{(3,1076)} = 5.343，P < 0.01$）、教育机会（$F_{(3,1076)} = 2.802，P < 0.05$）、营养饮食（$F_{(3,1076)} = 4.757，P < 0.01$）、保健服务（$F_{(3,1076)} = 3.043，P < 0.05$）这 7 项教养支持指标均呈现显著的人数差异。由图 6-9 可以直观地看出，在各项教养支持指标中，有 3 个以上孩子的家庭所获得的各项教养支持显著高于有 3 个孩子和 1 个孩子的家庭，而有 2 个孩子的家庭所获得的各项教养支持得分最低。

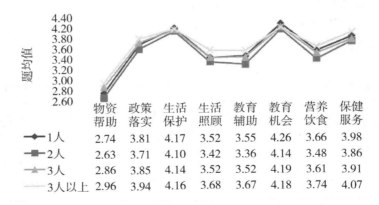

图 6-9 不同孩子人数家庭教养获取内容各指标折线图

（3）家庭教养获取内容的文化程度差异

1）家庭教养获取内容在各维度上的文化程度差异比较

由表 6-19 可以看出，不同文化程度的家长在从幼儿园获得的经济政策支持（$F_{(1,1708)} = 3.435$，$P < 0.01$）、生活支持（$F_{(1,1708)} = 3.023$，$P < 0.01$）和健康支持（$F_{(1,1708)} = 2.412$，$P < 0.05$）上存在显著的文凭差异，但在获得的教育支持（$F_{(1,1708)} = 1.986$，$P_{(0.078)} > 0.05$）上不存在家长文化程度的差异。

LSD 事后比较结果显示，初中及以下文化程度的家长在教养孩子的过程中获得的经济政策支持显著高于中专/中师、大专及本科学历的家长；初中及以下文化程度的家长所获得的生活支持显著高于中专/中师、大专及研究生学历的家长，获得的健康支持也显著高于具有中专/中师学历的家长。

表 6-19 不同文化程度家长的家庭教养获取内容的各维度比较（$N = 1710$）

家长文化程度	n	经济政策支持 M（SD）	生活支持 M（SD）	教育支持 M（SD）	健康支持 M（SD）
初中及以下	917	3.15（0.954）	3.91（0.839）	3.69（0.959）	3.82（0.897）
高中	264	3.03（1.033）	3.85（0.896）	3.59（1.002）	3.76（0.968）
中专/中师	201	2.94（0.978）	3.77（0.810）	3.50（0.952）	3.61（0.964）
大专	222	2.95（0.967）	3.75（0.847）	3.55（0.977）	3.69（0.953）
本科	94	2.90（0.835）	3.75（0.841）	3.58（0.992）	3.78（0.877）
研究生	12	2.72（1.433）	3.32（1.426）	3.31（1.431）	3.40（1.375）
F		3.435**	3.023*	1.986	2.412*
LSD 事后比较		A>C、D、E	A>C、D、F		A>C

注：* $P < 0.05$，** $P < 0.01$。

2）家庭教养获取内容在各指标上的家长文化程度差异比较

在具体指标层面上，方差分析的结果显示，教育辅助、教育机会、营养饮食这 3 项教养支持指标在家长文化程度上没有差异，物资帮助（$F_{(3,1076)} = 3.142$，$P < 0.01$）、政策落实（$F_{(3,1076)} = 2.985$，$P < 0.05$）、生活保护（$F_{(3,1076)} = 3.305$，$P < 0.01$）、生活照顾（$F_{(3,1076)} = 2.533$，P

<0.05)、保健服务（$F_{(3,1076)} = 2.860$，$P < 0.05$）这 5 项教养支持指标则具有家长文化程度上的差异。由图 6-10 可以直观地看出，不同文化程度的家长在家庭教养过程中所获得的物资帮助都显著低于其他方面的帮助；具有研究生学历的家长在家庭教养的过程中获得的各项教养支持均显著低于其他文化程度的家长。

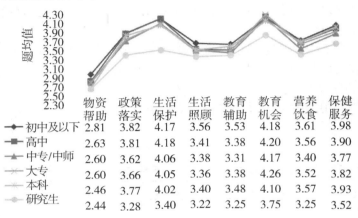

图 6-10 家长不同文化程度家庭教养获取内容各指标折线图

（4）家庭教养获取内容的家长外出时间差异

1）家庭教养获取内容在各维度上的家长外出时间差异比较

由表 6-20 可以看出，家长外出时间不同的家庭从幼儿园获得的家庭教养支持在经济政策（$F_{(1,1708)} = 5.686$，$P < 0.001$）和教育支持（$F_{(1,1708)} = 2.860$，$P < 0.05$）两方面存在差异，但在获得的生活支持（$F_{(1,1708)} = 1.123$，$P_{(0.344)} > 0.05$）和健康支持（$F_{(1,1708)} = 2.212$，$P_{(0.066)} > 0.05$）上不存在差异。

LSD 事后比较结果显示，除家庭教养获得的生活支持外，孩子的父亲或母亲外出时间为 3 个月及以下、3—9 个月的留守家庭，获得的其他支持均显著高于孩子的父亲或母亲外出时间为 9 个月以上的家庭；父亲或母亲的外出时间越长，留守家庭获得的经济政策支持就越少。

表6-20 家长不同外出时间家庭教养获取内容的各维度比较（N=695）

一方外出时长	n	经济政策支持 M（SD）	生活支持 M（SD）	教育支持 M（SD）	健康支持 M（SD）
A. 3个月以下	117	3.30（1.097）	3.90（1.011）	3.76（1.100）	3.89（1.028）
B. 3—6个月	93	3.16（0.882）	3.89（0.802）	3.76（0.853）	3.80（0.909）
C. 6—9个月	70	3.02（0.977）	3.75（0.883）	3.59（1.007）	3.69（0.949）
D. 9个月以上	415	2.89（0.978）	3.79（0.807）	3.50（0.974）	3.66（0.904）
F		5.686***	1.123	2.860*	2.212
LSD事后比较		A>D B>D		A>D B>D	

注：* $P<0.05$，*** $P<0.001$。

2）家庭教养获取内容在各指标上的家长外出时间差异比较

在具体指标层面上，方差分析的结果显示，家长不同外出时间对于家庭教养的获取内容在政策落实、生活保护、教育机会和保健服务这4项支持指标上没有差异，物资帮助（$F_{(3,1076)}=6.648$，$P<0.001$）、生活照顾（$F_{(3,1076)}=2.842$，$P<0.05$）、教育辅助（$F_{(3,1076)}=3.496$，$P<0.01$）、营养饮食（$F_{(3,1076)}=2.651$，$P<0.05$）这4项教养支持指标则在家长外出时间上存在差异。由图6-11可以看出，除生活保护和教育机会这2项指标外，父亲或母亲外出时间为9个月以上的留守幼儿家庭获得的教养支持均低于其余外出时长的留守幼儿家庭；父亲或母亲外出时间对物资帮助这一指标的影响最为显著。

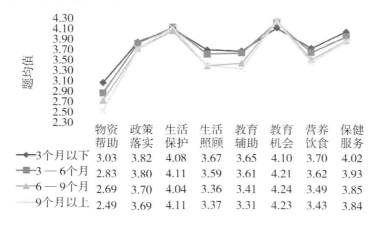

图6-11 家长不同外出时间家庭教养获取内容各指标折线图

第四节 幼儿园对农村留守幼儿家庭教养支持途径的现状

基于重叠影响阈理论的实践框架,拓展沟通渠道、加强亲职教育和加强社区合作是学校了解家庭教育、支持家庭教育的重要途径,因而本书此次研究以这三种途径作为切入点,调查幼儿园对农村留守幼儿家庭教养的了解与支持。

一、家庭教养支持途径的整体现状

(一) 幼儿园家庭教养支持途径供给的整体现状

从表6-21中可以看出,幼儿园及教师在每一种途径上的情况,就拓展沟通渠道来看,87%的教师表示常从多个渠道来了解班上留守家庭的真实情况,只有8.7%的教师未能多渠道了解留守家庭的情况;就加强亲职教育来看,85.6%的教师表示自己所在幼儿园会经常开展面向留守幼儿教养人的亲职教育活动,7.6%的教师所在幼儿园则忽视了对留守幼儿这一群体的教养人开展亲职教育活动;而在加强社区合作这一途径上,86.9%的教师表示幼儿园会采取多种形式加强与留守家庭所在社区的合作,6.7%的幼儿园则未建立与社区间的协同合作。

从表6-22可以看出,加强社区合作是幼儿园教养支持实践最为理想的途径,平均值为4.19,说明研究所选区县的农村幼儿园已经意识到了整合社区资源的重要性,积极响应了家校社协同育人的理念。同时,幼儿园及教师从多个渠道关注农村留守幼儿家庭教养的现实情况,及时了解其存在的家庭教养难题,该项的平均值为4.15,高于幼儿园及教师实际为留守幼儿教养人开展的亲职教育活动,说明幼儿园对留守幼儿家庭教养的关注度在不断加强,但为教养人提供教养观念、教养方式、教养内容等方面的指导还不够。

表6-21　幼儿园家庭教养支持途径汇总（N=750）

题项	选项	频率	占比/%
常从多个渠道来了解班上留守家庭的真实情况（拓展沟通渠道）	完全不符合	35	4.7
	比较不符合	30	4.0
	不确定	32	4.3
	比较符合	340	45.3
	完全符合	313	41.7
幼儿园常开展面向留守幼儿教养人的亲职教育活动（加强亲职教育）	完全不符合	20	2.7
	比较不符合	37	4.9
	不确定	51	6.8
	比较符合	366	48.8
	完全符合	276	36.8
幼儿园采取多种形式加强与幼儿园及留守家庭所在社区的合作（加强社区合作）	完全不符合	12	1.6
	比较不符合	38	5.1
	不确定	48	6.4
	比较符合	352	46.9
	完全符合	300	40.0

表6-22　幼儿园家庭教养支持途径的描述性分析（N=750）

题项	个案数	最小值	最大值	平均值	标准差
您常从多个渠道来了解班上留守家庭的真实情况	750	1	5	4.15	1.009
您所在幼儿园常开展面向留守幼儿教养人的亲职教育活动	750	1	5	4.12	0.927
您所在幼儿园会采取多种形式来加强与幼儿园及留守家庭所在社区的合作	750	1	5	4.19	0.881

（二）教养人教养支持途径需求的整体现状

从表 6-23 中可以看出，家长对于教养支持途径的需求情况与幼儿园当下所提供的教养支持途径并不完全一致，说明研究所选区县的农村幼儿园中存在教养支持途径供需间的不匹配问题，侧面反映出幼儿园缺乏对留守家庭教养需求的深入了解，未将留守家庭的教养支持工作落到实处。具体来看，在家长的现实需求中，"提供科学育儿的学习机会"的等级平均数最小为 1.36，而"加强与社区的合作"的等级平均数为 2.59，说明相较于社区提供的间接支持，留守幼儿的教养人对科学育儿技能的需求更为迫切，同时，两种途径的标准差分别为 0.706 和 0.879，说明家长普遍认同科学育儿机会在教养支持途径中所处的重要位置。

表 6-23　全体样本对教养支持途径需求的重要性次序等第摘要（$N=1710$）

选项	样本数	最小值	最大值	等级平均数	标准差	排序
提供科学育儿的学习机会	1710	1	4	1.36	0.706	1
拓展家园沟通渠道	1710	1	4	1.93	0.702	2
加强与社区的合作	1710	1	4	2.59	0.879	3
其他形式	1710	1	4	3.74	1.087	4

二、幼儿园家庭教养支持途径的现状

（一）拓展沟通渠道的现状分析

为调查此研究所选区县的幼儿园是否从多种渠道、以多种形式了解留守家庭的现实情况和教养困难，研究者就幼儿园及教师了解留守家庭及幼儿真实情况的具体沟通渠道、具体沟通前提、与留守幼儿本人及教养人沟通的目的和内容等问题做了具体的调查，结果见表 6-24 至表 6-26。

1. 具体沟通渠道、沟通前提及与留守幼儿沟通的目的和内容的现状分析

如表 6-24 所示，就具体沟通渠道来看，在 750 位样本中，有 83.2%

的幼儿园教师表示自己会以与教养人交流作为了解家庭教养情况的渠道；有78.8%的幼儿园教师会选择与孩子交流；同时，家访也是教师了解留守幼儿家庭教养情况的重要渠道，有70.9%的教师选择了这一种方式；此外，线上沟通成为一种便捷的交流渠道，有69.9%的教师选择借助电话、微信等形式与留守幼儿的父母取得联系以了解情况；在多种具体的沟通渠道中，仅有30.3%的教师会深入留守幼儿所在的村镇处获取留守幼儿家庭教养的信息。

就具体沟通前提来看，在750位样本中，85.7%的教师会依据留守幼儿近期身心发展的问题来了解留守幼儿家庭教养的现状，82.5%的教师主要依据近期保教工作的需要来进行沟通，66.7%的教师进行沟通的依据是教养人的养育需求，还有47.2%的教师的依据是上级领导的工作安排。整体来看，超过80%的教师能够主动了解留守幼儿的家庭教养现状，说明农村幼儿园教师具有一定的家园协同意识。

幼儿是教师直接接触的对象，因此最容易进行沟通与交流，教师通过与幼儿的交流可以了解幼儿多方面的需要是否得到满足。在750份样本中，教师普遍认为幼儿的生活需要、受教育需要、身体健康需要及精神需要是亟需了解的重点，更有一位教师表示通过和留守幼儿交流"教养人对自己的养育情况"是为了知晓家庭教育是否在幼儿的发展与进步上发挥作用。

表6-24 具体沟通渠道、沟通前提和与幼儿沟通的目的和内容的汇总（$N=750$）

题目	选项	个案数	个案占比/%
具体沟通渠道	通过在日常保教活动中与教养人交流了解	624	83.2
	通过在日常保教活动中与幼儿交流了解	591	78.8
	深入留守幼儿的家里进行家访	532	70.9
	从留守幼儿所在的村镇处获取信息	227	30.3
	借助电访、微信等形式向幼儿的父母进行了解	524	69.9

续表 6-24

题目	选项	个案数	个案占比/%
具体沟通前提	依据近期保教工作的需要	619	82.5
	依据教养人近期的养育需求	500	66.7
	依据上级领导近期的工作安排	354	47.2
	依据留守幼儿近期身心发展方面的问题	643	85.7
	其他时候	3	0.4
与留守幼儿沟通的目的和内容	幼儿的生活需要是否得到满足	678	90.4
	幼儿的受教育需要是否得到满足	635	84.7
	幼儿的身体健康需要是否得到满足	665	88.7
	幼儿的精神需要是否得到满足	604	80.5
	其他需要	3	0.4

2. 与留守幼儿教养人沟通的内容及目的的分析

表 6-25 和表 6-26 主要就幼儿园教师与留守幼儿教养人沟通交流的主要内容及目的的现实情况做了汇总与整理，并以选择排序的方式加以呈现，受试者对题目选项进行选择，规定每位受试者在每题中至少选择三项并进行排序。就教师与教养人交流的主要内容来看，教师既关注到了留守幼儿在园的生活学习，也关注到了其在幼儿园外的成长情况，但在具体内容的关注上存在差异。从主要内容的综合得分可以看出，教师与留守幼儿教养人交流得最多的内容是幼儿的学习、生活情况，其次是幼儿园的日常活动安排和幼儿的家庭环境及家庭教育情况，而教养人的养育难题及留守幼儿与非留守幼儿的差异化表现则被教师与教养人忽视了。

表 6-25　交流内容的重要程度排序（$N=750$）

选项	第1位	第2位	第3位	第4位	第5位	第6位	综合得分	排序
学习生活	646	44	32	7	0	0	5.53	1
活动安排	35	470	87	17	5	0	3.85	2

续表 6-25

选项	第1位	第2位	第3位	第4位	第5位	第6位	综合得分	排序
养育难题	15	109	359	29	11	0	2.76	4
环境教育	49	110	221	238	1	0	3.43	3
差异表现	4	17	50	45	174	0	1.10	5
其他内容	1	0	1	1	0	1	0.04	6

表 6-26　交流目的的重要程度排序（$N=750$）

选项	第1位	第2位	第3位	第4位	第5位	综合得分	排序
了解现状	652	51	40	7	0	4.75	1
提供支持	58	532	124	3	0	3.75	2
分析影响	33	150	532	8	0	3.16	3
完成任务	6	17	54	170	0	0.75	4
其他目的	1	0	0	1	0	0.02	5

就教师与教养人交流的主要目的来看，了解留守家庭的基本情况和教养现状的综合得分最高为 4.75，其次是为需要帮助的留守家庭提供支持，同时教师也关注到了家庭教育的重要性，通过与教养人的交流来分析留守幼儿的身心发展情况，很少有教师将与教养人的沟通当作完成上级领导分配的家园沟通任务（该项的平均得分仅为 0.75），说明多数教师是真正关心留守幼儿及其家庭的。

（二）亲职教育的现状分析

在调研幼儿园了解留守家庭现实情况和教养困难的基础上，研究者继续调查了幼儿园在亲职教育方面的实践情况，以了解幼儿园是否为留守幼儿的教养人提供教养观念、教养方式、教养内容等方面的指导，从而明晰幼儿园对农村留守幼儿家庭教养支持的现实情况，有关亲职教育方面的调查结果及整合见表 6-27 至表 6-29。

1. 幼儿园亲职教育和面向留守家庭亲职教育的对比分析

由表 6-27 中的平均值对比可以看出，幼儿园开展亲职教育活动的平均值为 4.18，大于幼儿园面向留守家庭开展的亲职教育活动的平均值，说明所选区县的农村幼儿园虽然经常开展有关亲职教育的活动，但是面向的对象主要以全体在园幼儿的家长为主，针对留守幼儿教养人的亲职教育活动明显较少。这说明幼儿园普遍认同亲职教育对教养人科学育儿、提高家庭教养质量的重要价值，但一定程度上也忽视了通过亲职教育为留守幼儿及家庭提供关怀与支持。再从标准差的数值来看，标准差越小表示受试者的看法差异越小，幼儿园亲职教育活动的标准差为 0.889，而面向留守家庭亲职教育活动的标准差为 0.927，说明参与调查的教师普遍认为所在幼儿园常开展亲职教育活动，但是活动的内容不具有针对性。

表6-27 幼儿园开展亲职教育的描述性分析（N=750）

题项	个案数	最小值	最大值	平均值	标准差
您所在幼儿园常开展有关亲职教育的活动	750	1	5	4.18	0.889
您所在幼儿园常开展面向留守幼儿教养人的亲职教育活动	750	1	5	4.12	0.927

2. 亲职教育活动开展频次及活动参与人的现状分析

幼儿园开展亲职教育活动的频次可以有效反映幼儿园为留守幼儿教养人提供的学习机会。由表 6-28 可知，在本书此次研究所选区县中，有 229 位教师表示自己所在幼儿园经常开展亲职教育活动但不定期，占全部样本的 30.5%，比例最高。整体来看，每学期幼儿园面向留守幼儿教养人开展的亲职教育活动基本超过 2 次，说明幼儿园为教养人提供的学习机会较多。具体来看，在幼儿园开展的亲职教育活动中，参与的留守幼儿教养人以祖父母为主，占比高达 64.7%，其次是母亲，占比为 28.8%，父亲和其他教养人参与的比例不足 10%，说明在农村地区祖父母是幼儿教养的主要承担者，父母尤其是父亲在农村幼儿的教养过程中基本处于缺位状态。

表 6-28　幼儿园亲职教育开展频次、参与人的汇总（N=750）

题目	选项	频率	占比/%
亲职教育活动频次	几乎没有	26	3.5
	一周一次	82	10.9
	一月一次	162	21.6
	一学期1—2次	221	29.5
	一年1—2次	30	4.0
	经常开展，但不定期	229	30.5
教养人参与情况	以母亲参与为主	216	28.8
	以父亲参与为主	9	1.2
	以祖父母参与为主	485	64.7
	其他教养人参与为主	38	5.1
	都不愿意参与	2	0.3

3. 亲职教育的内容、形式及培训人员的现状分析

如表6-29所示，在750份有效样本中，幼儿园开展亲职教育的培训人员呈现以园内教师领导为主、园外专家为辅的特点。具体来看，幼儿所在班的教师、幼儿园园长、保教主任及骨干教师是幼儿园开展亲职教育的主力军，只有13.5%的教师表示所在园会邀请高校教师、培训机构的专家为留守幼儿家长开展亲职教育。就开展亲职教育的形式来看，家访是教师最常采用的形式；其次是选择以园内活动为契机对教养人进行教养帮扶，如家长会、讲座、家长开放日等；此外，网络平台为亲职教育的开展提供了便捷空间，选择在微信群、公众号分享资料的教师有538位，占比71.7%；还有24%的教师会通过提供学习网站的形式对教养人实施帮扶。就开展亲职教育的内容来看，94.7%的教师选择将正确家庭教养观念的传递作为亲职教育的内容，这一结果与留守幼儿家庭教养情况中教养人教养观念落后的现状相对应；其次是科学的家庭教养方式，87.2%的教师较为关注这一点；选择将和谐亲子关系的构建、专业家庭教养知识的讲解与留守家庭教养难题的解答作为亲职教育主要内容的教师分别有79.2%、78.9%和67.2%。

表6-29 幼儿园亲职教育培训人员、常见形式、主要内容汇总（$N=750$）

题目	选项	个案数	个案占比/%
亲职教育培训人员	幼儿园园长	476	63.5
	幼儿园保教主任	414	55.2
	幼儿所在班的教师	604	80.5
	幼儿园骨干教师	354	47.2
	园外专家（如高校教师、培训机构人员）	101	13.5
	其他人员	4	0.5
亲职教育常见形式	亲职教育讲座	356	47.5
	家长会	589	78.5
	家长开放日	436	58.1
	家访活动	605	80.7
	微信群、公众号等分享资料	538	71.7
	印发资料、提供专门的学习网站	180	24.0
	其他形式	2	0.3
亲职教育主要内容	正确家庭教养观念的传递	710	94.7
	科学家庭教养方式的指导	654	87.2
	专业家庭教养知识的讲解	592	78.9
	和谐亲子关系的构建	594	79.2
	留守家庭教养难题的解答	504	67.2
	其他内容	1	0.1

（三）社区合作的现状分析

"加强社区合作"作为重叠影响阈理论的实践框架之一，对家庭教育的发展有一定的积极作用，因此，本书此次研究进一步调查了幼儿园是否协调社区内的各种资源，共同为家庭教养提供支持，调查的结果分析见表6-30至表6-32。

1. 教师意识层面和幼儿园实际层面与社区合作的对比分析

由表6-30中的平均值对比可知,在所选区县的农村幼儿园中,幼儿园教师普遍认可幼儿园加强与社区的合作可以更好地为留守家庭提供教养支持,平均值为4.25,可以看出教师已经意识到了幼儿园与社区间的合力作用。但在具体的实践层面,幼儿园却未能采取多种形式来加强与社区的合作,平均值为4.19。再从标准差的数值对比来看,教师意识层面社区合作的标准差为0.821,而幼儿园实践层面社区合作的标准差为0.881,说明教师在意识层面的看法差异较小,而农村幼儿园还未充分整合、利用社区内的资源从而共同对家庭教养提供支持与帮扶。

表6-30 幼儿园加强社区合作的描述性分析($N=750$)

题项	个案数	最小值	最大值	平均值	标准差
您认为幼儿园加强与社区的合作可以更好地为留守家庭提供教养支持吗	750	1	5	4.25	0.821
您所在幼儿园会采取多种形式来加强与幼儿园及留守家庭所在社区的合作吗	750	1	5	4.19	0.881

2. 幼儿园与社区合作形式的分析

幼儿园开发与社区的多种合作形式,可以有效利用社区内的资源,共同为留守家庭提供教养支持。由表6-31可知,当前农村幼儿园与社区的合作形式以共同开展活动和成立相应组织为主。在750个样本中,认为自己所在幼儿园与社区合作的主要形式为"开展关爱留守幼儿的联合活动"与"组织社区保教讲座"的教师有81.7%和57.9%,认为"成立家园社委员会""成立社区留守儿童之家""成立家庭教养指导部门"也是双方合作的重要形式的教师有70.4%、56.0%和36.4%。总体来看,所选区县内幼儿园与社区间的合作形式较为多样,幼儿园逐渐认识到了与社区的合力作用。

表6-31 幼儿园与社区合作形式的分析表（N=750）

题项	选项	个案数	个案占比/%
合作形式	开展关爱留守幼儿的联合活动	613	81.7
	组织社区保教讲座	434	57.9
	成立家园社委员会	528	70.4
	成立社区留守儿童之家	420	56.0
	成立家庭教养指导部门	273	36.4
	其他形式	5	0.7

3. 幼儿园与社区合作主要困难的分析

将幼儿园与社区合作存在的6项主要困难呈现给被试，请被试至少选择3项并对其进行排序，结果如表6-32所示。就教师反馈的综合得分来看，缺乏相应的制度保障和资金支持是影响幼儿园社区合作的首要困难。在750个样本中，超过500位教师将这两方面的困难排在了第1位和第2位；其次是因为社区资源的分散和难以整合使得双方的合作存在困难；幼儿园与社区人员教育理念的不一致也是造成合作问题的原因之一。以上所存在的多种现实困难是幼儿园社区合作难以在实践层面真正落实的主要因素。

表6-32 存在困难的重要程度排序（N=750）

选项	第1位	第2位	第3位	第4位	第5位	第6位	综合得分	排序
制度保障	389	139	95	8	6	0	4.32	1
资金支持	195	345	97	1	4	0	4.31	2
资源分散	86	162	339	19	3	0	3.77	3
积极性不高	38	57	108	107	9	0	1.89	4
理念不一致	40	46	91	34	78	0	1.59	5
其他困难	2	1	0	0	1	0	0.02	6

三、不同人口学变量下幼儿园教养支持途径现状的分析

为进一步探究幼儿园所在区县、幼儿园性质、幼儿园等级、教师任职情况、任教年级、性别、年龄、教龄、学历、专业及受聘形式 11 个因素与拓展沟通渠道、加强亲职教育、加强社区合作这 3 种幼儿园教养支持途径的不同题项及选项反应百分比间是否存在差异，运用 SPSS 23.0 软件对上述人口学变量与教养支持途径中的题目进行交叉卡方检验。

（一）不同人口学变量下幼儿园拓展沟通渠道的分析

1. 不同区县、等级下幼儿园沟通渠道的差异分析

由表 6-33 可知，幼儿园所在区县、等级对幼儿园沟通渠道的 Pearson 卡方值分别为 40.869 和 24.971，显著性概率值分别为 $P=0.000$ 和 $P=0.015$，均小于 0.05，达到显著水平，表示幼儿园所在区县、等级两个类别在幼儿园沟通渠道 5 个反映变量的勾选次数百分比间有显著差异。

表 6-33 不同区县、等级对幼儿园沟通渠道五个反应选项勾选的次数、占比及卡方检验摘要（$N=750$）

设计变量		反应变量	您常从多个渠道来了解班上留守家庭的真实情况					x^2 值
			完全不符合	比较不符合	不确定	比较符合	完全符合	
所处地区	A 区	次数	12	10	11	112	145	40.869[a] ($P=0.000$)
		占比/%	1.6	1.3	1.5	14.9	19.3	
	B 区	次数	2	5	12	97	48	
		占比/%	0.3	0.7	1.6	12.9	6.4	
	C 县	次数	6	7	3	67	57	
		占比/%	0.8	0.9	0.4	8.9	7.6	
	D 县	次数	15	8	6	64	63	
		占比/%	2.0	1.1	0.8	8.5	8.4	

续表 6-33

设计变量		反应变量	您常从多个渠道来了解班上留守家庭的真实情况					x^2 值
			完全不符合	比较不符合	不确定	比较符合	完全符合	
园所等级	省优质园	次数	33	24	22	286	270	24.971[a] ($P=0.015$)
		占比/%	4.4	3.2	2.9	38.1	36.0	
	市优质园	次数	2	3	2	33	26	
		占比/%	0.3	0.4	0.3	4.4	3.5	
	合格园	次数	0	3	8	21	16	
		占比/%	0	0.4	1.1	2.8	2.1	
	其他	次数	0	0	0	0	1	
		占比/%	0	0	0	0	0.1	

"比较符合"与"完全符合"两个选项的勾选次数及所占百分比越高表示幼儿园与留守家庭间的沟通情况越理想。就不同区县来看，A 区的幼儿园教师对题项所述内容的认可程度相对最高，合计占比为 34.2%，而 C 县的幼儿园与留守家庭间的沟通情况最不理想。就幼儿园的等级来看，等级越高的幼儿园面向留守家庭所搭建的沟通渠道就越为完善，省优质园的教师对题项所述内容的认可程度最高，达到了 74.1%，市优质园的情况又相对好于合格园，但两者间的差异较小。

2. 不同学历、专业、受聘形式的教师了解留守家庭情况的差异分析

由表 6-34 可知，学历、所学专业及受聘形式对教师了解留守家庭情况的 Pearson 卡方值分别为 29.837、24.864 和 44.730，显著性概率值 P 分别为 0.019、0.015、0.000，均小于 0.05，达到显著水平。这表示学历、所学专业及受聘形式 3 个类别在幼儿园沟通渠道 5 个反映变量的勾选次数百分比间有显著差异。

表 6-34 不同学历、专业、受聘形式的教师对沟通渠道 5 个反应选项勾选的次数、占比及卡方检验摘要（$N=750$）

设计变量		反应变量	您常从多个渠道来了解班上留守家庭的真实情况					x^2 值
			完全不符合	比较不符合	不确定	比较符合	完全符合	
学历	初中及以下	次数	0	1	3	6	4	29.837[a] ($P=0.019$)
		占比/%	0	0.1	0.4	0.8	0.5	
	高中	次数	0	2	0	14	12	
		占比/%	0	0.3	0	1.9	1.6	
	中专或中师	次数	0	1	4	17	9	
		占比/%	0	0.1	0.5	2.3	1.2	
	大专	次数	12	6	13	124	107	
		占比/%	1.6	0.8	1.7	16.5	14.3	
	本科	次数	23	20	12	179	181	
		占比/%	3.1	2.7	1.6	23.9	24.1	
所学专业	学前教育专业	次数	33	24	23	276	277	24.864[a] ($P=0.015$)
		占比/%	4.4	3.2	3.1	36.8	36.9	
	其他师范专业	次数	0	3	0	12	5	
		占比/%	0	0.4	0	1.6	0.7	
	非师范专业	次数	2	2	7	39	20	
		占比/%	0.3	0.3	0.9	5.2	2.7	
	无专业	次数	0	1	2	13	11	
		占比/%	0	0.1	0.3	1.7	1.5	

续表 6-34

设计变量		反应变量	您常从多个渠道来了解班上留守家庭的真实情况					x^2 值
			完全不符合	比较不符合	不确定	比较符合	完全符合	
受聘形式	正式在编	次数	26	13	9	131	154	44.730^a ($P=0.000$)
		占比/%	3.5	1.7	1.2	17.5	20.5	
	长期聘任	次数	8	16	14	155	135	
		占比/%	1.1	2.1	1.9	20.7	18.0	
	临时聘任	次数	1	0	8	43	14	
		占比/%	0.1	0	1.1	5.7	1.9	
	其他形式	次数	0	1	1	11	10	
		占比/%	0	0.1	0.1	1.5	1.3	

"比较符合"与"完全符合"两个选项的百分比越高表示教师了解留守家庭情况的渠道越多。就教师学历来看，本科学历的教师与留守家庭建立沟通渠道的情况好于大专学历的教师，中专或中师和高中学历的教师情况基本一致，初中及以下学历的教师情况最不理想。就教师所学专业来看，学前教育专业出身的教师更愿意从多个渠道了解班上留守家庭的真实情况，而在师范与非师范专业出身的教师中，非师范专业教师的情况优于师范专业教师。就教师的聘任形式来看，正式在编教师与长期聘任教师（1年以上）的情况优于临时聘任教师和其他聘任形式的教师。综上所述，教师的学历越高、专业匹配度越高、聘任越固定，了解留守家庭真实情况的情况就越理想。

（二）不同人口学变量下幼儿园加强亲职教育的分析

1. 不同区县幼儿园的亲职教育活动开展情况的差异分析

由表 6-35 可知，不同区县幼儿园开展的亲职教育活动和面向留守幼儿教养人开展亲职教育活动的 Pearson 卡方值分别为 43.868 和 54.455，显著性概率值均为 $P=0.000$，均小于 0.05，达到显著水平，表示不同区县的幼儿园无论在亲职教育活动还是在面向留守教养人亲职教育活动的 5 个反应变量中均存在显著差异。具体就"比较符合"和"完全符合"两个反映选项而言，A 区的合计勾选次数及百分比显著高于 B 区，B 区则又分别高于 D 县和 C 县，说明在研究所选的区县中，A 区的农村幼儿园所开展的亲职教育活动及面向留守幼儿教养人开展亲职教育的情况最好，B 区次之，C 县最不理想；同时，农村幼儿园面向留守幼儿教养人开展亲职教育活动的频率为 A 区＞D 县＞B 区＞C 县。

表 6-35　不同地区幼儿园的教师对不同题项及选项勾选的次数、占比及卡方检验摘要（$N=750$）

反应变量	设计变量		幼儿园所在区县				x_2 值
			A 区	B 区	C 县	D 县	
您所在幼儿园常开展有关亲职教育的活动	完全不符合	次数	3	3	2	7	43.868[a]（P=0.000）
		占比/%	0.4	0.4	0.3	0.9	
	比较不符合	次数	10	6	11	10	
		占比/%	1.3	0.8	1.5	1.3	
	不确定	次数	9	15	7	9	
		占比/%	1.2	2.0	0.9	1.2	
	比较符合	次数	127	98	76	64	
		占比/%	16.9	13.1	10.1	8.5	
	完全符合	次数	141	42	44	66	
		占比/%	18.8	5.6	5.9	8.8	

续表 6-35

反应变量	设计变量		幼儿园所在区县				x_2 值
			A 区	B 区	C 县	D 县	
您所在幼儿园常开展面向留守幼儿教养人的亲职教育活动	完全不符合	次数	6	5	2	7	54.455^a (P=0.000)
		占比/%	0.8	0.7	0.3	0.9	
	比较不符合	次数	11	8	9	9	
		占比/%	1.5	1.1	1.2	1.2	
	不确定	次数	10	20	9	12	
		占比/%	1.3	2.7	1.2	1.6	
	比较符合	次数	121	99	79	67	
		占比/%	16.1	13.2	10.5	8.9	
	完全符合	次数	142	32	41	61	
		占比/%	18.9	4.3	5.5	8.1	
您所在幼儿园开展面向留守幼儿教养人的亲职教育活动的频次大概是	几乎没有	次数	12	8	3	3	45.774^a (P=0.000)
		占比/%	1.6	1.1	0.4	0.4	
	一周一次	次数	39	5	22	16	
		占比/%	5.2	0.7	2.9	2.1	
	一月一次	次数	51	36	37	38	
		占比/%	6.8	4.8	4.9	5.1	
	一学期 1—2 次	次数	85	62	38	36	
		占比/%	11.3	8.3	5.1	4.8	
	一学年 1—2 次	次数	4	13	4	9	
		占比/%	0.5	1.7	0.5	1.2	
	经常开展	次数	99	40	36	54	
		占比/%	13.2	5.3	4.8	7.2	

2. 不同性质幼儿园的亲职教育活动开展及参与情况的差异分析

由表 6-36 可知，不同园所性质幼儿园开展亲职教育活动、面向留守幼儿教养人开展亲职教育活动和教养人参与情况的 Pearson 卡方值分别为 22.755、36.382 和 64.105，显著性概率值 P 分别为 0.030、0.000 和 0.000，均小于 0.05，达到显著水平，表示不同性质的幼儿园在上述题项的 5 个反应变量上均存在显著差异。整体来看，公办园的亲职教育活动开展情况显著优于民办园，在民办园中，普惠性民办园的情况又稍好于营利性民办园。其他办园形式的幼儿园以附属幼儿园居多且都属于公办园或民办园，与上述整体描述相一致。同时，公办园与普惠性民办园开展亲职教育活动时的首要参与人为留守幼儿的祖父母，其次是留守幼儿的母亲，但在营利性民办园中，母亲则是亲职教育活动的首要参与者。

表 6-36 不同性质幼儿园的教师对不同题项及选项勾选的次数、占比及卡方检验摘要表（$N=750$）

反应变量	设计变量		园所性质				x^2 值
			公办园	普惠性民办园	营利性民办园	其他	
您所在幼儿园常开展有关亲职教育的活动	完全不符合	次数	14	0	0	1	22.755[a]（$P=0.030$）
		占比/%	1.9	0	0	0.1	
	比较不符合	次数	34	0	2	1	
		占比/%	4.5	0	0.3	0.1	
	不确定	次数	38	1	1	0	
		占比/%	5.1	0.1	0.1	0	
	比较符合	次数	341	11	8	5	
		占比/%	45.5	1.5	1.1	0.7	
	完全符合	次数	289	3	1	0	
		占比/%	38.5	0.4	0.1	0	

续表 6-36

反应变量	设计变量		园所性质				x^2 值
			公办园	普惠性民办园	营利性民办园	其他	
您所在幼儿园常开展面向留守幼儿教养人的亲职教育活动	完全不符合	次数	17	1	0	2	36.382ª ($P=0.000$)
		占比/%	2.3	0.1	0	0.3	
	比较不符合	次数	35	0	2	0	
		占比/%	4.7	0	0.3	0	
	不确定	次数	48	2	1	0	
		占比/%	6.4	0.3	0.1	0	
	比较符合	次数	343	9	9	5	
		占比/%	45.7	1.2	1.2	0.7	
	完全符合	次数	273	3	0	0	
		占比/%	36.4	0.4	0	0	
您所在幼儿园开展亲职教育活动时留守幼儿教养人的参与情况是	以母亲参与为主	次数	202	4	7	3	64.105ª ($P=0.000$)
		占比/%	26.9	0.5	0.9	0.4	
	以父亲参与为主	次数	8	1	0	0	
		占比/%	1.1	0.1	0	0	
	以祖父母参与为主	次数	468	10	4	3	
		占比/%	62.4	1.3	0.5	0.4	
	其他教养人参与为主	次数	37	0	1	0	
		占比/%	4.9	0	0.1	0	
	都不愿参与	次数	1	0	0	1	
		占比/%	0.1	0	0	0.1	

3. 不同年龄班的幼儿园亲职教育活动参与情况的差异分析

由表 6-37 可知，不同任教年级的教师所反映的亲职教育参与者的 Pearson 卡方值为 30.972，显著性概率值 $P=0.014$，均小于 0.05，达到显著水平，表示不同年龄班开展亲职教育活动时的参与者存在显著差异。具体来看，小班、中班、大班这 3 个年龄班面向留守幼儿教养人开展亲职教育活动时，以祖父母的参与为主，其次是母亲和其他教养人参与，父亲参与活动的现象最少；而在托班中，母亲参与亲职教育活动的情况相对较为理想。上述差异从侧面反映出农村留守孩子大多处于学前阶段，且这些孩子以完全留守为主。

表 6-37　不同任教年级教师对亲职教育参与者 5 个反应选项勾选的次数、占比及卡方检验摘要（$N=750$）

反应变量	设计变量		任教年级					x^2 值
			托班	小班	中班	大班	无，从事管理工作	
您所在幼儿园开展亲职教育活动时留守幼儿教养人的参与情况是	以母亲参与为主	次数	7	56	68	77	8	30.972^a ($P=0.014$)
		占比/%	0.9	7.5	9.1	10.3	1.1	
	以父亲参与为主	次数	0	3	1	5	0	
		占比/%	0	0.4	0.1	0.7	0	
	以祖父母参与为主	次数	5	139	144	187	10	
		占比/%	0.7	18.5	19.2	24.9	1.3	
	其他教养人参与为主	次数	0	15	9	12	2	
		占比/%	0	2.0	1.2	1.6	0.3	
	都不愿参与	次数	0	0	1	0	1	
		占比/%	0	0	0.1	0	0.1	

4. 不同受聘形式的幼儿园亲职教育活动开展情况的差异分析

由表 6-38 可知，不同受聘形式的教师开展亲职教育活动的 Pearson 卡方值为 24.850，显著性概率值 $P=0.016$，小于 0.05，达到显著水平，表示不同受聘形式的教师对亲职教育开展情况 5 个反应变量的看法存在显著差异。就"比较符合"和"完全符合"两个反映选项而言，长期聘任的勾选次数（159、126）及百分比（21.2%、16.8%）略高于正式在编（152、132；20.3%、17.6%），正式在编显著高于临时聘任（43、10；5.7%、1.3%）和其他形式（12、8；1.6%、1.1%），说明在研究所选区县的农村幼儿园中，教师的受聘形式越固定，其越为重视留守幼儿教养人的亲职教育工作。

表6-38 不同受聘形式的教师对亲职教育开展情况5个反映选项勾选的次数、占比及卡方检验摘要（$N=750$）

反应变量	设计变量		受聘形式				x^2值
			正式在编	长期聘任	临时聘任	其他形式	
您所在幼儿园常开展面向留守幼儿教养人的亲职教育活动	完全不符合	次数	11	4	5	0	24.850^a （$P=0.016$）
		占比/%	1.5	0.5	0.7	0	
	比较不符合	次数	16	18	2	1	
		占比/%	2.1	2.4	0.3	0.1	
	不确定	次数	22	21	6	2	
		占比/%	2.9	2.8	0.8	0.3	
	比较符合	次数	152	159	43	12	
		占比/%	20.3	21.2	5.7	1.6	
	完全符合	次数	132	126	10	8	
		占比/%	17.6	16.8	1.3	1.1	

（三）不同人口学变量下幼儿园加强社区合作的分析

1. 不同区县幼儿园与社区合作情况的差异分析

由表6-39可知，不同区县教师对幼儿园社区合作认可程度、幼儿园与社区实际合作的Pearson卡方值分别为43.259、32.902，显著性概率值P分别为0.000、0.001，均小于0.05，达到显著水平，表示不同区县幼儿园与社区合作中的5个反应变量之间存在显著差异。"比较符合"与"完全符合"两个选项的占比越高，既表示教师对幼儿园社区合作的认可程度越高，也表示幼儿园与社区的实际合作情况越好。由表6-39可以看出，研究所选区县在上述题项的合计百分比分别为：A区35.4%、34.2%，B区19.2%、18.8%，C县16.5%、16.2%，D县18.4%、

17.7%，说明 A 区农村幼儿园教师更认同幼儿园与社区间的协同联动，且幼儿园与社区合作的情况最为理想，B 区与 D 县次之，而 C 县幼儿园与社区的合作亟待加强；此外，也可以看出研究所选区县农村幼儿园与社区的合作存在认知与实践间的偏差。

表6-39　不同地区幼儿园教师对不同题项及选项勾选的次数、占比及卡方检验摘要（N=750）

反应变量	设计变量		幼儿园所在区县				x^2 值
			A 区	B 区	C 县	D 县	
您认为幼儿园加强与社区的合作可以更好地为留守家庭提供教养支持	完全不符合	次数	4	2	1	2	43.259[a]（P=0.000）
		占比/%	0.5	0.3	0.1	0.3	
	比较不符合	次数	7	5	7	10	
		占比/%	0.9	0.7	0.9	1.3	
	不确定	次数	13	13	8	6	
		占比/%	1.7	1.7	1.1	0.8	
	比较符合	次数	109	98	79	70	
		占比/%	14.5	13.1	10.5	9.3	
	完全符合	次数	157	46	45	68	
		占比/%	20.9	6.1	6.0	9.1	
您所在幼儿园会采取多种形式来加强与幼儿园及留守家庭所在社区的合作	完全不符合	次数	4	3	1	4	32.902[a]（P=0.001）
		占比/%	0.5	0.4	0.1	0.5	
	比较不符合	次数	14	5	8	11	
		占比/%	1.9	0.7	1.1	1.5	
	不确定	次数	15	15	10	8	
		占比/%	2.0	2.0	1.3	1.1	
	比较符合	次数	112	94	77	69	
		占比/%	14.9	12.5	10.3	9.2	
	完全符合	次数	145	47	44	64	
		占比/%	19.3	6.3	5.9	8.5	

2. 不同性质幼儿园与社区合作情况的差异分析

由表 6-40 可知，不同园所性质的教师对幼儿园社区合作认可程度、幼儿园与社区实际合作的 Pearson 卡方值分别为 24.785、25.094，显著性概率值 P 分别为 0.016、0.014，均小于 0.05，达到显著水平，表示不同性质的幼儿园与社区合作中的 5 个反应变量之间存在显著差异。整体来看，公办园的教师对幼儿园与社区合作的认知与实践情况均显著优于民办园，在民办园中，普惠性民办园的情况又稍好于营利性民办园，而教师反映的其他办园形式的幼儿园以附属幼儿园居多且都包含于公办园或民办园，与上述整体描述相一致。

表 6-40　不同性质幼儿园教师对不同题项及选项勾选的次数、占比及卡方检验摘要（$N=750$）

反应变量	设计变量		园所性质				x^2 值
			公办园	普惠性民办园	营利性民办园	其他	
您认为幼儿园加强与社区的合作可以更好地为留守家庭提供教养支持	完全不符合	次数	8	0	0	1	24.785[a]　($P=0.016$)
		占比/%	1.1	0	0	0.1	
	比较不符合	次数	28	0	1	0	
		占比/%	3.7	0	0.1	0	
	不确定	次数	35	3	1	1	
		占比/%	4.7	0.4	0.1	0.1	
	比较符合	次数	336	8	8	4	
		占比/%	44.8	1.1	1.1	0.5	
	完全符合	次数	309	4	2	1	
		占比/%	41.2	0.5	0.3	0.1	

续表 6-40

反应变量	设计变量		园所性质				x^2 值
			公办园	普惠性民办园	营利性民办园	其他	
您所在幼儿园会采取多种形式来加强与幼儿园及留守家庭所在社区的合作	完全不符合	次数	11	0	0	1	25.094ᵃ (P=0.014)
		占比/%	1.5	0	0	0.1	
	比较不符合	次数	36	0	2	0	
		占比/%	4.8	0	0.3	0	
	不确定	次数	43	3	1	1	
		占比/%	5.7	0.4	0.1	0.1	
	比较符合	次数	331	9	7	5	
		占比/%	44.1	1.2	0.9	0.7	
	完全符合	次数	295	3	2	0	
		占比/%	39.3	0.4	0.3	0	

3. 不同受聘形式幼儿园与社区合作情况的差异分析

由表 6-41 可知，不同受聘形式的教师对幼儿园社区合作认可程度、幼儿园与社区实际合作的 Pearson 卡方值分别为 23.490、23.204，显著性概率值 P 分别为 0.024、0.026，均小于 0.05，达到显著水平，表示不同受聘形式的教师对幼儿园与社区合作中的 5 个变量之间存在显著差异。就"比较符合"和"完全符合"两个选项在不同题项中的合计次数与所占百分比而言，受聘形式为正式在编的教师勾选次数（301、295）及百分比（40.1%、39.4%）高于长期聘任（297、283；39.6%、37.8%），长期聘任显著高于临时聘任（55、56；7.4%、7.5%）和其他形式（19、18；2.6%、2.4%），说明在研究所选区县的农村幼儿园中，教师的受聘形式越固定，其对幼儿园社区合作的认可程度与幼儿园社区合作的实践情况越理想。

表6-41 不同受聘形式的教师对社区合作5个反应选项勾选的次数、占比及卡方检验摘要（$N=750$）

反应变量	设计变量		受聘形式				x^2 值
			正式在编	长期聘任	临时聘任	其他形式	
您认为幼儿园加强与社区的合作可以更好地为留守家庭提供教养支持	完全不符合	次数	4	3	2	0	23.490[a] ($P=0.024$)
		占比/%	0.5	0.4	0.3	0	
	比较不符合	次数	15	10	2	2	
		占比/%	2.0	1.3	0.3	0.3	
	不确定	次数	13	18	7	2	
		占比/%	1.7	2.4	0.9	0.3	
	比较符合	次数	144	160	41	11	
		占比/%	19.2	21.3	5.5	1.5	
	完全符合	次数	157	137	14	8	
		占比/%	20.9	18.3	1.9	1.1	
您所在幼儿园会采取多种形式来加强与幼儿园及留守家庭所在社区的合作	完全不符合	次数	5	5	2	0	23.204[a] ($P=0.026$)
		占比/%	0.7	0.7	0.3	0	
	比较不符合	次数	16	19	1	2	
		占比/%	2.1	2.5	0.1	0.3	
	不确定	次数	17	21	7	3	
		占比/%	2.3	2.8	0.9	0.4	
	比较符合	次数	152	146	44	10	
		占比/%	20.3	19.5	5.9	1.3	
	完全符合	次数	143	137	12	8	
		占比/%	19.1	18.3	1.6	1.1	

第五节 幼儿园对农村留守幼儿家庭教养支持的问题及归因分析

一、幼儿园对农村留守幼儿家庭教养支持的问题

无论是从教养支持途径还是教养支持内容的调查结果来看，本书此次研究所选区县的幼儿园对农村留守幼儿家庭教养支持的整体情况都较为理想，但仍然存在一些具体的现实问题，研究者依据量化研究分析的结果，对幼儿园家庭教养支持的存在问题梳理总结如下。

（一）幼儿园对农村留守幼儿家庭教养支持的不对等性

1. 幼儿园教养支持与家庭教养获取之间的不对等

第一，就幼儿园对农村留守幼儿家庭教养支持的途径来看，教师普遍表示（$M=4.19$）自己所在幼儿园最为重视加强与社区的合作，从而依托社区资源为留守幼儿及家庭提供教养支持，而亲职教育活动的开展（$M=4.12$）是实践度最低的教养支持途径，但对留守幼儿家长的调查结果显示，家长最为需要的教养支持途径与上述现状大相径庭。

第二，就幼儿园对农村留守幼儿家庭教养支持的内容来看，幼儿园在经济政策支持（$M=4.22$）、生活支持（$M=4.51$）、教育支持（$M=4.42$）和健康支持（$M=4.42$）上的题均值均高于"家庭教养获取"在各个维度上的题均值，说明本次研究所选区县幼儿园对农村留守幼儿家庭教养的支持情况与留守家庭实际获得的支持存在"不对等"的问题，留守家庭切实从幼儿园获得的家庭教养支持明显不足。再将幼儿园提供的教养支持内容与家长实际的家庭教养需求相对比，依据家长的反馈对教养需求进行排序，结果显示经济政策方面的支持为家庭最迫切的需要，其次是教育方面的支持，而后是生活和健康方面的支持。由此可以看出，幼儿园对农村留守幼儿的家庭教养支持存在显著的供需失衡问题。

第三，教养支持与教养获取的"不对等性"表现在教养支持内容的 8

项具体指标中，依据前述各指标的分析结果可以看出，教师与家长除了在物资帮助这一指标达成一致看法外，对其余 7 项指标的排序均不同。通过上述 3 方面的问题，可以看出幼儿园对农村留守幼儿家庭教养的支持与留守幼儿家庭从幼儿园真实获取的支持及实际需要的支持存在明显出入。

2. 幼儿园教养支持意识与实践之间的不对等

根据研究的调查结果，虽然超过 80% 以上的教师认同幼儿园对农村留守幼儿家庭教养支持的重要意义与价值，但很多只是停留于思想层面并未在实践中付诸有效行动。例如，研究中"教师认为幼儿园加强与社区的合作可以更好地为留守家庭提供教养支持"这一题项的得分显著高于"教师所在幼儿会采取多种形式来加强与幼儿园及留守家庭所在社区的合作"这一题项的得分，出现了教师教养支持意识大于教养支持实践的现象。

要为留守家庭提供具有针对性的教养支持，了解留守家庭的现实情况与教养困难必不可少，但是研究者在对"教师与留守幼儿教养人沟通内容及目的"的分析中发现，大部分教师认为自己与留守幼儿教养人交流的主要目的是了解留守家庭的基本情况、教养现状，从而为需要帮助的家庭提供支持。但分析教师与留守幼儿教养人实际交流的内容却发现，双方交流最多的内容依旧是孩子的学习情况、幼儿园的一日活动安排等，无法跳出谈论学习、幼儿园主导的话题。幼儿园教师虽然意识到了幼儿园需要为家庭教养提供支持，但在实际了解留守幼儿家庭现实需求的过程中，往往容易出现意识与实践的偏差。

（二）幼儿园对农村留守幼儿家庭教养支持的不均衡性

1. 教养支持内容的不均衡

幼儿园对农村留守幼儿家庭教养的支持内容包含经济政策支持、生活支持、教育支持与健康支持。研究者通过对研究数据进行量化分析发现：幼儿园对家庭教养的支持内容有所侧重，呈现忽视经济政策支持、重生活支持的特点。

就经济政策支持来看，部分幼儿园并未响应国家开展家庭教育指导服务的政策号召，对留守幼儿家庭教育所做的指导工作近乎于零，幼儿园并未将留守幼儿作为需要特殊关怀的群体，而针对留守家庭的帮扶政策更是少之又少。根据实地调研时与教师的交流，部分教师表示受制于农村地区的经济，无论是幼儿园还是教师本身都没有富余的经济条件给予留守幼儿相应的帮扶支持，这也是产生幼儿园对留守家庭经济政策支持不均衡的必然原因。而就生活支持来看，教师对于留守幼儿的生活保护与照顾多以服务型的支持为主，例如提醒教养人妥善放置家中的危险物品、注意与幼儿说话的方式方法、重视对幼儿的情感关怀等，只需要教师耐心、细心地与教养人沟通交流，便能使生活方面的支持有效实施，基于生活支持的上述特点，幼儿园对农村留守幼儿家庭教养的生活支持成效更为显著。

2. 教养支持具体途径的不均衡

基于重叠影响阈理论的实践框架，研究者从拓展沟通渠道、加强亲职教育、加强社区合作三方面对幼儿园家庭教养支持的具体途径展开分析，通过分析研究结果发现如下问题。

一是幼儿园通常是在留守幼儿身心发展出现问题时，才主动与幼儿的教养人或父母取得沟通联系；教师通常依据近期保教工作的需要与教养人进行交流，由上述现象可以看出，"问题型"与"利己型"的支持现状是幼儿园教养沟通的首要前提，且远超教师解决教养人近期的养育困难及需求，呈现沟通前提上的不均衡。二是幼儿园亲职教育的培训人员主要以幼儿所在班的教师为主，班级教师又以青年教师为主，常常因为从教经验、解决问题的经验不足等原因而使亲职教育的开展流于表面形式，难以真正提高家长的教养能力与知识储备；同时，亲职教育开展的形式以家访活动最为多见，但进一步了解幼儿园教师家访的频率发现，家访以一学期1—2次居多，有限的家访次数难以从根本上解决留守幼儿及家庭所存在的切实难题，因此呈现亲职教育培训人员与开展形式上的不均衡。三是幼儿园社区合作的形式以联合活动的开展占据多数，但是联合活动常常由于次数少、时间短使得活动的效果难以持续，而"社区留守儿童之家""社区家庭教养指导部门"这些形式相比联合活动这一合作形式来看占据较少比例，因此呈现出幼儿园社区合作形式上的不均衡现象。

（三）幼儿园对农村留守幼儿家庭教养支持的不同质性

1. 幼儿园家庭教养支持的不同质

为确保研究对象的典型性和代表性，研究者选取了横贯盐城东西、纵贯盐城南北的4个区县作为研究的地点。研究发现，不同区县的农村幼儿园对留守幼儿家庭教养的支持存在不同质性的特点。值得注意的是，无论是对家庭教养支持的途径还是对家庭教养的支持内容进行区县分析，C县农村幼儿园的家庭教养情况都位于其他3个区县之后。可以看出，C县存在幼儿园与留守幼儿家长沟通少、亲职教育活动开展次数少、与社区合作不紧密、对留守家庭教养支持不足等多方面的问题。

同时，幼儿园的性质在一定程度上决定着幼儿园的办园理念与目的，本研究调查的幼儿园包括公办园、普惠性民办园及营利性民办园等多种形式，上述不同性质的农村幼儿园对留守幼儿家庭教养的支持存在不同质性。总体来看，公办园多秉承"一切为了幼儿"的办园宗旨，对留守家庭的教养支持力度较大，但是在民办园尤其是营利性民办园中，园方针对留守幼儿家庭教养支持的途径与内容均存在多方面的不足。例如，部分营利性民办园的教师表示自己所在幼儿园开展的面向留守幼儿教养人的亲职教育活动屈指可数，基本没有针对留守家庭的经济政策支持、教育支持和健康支持。与公办园相比，营利性民办园对留守幼儿的家庭教养支持呈现不同质性的特点。

2．幼儿园教师家庭教养支持的不同质

幼儿园家庭教养支持途径的不同质体现在幼儿园教师的学历、所学专业及受聘形式。文化程度较低、非学前教育专业且为幼儿园临时聘任的合同制教师，一方面由于没有丰富的知识贮备，另一方面由于职业的胜任感与归属感较低，使得这类教师对班级留守幼儿家庭教养的途径选择十分单一，常出现与留守幼儿教养人沟通交流后了解了留守家庭当下的教养难题，但依旧心有余而力不足或直接漠视问题的现象。

幼儿园家庭教养支持内容的不同质体现在教师的年龄与受聘形式两方面。就教师的年龄来看，25岁及以下这一年龄段的教师由于初入幼教行业，工作热情高涨，常常愿意用更多的时间与精力同班级孩子建立亲密的师幼关系，自然而然更为容易关注到班级幼儿的一举一动，也包括留守幼儿，所以针对其发展与教养的需求更容易提供相应的支持，特别是经济政策方面的支持；但是其他年龄段的教师相比25岁以下年龄段的教师，对班级留守孩子家庭教养的支持有待提高。从教师当前的受聘形式来看，不同受聘形式的教师在教养支持内容的4个维度均存在不同质的问题，而临时聘任合同制的教师对班级留守幼儿的关注度、对家庭教养的支持度均较低，园方应重视这一点。

二、幼儿园对农村留守幼儿家庭教养支持存在问题的归因分析

通过对所选区县农村幼儿园在留守幼儿家庭教养中的支持情况进行量化分析，发现幼儿园的教养支持与留守家庭的教养获取间存在上述三方面的问题，研究者从家校协同的视域出发，以问题为导向，在理性思考的基础上尝试从幼儿园、家庭、家园协同三方面来探究问题产生的深层原因。

（一）幼儿园层面

1. 幼儿园缺乏教养支持的经费来源和顶层设计

要想幼儿园对农村留守幼儿家庭教养的支持工作稳定有序开展，相应政策制度的保障与充足的资金支持必不可少。教育部在《全国家庭教育指导大纲（修订）》的保障措施中指出，各地相关部门要加大对家庭教育的支持力度与经费投入，要将家庭教育的资金支持纳入有关部门的经费预算，并确保落实到位。但根据笔者对所选区县农村幼儿园的实地走访调研获悉，当地幼儿园的经费来源主要以国家及主管单位的拨款为主，可供幼儿园自由支配的经费较为紧缺，因此幼儿园很难拿出固定经费作为本园留守幼儿家庭教养支持的专项资金。

此外，研究所选区县的农村幼儿园普遍缺乏家庭教养支持的相关政策与成文制度，针对留守幼儿及家庭的支持保障制度更处于空白状态。一方面，幼儿园的家庭教养支持工作缺乏计划性，导致实施的成效不显著；幼儿园缺乏对家庭教养支持内容的清晰界定，导致教养支持内容处于零散状态。另一方面，幼儿园缺乏教养支持的监督、评价与考核环节，致使教师开展的相应工作流于形式。上述原因均在很大程度上制约了幼儿园家庭教养支持工作的进一步开展。

2. 幼儿园教师缺乏教养支持的条件与机会

幼儿园教师对农村留守幼儿家庭教养的经济政策支持情况之所以不够理想，究其原因，除幼儿园本身缺乏相应的制度和资金保障外，幼儿园教师自身缺乏可供支配的物质能力也是重要原因。虽然国家号召要提高农村地区的教师待遇，但是农村幼儿园教师，尤其是农村民办园及临时聘任教师的薪资待遇依旧处于低位，这使得部分教师没有富余的资金用于班级留

守幼儿的教养支持,这一现象在经济发展水平相对落后的地区(C县)尤为突出。

此外,学校教育与家庭教育归属于不同的教育类型,虽然研究所选区县农村幼儿园的教师多为学前教育专业出身,但是大部分幼儿园教师为初入行业的新手教师,对于家庭教育指导、亲职教育等方面的知识储备与实践经验均较为欠缺,在组织家庭教养支持活动的过程中,常常照本宣科,注重理论和有关案例的宣讲,却忽视了如何帮助家长将科学的育儿知识与方法用于实践①,专业能力与经验上的不足致使教师在教养支持途径上的选择存在"避重就轻"的现象。

虽然教师们普遍认同需要给予班级留守幼儿特殊关怀、给予留守幼儿家庭一定的教养支持,但是多数教师也表示自己所在幼儿园组织开展的家庭教养支持活动屈指可数,幼儿园很少整合社区资源共同为家庭教养提供支持,从而使得教师缺少教养支持实践的机会与平台;另外,多数教师表示农村地区存在师资不足的困境,因此,在农村幼儿园教师身兼数职的情况屡见不鲜,繁重的工作任务占据着教师的时间与精力,教师开展家庭教养支持活动的时间也因此被缩减。

(二)家庭层面

1. 实际教养人缺乏获取教养支持的意识与能力

在农村地区,家庭结构以主干家庭为主,隔代教养是主干家庭最为普遍的教养形式,在一定程度上代替了父母对农村留守幼儿的教养,但是在功能上却无法等同于父母教养。② 农村留守幼儿家庭教养的实际监护人以孩子的祖父母为主,由于教养观念的限制,他们的家庭教养属于典型的"重养轻教",往往只能代为照顾留守幼儿的生活起居,对孩子学习上的事情常常心有余而力不足,因此陷入"教养分离"的误区,使得养育孩子属于教养人的责任而教育孩子属于幼儿园职责的错误意识在农村祖父母的思想中根深蒂固,从而束缚教养人寻求教养支持的意识。

---

① 参见黎勇、蔡迎旗《我国幼儿家庭教育支持现状及其完善建议》,载《学前教育研究》2018年第4期,第61-63页。

② 参见王亚群、张秋奕、孙佳欣《家校协同视角下农村留守儿童校园欺凌角色归因与对策研究——以菏泽市单县S乡中小学为例》,载《青少年研究与实践》2021年第2期,第100-108页。

另外，农村留守幼儿祖父母的受教育水平十分有限，但根据教师的反馈，幼儿园教养支持相关活动开展过程中的参与人却以孩子的祖父母为主，常常出现祖父母参与积极性不高、参与效果不明显等方面的问题。受制于教养人自身教养能力的不足，祖父母既难以将幼儿园教师传递的科学教养知识、教养方式等内化于心外化于行，又难以将家庭的教养需求进行合理表述，因而使得幼儿园对农村留守幼儿的家庭教养支持出现问题。

2. 父母双方缺乏紧密配合幼儿园的时间与精力

留守幼儿的健康成长离不开父母与幼儿园间的紧密协作，只有幼儿父母与教师通力合作、紧密配合才能形成教育合力，发挥 $1+1>2$ 的效果。但是在农村地区，外出务工是留守幼儿父母权衡利弊后的无奈选择，研究结果发现，超过三分之一的父母每年外出务工的时间在9个月以上，多数父母仅有的回家时间与幼儿的在园时间存在错位，因而制约了父母与幼儿园间的相互配合。

此外，无论是幼儿园还是幼儿园教师开展的留守幼儿关怀活动、留守家庭支持活动，都是在工作日的白天时间段进行。这一时段留守幼儿的父母常奔波于繁忙的工作之中，分身乏术，没有多余的精力倾听幼儿园教师的反馈，更没有精力来表达自己家庭合理的教养诉求。这对家园共育与教养支持工作产生了不可弥补的消极影响。同时，因为孩子父母时间精力上的不足，对孩子在家的教养情况缺乏深入了解，因此即便孩子所在幼儿园实施了对本园留守幼儿的教养帮扶，也有可能由于父母双方的不知情，造成孩子父母反馈的家庭教养获取情况与幼儿园教师反馈的教养支持情况存在偏差。

（三）家园协同联动层面

1. 幼儿园重单向指导，轻双向互动

目前，在我国的家园支持活动中，家长与教师常处于不平等的地位。家长总是扮演着被组织者的角色，而幼儿园教师常是活动的主导者，家庭教养支持往往停留于传统的指导甚至说教层面。教师将自己对于如何科学育儿、如何成为好家长等方面的见解传授于家长，而家长更多的是被动倾听，极少能够主动参与。这种重单向指导轻双向互动的支持过程容易使教养支持活动的开展出现主体错位现象，造成幼儿园教师教养支持白费力气、不见成效的尴尬局面。

同时，对于家庭教养支持的内容方面，幼儿园和教师虽然都在努力为留守幼儿的成长保驾护航，但对留守幼儿及家庭的支持往往容易从主观意愿出发、从经验出发，缺少与留守幼儿教养人或孩子父母的沟通，使得幼儿园掌握的教养需求信息与留守家庭真正需要的教养支持出现内容不符的现象。此外，指导形式与家长需求不符，因为家园间的协同联动以家长走入幼儿园为主，家长与教师间谈论的话题多围绕孩子的在园表现、学习情况等展开，无益于教师更深入了解班级留守幼儿家庭教养的现实状况。而幼儿园教师一学期实际的家访次数甚至不超过 2 次，走入留守家庭的次数越少，意味着了解留守家庭教养需求的机会越少，从而降低了双方双向互动的可能。

2. 家庭重"有形"支持，轻"无形"服务

根据幼儿园教师与家长在教养支持途径与内容上的反馈情况可以看出，家长更为重视"有形"支持，而相对忽视幼儿园的"无形"服务。"教养"顾名思义既有教育的成分又有养育的成分，但是农村家长尤其是留守幼儿实际教养人的教育理念与生活理念，显然同当下幼儿教育"保教并重"的观念相脱节，将家庭教养的重心投放在了"孩子的养育"上，认为养育孩子需要相应的资金花费，因而渴求获得幼儿园的经济政策支持，以填补孩子的成长花费，从而放大了经济政策这一"有形"支持对留守幼儿教养的实际价值。

此外，由于教师与家长双方缺乏有效的沟通，使得家长不能及时了解教师在生活与教育方面对留守幼儿的特殊关照，不能理解生活教育方面的关照对留守幼儿健康成长、良好性格养成、人际交往能力提升等方面的发展具有不可替代的"无形"作用。再者，教师和家长之所以对"社区资源"支持留守幼儿家庭教养的选择出现态度偏差，归根结底是因为幼儿园与社区间的合作不够深入，未能充分挖掘社区的有益资源，未能帮助家长树立家园社三方联动共促留守幼儿成长的意识，从而让家长忽视了幼儿园为支持留守幼儿家庭教养所提供的"无形"服务的可贵。

第六节 幼儿园对农村留守幼儿家庭教养支持的对策建议

针对上述幼儿园家庭教养支持的问题，研究者认为，仅靠幼儿园单方面的协同联动难以满足农村留守幼儿家庭教养的支持需求，幼儿园有效的家庭教养支持需要政府引领、家庭负责、社区衔接，以此形成一个自上而下且内外兼顾的保障运行机制。

一、政府引领，完善协同机制

（一）确立支持政策，形成制度保障

我国学前教育的公益性和普惠性决定了政府应作为幼儿园对农村留守幼儿家庭实施教养支持的重要推动者与引领者，研究所选区县幼儿园对家庭教养的支持的规范化、有效化、普及化，亟需当地政府的大力支持。

确立幼儿园家庭教养支持，尤其是对留守幼儿家庭教养支持的相关政策是基础保障。无论是国家颁布实施的《中华人民共和国家庭教育促进法》，还是 J 省有效落实的《家庭教育促进条例》都明确指出幼儿园应发挥对家庭教育的社会协同支持作用，但尚未对幼儿园支持体系的管理制度、资源配置、支持形式、支持途径与内容、支持成效与评估等方面做出系统规划。[①] 为了进一步落实国家法规的已有目标，实现幼儿园对农村留守幼儿家庭教养的有效支持，首先，有必要进一步明确相关支持政策，建立系统化的幼儿园教养支持制度保障机制，确保教养支持的实施有法可依、有据可循。其次，要建立健全幼儿园教养支持的管理体制和工作运行机制，幼儿园对农村留守幼儿家庭教养支持的管理体制需要当地政府部

[①] 参见李晓巍、刘倩倩《学前儿童家庭教育的社会支持：回顾与展望》，载《河北师范大学学报（教育科学版）》2021 年第 1 期，第 126-134 页。

门、教育部门等的共同参与,并厘清幼儿园在家庭教养支持中的权力与职责,从而形成权责清晰、任务明确的教养支持工作机制。最后,有关部门要强化对幼儿园家庭教养支持的监测和评估,既要制定幼儿园对农村留守幼儿家庭教养支持的工作计划和评估指标,又要对幼儿园教养支持的开展情况进行定期的检查与指导,从而保障研究所选区县幼儿园教养支持的制度化发展。

(二) 设立专项经费,提供经济援助

研究所选区县农村幼儿园的经费短缺问题直接影响了幼儿园对本园留守幼儿家庭教养支持的有效开展,缺乏充足的资金支持导致幼儿园对家庭教养的经济政策支持与留守家庭实际需要的经济政策支持出现供需不平衡的现象。

有鉴于此,首先,当地政府财政部门、教育部门等在可承担的经费投入范围中,应加大对农村幼儿园的经费投入与倾斜,并明确规定幼儿园将一定比例的财政拨款划为支持本园留守幼儿家庭教养的专项资金,以便为家庭教养支持工作提供相对充足的经费保障。其次,鉴于政府财政拨款数量有限的现实情况,需要大力拓展幼儿园教养支持经费的获取渠道,可以采用"政府主导,社会协同"的经费筹集形式①,由地方政府牵头,鼓励社会或当地企业等组织机构共同筹集经费用于幼儿园教养支持事业的发展。最后,为确保筹集经费的专款专用,农村幼儿园应根据本园留守家庭的教养实情,制定相应的教养支持经费预算和具体使用计划,以增强幼儿园对留守幼儿家庭教养支持专项资金的使用透明度,保证经济政策支持的常态化稳定运行。

二、幼儿园支持,助推教养发展

(一) 提高教师水平,确保帮扶成效

幼儿园教师是农村留守幼儿家庭教养支持的重要供给主体,是支持留

---

① 参见李晓巍、刘倩倩、王梦柯《幼儿家庭教育的社区支持指标体系:构建与应用》,载《教育学报》2019 年第 2 期,第 66 – 76 页。

守幼儿家庭教养的重要力量和具体实施者，其支持水平的高低直接影响农村留守幼儿家庭教养的成效，因此有必要提高教师的支持能力与水平，以确保家庭教养支持的帮扶成效。

首先，幼儿园可以依托专家讲座、教师互助、自主学习等可操作、可实现的方式帮助教师了解并学习家庭教养的有关知识，以提高教师开展亲职教育活动的能力与水平。其次，幼儿园可以采用"走出去、引进来"的发展思路，鼓励教师积极向城镇幼儿园、教养支持成效显著的幼儿园进行学习，以提高教师的经验水平，从而再将先进的学习经验结合农村幼儿园和本班留守幼儿家庭的实际情况进行方法上的移植。再次，教师要注意自身教养支持实施的方式方法，改变以往讲授式、指导式的沟通交流方式，尝试将国际通用的研讨式沟通、交流方式用于教养支持，以此来提高教师的教养沟通水平，增加教师与教养人的互动，增强教养人的角色意识，从而促进教养人的行为改变。最后，教师要提高自身教养支持的评估水平，教养支持的成效必须经过客观的衡量与评估，要以教养人在教养支持活动前后的能力变化作为衡量标准，如以教养人对留守幼儿生活保护、生活照顾、教育观念、教育内容实施等方面的能力是否提高来评估自身的帮扶成效，并对留守幼儿中的特殊家庭进行个案追踪，及时了解教养人行为改变的持久性，通过反馈不断完善自身的教养支持工作，以提高对留守幼儿家庭教养支持的帮扶质量。

（二）关注教养需求，解决实际困难

幼儿园在对农村留守家庭实施教养支持的过程中，既需要以幼儿园教育为基础，以留守幼儿在园的表现为切入点合理进行教养支持，更需要全面考虑留守幼儿家庭教养的实际需求[①]，以便为家庭提供更具针对性和适宜性的帮助。

要想准确全面地了解在园留守幼儿家庭教养的真实情况，一方面，幼儿园可以建立留守幼儿信息库，并鼓励教养人、孩子父母积极参与信息库的建设，通过定期的教师家访、教养人座谈会、父母线上交流会等诸多形式精确获取留守幼儿家庭、当前家庭教养的现实情况和存在困难，以便幼

---

① 参见李晓巍、刘倩倩、王梦柯《幼儿家庭教育的社区支持指标体系：构建与应用》，载《教育学报》2019 年第 2 期，第 66 – 76 页。

儿园对症下药，提供更具针对性的支持。另一方面，幼儿园及教师可以利用教育大数据分析技术，准确捕捉留守幼儿在园与在家的现实表现[①]，通过家园间的信息互通，更为全面地分析不同留守幼儿自身发展所需要的教养支持，从而提供个性化的支持方案。此外，由于与父母的长时间分离，留守幼儿面临长期的情感缺位，因此，情感上的关怀与支持也是留守幼儿家庭的重要需求。幼儿园既可以鼓励在园的党员教师发挥先锋模范作用，以身作则对留守幼儿提供情感上的关怀，也可以鼓励班级教师扮演"代理妈妈"的角色，以此来了解幼儿日常的所思所想、举止行为，满足留守幼儿教养过程中的情感需求。

三、家庭负责，发挥核心功能

（一）转变教养观念，形成协同理念

协同教育理论指出，无论是学校教育还是家庭教育均很难单独对学生的成长发挥育人功效，如若强行拆分两种教育形式，则会使教育的功效出现内耗，导致"5+2<0"的现实问题。归根结底家长错误的家庭教育观念是造成上述现实问题的根本原因。在家校协同视域下，家庭与学校是地位平等的合作伙伴，应树立同心共育的教养观念，而在农村地区家庭教养常表现出"重养轻教"的错误观念，因此亟须扭转教养人的教养观念，形成家校协同理念。

具体来看，首先，教养人需进一步认识抚养幼儿的深层内涵，不仅要为幼儿提供衣食住行、照顾幼儿吃饱穿暖，也要保证幼儿营养均衡、帮助幼儿养成良好的生活习惯和行为习惯、逐步帮助幼儿提高生活自理能力和独立生活能力。[②] 其次，教养人在为留守幼儿提供的生活照顾与抚养的基础之上，也要重视幼儿的家庭教育，注重培养幼儿的家国情怀、美好品质和兴趣爱好，关注幼儿在德智体美劳等方面的全面发展。最后，农村留守

[①] 参见赵磊磊《农村留守儿童学校适应及其社会支持研究》（学位论文），华东师范大学教育学部2019年。

[②] 《中国人民共和国家庭教育促进法》，见中国人大网（http://www.npc.gov.cn/npc/c30834/202110/8d266f0320b74e17b02cd43722eeb413.shtml），访问日期：2022年6月5日。

幼儿教养人常有对幼儿的教育有心无力的情况,此时,教养人应该主动向幼儿园或幼儿所在班级教师反馈自己的教育困难,合理表达留守家庭的教育需求,树立家园协同教育的理念,共同致力于留守幼儿的教育与成长。

(二) 强化父母责任,调整教养策略

首先,父母对幼儿成长的陪伴与教育是难以替代的,父母是教养幼儿的第一责任人,但是本研究所选区县的农村地区有近60%以上的幼儿属于完全留守的类型,长期亲子分离、父母教养缺位对幼儿成长造成的消极影响具有不可逆性。因此,留守幼儿的父母首先亟须增强对幼儿的抚养和教育意识,在外出务工和教养幼儿间做好平衡,做幼儿成长的第一陪伴人和责任承担者。其次,留守幼儿的父母应加强与幼儿、幼儿教养人、幼儿所在班级教师的沟通与交流。具体来看,要重点关注幼儿的情感需求、加强与幼儿情感沟通的频率与深度;要及时询问教养人教养幼儿的需要与困难并提供帮助;要向教师了解幼儿的在园情况与表现,了解教师与幼儿教养人的日常协作情况,做好教师与教养人间的传递者,尽可能创造一切条件履行父母责任。最后,留守幼儿的父母应主动调整家庭教养策略,根据家庭的现实条件,尽可能将单亲留守的教养策略调整为非留守的教养策略;中国青少年研究中心一项有关"全国农村留守儿童现状调查"的研究结果表明,母亲是多数农村留守儿童健全成长的首要支持者[①],因此,可以将完全留守的教养策略调整为单亲留守的教养策略,尤其重视母亲对留守幼儿家庭教养的重要作用;调整家庭教养策略的同时也要重视社会教养的帮扶作用,尤其是幼儿园对家庭教养的支持,要加强与幼儿园教师的协同教养。

四、社区衔接,优化支持环境

(一) 树立协同意识,主动建立合作

根据重叠影响阈理论,不只学校、家庭对学生有育人功能,社区也是

[①] 参见张旭东、赵霞、孙宏艳《农村留守儿童存在的突出问题及对策建议》,载《云南教育(视界综合版)》2015年第3期,第9-15页。

学生成长的协同主体，是衔接家庭教育与学校教育的重要纽带。仅靠幼儿园这一主体，农村留守幼儿的家庭教养支持难以发挥最大效用，与社区通力合作方能达到 1 + 1 > 2 的效果。

首先，社区应从思想理念着手，将留守幼儿家庭教养的支持工作列入社区民生发展计划，提高社区工作人员对家庭教养支持的重视，树立助协同意识。其次，社区应及时关注社区内留守幼儿家庭的生活情况，一是通过社区约谈、走访调研等形式了解留守家庭的教养需求，建立"一对一"或"一对多"的帮扶机制，尽可能解决教养难题；二是在社区中营造良好的交流氛围，鼓励留守幼儿教养人在社区环境中表达自身的教养诉求与困惑，以形成协同共育的氛围。最后，社区应积极与幼儿园建立合作关系，搭建"社区留守儿童之家""社区家庭教养指导部门"等平台并引入幼儿园师资，共同丰富社区支持家庭教养的内容和形式，共同助力留守幼儿家庭教养。

（二）盘活社区资源，形成帮扶合力

在农村地区，无论是学校教师还是学生家长都未能充分认识到社区资源对学生成长的重要价值，使得所在社区的资源处于闲置与浪费状态。因此，社区工作人员有必要整合社区内的各类资源，努力打造家园社协同育人共同体，为农村留守家庭的教养发展添砖加瓦。

首先，盘活社区内的物质资源，为家庭教养提供丰富的物质支持环境。社区工作人员可以利用社区内的公共图书馆、阅览室等文化服务阵地和卫生室、保健室等医疗机构，根据不同留守家庭的教养需求情况，开展教育、健康相关的支持与帮扶。其次，社区工作人员可以依托社区内的人力资源，建立专业化的教养支持服务团队，通过实地走访调研，发掘社区内具有丰富教养经验的家长资源，同时，动员社区内的退休干部职工、老党员、老教师等参与帮扶农村留守幼儿家庭教养的活动。再者，社区文化环境、精神风貌等也是家庭教养支持的重要资源。最后，社区人员应合理规划并开发当地得天独厚的乡土资源优势，为农村留守幼儿的成长提供内涵丰富形式多样的家庭教养支持环境。

第七章 "乡村振兴"背景下农村幼儿家长对农村学前教育的满意度现状

第一节 农村学前教育家长满意度研究综述

一、研究背景

《国家教育事业发展"十三五"规划》提出要"坚持服务导向",不断满足人民群众对更高质量教育的需求。习近平总书记在 2020 年"教育文化卫生体育领域专家代表座谈会"上指出"要努力办好人民满意的教育"[①]。人民满意的教育就是教育既要符合国家发展的需要,同时也要让受教育者和家长满意。[②] 家长满意度是家长主观感受下的教育服务质量符合预期的程度。[③] 家长是幼儿园教育评价的参与者,家长满意度一定程度上反映了幼儿园服务质量。对农村家长学前教育满意度的调查,是从受众

---

① 新华社:《习近平:在教育文化卫生体育领域专家代表座谈会上的讲话》,见中共中央党校网(https://www.ccps.gov.cn/xxsxk/zyls/202009/t20200922_143557.shtml),访问日期:2022 年 5 月 22 日。

② 参见和学新《"人民满意的教育"的评估指标研究》,载《教育科学研究》2009 年第 1 期,第 5 – 12 页。

③ 参见冯娉婷、肖磊峰、周达等《家长教育满意度现状及其影响因素研究:基于对 S 省 140 所高中的调查》,载《华东师范大学学报(教育科学版)》2020 年 38 卷第 12 期,第 99 – 108 页。

的角度来对学前教育的发展成效进行评价。① 提高农村家长学前教育满意度,是促进家园合作,实现农村学前教育顺利开展,加强农村家长和幼儿园、政府间的信任纽带,加快推进乡村振兴的有力举措。

目前,关于农村幼儿家长对学前教育满意度的研究并不多,而已有的研究表明,农村家长对幼儿园比较满意(某镇 640 个样本)②,城市幼儿家长对学前教育的满意度高于农村幼儿家长③,乡镇幼儿家长对公办幼儿园、村集体办园、小区配套园、村级民办园的满意度依次降低④。总的来看,农村幼儿家长满意度研究均聚焦于某一个镇,研究范围较小。为此本章将瞄准农村地区,在江苏省不同的经济发展水平地区选取样本,旨在通过大量样本调查农村幼儿家庭基本情况,家长儿童发展观念及农村家长学前教育服务满意度,分析影响家长满意度的因素,探讨提高农村幼儿家长满意度,提出合理改善农村学前教育质量的有效策略。同时,由于有学者提出将家长满意度作为学前教育评价的主要依据易使幼儿园教育价值发生偏离⑤,本章特将农村幼儿家庭基本情况及农村幼儿家长儿童发展观念作为主要因素来研究其与农村幼儿家长学前教育满意度是否有关联。

二、研究方法

(一) 研究对象

为深入调查农村幼儿家长对学前教育的满意度,研究者在苏南、苏中、苏北不同区域的三个县开展研究。从 2019 年 2 月至 2020 年 1 月,历时一年,分别选取位于江苏省苏南地区的 Y 县、苏中地区的 R 县、苏北

---

① 参见卢珂、王玥《北京市学生家长对教育工作的满意度分析:基于连续七年教育满意度入户调查数据》,载《教育科学研究》2017 年第 8 期,第 35 - 40 页。
② 参见王叶《农村学前教育家长满意度调查研究》(学位论文),浙江师范大学 2012 年,第 63 页。
③ 参见高孝品、秦金亮《城乡幼儿家长对学前教育满意度的调查研究:基于浙江省的取样数据》,载《幼儿教育》2017 第 1、2 期,第 78 - 81 页。
④ 参见黎日龙、朱星翌、吕苹《乡镇学前教育公共服务满意度调查及相关建议:以杭州市 W 镇为例》,载《幼儿教育》2015 年第 6 期,第 28 - 32 页。
⑤ 参见原晋霞《对把家长满意度作为幼儿园教育质量评价最主要依据的质疑》,载《学前教育研究》2011 年第 12 期,第 6 - 9 页。

地区的 X 县的不同经济发展水平的 24 个镇，以 55 所农村幼儿园的 8539 个学生的家庭为调查对象，分别为 Y 县 2426 个、R 县 5372 个、X 县 741 个，家长身份见表 7-1。

表 7-1 接受调查的幼儿家长身份情况（$N=8539$）

类别	频次	占比/%
父母	8267	96.8
祖辈	207	2.4
哥哥姐姐	40	0.5
姑伯等亲人	25	0.3

（二）研究工具

本书此次研究采用发放问卷、访谈与实地调查相结合的方法，对苏南、苏中、苏北共 55 所幼儿园的家长开展调查，了解其对农村学前教育公共服务的满意度，形成多视角的农村公共服务现状调查。本次研究对 55 所农村幼儿园家长发放"农村幼儿家长对学前教育公共服务的满意度调查问卷"，共回收有效样本 8539 个。同时，本次研究深入农村幼儿园，利用家长接送幼儿的时间，随机选择 15 名教师、28 名农村幼儿家长进行半结构访谈。

根据此次研究主题，自编"农村幼儿家长对学前教育公共服务的满意度调查问卷"，该问卷包含家长基本信息、家长儿童发展观与家长满意度三部分。"家长儿童发展观量表"依据《3—6 岁儿童学习与发展指南》在五大领域下共设置 15 道题，家长需根据题目内容在心中的重要程度，在从"不重要"到"重要"5 个选项中做出选择，以此来了解家长的儿童发展观。"家长满意度量表"则从政府服务和园内服务两个维度对家长进行调查，其中政府服务包括园所布局和政府管理，园内服务包含环境设施、幼儿园管理、师资队伍，共 24 道选择题，该量表采用李克特五点量表，选项从"非常不满意"到"满意"分别赋分"1—5"，分数越高表明幼儿家长对农村学前教育的满意度越高。为保证问卷的有效性，在正式调查前先进行测试，发放问卷 300 份后进行信效度分析。经检验，"家长儿童发展观量表"Cronbach's α 系数值为 0.963,内部一致性较好,"家长满意度量表"Cronbach's α 系数是 0.979,主成分分析后各因子符合量表划分维度,建构效度较好,可正式开展研究。

本书此次研究的访谈对象为农村幼儿家长和教师。与家长直接谈话,走进农村幼儿家长的内心,倾听家长群体的真实想法,了解家长面临的困境;与农村幼儿园教师对话,探析一线农村幼儿园教师对农村幼儿家长的态度与看法,审视家校之间是否存在隔阂,多方位、客观地了解农村学前教育公共服务现状。

第二节 农村幼儿家庭基本情况

江苏经济发展具有明显的区域不平衡特征①,那么,苏南、苏中、苏北不同区域的农村幼儿家长的水平是否有差距,对学前教育的满意度是否相同,这是一个值得研究的问题。本节将呈现江苏被调查地区农村家庭基本状况及不同区域农村幼儿家长各指标差异,以期了解农村幼儿家庭环境。

一、留守儿童

流动人口主要是从农村到城市流动的青壮年劳动力,青壮年劳动力占全部流动人口的 70% 左右。由此,在很多流出人口比较集中的地区,普遍出现了人口结构的"386199"现象,也就是"留守家庭"问题。目前,在与留守家庭有关的诸多问题中,"留守老人""留守妻子",特别是"留守儿童"问题引起了社会的广泛关注。所谓"留守儿童",是指父母双方或一方流动到其他地区,孩子留在户籍所在地并因此不能和父母双方共同

---

① 参见潘林元、吉文林《江苏南北经济发展差距的成因及对策》,载《当代经济》2008 年第 5 期,第 89-93 页。

生活在一起的儿童①，有单留守儿童和双留守儿童两种类型。"单留守儿童"指父母一方外出务工，另一方与幼儿共同生活的儿童，"双留守儿童"指父母双方外出务工，无法和父母双方共同生活的儿童。

留守儿童一直是农村教育问题的关注点。在被调查家庭中，25.9%为留守家庭，其中，单留守较多，占被调查总数的16.8%（见表7-2）。访谈了解到，农村单留守家庭多为母亲在家照料幼儿，父亲外出务工。此外，从三个地区来看，苏北X县留守儿童家庭最多，占该县被调查家庭的52.4%，其次为苏中R县，占比29.7%，留守家庭占比最少的是苏南Y县，留守儿童占比为9%。据《江苏统计年鉴——2020》的数据，2019年三个县人均地区生产总值分别是苏南Y县141667元，苏中R县98127元，苏北X县77661元；居民人均可支配收入分别为苏南Y县46907元，苏中R县37825元，苏北X县25729元②，可见经济发展水平是影响农村留守儿童数量的因素之一。访谈中不少外出务工父母也表示："不想让孩子成为留守儿童，可本地经济不景气，所挣的钱无法养活家庭，外地岗位多、挣得钱多。没办法，为了生活只能外出打工。"

表7-2 被调查家庭的留守状况（$N=8539$）

地区		不是留守儿童	单留守儿童	双留守儿童	总计
Y县	频次	2207	142	77	2426
	占Y县的百分比	91	5.9	3.2	100
R县	频次	3774	1093	505	5372
	占R县的百分比	70.3	20.3	9.4	100
X县	频次	353	197	191	741
	占X县的百分比	47.6	26.6	25.8	100
总计	频次	6334	1432	773	8539
	占总数的百分比	74.2	16.8	9.1	100

---

① 参见段成荣、周福林《我国留守儿童状况研究》，载《人口研究》2005年第1期，第29-36页。

② 参见段成荣、周福林《我国留守儿童状况研究》，载《人口研究》2005年第1期，第29-36页。

二、父母年龄

在调查中发现,被调查的农村幼儿的父母年龄整体年轻化(见表 7-3),父亲年龄集中在 31—40 岁,占总数的 65.9%,其次为 20—30 岁,占总数的 25.6%;母亲年龄多为 31—40 岁,占总数的 58%,其次为 20—30 岁,占总数的 36.3%。

表 7-3 被调查幼儿的父母亲年龄($N=8539$)

年龄	频次		占比/%	
	父亲	母亲	父亲	母亲
20—30 岁	2186	3102	25.6	36.3
31—40 岁	5630	4954	65.9	58.0
41—50 岁	683	468	8.0	5.5
50 岁以上	40	15	0.5	0.2
总计	8539	8539	100.0	100.0

三、父母学历

总的来看,被调查的农村幼儿的家长学历层次较低。多数农村幼儿的父亲的学历为高中或中专,占 33.5%,其次为初中,占 30.1%,拥有研究生学历的父亲仅占 0.5%;多数母亲学历为初中,占 35.6%,其次为高中或中专,占 30.6%,只有 0.4% 的母亲学历为研究生。对于这一现象,教育部门工作人员 L 谈道:"农村经济不景气,机会较少,高学历农村人口大多在毕业后都留在了城市生活,很少回来,且有很多上一代家长不够重视学历,所以很多幼儿的父母学历不高。"

根据调查结果对家长学历进行赋分:"小学及以下" 1 分,"初中" 2 分,"高中或中专" 3 分,"大专" 4 分,"本科" 5 分,"研究生" 6 分。经计算,三个区域农村幼儿父亲学历平均值分别为苏南 Y 县 3.25、苏中 R 县 3.14、苏北 X 县 2.64;母亲学历平均值分别为苏南 Y 县 3.15、苏中

R县2.98、苏北X县2.34。不同地区家长文化程度有较大差别，呈现苏南Y县高于苏中R县、苏北X县最低的趋势，且被调查农村幼儿母亲文化程度普遍低于父亲。

具体来看，在被调查地区的农村幼儿家长中，本科及以上学历的家长最多的是苏南Y县，苏中R县次之，苏北X县最低，且各地父亲在本科及以上学历的比例均高于母亲。同时，苏南Y县农村幼儿父亲学历多为高中或中专（32.5%）、大专（26.1%）、初中（25.5%），母亲学历多为高中或中专（31.5%）、初中（28.3%）、大专（25.5%）；苏中R县农村幼儿父亲学历多为高中或中专（34.5%）、初中（29.7%）、大专（22.2%），母亲学历多为初中（36%）、高中或中专（31.8%）、大专（18.4%）；苏北X县农村幼儿父亲学历多为初中（48.3%）、高中或中专（28.9%），母亲学历多为初中（56.5%）、高中或中专（19.6%）。总的来看，被调查地区农村幼儿家长文化程度呈现由南到北递减状态（见表7-4）。

表7-4 被调查幼儿的家长学历（$N=8539$）

地区		角色	小学及以下	初中	高中或中专	大专	本科	研究生及以上	总计
苏南Y县	频次	父亲	48	618	788	634	326	12	2426
		母亲	74	687	763	619	275	8	2426
	占Y县的百分比	父亲	2.0	25.5	32.5	26.1	13.4	0.5	100
		母亲	3.1	28.3	31.5	25.5	11.3	0.3	100
苏中R县	频次	父亲	78	1595	1855	1192	626	26	5372
		母亲	168	1934	1706	991	546	27	5372
	占R县的百分比	父亲	1.5	29.7	34.5	22.2	11.7	0.5	100
		母亲	3.1	36.0	31.8	18.4	10.2	0.5	100

续表 7-4

地区		角色	小学及以下	初中	高中或中专	大专	本科	研究生及以上	总计
苏北X县	频次	父亲	41	358	214	87	40	1	741
		母亲	89	419	145	68	19	1	741
	占X县的百分比	父亲	5.5	48.3	28.9	11.7	5.4	0.1	100
		母亲	12.0	56.5	19.6	9.2	2.6	0.1	100
总计	频次	父亲	167	2571	2857	1913	992	39	8539
		母亲	331	3040	2614	1678	840	36	8539
	占总数的百分比	父亲	2.0	30.1	33.5	22.4	11.6	0.5	100.0
		母亲	3.9	35.6	30.6	19.7	9.8	0.4	100.0

四、家庭经济状况

我国农村生活水平较往年已有提高，农村居民收入也逐年增长，被调查对象中人均月收入4000元以上的家庭居多，为39.4%，其次为3001—4000元。将人均月收入各个选项进行赋分："0—1000元"1分，"1001—2000元"2分，"2001—3000元"3分，"3001—4000元"4分，"4000元以上"5分。计算可得，在被调查地区中，苏南Y县农村幼儿家庭人均月收入得分最高（3.93），其次为苏中R县（3.79），苏北X县最低（3.33）。具体来看，41.5%的苏南Y县农村幼儿家庭、39.9%的苏中R县农村幼儿家庭、28.7%的苏北X县农村幼儿家庭人均月收入是4000元以上；人均月收入低于1000元的家庭占各区域的百分比别为苏南Y县4.9%、苏中R县7%、苏北X县15.1%（见表7-5）。可见，苏北地区农村幼儿家庭收入明显低于苏中、苏南地区，且苏南、苏中、苏北地区被调查家庭人的均月收入呈递减状态。根据《江苏统计年鉴——2020》的数据，2019年苏南、苏中、苏北农村地区人均可支配收入分别为63390元、48066元、36355元；人均生活消费支出分别为36293元、28042元、

20533元①。不同区域的农村生活水平差异较大，与本次调查的结果一致，这在一定程度上体现出本次调查样本选择的合理性。

表7-5 被调查幼儿家庭人均月收入（$N=8539$）

地区		0—1000元	1001—2000元	2001—3000元	3001—4000元	4000元以上	总计
苏南Y县	频次	120	169	473	657	1007	2426
	占Y县的百分比	4.9	7.0	19.5	27.1	41.5	100.0
苏中R县	频次	377	561	1044	1247	2143	5372
	占R县的百分比	7.0	10.4	19.4	23.2	39.9	100.0
苏北X县	频次	112	112	152	152	213	741
	占X县的百分比	15.1	15.1	20.5	20.5	28.7	100.0
总计	频次	609	842	1669	2056	3363	8539
	占总数的百分比	7.1	9.9	19.5	24.1	39.4	100.0

第三节 农村幼儿家长儿童发展观念

一、儿童发展观念较好且有差别

被调查的家长的儿童发展观念平均得分为4.67，比较符合《3—6岁儿童学习与发展指南》的要求。对不同区域家长的儿童发展观念进行比

---

① 江苏省统计局：《江苏统计年鉴——2020》，见江苏省统计局网（http://tj.jiangsu.gov.cn/2020/nj05/nj0516.htm），访问日期：2022年5月22日。

较发现，苏中 R 县农村幼儿家长儿童发展观念得分最高，为 4.69，苏南 Y 县次之，为 4.67，苏北 X 县最差，为 4.48（见表 7-6）。从百分比来看，苏中 R 县 92.6% 的农村幼儿家长的儿童发展观平均得分为 5，符合《3—6 岁儿童学习与发展指南》的要求，苏南 Y 县为 92%，苏北 X 县为 82.3%。

表 7-6　被调查家长儿童发展观念单题平均得分（$N=8539$）

地区	平均值	众数
苏南 Y 县	4.67	5
苏中 R 县	4.69	5
苏北 X 县	4.48	5

根据访谈结果，苏中被调查地区各园所均实行"落地式家长学校"，定期向幼儿家长发布线上或线下课程，家长观念的提升成效明显。且行政部门管理者为学前教育专业的从业者，与各镇幼儿园关系较好，经常指导幼儿园各项工作，该地区各镇村幼儿园凝聚力较强，这是研究者在走访其他地区幼儿园时从未感受到的。

二、影响农村幼儿家长儿童发展观的因素

1. 年龄因素

由于接受调查者包含农村幼儿的父母、祖辈、哥姐、姑伯类的亲属，涵盖不同角色不同年龄段家长，因此，研究者对不同角色家长的儿童发展观进行单因素方差检验。结果显示，不同角色家长的儿童观有显著差异（见表 7-7），其中祖辈家长的儿童观得分显著低于"父母"和"哥哥姐姐"的。这个结果可能受到了当前年轻人生活方式改变的影响。网络成为人们主要的信息来源之一，新闻媒体、自媒体、各大网络平台对于学前教育的宣传，育儿短片的发布，在很大程度上改变了年轻人的儿童发展观念，更多的年轻人通过网络了解了儿童的特点、育儿的方法。而多数祖辈家长由于年龄大、网络技术掌握较差、了解信息渠道较少，儿童发展的观念也就很难更新。在访谈中，某农村幼儿母亲 Z 表示："现在网络发达，

经常能看到一些教育孩子的视频，自己也能学习一些。"

表7-7 不同角色家长的儿童发展观差异分析（$N=8539$，$M±SD$）

角色	儿童发展观	F	P
父母	4.67±0.50	8.843	0.000
祖辈	4.47±0.63		
哥哥姐姐	4.77±0.48		
姑伯类	4.59±0.64		

2. 区域因素

将被调查家庭所在区域与儿童发展观念进行方差分析，结果如表7-8所示。不同地区农村幼儿家长的儿童发展观存在显著差异。苏北X县农村幼儿家长发展观得分普遍低于苏南Y县、苏中R县，可见苏北X县幼儿园急需采取有效办法对家长进行正确儿童发展观的宣传与教育，实现农村幼儿家长观念的提升。

表7-8 不同地区幼儿家长的儿童发展观念差异分析（$N=8539$，$M±SD$）

地区	儿童发展观	F	P
苏南Y县	4.67±0.48	47.22	0.000
苏中R县	4.69±0.50		
苏北X县	4.48±0.61		

3. 人均月收入因素

方差分析结果显示，不同收入水平的家庭的家长儿童发展观念存在显著差异（见表7-9）。事后检验结果表明，农村人均月收入"3000元以上的"家庭儿童发展观念显著高于"0—1000元"的（$P=0.000$），"4000元以上"家庭显著高于"2001—3000元"的家庭（$P=0.016$）。

表7-9　不同人均月收入家庭的儿童发展观差异分析（$N=8539$，$M\pm SD$）

人均月收入	儿童发展观	F	P
0—1000 元	4.58±0.60		
1001—2000 元	4.64±0.50		
2001—3000 元	4.64±0.55	8.474	0.000
3001—4000 元	4.68±0.46		
4000 元以上	4.69±0.48		

第四节　家长对农村学前教育的满意度现状及建议

一、农村幼儿家长的学前教育满意度

经过 SPSS 软件对所获数据进行分析，总体满意度的单题平均分为 4.40，表示农村幼儿家长对农村学前教育整体评价介于比较满意和非常满意之间。从各维度看，农村幼儿家长对幼儿园的服务比对政府的服务的满意度高。其中，家长满意度最高的是教师队伍，其次为幼儿园环境，对幼儿园布局满意度最低（见表 7-10）。在幼儿园服务中，让农村幼儿家长比较满意的包括"宽敞的室内外活动场地""老师有较好的幼儿教育知识及能力""老师能够平等对待、关心每一个孩子"。

表7-10　满意度描述统计（$N=8539$）

维度	类别	平均值	标准差
政府服务	幼儿园布局	4.16	0.90
	政府管理	4.40	0.69

续表 7-10

维度	类别	平均值	标准差
幼儿园服务	幼儿园环境	4.48	0.64
	幼儿园管理	4.41	0.68
	师资队伍	4.50	0.64
总体满意度		4.40	0.65

观察各具体题项的满意度平均分，得分最高的是"本村、镇幼儿入园机会平等，每个孩子都可以上幼儿园"（4.59），其次为"幼儿园有宽敞的室内、室外活动场地"（4.56），"老师具有较好的幼儿教育知识及能力"（4.55）。由此看来，经过近几年的努力，学前教育公平得到了有效保障，幼儿园硬件设施有了很大提升，幼儿园教师较受家长信任。在幼儿园环境方面，研究者在农村调研的过程中发现农村幼儿园的占地面积较大，室内、室外活动面积都较城市幼儿园更宽阔。近几年，我国加大了对农村学前教育投入的力度，部分镇中心幼儿园虽然在管理上仍附属于小学，但园所地理位置上已脱离中心小学，搬迁到"豪华"的新校区。再者，农村土地较便宜，不似城市的"寸土寸金"，宽敞的幼儿园室内外活动场地也较易实现。同时，农村幼儿园教学点多数占用撤并前的农村小学校区，场地也是十分宽敞。

在农村幼儿家长满意度调查中得分最低的三项包括"附近有多级别幼儿园（省优质园、市优质园、合格园）可供选择"（4.13），"附近有多所幼儿园可供选择"（4.16）"附近有多性质（公办、民办）幼儿园可供选择"（4.19），由此可看出，农村幼儿家长对农村学前教育总体满意，同时也有更高的要求，希望有多类型幼儿园可供选择。

教师流动性大是农村学前教育一直存在的问题，让人意外的是在此次调查中，90.3%的农村幼儿家长表示幼儿园并不经常更换教师、农村幼儿园教师流动性尚可。根据访谈得知，农村教师流动性的降低离不开江苏省政府的支持。自2016年起，江苏省教育厅等五部门联合下发了《关于开展全省乡村教师定向培养工作的通知》，决定实施乡村教师定向培养工作，这很大程度上解决了农村幼儿园师资紧缺的问题；教师编制名额的扩充也对农村幼儿园教师流动性的改善起到了重要作用。目前，江苏省学前三年毛入园率超过98%，全省普惠性幼儿园覆盖率超过85%[①]，已实现每个乡镇有一所公办幼儿园，但农村幼儿园的布局仍需关注。

二、农村幼儿家长满意度的影响因素

为探究影响农村幼儿家长满意度的因素，研究者运用方差分析、独立样本 t 检验、积差相关分析来检验各种因素是否会影响农村幼儿家长满意度的高低。

1. 不同地区因素

根据被调查家长所填量表的各维度得分平均值来看，江苏农村幼儿家长的学前教育满意度呈现由南到北递减状态。对地区与满意度进行方差分析，结果如表 7-11 所示，苏南、苏中、苏北地区农村幼儿家长对学前教育的满意度存在显著差异（$P=0.000$）。经多重比较得知：苏北地区农村幼儿家长的学前教育总体满意度显著低于苏南、苏中地区；苏南 Y 县、苏中 R 县农村幼儿家长对所在地幼儿园布局、幼儿园管理、师资队伍建设的满意度显著高于苏北 X 县；在政府职能、幼儿园环境上，农村幼儿家长的满意度排序为苏南 Y 县 > 苏中 R 县 > 苏北 X 县。这一调查结果与研究者所调查的幼儿园建设水平相一致，苏南 Y 县、苏中 R 县农村幼儿园分布较均匀，交通较为便利，更加注重家园共育，教师队伍质量较高；样本县教育行政部门管理的专业性、系统性和幼儿园的软硬环境也有所差别。

表 7-11　不同地区农村家长满意度差异分析（$N=8539$，$M \pm SD$）

项目	苏南 Y 县	苏中 R 县	苏北 X 县	F
家长总体满意度	4.45±0.64	4.42±0.64	4.16±0.71	52.981***
幼儿园布局	4.20±0.94	4.17±0.88	3.97±0.85	19.570***
政府管理	4.45±0.66	4.40±0.68	4.10±0.78	71.703***

---

① 江苏省教育厅办公室：《江苏省教育厅召开"数说'十三五'一同看教育"系列发布活动首场新闻发布会暨基础教育高质量发展新闻发布会》，见江苏省教育厅网（http：//jyt.jiangsu.gov.cn/art/2021/1/22/art_ 58338_ 9652461.html），访问日期：2022年5月22日。

续表 7-11

项目	苏南 Y 县	苏中 R 县	苏北 X 县	F
幼儿园环境	4.53 ± 0.61	4.48 ± 0.65	4.30 ± 0.69	34.991***
幼儿园管理	4.46 ± 0.66	4.44 ± 0.66	4.12 ± 0.79	69.868***
师资队伍	4.52 ± 0.62	4.51 ± 0.63	4.31 ± 0.72	30.422***

注：*表示 $P<0.05$，**表示 $P<0.01$，***表示 $P<0.001$，下同

2. 家园距离因素

将被调查家庭住所离园所距离与满意度进行方差分析，结果显示，农村幼儿家园距离在家长满意度上有显著差异（见表 7-12），家庭住址距幼儿园"3 公里以上"的农村幼儿家长对学前教育的满意度显著低于"1 公里以内"（$P=0.024$）、"1—2 公里"（$P=0.005$）的家长；"2—3 公里"的家长满意度显著低于"1—2 公里"的家长（$P=0.014$）。

表 7-12　不同家园距离的满意度差异分析（$N=8539$，$M±SD$）

住所与园所距离	个案数	家长满意度	F	P
1 公里以内	2357	4.42 ± 0.64	3.851	0.009
1—2 公里（不包含 1 公里）	2326	4.43 ± 0.64		
2—3 公里（不包含 2 公里）	1958	4.38 ± 0.65		
3 公里以外	1898	4.37 ± 0.68		

3. 有无享受政府补助因素

将有无享受政府补助和家长对农村学前教育的满意度进行独立样本 t 检验，结果显示在农村地区，享受政府补助的家庭对当地学前教育的满意度显著高于未享受补助的家庭，结果见表 7-13。《江苏省学前教育条例》指出，"乡镇人民政府、街道办事处应当采取多种形式保障学龄前儿童接受学前教育"。经过进一步调查后发现，不同乡镇采取的保障机制不同，但主要分为"减免"和"补贴"两种。"减免"政策包括"小班免保教费（地方政府三年免一年保教费）"或"贫困家庭免学杂费"；"补贴"有"经济困难补助""残疾补助""单亲家庭补助""助学金"，资助金额在 500—2700 元不等。

表7-13 有无接受政府补助的家长满意度的差异分析表（$N=8539$，$M±SD$）

有无享受政府补贴	家长满意度	t	P
有	4.62±0.57	11.658041	0.000
无	4.38±0.66		

4. 教师家访频率因素

经方差分析可知，教师家访频率不同的农村幼儿家长在学前教育的满意度上存在显著差异（见表7-14），家访频率为"三年一次"和"从不"的农村幼儿家长满意度显著低于"每月/两月/每学期/每学年一次"的家长；家访频率为"每月一次"的农村幼儿家长的满意度高于"两月一次"的家长。

表7-14 教师家访频率在家长满意度上的差异分析表（$N=8539$，$M±SD$）

教师家访频率	家长满意度	个案数	F	P
每月一次	4.61±0.53	1811	120.616	0.000
两月一次	4.53±0.56	533		
每学期一次	4.57±0.54	1436		
每学年一次	4.61±0.62	249		
三年一次	4.17±0.88	50		
从无	4.24±0.70	4460		

5. 家庭收入因素

将被调查者家庭人均月收入和满意度进行方差分析，结果显示，不同收入的农村幼儿家庭在满意度上有显著差异（$P=0.003$），结果见表7-15。人均月收入"4000元以上"的农村幼儿家长满意度显著高于"0—1000元"（$P=0.003$）、"1001—2000元"（$P=0.013$）、"2001—3000元"（$P=0.004$）的家长；人均月收入"3001—4000元"的家长满意度显著高于人均月收入"0—1000元"的家长（$P=0.017$）。

表 7-15　家庭人均月收入与家长满意度的差异分析（$N=8539$，$M \pm SD$）

人均月收入	家长满意度	F	P
0—1000 元	4.34 ± 0.72	4.057	0.003
1001—2000 元	4.37 ± 0.67		
2001—3000 元	4.37 ± 0.67		
3001—4000 元	4.42 ± 0.63		
4000 元以上	4.43 ± 0.63		

6. 幼儿家长儿童发展观念因素

运用积差相关分析研究农村幼儿家长的儿童发展观与学前教育满意度是否有关系，检验结果显示，两者呈显著正相关（$\rho = 0.476$，$P = 0.000$），即农村幼儿家长的儿童观念越接近《3—6 岁儿童学习与发展指南》，其对农村学前教育满意度越高。

此外，本次研究还在家长角色和幼儿所在园是否有园车接送两个因素上对农村家长满意度分别进行了独立样本 t 检验和方差分析。结果显示，不同家长角色（$P = 0.085$）和幼儿园是否提供园车接送（$P = 0.692$）在农村幼儿家长的满意度上没有显著差异。

三、讨论

1. 农村幼儿园布局有待进一步优化

自《教育脱贫攻坚"十三五"规划》颁布以来，农村学前教育发展取得显著成效。农村财政支出占比逐年提升，学前教育资源向农村倾斜，这有效缓解了农村幼儿"入园贵、入园难"的问题，"贫困地区每个乡镇至少办好一所公办中心幼儿园"这一政策的落实解决了农村居民学前教育刚需。全国学前三年毛入园率从 2015 年的 75% 增长到 2021 年的 88.1%，江苏省在 2020 年甚至已达 98% 以上。学前教育大环境已得到基本改善，本次调查也显示农村幼儿家长对学前教育的满意度处于中等偏高水平（4.40），但在幼儿园布局上有部分家长表示不满。

人类聚居是为了以最小的力气去追求最优的空间机会①,幼儿家长更希望幼儿安全、近距离地享受高性价比的学前教育②。在本次调查中,家园距离对农村幼儿家长的学前教育满意度影响显著,家园距离在2公里以内的家庭较2公里外的家庭对学前教育有更高的满意度。《幼儿园建设标准》指出,城镇幼儿园的服务半径宜为300—500米。由于农村地广人稀,部分省市则扩大了农村幼儿园的服务范围,如山东省在《农村幼儿园基本办园条件标准》中提出联办园服务半径控制在1.5公里以内。22.23%的被调查家庭距幼儿园3公里以上,可见农村幼儿园实际服务半径较大。扩大农村幼儿园的服务半径可以扩大幼儿园服务人口数量,一定程度上提高了农村基础设施的集约化和有效使用,但其所带来的幼儿上学距离远、家长接送幼儿耗时长等问题直接影响了家长的体验。

此外,幼儿园的产生源于大工业机器生产的迅速发展,女性走出家庭无法照料幼儿,因此送孩子上幼儿园不失为一种解放劳动力的途径。合理的幼儿园布局能缩短家园距离,家长可用更少的时间接送幼儿,而接送园的便利性,能提高家长的满意程度。但受制于人口密度的影响,如何优化农村幼儿园布局使其既节约又便民成为一大难题。

2. 学前教育公共服务体验受家庭经济水平制约

从生态系统理论来看,环境对个体的影响是不同的③。家庭收入高的农村幼儿家长对学前教育的满意度较高,这与部分研究者运用潜在类别模型分析获得的结果一致。④ 近年来,学前教育改革以多渠道增加学前教育

---

① 参见梁鹤年、沈迟、杨保军等《共享城市:自存?共存?》,载《城市规划》2019年43卷第1期,第25-30页。
② 魏伟、唐媛媛、焦永利:《"城市人"理论视角下大城市中心区幼儿园布局及优化策略研究——以武汉市武昌区为例》,载《城市发展研究》2020年27卷第10期,第6-13页。
③ Bronfenbrenner U. "Ecology of the family as a context for human development: Research perspectives". *Developmental psychology* 6 (1986), p.723.
④ Bronfenbrenner U. "Ecology of the family as a context for human development: Research perspectives". *Developmental psychology* 6 (1986), p.723.

资源供给①为重点，以"广覆盖、保基本，有质量"②为目标，加大学前教育机构数量的扩展，推动教育资源向农村倾斜。总体上来看，学前教育机构数量迅速增长，各政府年度报告均以幼儿园数量及入园率彰显功绩。贫困地区建好一所镇中心幼儿园政策的落实，确实是资源的有效倾斜，但在实际的资源调控中，"效率优先"仍占主导地位，农村内部结构中的资源配置不均又造成了镇村间教育不公平、不均等的现象。部分镇中心幼儿园"资源过剩"，部分村教学点破败不堪，同样是农村人口，镇居民与村居民享受的学前教育公共服务却有差别。在家庭资本已经介入教育领域的时代，高收入水平家庭的幼儿有更多的择校机会，其家长通过高投入为子女创造更好的教育环境。③而低收入家庭的幼儿被迫留在基础设施不完善的村教学点，村教学点资源匮乏，导致了家长接送幼儿路程艰难等问题。家庭经济水平低的幼儿很难享受到新时期学前教育改革所带来的福利，这使部分家长感到不满。

3. 观念不同的家长满意度有差别

奥利弗（Oliver）的期望差异模型认为，满意度的形成建立在绩效感知的大小及顾客的期望，当感知绩效高于期望，顾客就会满意，低于期望则会不满。④由此可见，家长的满意度是学前教育公共服务与家长自身期望的交互作用。持有不同儿童发展观的家长满意度也有较大差别，家长观念越接近《3—6岁儿童学习与发展指南》，其对农村学前教育越满意，反之则越不满。江苏省整顿幼儿园"小学化"，推进学前教育课程游戏化已有多年，不少镇中心幼儿园已建设为省级、市级优质园、国培项目"观摩园"，幼儿园去小学化成果显著。这使部分仍希望孩子"赢在起跑线上"，早早学习拼音、算数等小学知识的家长感到不满。部分家长表示，

---

① 陈宝生：《国务院关于学前教育事业改革和发展情况的报告—2019年8越22日在第十三届全国人民代表大会常务委员会第十二次会议上》，见全国人民代表大会网（http://www.npc.gov.cn/npc/c30834/201908/1c9ebb56d55e43cab6e5ba08d0c3b28c.shtml），访问日期：2022年5月22日。

② 《中共中央 国务院关于学前教育深化改革规范发展的若干意见》，见中国政府网（http://www.gov.cn/xinwen/2018-11/15/content_5340776.htm），访问日期：2022年5月22日。

③ 参见张娜、王玥、许志星《家庭社会经济地位对家长教育满意度的影响研究》，载《教育学报》2013年9卷第3期，第81-91页。

④ OLIVER L. "A cognitive model of the antecedents and consequences of satisfaction decisions". Journal of Marketing Research 11（1980）：460-469.

孩子每天在幼儿园玩，什么知识都学不到。甚至有些家长抱怨道："幼儿园总是给家长留'作业'，今天让带一盆花，明天让带纸箱子，后天又得画幅画。"同时，家长不恰当的角色定位，将育儿的责任都归于幼儿园，譬如家长不愿参与亲子游戏、亲子阅读、习惯培养等活动，甚至认为让家长参加此类活动是幼儿园在推卸责任。拥有幼儿园"小学化"此类不科学的儿童教育观的家长对幼儿园纷纷给出"差评"。家长的不理解导致教育活动难以开展，而拥有共育意识的家长则更能认同课程游戏化的实施，持有科学儿童发展观的农村家长对目前的学前教育服务更为满意。

四、建议

1. 加强家园沟通，优化家长儿童观念

家庭是幼儿园重要的伙伴，家园之间的有效沟通可以增进教师与家长间的理解与支持，推动家园共育的实现[1]，促进幼儿全面发展[2]。家园合作也是评价学前教育质量的重要指标。[3] 短则每月一次，长则每年一次的家访能有效提高农村幼儿家长的学前教育满意度，优化农村幼儿家长的儿童观念可增加家长对农村学前教育的认同。家园沟通的方式有很多，每日的接送、阶段性的电话沟通等都是家长与教师交流的好渠道。而定时的家访则是跨越时间、空间的障碍，面对面深入交流的好时机。深入幼儿的成长环境，能更加真切地体会儿童的境况，探寻家长需求，提出更具针对性的指导和建议。

需要采取合理措施转变家长的观念。首先，学校必须落地式实施措施，创建网络平台，发挥网络视频的便利性，制作家长微课，吸引家长注意，使其"顺手"增长育儿小知识；请资深幼儿园教师周末线下开讲，利用正、反两面案例引起家长重视，逐渐接纳幼儿身心发展规律，树立科学的儿童观念，摒弃不当教育。其次，充分利用家长开放日，将家长请进

---

① 参见张晓红、闫双玲《幼儿园吸引家长参与教研的意义与模式》，载《学前教育研究》2009 年第 9 期，第 63 – 65 页。

② Tatjana Devjak，Sanja Bercnik. "Parents'views on Pre-school care and Education in Local Community". *US – China Education Review* 7（2009）：68 – 81.

③ Tatjana Devjak，Sanja Bercnik. "Parents'views on Pre-school care and Education in Local Community". *US – China Education Review* 7（2009）：68 – 81.

课堂，参与幼儿活动，了解课程游戏化内部机理。再次，建立家长群，不定期上传幼儿成长记录照片，将幼儿点滴进步呈现在家长面前。

2. 增强农村幼儿家长责任意识，提高农村家庭科学育儿水平

乡村振兴是乡风文明的保障，要不断提高农村家长责任意识和科学育儿水平。《幼儿园工作规程》总则第三条提出，幼儿园的任务包括向幼儿家长提供科学的育儿指导。调查发现，部分地区幼儿家长教育培训并未具体落实，仍无明确负责部门，也无实际培训行动，农村幼儿家长育儿水平差距较大，部分家长责任意识缺乏。提高农村幼儿家长教育理念与责任意识、提升家庭科学育儿水平是政府的责任。应尽快明确家长培训责任部门，加强教育法制宣传，让农村群众知法、懂法、用法律维权，让老百姓有政府可依；及时进行学前教育政策宣传，让农村群众了解实时政策，了解自身可享受的权利和待遇；落实学前教育宣传，提高农村幼儿家长责任意识和科学育儿水平。此外，充分利用"学前教育宣传活动月"，形成市、县、镇、村、园五级联动宣传主体，深入幼儿园、社区、乡村、家庭，实现农村学前教育宣传全覆盖；创新、扩大学前教育宣传渠道，利用网络媒体送教下村、学前活动展示进农村等方法拓宽宣传范围；做好幼儿园的宣传工作，利用亲子活动向家长展示学前教育，组织幼儿家长学习学前教育相关理念等方式也是提高农村家长育儿水平，焕发农村新气象的可靠方法。

3. 落实政府各项政策，解决家长后顾之忧

当前，国家颁布了各项学前教育普惠政策，但具体落实力度却有待改善。政府应该深入农村了解实际现状，多方调查获取客观公正的一手现状资料，用第一视角审视目前农村学前教育建设的短板与症结，及时"对症下药"。首先，加强政府财政转移支付力度，发挥其主干力量，缩小农村幼儿园服务半径，加强村幼儿园数量与质量建设，合理统筹农村教育资源，实现镇村资源最优配置，可通过教师村镇轮岗、玩教具村镇流动来改善农村学前教育资源不足。其次，研究结果显示，享受政府补贴的农村幼儿家长对学前教育的满意度较高，为此应对农村幼儿家庭进行全面摸底排查，对贫困、特殊家庭的幼儿进行建档立卡，为困难家庭提供补助，一定程度上减少家庭的教育花费，减轻农村家庭的经济负担，将补助资金用在"刀刃上"。另外，财政资金不足的部门要积极调动县镇企事业单位、成功人士建立"慈善助学金"，帮扶处境不利儿童。最后，运用主观指标建立健全信息反馈系统,将家长满意度检测纳入对地方政府教育履职的评价体系①,将办人民满意的教育付诸现实。

---

① 参见张墨涵、季诚钧、田京《家长满意度与基础教育均衡发展——基于浙江省的调查与思考》,载《浙江社会科学》2019年第3期。

参 考 文 献

（一）著作

［1］郭国庆，等. 服务营销管理［M］. 北京：中国人民大学出版社，2005：5.

［2］莱昂·狄骥. 公法的变迁［M］. 郑戈译. 北京：商务印书馆，2013：47-49.

［3］毛连程. 西方财政思想史政思想史［M］. 北京：经济科学出版社，2003：123.

［4］庞丽娟，洪秀敏. 中国学前教育发展报告：农村学前教育［M］. 北京：北京师范大学出版社，2013.

［5］吴明隆. 问卷统计实务分析：SPSS操作与应用［M］. 重庆：重庆大学出版社，2010：117-118.

［6］中共中央马克思恩格斯列宁斯大林著作编译局. 马克思恩格斯全集［M］. 北京：人民出版社，1972：435.

（二）期刊

［1］蔡迎旗，王翌. 欧洲国家0—3岁婴幼儿保教服务质量提升行动及其启示［J］. 学前教育研究，2020（12）：3.

［2］陈纯槿，范洁琼. 我国学前教育综合发展水平的省际比较与分析［J］. 学前教育研究，2018（12）：14-27.

［3］陈蓉晖，赖晓倩. 优质均衡视域下农村学前教育资源配置效率及差异分析［J］. 教育发展研究，2021（15）23-33.

［4］顾微微，姚静. 农村学前教育发展中的政府责任研究［J］. 教育评论，2014（6）：42-45.

［5］韩凤梅. 以社区为教育实践基地：家园社协同育人模式的创新之路［J］. 学前教育研究，2022（12）：87－90.

［6］洪秀敏，罗丽. 公平视域下我国城乡学前教育发展差异分析［J］. 教育学报，2012（8）：73－81.

［7］洪秀敏，陶鑫萌. 改革开放40年我国0—3岁早期教育服务的政策与实践［J］. 学前教育研究，2019（2）：3.

［8］黎勇，蔡迎旗. 我国幼儿家庭教育支持现状及其完善建议［J］. 学前教育研究，2018（4）：61－63.

［9］李晓巍，刘倩倩. 学前儿童家庭教育的社会支持：回顾与展望［J］. 河北师范大学学报（教育科学版），2021（1）：126－134.

［10］廖莉，谢少华. 农村学前教育发展中的政府行为探析［J］. 学前教育研究，2015（1）：19－25.

［11］吕武. 改革开放以来我国学前教育政策嬗变的动力变迁及其优化路径：基于多源流理论的考察［J］. 现代教育管理，2018（2）：45－50.

［12］罗佳欣，左瑞勇. 70年来我国0—3岁婴幼儿托育服务政策的发展历程及未来展望［J］. 早期教育（教育教学），2020（1）：18.

［13］万国威. 教育福利视角下我国学前教育的地区发展差异：基于对我国31省市学前教育状况的定量分析［J］. 学前教育研究，2011（11）：3－11.

［14］裘指挥，张丽，胡新宁. 农村地区构建学前教育公共服务体系的成效、问题与对策：基于中部地区N市的调研［J］. 教育研究，2016（6）：58－63.

［15］孙美红. 改革开放40年我国农村学前教育的变迁与政府责任［J］. 学前教育研究，2019（1）：33－44.

［16］王海英. 我国学前教育公共服务体系的组成与构建［J］. 学前教育研究，2014（7）：19－25.

［17］王群，李祥，杨川. 学前教育政策变迁四十年：回顾与展望［J］. 陕西学前师范学院学报，2019（35）：1－6.

［18］徐群. 师资配置：当前农村学前教育发展的要务［J］. 学前教育研究，2015（6）：22－25.

［19］原晋霞. 对把家长满意度作为幼儿园教育质量评价最主要依据的质疑［J］. 学前教育研究，2011（12）：6－9.

［20］岳经纶，范昕. 中国儿童照顾政策体系：回顾、反思与重构［J］. 中国社会科学，2018（9）：92－111＋206.

［21］张利洪. 改革开放40年我国学前教育政策法规的历程、成就与反思［J］. 陕西师范大学学报（哲学社会科学版），2019（48）：54－60.

［22］张琴秀，郭丹. 基于农村幼儿园教师视角的农村幼儿园教师国培项目改进策略［J］. 教育理论与实践，2018（20）：32－35.

［23］张云亮，汪德明，时莉等. 农村幼儿园教师培训的现状、评价及其需求［J］. 学前教育研究，2012（1）：33－38.

［24］赵宇. 农村幼儿园教师培训质量提升策略［J］. 学前教育研究，2019（5）：93－96.

［25］周芬芬. 农村中小学布局调整对教育公平的损伤及补偿策略［J］. 教育理论与实践，2008（19）：31－34.

后　　记

本书是国家社会科学基金"十三五"规划2018年度教育学一般课题——"'乡村振兴战略'背景下农村学前教育公共服务质量提升研究"的研究成果。

近几年来，课题组以江苏农村学前教育为例，在苏南、苏中、苏北的经济与教育发展不同的区域，围绕农村学前教育公共服务建设的主题开展了扎实的实证研究工作。我们针对农村幼儿园基本情况、农村幼儿园教师队伍现状、幼儿家长对婴幼儿早期托育服务的需求、农村幼儿家长对学前教育公共服务满意度等编制了12个调查问卷，走访了65所农村幼儿园，调查了6086位农村幼儿园教师和5276位0—3岁婴儿家长、8539位农村幼儿家长，访谈了14位教育部门工作人员。通过实地考察、集中座谈、发放问卷、个案剖析等方式，对江苏省农村学前教育公共服务的现状和质量提升进行分析。本书旨在通过对江苏省农村学前教育实情的分析，由此及彼、由近及远，对全国农村学前教育事业发展进行理论与实践的探讨。尽管研究流于粗疏，但真诚地希望能对有关教育管理部门、学前教育研究的同仁、农村学前教育一线人员有所裨益。

感谢近几年来为本课题调查研究提供无私帮助的幼教工作者们，感谢参与研究的李玥桥、李沁瑜、韦新、王静等几位研究生的辛勤付出，感谢为该书出版不辞辛劳的出版社的编校人员。

本书在写作过程中，参阅并引用了大量学者的学术成果，在此深表谢意。有鉴于笔者才疏学浅，书中难免有疏漏和不当之处，恳切期盼同行、专家和学者不吝指正。

刘　强
2022年8月于盐城师范学院